淮安区年鉴

HUAI'AN QU NIANJIAN

2023

淮安市淮安区区志编纂委员会办公室　编

河海大学出版社
HOHAI UNIVERSITY PRESS

图书在版编目(CIP)数据

淮安区年鉴. 2023 / 淮安市淮安区区志编纂委员会办公室编. -- 南京 : 河海大学出版社, 2023.11
ISBN 978-7-5630-8524-8

Ⅰ. ①淮… Ⅱ. ①淮… Ⅲ. ①区(城市)—淮安—2023—年鉴 Ⅳ. ①Z525.34

中国国家版本馆CIP数据核字（2023）第213000号

书　　名	淮安区年鉴（2023）
	HUAI'AN QU NIANJIAN(2023)
书　　号	ISBN 978-7-5630-8524-8
责任编辑	龚　俊
特约编辑	梁顺弟　卞月眉
特约校对	丁寿萍　许金凤
封面设计	殷　颖
出版发行	河海大学出版社
地　　址	南京市西康路1号（邮编：210098）
电　　话	（025）83737852（总编室）
	（025）83722833（营销部）
经　　销	江苏省新华发行集团有限公司
排　　版	南京布克文化发展有限公司
印　　刷	南京凯德印刷有限公司
开　　本	889毫米×1194毫米　1/16
印　　张	21
插　　页	24
字　　数	644千字
版　　次	2023年11月第1版
印　　次	2023年11月第1次印刷
定　　价	300.00元

《淮安区年鉴（2023）》编纂委员会

编辑说明

一、《淮安区年鉴（2023）》坚持以马克思列宁主义、毛泽东思想、邓小平理论、“三个代表”重要思想、科学发展观、习近平新时代中国特色社会主义思想为指导，坚持辩证唯物主义和历史唯物主义的立场、观点和方法，实事求是地记载淮安区2022年度淮安区自然、经济、政治、文化、社会、生态文明等方面的发展情况，为国内外各界人士提供及时、全面、准确的淮安区地情信息，为全区各级领导科学决策提供可靠依据，为续修地方志书保存历史资料。

二、《淮安区年鉴》是由淮安市淮安区人民政府主办、淮安市淮安区区志编纂委员会办公室编纂的年度资料性文献。前身为2001年首次出版的《楚州年鉴》，2012年更名为《淮安区年鉴》，本卷是第23卷。

三、《淮安区年鉴（2023）》资料由区各有关部门、单位、镇（街道）人民政府（办事处）和省、市驻淮安区相关单位指定专人撰稿并经主要领导审核后提供，具有准确性、权威性。

四、《淮安区年鉴（2023）》主要记载2022年1月1日至12月31日淮安区各行各业发展情况以及自然环境面貌。《淮安区年鉴（2023）》对框架设计作了全面调整，设特载、区情概览、大事记、中共淮安市淮安区委员会、淮安市淮安区人民代表大会、淮安市淮安区人民政府、政协淮安市淮安区委员会、中共淮安市淮安区纪律检查委员会 淮安市淮安区监察委员会、民主党派 工商联、群众团体、法治、军事、经济管理、农业、工业、建筑业、旅游业、住宿与餐饮业、商贸服务业、金融业、开放与合作、交通 运输、城市建设、乡村振兴、科技、教育、文化、卫生健康、体育、就业与社会保障、收入与消费、社会事务、生态环境、公共安全、街道 镇 农场、人物 荣誉、附录等37个类目，下设分目、副分目、条目等层次，条目为记述实体单元。部分交叉和相关内容采用参见法。全书收录条目1149条、表格106份，选用照片160幅。

五、《淮安区年鉴（2023）》中的有关数据均以供稿单位提供的数据为依据。由于统计的来源、口径、方式、方法或时间的不同，书中相关数据可能有差异，请读者引用时注意以淮安区统计局提供的统计资料为准。为保持文献、表格原貌，文献、表格中的统计分析资料未作变动。

六、为便于读者阅读检索，《淮安区年鉴（2023）》卷首设目录，卷末置索引。

淮安区

国家历史文化名城

全国文明城市

中国优秀旅游城市

国家卫生城市

国家园林城市

国家环保模范城市

国家生态示范区

全国双拥模范城市

全国科技进步先进县（区）

中国书法之乡

中华诗词之乡

中国民间文化艺术(杂技)之乡

中国民间文化艺术(农民画)之乡

江苏省生态文明建设示范区

省级全域旅游示范区

传承红色基因　赓续红色血脉

2022年，淮安区深入推进青少年党史学习教育，在10万青少年中开展学习党史、学习习近平总书记重要回信精神、学习周恩来总理崇高品质“三学”活动，通过丰富多彩的学习形式，表达广大青少年争做全面发展追梦人的信心与决心。

“为中华之崛起而读书”集体宣誓　（区融媒体中心　供图）

“永不枯竭的思念”主题队会　（区融媒体中心　供图）

新安小学五（8）中队的少先队员在表演情景诗朗诵《习爷爷回信啦》

（区融媒体中心　供图）

千人篮球展示

（区融媒体中心　供图）

腰鼓展示

（区融媒体中心　供图）

2022年2月28日，“回信记心间 永远跟党走”淮安区青少年红色故事大宣讲活动在新安小学正式启动

（区融媒体中心　供图）

2022年6月29日，由区委宣传部主办，区教体局、区融媒体中心承办的以“强国复兴有我”为主题的“回信记心间 永远跟党走

2022年6月13日,全区青少年红色故事大宣讲决赛在新安小学新区分校举行 （戚高军　摄）

年红色故事宣讲活动在新安小学小好汉剧场举行，人民网全程直播 （区融媒体中心　供图）

2022 年 5 月 30 日，在习近平总书记给新安小学五（8）中队重要回信一周年之际，中国儿童艺术剧院与淮安市共同打造的儿童剧《新安旅行团》在淮安大剧院首演。儿童剧《新安旅行团》被列入国家文旅部“新时代现实题材创作工程”重点项目，纳入 2022 年度全省重大题材文艺创作重点项目江苏艺术基金理事会重点扶持项目。

2022年5月30日儿童剧《新安旅行团》成功在淮首演

（纪星名　摄）

2022年9月30日，关天培小学组织少先队员到区烈士陵园，开展“继承先烈遗志，强国复兴有我”烈士纪念日主题教育活动

（区融媒体中心　供图）

2022年10月，淮城街道恩来社区开展“红色文化润童心，红色基因代代传”爱国主义教育活动

（区融媒体中心　供图）

2022年7月7日，区新华书店全民阅读志愿者给青少年推荐红色书籍、红色绘本，讲述红色故事。

（区融媒体中心　供图）

2022年7月7日，新安小学“小好汉宣讲员”在新华书店给小伙伴推荐新书《新安旅行团》，讲述红色故事

（朱天羽　摄）

2022年3月2日，纪念周恩来总理诞辰124周年主题活动暨红色文化育人联盟启动仪式在周恩来红军小学举行

（区融媒体中心　供图）

2022年5月30日，淮安区举行少儿系列专题片《百里画廊运河情》首映式　（区融媒体中心　供图）

2022年8月24日，区文明办开展暑期青少年与道德模范和身边好人面对面交流活动　（孙权　摄）

在淮安书房复兴服务点，复兴镇幼儿园小朋友们认真听老师讲述绘本故事　（复兴镇　供图）

喜迎二十大　交通展新姿

为迎接党的二十大胜利召开，淮安区举办“镜头里的交通”主题摄影作品展，入展的摄影作品全方位展示了淮安区交通基础设施建设和交通运输行业各方面的发展成果。2022 年，淮安区公路总里程近 2300 千米，京沪、盐洛两条高速穿境而过，国省干线公路纵横交错，县乡村道网络密布；徐宿淮盐、连淮扬镇铁路建成通车，快速迈进“高铁时代”；航道总长 537 千米，拥有码头 7 个、泊位 38 个。城乡公交一体化、城乡物流一体化全面建成。

233国道淮安区段　（杨健　摄）

264省道车桥互通建设现场　　（纪星名　摄）

264省道跨淮河入海水道暨苏北灌溉总渠特大桥　　（纪星名　摄）

2022年7月30日，淮河入海水道二期开工建设

建设中的348省道　　　　（闵慈柔　摄）

（纪星名　摄）

2022年11月，348省道白马湖-范集段沥青摊铺全面展开　（纪星名　摄）

穿越田野　　（丁成兰　摄）

新农村新交通　　（方向东　摄）

康庄大道　　（纪星名　摄）

美丽农路　　（纪星名　摄）

城市有轨电车　　　　（纪星名　摄）

上河港口施工中　　　　（梁树华　摄）

国家综合交通枢纽中心（石塘镇境内）　（张振平　摄）

淮安船闸　（邱峰　摄）

宁盐联络线通车运行　　（纪星名　摄）

高铁立交　　（郑健　摄）

建设中的高铁枢纽 （解志宏 摄）

宁淮铁路接入淮安东同步施工 （李鹏剑 摄）

推进项目建设　加速经济发展

2022年2月18日，高端传动设备智能制造项目成功签约　　（区融媒体中心　供图）

2022年11月11日，高端传动设备智能制造项目开工建设　　（区融媒体中心　供图）

2022年3月，江苏施塔德电梯有限公司做到疫情防控和安全生产“两手抓”“两不误” （区融媒体中心 供图）

2022年，江苏施塔德电梯有限公司通过技术创新推动产业升级。 （区融媒体中心 供图）

2022年11月10日，“双十一”将至，随着各电商平台购物促销活动的火爆开启，各大快递企业进入厉兵秣马备战状态，图为中通快递淮安分拨中心物流车辆集散地

（区融媒体中心　供图）

2022年11月，淮安中通快递四期项目

淮安电子商务物流园是集电子商务及快递、现代仓储配套服务于一体的现代化园区　（区融媒体中心　供图）

（区融媒体中心 供图）

智能化物流仓储 （纪星名 摄）

物流园夜景 （纪星名 摄）

2022年5月28日，淮安区召开淮昆台资合作产业园重大项目现场推进会 （纪星名　摄）

2022年，江苏芯声微电子科技有限公司项目全部投产，可年产片式多层陶瓷电容器350亿只，实现年开票销售5亿元，入库税收2000万以上 （区融媒体中心　供图）

2022年11月6日，昆山通友PIM一体成型电感项目正式签约　　（区融媒体中心　供图）

2022年10月30日，淮安经济开发区与中国电建储能项目签约仪式暨低碳产业园区推进洽谈会举行

（区融媒体中心　供图）

2022年，淮安市鸿富瀚科技有限公司投资5亿元，新上电子专用材料、新型膜材料生产、研发项目，完善产业链

（于伶　摄）

2022年，江苏金成机械科技有限公司克服疫情影响，持续加快项目建设　　（区融媒体中心　供图）

2022年4月14日，光群镭射科技项目成功签约，项目总投资5000万美元，主要生产镭射转移膜、镭射转移纸、电化铝等防伪材料，项目投产后，年产值可达5亿元，税收3000多万元。（区融媒体中心　供图）

2022年4月29日，康乃馨高品质羽毛绒制品项目开工建设（区融媒体中心　供图）

2022年11月10日，总投资约106亿元的修正药业集团淮安项目签约　（区融媒体中心　供图）

苏盐井神张兴储气库是2022年江苏省重大项目，也是国家能源局2022年天然气储气设施新开工项目，项目计划总投资65.1亿元　（区融媒体中心　供图）

2022年11月19日，光学电子功能薄膜项目在淮安区成功签约　　（区融媒体中心　供图）

2022年12月2日，总投资20亿元的金杨科技电池结构件及材料产业园项目正式签约　　（区融媒体中心　供图）

全面推进乡村振兴　建设生态宜居家园

重点及特色镇打造后的车桥镇

（马骅　摄）

车桥镇卢滩村　（纪星名　摄）

博里画苑　（纪星名　摄）

漕运镇小李庄社区　　（纪星名　摄）

石塘镇农民文化图书馆　　（牛庆宝　摄）

车桥镇种粮大户利用无人、自走式喷雾机等开展麦田施肥、除草相关作业

（纪星名　摄）

苏嘴农业园区育苗中心

2022年9月，漕运镇运用植保无人机在万亩标准农田里喷洒药物　（赵寿全　摄）

（苏嘴镇　供图）

2022年6月28日，施河镇成灌村水稻插秧机在稻田中工作　（纪星名　摄）

2022年11月3日，漕运镇千亩有机水稻喜获丰收　（张攀江　摄）

又脆又甜的钦工翠冠梨　（纪星名　摄）

复兴镇陈杨村200余亩金银花种植基地成为美丽的生态景观　（刘哲　摄）

复兴镇小玉米种植基地

2022年4月19日，钦工镇条沿村果农们正在梨园辛勤劳作　　（盛婕　摄）

（纪星名　摄）

2022年7月份，钦工镇申科葡萄采摘园喜获丰收　　（融媒体中心　供图）

2022年4月，苏嘴镇草莓采摘园的草莓红了　　（区融媒体中心　供图）

2022年5月，苏嘴镇沙吉村农民在采摘西瓜

流均镇3.5万亩荷塘

（区融媒体中心　供图）

收获满满
（流均镇　供图）

江苏（淮安）渔业产业园　　（流均镇　供图）

（区融媒体中心　供图）

石塘镇祁大庄村稻鸭共养产业　　（石塘镇　供图）

漕运镇螃蟹养殖基地

（纪星名　摄）

漕运镇渔光互补发电站　（纪星名　摄）

流均镇湖荡景区　（流均镇　供图）

2022年1月18日，金泰胜金属制品有限公司落户钦工镇

（沈佳　摄）

2022年，苏嘴镇新招引的淮安盛鼎纺织有限公司，全部投产后可实现开票销售额1.6亿元，入库税收500万元　　（严曼曼　摄）

2022年春节后，苏嘴丰源纺织有限公司积极复工复产，工人正在加紧生产赶订单

（沈佳　摄）

漕运镇中太村成立电商销售平台合作社，将农产品放到平台销售，图为中太村党总支部书记在抖音平台直播销售芥菜籽油
（区融媒体中心　供图）

淮安帝耀电子有限公司是朱桥镇招引的科技型企业，图为该公司生产车间
（严曼曼　摄）

2022年8月5日，苏嘴镇举办党建引领乡村产业振兴带头人培训班 （苏嘴镇　供图）

2022年6月13日，淮安区举办退役军人乡村振兴“兴村专干”培训班 （区融媒体中心　供图）

目 录

特 载

区情概览

政协淮安市淮安区委员会

中共淮安市淮安区纪律检查委员会 淮安市淮安区监察委员会

民主党派　工商联

群众团体

法　治

军 事

经 济 管 理

农 业

工　业

建筑业

旅游业

住宿与餐饮业

商贸服务业

金融业

开放与合作

交通 运输

城市建设

文 化

卫生健康

体 育

就业与社会保障

收入与消费

社 会 事 务

生态环境

公共安全

街道 镇 农场

人物　荣誉

附　录

索　引

党的二十大精神学习贯彻

党的二十大召开以来，淮安区坚持把学习宣传贯彻党的二十大精神作为当前和今后一个时期的首要政治任务，精心组织，周密部署，全区广大党员干部群众迅速掀起学习宣传和贯彻落实党的二十大精神热潮。

一、坚持学深悟透，推动学习宣传工作走深走实

淮安区以高度的思想自觉、政治自觉和行动自觉扎实抓好党的二十大精神学习宣传，认真领悟党的二十大提出的新思想新论断、作出的新部署新要求，推动学习宣传党的二十大精神走深走实。

一是坚持示范带动，掀起学习热潮。通过中心组带头学、区领导示范讲、专家团集中解读等形式，将二十大精神学习宣传不断引向深入。第一时间学习传达。10月17日下午，区委理论学习中心组举行学习党的二十大报告精神专题学习会，区委书记颜复传达学习党的二十大报告并作心得交流，区委常委作交流发言。会议要求全区以党的二十大精神来统一思想、凝聚力量，推动高质量发展。主要领导示范带头。区委书记颜复深入企业、学校、社区，与基层群众面对面交流，深入宣讲党的二十大精神。区四套班子领导到挂钩镇街开展宣传宣讲。在宣讲过程中，按照习近平总书记“五个牢牢把握”和《中共中央关于认真学习宣传贯彻党的二十大精神的决定》提出的“九个深刻领会”“七个聚焦”的要求，帮助广大党员干部群众不断加深对党的二十大精神的理解和把握。专家学者深入解读。组织召开全区学习贯彻党的二十大精神宣讲工作动员会暨区多层次宣讲团备课会。邀请江苏电子信息职业学院马克思主义学院教授李觐作党的二十大精神宣讲专题培训，组织各镇街百姓名嘴说唱团进行集中创作备课，形成全区上下“一盘棋”的学习宣传格局。

二是注重“五个结合”，宣讲入脑入心。聚焦通俗化解读、分众化传播、大众化宣讲，党的二十大精神“飞入寻常百姓家”。注重与基层干部的思想实际、工作实际相结合。成立以村支书、

博里农民画——庆祝党的二十大胜利召开

（潘 宇 作）

农业部门业务骨干和驻村帮扶“第一书记”为主体的多个乡村振兴宣讲团，充分发挥乡村振兴宣讲团成员知识水平高、熟悉农村工作、具备一定理论素养的特点，真正将二十大精神送到田间地头，在基层落实见效。注重与全区的发展要求相结合。组织项目一线人员、财税、金融部门骨干等成立高质量发展宣讲团，把二十大精神宣讲到产业一线、车间班组、项目现场。动员全区上下，以二十大精神为引领，深入开展“四大工程”和项目招引，全方位推动全区经济社会高质量发展。11月10日，淮安区成功招引总投资约106亿元的修正集团淮安项目。注重与淮安区的特色文化相结合。充分挖掘淮安区的文化文艺人才，组建文化文艺宣讲团。组织非遗传承人开展剪纸、农民画、书法、绘画等各类艺术创作。通过艺术的形式展示新时代10年的伟大成就，表达广大群众礼赞新时代、奋进新征程的豪迈、喜悦之情。注重传统手段与新媒体传播相结合。通过社区演出、广场舞等形式，用老百姓喜闻乐见的方式推动二十大精神入脑入心。同时运用微信、抖音、H5等新媒体形式，在更多的平台对二十大精神进行传播。淮城街道的曲艺说唱《听党话跟党走》、流均镇的快板《说唱宣传二十大》等多部音视频作品被“淮安区发布”等新媒体平台推送。注重读原著、学原文与通俗理论作品相结合。在组织学习宣讲的过程中，既注重整体把握、全面系统，又突出重点、抓住关键，充分利用文化人才力量，组织区文化馆、作协、邱心如女子文学社等用心打造一批接地气、冒热气的通俗理论作品。《铸就社会主义文化新辉煌》《礼赞二十大新民歌》等9篇作品入选全区首批优秀通俗理论作品库编印成册供全区各镇街百姓理论说唱团宣讲，真正实现听得懂、能领悟、好落实的目标。

三是全面宣传推广，营造浓厚氛围。充分利用好各类宣传媒介和文化阵地，让党的二十大精神宣传在全区上下形成声势、兴起热潮。主流媒体展示十年伟大成就。与《新华日报》《淮安日报》等上级主流媒体策划推出形象专版，展示淮安区党的十八大以来发展成就和“四大工程”实施以来进展情况。会议期间，《新华日报》推送车桥镇丰年村干部群众学习党的二十大报告情况，稿件在《新华日报》“二十大时光”栏目刊发并被“淮安发布”转载。在人民网推送稿件，报道淮安区贯彻落实党的二十大精神，持续推进四大工程多向发力，探索县域高质量发展工作。在新华日报社旗下“北京西路瞭望”公众号推送区委书记颜复署名文章，展示淮安区贯彻落实二十大精神，勇挑大梁，跨越赶超，奋力建好淮安市展示“象征意义”窗口的思路举措。全媒体报道学习情况。持续做好党的二十大精神的融媒宣传，高扬“主基调”。开设《奋进新征程建功新时代——学习贯彻落实二十大精神》《二十大精神入我心撸起袖子加油干》等专栏专题，宣传全区上下学习宣传贯彻党的二十大精神实际行动和特色做法，推出相关稿件160余篇次；在报台微端持续开设学习贯彻党的二十大精神专题专栏，集纳学习宣传贯彻党的二十大精神重点报道。多种载体营造浓厚氛围。深入推进“强国复兴有我”群众性主题宣传教育活动，充分宣传展示在党的领导下淮安区各项事业取得的历史性成就。精心发布宣传标语，设计主题公益广告，在全区大型显示屏、公益广告牌、公交站台、墙体围挡等载体刊播。在海外华文媒体《欧洲侨报》推出专版，展示党的十八大以来淮安区各界群众创造幸福生活的图景。文艺形式表达喜悦心情。举办“强国复兴有我——奋进新征程精彩淮安区”全民摄影有奖征集活动，开展“庆祝二十大奋进新征程”淮安区文学、美术、书法、摄影展征稿活动，举行“欢庆二十大筑梦新征程”幸福淮安惠民演出，用风格多样的文艺形式表达对祖国的美好祝福和二十大胜利召开的喜悦心情。

二、坚持精准发力，科学谋划高质量发展思路

当前和今后一段时期，淮安区将紧紧围绕党的二十大作出的“两步走”战略安排，扎实推进社会主义现代化建设，努力实现五个奋斗目标。

一是经济更加强盛。力争地区生产总值“十四五”末总量突破1000亿元，一般公共预算收入保持年均增长5%以上；产业更加集聚，逐步形成以高端装备制造、电子信息为主导，以盐穴储能贸易、电商物流为特色，兼顾绿色建材、绿色食品、现代教育装备等优势产业的“2+2+N”产业体系；现代服务业支撑作用显著增强，文旅优势进一步凸显，“十四五”末年旅游综合收入突破260亿元；农业基础地位不断夯实，绿色优质农产品供给水平稳步提升，基本形成一二三产融合发展格局。

二是城乡更加繁荣。综合交通、市政、能源、水利、信息等基础设施全面提档升级，以5G、大数据、云计算等为代表的新型基础设施加快布局。全国文明城市建设成果持续巩固，城区公共服务能力不断增强，乡村振兴取得新成效，城乡发展不平衡不充分的问题得到改善。

三是生态更加优美。低碳经济、循环经济得到大力发展，资源利用效率不断提高，生态空间进一步优化，生态环境质量明显改善，绿色生产方式和生活方式逐渐普及，人民群众对生态和人居环境满意度持续提高。做到空气清新、水质清澈、环境清洁，拥有自然环境之美、景观特色之美、文化交融之美、城乡协调之美，把历史名城的诗画美景生动地展现在淮安区大地上。

四是社会更加安定。社会主义核心价值观深入人心，人民思想道德素质、科学文化素质和身心健康素质明显提高。城市文明程度达到全国领先水平。社会主义民主法治更加健全，社会公平正义充分彰显，人民群众安全感持续提升，共建共治共享的社会治理新格局初步形成。

五是人民更加幸福。人民生活持续改善，力争全体居民人均可支配收入达45000元，年均增长9%。基本公共服务体系更加健全，就业、养老、教育、医疗等公共服务均等化水平明显提高。群众权益得到切实保障，幸福感、满意度不断提高。

三、坚持真抓实干，推动党的二十大精神见行见效

淮安区深入贯彻党的二十大精神，全面落实中央和省市部署要求，对标找差、补短强特、创新实干，为省委市委担起“勇挑大梁”重大责任作出淮安区贡献。

一是持续攻坚重特大项目。树牢“大抓项目、抓大项目”鲜明导向，围绕“2+2+N”产业，抓实招商“六大举措”，强化全生命周期服务。紧盯项目储备不足最大短板，提升招商引资质效，从单纯追求数量向追求体量、质量转变，重抓10亿元以上项目招引，全力突破50亿、百亿项目，坚持抓大不放小，招引一批“小而精”“小而强”项目，培育结构更优、质量更高的“产业森林”。坚持“亩均论英雄”导向，健全资源要素配置“正向激励”“反向倒逼”机制，围绕传统产业提质、新兴产业扩能，引导企业加快智改数转、节能减排和技术创新，培育一批科技含量高、前景效益好的重大技改项目。坚持问题导向，强化“全链条”要素保障，着力提升服务效能、严格督考倒逼，全面打通项目建设堵点，助推重特大项目攻坚持续突破。

二是持续提升城市功能品质。紧跟形势变化，优化城市工作思路，由过去重建设轻管理向建管同步转变、重投资轻经营向重经营重产出转变、决策碎片化向决策系统化转变。以城市更新、百里画廊建设、国家全域旅游示范区创建等工作为抓手，以“新旅”、河下古镇、周恩来纪念馆周边和恩来干部学院北侧四大片区为重点，系统推动古城保护复兴，全力保障淮河入海水道二期等重大项目，加快推进河道、管网、“断头路”“三通”工程，积极实施老宅庭院修复，精心打造城市游园，着力提升城市功能品位。抢抓国土空间规划修编契机，按照“区内有减有加、区外向上争取”原则，进一步拓展城市发展空间，强化土地经营，不断提升城市价值。健全群众参与、基础设施维护、区街城管一体化等长效机制，全方位提升城市管理水平，彰显现代城市新风貌。

三是持续强化财政运转保障。深入贯彻中央和省市关于推动高质量发展的各项部署要求，通过抓财力增收、强国企运营、防债务风险，推动全区经济社会持续稳定健康发展。突出建筑、电商物流等优势特色产业，强化税收征管，大力招引总部经济企业，集中资源打造海棠大道总部经济带。围绕美食餐饮服务业提档升级，加快“老旧小”宾馆酒店改造进度，突出河下古镇，强化中高端餐饮业态引进，精心打造“夜经济”特色街区，进一步集聚人气、刺激消费。加大省政府督查激励事项、专项债券和基金争取力度，全力防范债务风险，为稳增长、促增收提供坚强保障。

四是持续提升共建共享水平。始终坚持以人民为中心的发展思想，始终把工作落脚点放在增进民生福祉、提高群众获得感幸福感安全感上。实施更加积极的就业政策，强化重点群体就业保障，持续提升城乡居民就业质量和收入水平。紧盯“七有”（幼有所育、学有所教、劳有所得、病有所医、老有所养、住有所居、弱有所扶）目标，推动城乡教育、医疗、养老、文化等资源均衡配置，加大保障房建设力度，强化低保救助领域专项治理，严格执行“土地换社保”政策，切实回应和解决好群众“急难愁盼”。大力实施壮村富民行动，持续增强产业“造血”功能，健全农企利益联结机制，拓宽农民增收致富渠道，严格落实“四个不摘”（摘帽不摘责任、摘帽不摘政策、摘帽不摘帮扶、摘帽不摘监管）要求，健全防止返贫动态监测和帮扶机制，不断巩固拓展脱贫攻坚成果。强化底线思维和风险意识，统筹抓好疫情常态化防控、安全生产、社会治安、信访稳定等工作，全力营造和谐稳定社会环境。

五是持续强化全面从严治党。永葆“赶考”的清醒和坚定，发扬斗争精神，始终严格履行管党治党责任。坚持把加强党的政治建设摆在首位，推动党史学习教育常态化长效化，加强创新理论学习和理想信念教育，不断提高各级党组织和党员干部政治判断力、政治领悟力、政治执行力。坚决贯彻落实新时代党的组织路线，坚持德才兼备、以德为先的鲜明导向，把事业需要作为选人用人的“第一原则”，着力打造年轻干部、基层干部和专业干部（招商引资、财经、城建干部）三支队伍，培强高质量发展的骨干力量。坚持严的主基调不动摇，一体推进不敢腐、不能腐、不想腐，扎实开展“党建引领实干争先”作风建设行动，不断巩固风清气正的良好政治生态。

（区委宣传部）

“四大工程”引领高质量发展

6月27日，中共淮安市淮安区委、淮安市淮安区人民政府印发《以“四大工程”为引领统筹推进高质量发展实施意见》（淮发〔2022〕10号）、《淮安区“党建引领·实干争先”作风建设实施方案》（淮发〔2022〕11号）、《2022年度全区重特大产业项目攻坚实施方案》（淮发〔2022〕12号）、《淮安区城市管理经营建设工作实施方案》（淮发〔2022〕13号）、《2022年度全区“抓财力增收、强国企运营、防债务风险”攻坚实施方案》（淮发〔2022〕14号）等五份文件。

“四大工程”作为全局性、引领性工程，以习近平新时代中国特色社会主义思想为指导，全面贯彻落实党的十九大和十九届历次全会精神，以及省、市、区党代会精神，坚持稳中求进工作总基调，完整、准确、全面贯彻新发展理念，着力破解当前制约和影响淮安区发展的突出瓶颈，大力推动县域高质量发展。

《淮安区“党建引领·实干争先”作风建设实施方案》聚焦重大决策部署落实，重点整治表态多调门高、行动少落实差、打折扣做选择搞变通等问题；聚焦经济社会发展，重点整治不担当、不作为、慢作为等问题；聚焦民生实事保障，重点整治落实以人民为中心发展思想不到位，漠视群众利益和疾苦等问题；聚焦管党治党责任落实，重点整治压而不实、层层弱化等问题。坚持系统施策、标本兼治，深入纠治突出问题，常态长效推进作风建设，不断激发奋勇争先、创新实干、廉洁自律的精气神，推动形成人心思齐、人心向善的局面，在全区党员干部中形成“上前一步”“马上就办”“真抓实干”“事争一流”的良好氛围，为全区经济社会高质量发展保驾护航。

2023年1月13日，区政协对2022年淮安区“党建引领·实干争先”作风建设工作进行民主评议。对区“党建引领·实干争先”作风建设指挥部工作的总体评价，满意率为98%，基本满意率为2%。对10家牵头单位工作的评价，满意率平均为89%，基本满意率平均为11%。其中，牵头单位服务对象和相关单位代表对10家牵头单位工作的评价，好评率平均为54.4%，较好评价率平均为41.8%，一般评价率平均为3.5%，较差评价率平均为0.3%。

《2022年度全区重特大产业项目攻坚实施方案》聚焦高端装备制造、电子信息两大主导产业，盐穴储能和贸易、电商物流两大特色产业，兼顾绿色建材、绿色食品、现代教育装备等其他产业，重点招引世界500强、中国企业500强、中国民营企业500强、央企和上市公司等大企业、大集团，以及中小企业中“专精特新”科技小巨人企业和行业“隐形”“单项冠军”等优质企业，力争引进一个大企业、突破一个大产业、发展整条产业链。进一步强化项目招引、项目推进和组织保障，突出以商招商、乡贤招商、顾问招商、委托招商、专业招商、驻点招商等“六大”招商举措，努力在项目招引数量上实现新突破，实现新签约亿元以上项目90个，其中亿元以上工业项目60个、50亿元以上工业项目4个，力争百亿元工业项目实现突破；努力在项目落地总量上实现新突破，新开工、新竣工亿元以上项目60个、46个，其中10亿元以上项目分别为7个、4个，完成有效投资200亿元。

12月13日，区人大常委会视察全区重特大产业项目攻坚工作，听取项目进展情况汇报，了解项目帮办服务等具体工作情况。2022年，淮安区新签约亿元以上项目90个、协议引资额364.39亿元，其中工业项目67个，服务业项目14个，农业项目9个；50亿元以上项目（市认定）2个。新开工亿元以上重特大产业项目47个，其中10亿元以上4个；新竣工亿元以上重特大产业项目31个，其中10亿元以上1个。

《淮安区城市管理经营建设工作实施方案》

聚焦城市管理、经营、建设工作，强化工作统筹，提升城市精细化管理水平，发挥城市经营应有效益，不断提高城市建设品质。成立淮安区城市管理经营建设指挥部。指挥部办公室下设综合协调组、城市管理组、城市经营组、城市建设组。针对30余个镇街部门，细化近百项具体目标任务。

12月16日，区政协对淮安区2022年城市管理经营建设工作进行民主评议。对区城市管理经营建设指挥部工作的总体评价，满意率为94%，基本满意率为6%。其中，对城市管理水平的评价，满意率为90%，基本满意率为10%；对城市经营效益的评价，满意率为80%，基本满意率为20%；对城市建设品质的评价，满意率为84%，基本满意率为16%。对承担任务的23个具体镇街、部门工作的总体评价，满意率为88.35%，基本满意率为11.3%，不满意率为0.35%。其中，满意率较高的镇街、部门分别是区住建局96%、施河镇96%、城管局94%、卫健委94%、交通局92%、市场监管局92%、商务局92%、淮城街道92%；总体评价存在不满意票数的部门分别是区生态环境局4%、公安分局2%、文旅开发中心2%。对责任落实情况的评价，满意率为90.61%，基本满意率为9.22%，不满意率为0.17%。其中，满意率较高的镇街、部门分别是施河镇98%、住建局94%、自然资源和规划局94%、交通局94%、城建中心94%、商务局94%；责任落实情况存在不满意票数的部门分别是区公安分局2%、文旅开发中心2%。对组织推进情况的评价，满意率为88.09%，基本满意率为11.91%。其中满意率较高的镇街、部门分别是施河镇94%、住建局92%、交通局92%、征收服务中心92%、商务局92%、淮城街道92%。对目标完成情况的评价，满意率为90.09%，基本满意率为9.91%。其中，满意率较高的部门分别是区城建中心96%、施河镇96%、住建局94%、城管局94%、商务局94%。对工作成效情况的评价，满意率为86.61%，基本满意率为13.3%，不满意率0.09%。其中，满意率较高的镇街、部门分别是区住建局92%、城管局92%、施河镇92%、自然资源和规划局90%、城建中心90%、市场监管局90%、商务局90%、山阳街道90%；工作成效情况存在不满意票数的部门是教体局2%。

《2022年度全区“抓财力增收、强国企运营、防债务风险”攻坚实施方案》聚焦“保财力、强经营、防风险”目标，开展“抓收入控支出保平衡”“提升国有平台经营”“债务风险管控”三大行动，以行动促落实，以行动保成效，推动全区经济社会持续稳定健康发展。全年力争实现一般公共预算收入36.28亿元（其中税收收入30.83亿元），其中，区直部门完成17.26亿元、镇街（园区）完成19.02亿元，完成向上争取48亿元，三公经费支出持续压降；整合各类国有资产，拓展各类经营性业务，年底国有平台公司净增资产300亿元；防控融资平台公司经营性债务风险，守牢不发生区域性系统性风险底线，加强经营性债务管控，力争综合融资成本降至区确定目标以下，完成债务化解各项任务。

12月9日，区人大常委会对区政府落实“抓财力增收、强国企运营、防债务风险”工作进行评议。对“抓财力增收”工作的评价，满意率为92.5%，基本满意率为7.5%。对“强国企运营”工作的评价，满意率为80%，基本满意率为20%。对“防债务风险”工作的评价，满意率为87.5%，基本满意率为12.5%。

（陈国红）

红色旅游融合发展

12月23日，文化和旅游部办公厅公布全国红色旅游融合发展试点单位名单，淮安区以大运河“百里画廊”红色旅游融合发展带试点为主题成功入选。文化和旅游部在全国共遴选10家红色旅游融合发展试点单位，淮安区是全省唯一上榜的城市。

淮安区是周恩来总理的家乡，是新安旅行团的出发地。全区有革命遗址遗迹21处，其中，全国爱国主义教育示范基地2处、全国百家红色旅游经典景区2家、省不可移动革命文物11处。

淮安区大力实施“文旅兴区”战略，强化红色旅游融合发展，初步形成“红色旅游吸引人，红色精神感染人，融合产业留住人”的集聚效应。

一、突出“红色旅游+文化”，强化思政教育

以周恩来“六个杰出楷模”崇高风范和新安旅行团光荣传统为主线，强化革命旧址、纪念场馆、烈士陵园保护利用，用好周恩来纪念馆、新安旅行团历史纪念馆等爱国主义教育基地，广泛开展思政教育，在全社会营造见贤思齐、崇尚英雄的浓厚氛围。先后创排《周恩来与故乡》《新安旅行团》等优秀剧目，其中《新安旅行团》入围文旅部“新时代现实题材创作工程”。成立新安少儿红色故事宣讲中心。周恩来思政研学中心与省内外61所学校建立合作关系，先后承接研学团队160余批次、15万人次。恩来干部学院被中组部列入“干部党性教育基地备案目录”，先后培训中央部委和各省市学员2000余批次、10余万名。

二、突出“红色旅游+产业”，助力经济发展

整合红色文旅资源，围绕“伟人故里游”“新旅研学游”等主题，策划推广“1—3日游”精品路线。高标准打造恩来干部学院、周恩来纪念馆、“新旅”三大核心片区，进一步拓展全国青少年思政教育实践基地功能。以老宅更新为抓手，规划建设红色主题精品民宿，推动红色旅游与餐饮、住宿、文创、演艺等相关产业融合发展，持续提升红色旅游功能融合、要素融合、业态融合、区域融合水平。以农村公共空间治理和农房改善为抓手，打造“芦家滩阻击战遗址”公园等纪念场所和红色主题民宿；依托大胡庄八十二烈士陵园，整合苏嘴镇蓝水湾休闲农场产业和服务功能，促进就业富民，带动就业6000余人。2022年，淮安区红色旅游接待游客426.35万人次，实现旅游综合收入47.16亿元。

三、突出“红色旅游+城建”，健全城市功能

把握红色旅游从规模拓展向品质提升转变、从单一景点向综合旅游目的地升级的总体趋势，以城市更新为抓手，以提升公共服务水平和游客接待能力为重点，加大基础设施建设，持续完善红色景区内部、周边、沿线及区域配套设施，实施里运河慢行系统三期工程，打造海棠大道、长安路等红色主题旅游风景道，开发电子导览系统。开通“海棠号”红色旅游专线，新增智慧停车场9家、公共停车泊位400个。

（区文广旅游局）

新冠疫情防控

2022年，淮安区按照国家和省市疫情防控要求，严格落实疫情防控各项措施，筑牢疫情防控防线，全力守护好人民群众生命安全和身体健康，确保经济社会平稳有序发展。健全疫情防控机制，压实疫情防控责任，启动24小时疫情防控指挥值班体系。突出“外防输入”，明确非必要不离淮、不来淮，减少人员外出流动，严格落实来淮、出淮人员主动申报制度，建立来淮人员数据库，做到人员流动“可知可控”。抓好重点领域防控，突出把好进口冷链食品关；严格规范交通卡口闭环管理，落实外来车辆及司乘人员查验要求，确保查无遗漏、管控到位。筑牢小区防控“安全线”，党员干部下沉到挂包小区，协助社区工作人员做好排查登记、防控宣传、群众动员、疏导劝导、门岗值守等工作。截至12月31日，淮安区累计有新冠确诊病例99例，无症状感染者51人。

12月7日，国务院应对新型冠状病毒肺炎疫情联防联控机制综合组公布《关于进一步优化落实新冠肺炎疫情防控措施的通知》，不再按行政区域开展全员核酸检测，除特殊场所外，不要求提供核酸检测阴性证明，不查验健康码，不再对跨地区流动人员查验核酸检测阴性证明和健康码，不再开展落地检。江苏省新冠肺炎疫情联防联控指挥部办公室《关于进一步优化完善新冠肺炎疫情防控措施的实施意见》要求，不再对跨地区流动人员查验核酸检测阴性证明和健康码，不再开展落地检。自12月8日起，暂停跨省流动人员落地检措施，暂停重点地区来苏人员有关管控措施，暂停对相关重点涉疫地区来苏人员的闭环转运。12月17日，淮安市新冠肺炎疫情联防联控工作指挥部办公室发布2022年第77号淮安市疫情防控通告，自12月17日起，全市各医疗机构对门急诊就诊人员不再检查48小时内核酸阴性证明。

周恩来故里旅游集散中心　　（区文广旅游局　供图）

12月17日后，淮安区门急诊人数在12月21日、22日达到高峰期，其中12月21日达到最高值16811人，此后逐步下降恢复至上年正常数值；住院人数在2023年1月10日达到最高值4221人，此后逐步下降恢复到往年正常数值。至2023年1月中旬，淮安区常住人口感染情况动态排查显示，全人群感染率为90.6%，其中街道感染率92.25%，乡镇感染率为89.9%；医护人员感染率达98%以上。

一、统筹调度，提升决策指挥效能

成立淮安区联防联控工作指挥部，组建综合协调及后勤保障、综合文字及信息报送、数据分析及疫情研判、交通卡口信息推送、督查督办、专项防控等6个工作组，统筹做好综合协调、流调溯源、核酸检测、医疗救治、转运隔离、社区防控、物资保障、宣传引导、监督检查等重点工作。确保一旦发生疫情，第一时间启动应急响应，迅速完成平急转换，随时接受省市视频调度指挥。

二、严密排查，筑牢“人物环境”同防

一是抽调人员成立数据推送核查专班。做到交办的大数据人员数1小时内排查核实到位，2小时内人员核酸采样到位，5小时内出核酸结果，所有排查、采样、检测、管控不超过8小时。

二是通过“大数据+网格化+铁脚板+个人主动申报”织密排查网络。将农村每10户划分为一个单元格，每日监督单元格内成员返淮情况；城市小区建立“楼道长”制度，每日开展“敲门行动”；针对校园、机关单位、重点企业等管控难度大的场所，建立常态化排查制度。

三是强化进口环节管控。确保进口冷链食品进入集中监管仓“应进尽进”，人员、环境、货品核酸“应检尽检”，环境消杀“应消尽消”，从业人员新冠病毒疫苗“应种尽种”。

四是实行驻厂指导员制度。督促项目招引单位向企业派驻疫情防控驻厂督导员，严格落实扫码测量、车辆信息登记、场所及物品消毒等疫情防控措施。

三、紧盯重点，堵住传播风险

一是做好核酸检测工作。全区设置276个大规模核酸采样点，统筹政法、卫健、公安、教体、镇街等多方力量，确保24小时内完成划定范围人群的“采、送、检、报”任务。

二是抓好隔离点管理。摸排区内酒店底数，制定“一点一案”储备改造方案，按照常住人口每万人不少于60间的储备比例，储备集中隔离房间4785间。所有集中隔离点严格落实隔离人员和工作人员健康管理，隔离房间安装电子报警门磁。

三是紧盯疫苗接种工作。在28个基层医疗机构设置接种点，在商业广场、城区小区、监所、学校设立7个流动接种点。

四、健全哨点监测，建立多渠道预警

强化医疗机构预检分诊、发热门诊“哨点”作用，落实发热病人首诊负责制；全面落实院感防控和医疗废物管理制度。加强公共场所出入人员体温监测及场所码、行程码、核酸检测报告查验工作；每周对公共场所从业人员和环境开展新冠病毒采样检测，落实44类重点人群核酸“应检尽检”机制。

五、补齐短板，健全公共卫生服务体系

一是提升核酸检测能力。截至12月，全区建成1个核酸检测基地、2个核酸检测应急场所、4个核酸检测实验室，有具备资质核酸检测人员60人，核酸采样人员3000人。

二是补齐医疗救治短板。投入1500余万元，为基层医疗机构新购置CT五台；投入600余万元，新购置救护车26辆，其中负压救护车11辆。全区有1个急救总站、5个急救分站。建立1家定点救治医院，有救治床位400张、重症救治床位40张、负压病床24张。

三是强化队伍建设。成立由公卫、公安、工信“三公”人员194人组成的流调队伍，600名消毒队伍，805名心理健康服务队伍。开展业务技能培训，有效提升处置突发事件的能力。

六、及时落实“乙类乙管”措施，疫情防控平稳转段

12月26日晚，国家卫生健康委发布公告，将新型冠状病毒肺炎更名为新型冠状病毒感染；国务院应对新型冠状病毒感染疫情联防联控机制综合组印发《关于对新型冠状病毒感染实施“乙类乙管”的总体方案》，自2023年1月8日起，将新型冠状病毒感染由“乙类甲管”调整为“乙类乙管”。依据传染病防治法，对新冠病毒感染者不再实行隔离措施，不再判定密切接触者；不再划定高低风险区；对新冠病毒感染者实施分级分类收治并适时调整医疗保障政策；检测策略调整为“愿检尽检”。依据国境卫生检疫法，不再对入境人员和货物等采取检疫传染病管理措施。

实施“乙类乙管”后，淮安区按照“保健康、防重症”要求，落实“乙类乙管”措施，加强疫情监测、形势研判、宣传引导，重抓农村地区疫情防控，全力做好医疗救治、老年人疫苗接种、物资保障等工作，最大程度保护人民群众生命安全和身体健康，最大限度减少疫情对经济社会发展的影响。

一是强化疫情防控组织领导。成立农村地区疫情防控工作专班，制定《淮安区农村地区疫情防控工作专班工作方案》，成立10个指导组，包片指导农村地区疫情防控。截至2023年1月17日，乡镇未发现重症、死亡病例。

二是优化统筹医疗资源调度。成立医疗救治专班，有医护人员2995名。建立医务人员统一指挥、统一调配机制，根据实际情况，将医务人员向有需要的医疗机构流动，保障正常救治需要。全区6个二级医院机构发热门诊和镇街发热诊室应设尽设、应开尽开，352个村卫生室应开尽开，24小时接诊和上门医疗服务。加强床位供给。截至2023年1月17日，全区有床位总数4158张，淮安市淮安医院有重症床位50张、可转化ICU床位70张，确保急诊抢救室病人12小时内得到有效收治。通过分级诊疗、双向转诊、急慢分诊等措施，充分保障群众就医需求。

三是加强储备，强化各类物资保障。截至2023年1月17日，全区有呼吸机86台、血氧仪1912只、心电监护仪358台，各医疗单位均能提供吸氧服务。各基层卫生院均配备血氧仪20个左右，各村卫生室均配备2个以上，36个养老福利机构共配备48个血氧仪。免费为每个村卫生室配备60人份以上抗原检测试剂，每个养老机构均配备抗原检测试剂，全区合计配备抗原检测试剂20800人份。紧急培训公交公司驾驶员12人作为院前急救驾驶员后备梯队力量，确保农村地区重症、危重症第一时间得到救治。各医疗机构储备1个月量的药品和物资，确保满足群众需求。

四是加强重点人群保护。对辖区内65岁以上149711名老年人等重点人群健康状况分级分类建立健全档案台账，发放“爱心告知书”。针对纳入红色健康管理的12206名重点人群、黄色健康管理的20375名次重点人群、绿色健康管理的117130名一般人群，由村居、社区工作人员、家庭医生、志愿者、网格员、社区民警等落实分级分类管理措施，建立联系机制，提供健康指导、健康监测、健康评估、用药咨询、在线问诊服务等帮助。截至2023年1月17日，65周岁以上纳入红色健康管理人员感染率为81.98%，纳入黄色健康管理人员感染率为80.28%；针对6202名独居老人等重点人群，由镇街安排人员每日上门了解情况，建立邻里互助机制，感染率为79.17%。

五是持续推进老年人新冠疫苗接种。截至2023年1月16日，全区60~79周岁首针接种170414人、接种率为93.34%，全程接种167293人、接种率为98.5%，加强免疫接种145738人、接种率为87.3%；80周岁及以上首针接种22348人、接种率为73.4%，全程接种19767人、接种率为89.99%，加强免疫接种12084人、接种率为61.67%。

六是加强统筹，保障农产品稳供。持续做好调度监测，确保蔬菜、水产品、猪肉、禽蛋等农产品能够满足群众日常需求。

（区政府办　区卫健委）

位置面积

淮安区位于淮安市东南部，地跨北纬33°16′～33°45′、东经118°59′～119°37′之间。淮安是苏北重要的交通枢纽，京沪、宁连、徐宿淮盐等3条高速公路在境内交汇，新长铁路、京杭大运河、苏北灌溉总渠等穿境而过。全区总面积1452.30平方千米，耕地面积831.746平方千米，森林面积156平方千米，林地面积165平方千米，内陆水域及水利设施用地面积286.93平方千米。

（朱　越）

建置沿革

淮安区境内地域，春秋时先属吴国，后属越国，战国时属楚国。西汉元狩六年（前117年）建射阳县，东晋义熙七年（411年）设山阳县，南北朝齐永明七年（489年）设淮安县，隋开皇三年（583年）置楚州，辖淮阴、山阳等郡县。南宋绍定元年（1228年），李全火烧楚州城。楚州废，升山阳县为淮安军，隶宝应州。元朝设置淮安路，县复称山阳。明初，设淮安府，治山阳，直至清末未变。民国元年（1912年），淮安府裁撤。民国三年（1914年），因与陕西省山阳县同名，县名复称淮安。抗日战争时期，境内分属两个抗日民主政府，运西地区属淮宝县抗日民主政府，运东地区属淮安县抗日民主政府。1947年2月，淮安县政府治所淮城划出为苏皖第五行政区直辖市，9月复并入淮安县。1987年12月，经国务院批准，淮安县撤销，建立县级淮安市。1988年2月2日，淮安召开撤县建市大会。2001年2月10日，撤市设淮安市楚州区。2012年2月23日，淮安市楚州区更名为淮安市淮安区。

区划人口

【概况】　截至2022年12月31日，淮安区有13个镇，3个街道，1个园区，338个村（居）。年末全区户籍总人口112.06万人，比上年末减少1.36万人，减少1.20%；常住人口78.88万人，其中，城镇人口44.01万人，农村人口34.87万人。

【民族】　2022年，淮安区共有34个少数民族，户籍少数民族人口2700余人，流动少数民族人口800余人，分布在全区16个镇（街道）。其中城市少数民族人口以回族居多。少数民族有回族、苗族、彝族、壮族、哈尼族、布依族、侗族、傣族、满族、白族、傈僳族、土家族、拉祜族、朝鲜族、水族、瑶族、黎族、佤族、维吾尔族、蒙古族、怒族、藏族、纳西族、畲族、高山族、普米族、德昂族、哈萨克族、景颇族、仫佬族、布朗族、阿昌族、独龙族、土族。

（张辰龙）

自然地理

【概况】　淮安区自然条件优越，境内地势平坦，土壤肥沃，水网四通八达，动植物种类丰富。淮安区矿产资源主要有岩盐、芒硝、泥炭、砖瓦黏土等。岩盐资源特别丰富，分布在东起朱桥镇、西至清江浦区、南抵石塘镇、北达山阳街道约247平方千米范围内，岩盐矿石查明储量达216亿吨，折合氯化钠123亿吨，伴生钙芒硝（主要组分硫酸

表1　　2022年淮安区主要气象要素统计表

月份	一	二	三	四	五	六	七	八	九	十	十一	十二	全年合计或平均
平均气温（摄氏度）	3.1	3.8	11.1	16.3	21.0	27.6	29.0	29.4	22.7	16.6	13.1	2.7	16.4
降水量（毫米）	24.0	7.3	90.9	26.4	2.2	127.0	118.5	47.3	44.2	57.9	77.4	7.3	630.4
日照时数（小时）	152.7	170.2	216.1	254.2	276.6	274.1	241.1	270.6	233.9	224.2	146.9	194.5	2655.1

钠）约13.42亿吨。泥炭（又称草炭、泥煤）总储量为332.01万吨，平均厚度0.3~0.35米，主要分布在车桥镇、流均镇、漕运镇、施河镇、复兴镇和白马湖农场境内。

（朱　越）

【气候】 淮安区处在北亚热带和暖温带过渡地带，气候温和，光照充足，雨水较为丰富。春秋干湿、冷暖多变；夏季湿热，降水集中；冬季寒冷干燥。

2022年，淮安区气候特点：气温偏高，降水量偏少。年降水量为630.4毫米，比常年偏少3.5成。其中6—8月降水量为292.8毫米，比常年偏少4.7成。梅雨期气候特点：梅雨非典型性特征明显，梅雨期间多晴热高温天气，梅雨量比常年偏少6成，以对流性降水为主。9月13—15日受第12号台风“梅花”影响，全区普降中等以上降水，其中14个站点达到大到暴雨，全区有6个站点达到7级风。

2022年，淮安区年平均气温为16.4摄氏度，比常年偏高1.4摄氏度。其中6—8月平均气温为28.6摄氏度，比常年偏高，共出现≥35.0摄氏度的高温日数33天，是1959年以来高温日数最多的一年。年极端最高气温：38.5摄氏度，出现在8月13日；年极端最低气温：-7.2摄氏度，出现在12月23日；一日最大降水：69.3毫米，出现在3月25日；最长连续降水日数：5天，降水量：57.7毫米，出现在10月3—7日；最长连续无降水日数：18天，出现两次，出现在3月26日—4月12日以及10月8—25日。

（注：常年值采用1991—2020年三十年平均值。）

（乔前东）

旅游资源

【概况】 淮安区是国务院批准的国家历史文化名城，是中国优秀旅游城市，是中国民间文化艺术之乡、中国杂技之乡、中国书法之乡、江苏省文化先进县、江苏省文物保护工作先进集体、江苏省非遗保护工作先进集体。淮安区旅游资源丰富，境内共有31处旅游景区（点），包括周恩来故里旅游景区（周恩来纪念馆、周恩来故居、河下古镇）、周恩来祖茔地、中国漕运博物馆（总督漕运部院遗址公园）、淮安府署、吴承恩故居、沈坤状元府、里运河文化长廊、镇淮楼、韩侯祠、关天培祠、梁红玉祠、刘鹗故居、秦焕故居、杨士骧故居、朱占科故居、新安旅行团历史纪念馆、中共中央华中分局旧址、勺湖公园、萧湖公园、荷湖公园、吴鞠通中医馆、闻思寺、东岳庙、古城墙遗址公园、龙光阁、拈花寺、淮安烈士陵园、大胡庄八十二烈士陵园、车桥战役纪念广场、横沟寺农民武装暴动纪念地、淮安水利枢纽风景区等景区。

【周恩来故里旅游景区】 由周恩来纪念馆、周恩来故居、河下古镇三个景点组成。2015年，以周恩来纪念馆为创建主体的周恩来故里旅游景区创成苏北首批国家AAAAA级旅游景区。

周恩来纪念馆　位于淮安区北门外桃花垠，1992年1月6日落成，邓小平题写馆名。馆区由两组纪念性建筑群、一个纪念岛、三个人工湖和环湖四周的绿地组成，占地总面积40万平方米，其中70%为水面，建筑面积2.5万平方米。在馆区南北800米长的中轴线上，依次建有瞻台、主馆、周恩来生平业绩陈列馆、周恩来铜像广场和仿中南海西花厅、西花苑碑园等纪念性建筑，整体建筑造型庄严肃穆，形式朴实典雅。馆区还有岚山诗碑、五龙亭、怀恩亭、情归厅等景点。周恩来纪念馆是全国首批爱国主义教育示范基地和国家国防教育示范基地。2018年，周恩来纪念馆被评为国家二级博物馆。

周恩来故居　位于淮安区驸马巷内，由东西相连的两个宅院组成。1979年3月5日正式对外开放。1984年12月11日，邓小平题写“周恩来故居”匾额。1988年1月，被国务院公布为全国重点文物保护单位。1996年，被国家教委、民政部、文化部、文物局、共青团中央、解放军总政治部命名为“全国中小学爱国主义教育基地”。2005年，被列入全国百家红色旅游景点景区。

河下古镇　位于淮安区西北侧，紧傍古运河和萧湖，总面积约2平方千米，形成于春秋末期吴王夫差开凿邗沟之时，有2500多年历史。历史上的河下古镇是京杭大运河上的漕盐要津，漕运盐粮必经之地，明清时期达到鼎盛，经济发达、文化繁荣，明清两代出了55名进士、110多名举人。汉赋鼻祖枚乘、《西游记》作者吴承恩、南宋巾帼英雄梁红玉、明代抗倭状元沈坤、清代大医学家吴鞠通、道光帝师宰相汪廷珍等都是河下人，河下还是淮扬菜和淮医的主要发源地。河下古镇仍完整保留着布局井然的明清街巷格局，湖嘴大街、花巷等街道民居和古石板路仍基本保持着明清风貌，是苏北地区保存最完好的历史街区。河下是淮安历史文化名城核心历史街区之一，被国家建设部、文化部确定为全国重点保护历史街区、全国重点文物保护单位。

【淮安府署】　始建于明朝洪武三年（1370年）一直沿用至清末，有650余年历史。淮安府署在明朝时管辖区域为赣榆、海州（今连云港）、邳州、沭阳、宿迁、睢宁、桃源（今泗阳）、清河、安东（今涟水）、盐城、山阳（今淮安区）等九县两州，是江苏辖区面积最大的府署。淮安府署是全国仅存的两座府署之一，占地5万多平方米，署内原有房屋50余幢，600余间。淮安府署正堂高10米，面积500余平方米，气势宏大，威严壮观，为全国衙署正堂之最。清咸丰十年（1860年）正堂毁于大火，署理淮安府事的陶金冶于当年修复，在淮安府署正堂中脊梁上还可见到陶金冶修复正堂时留下的墨宝。

淮安府中路前段办公建筑，中路后段主要是知府及知府家人生活居住场所。东路为迎宾、宴客场所。首先是祭祀、招待来宾娱乐之所——古戏台、酂侯祠；后为宝翰堂，是知府用来和来宾交流诗、书、画的专门场所；西路为军捕厅署，设有仪门、待质所、熬审房、法鉴堂、二堂、三堂、东西厢房、腰斩台、皮场庙、库房、水龙局等建筑。淮安府署是世界文化遗产、全国重点文物保护单位、国家AAAA级旅游景区。

【漕运博物馆】　漕运景区坐落于淮安区漕运广场，主要由总督漕运公署遗址和中国漕运博物馆组成，2012年被国家旅游局公布为国家AAAA级旅游景区。

总督漕运公署为明清两代管理漕运事务的最高机构（清代称为总督漕运部院），公署的主要职能就是督察催促漕运事宜，管理南粮北调的筹运工作。总督漕运公署遗址在2002年8月旧城改造中被发现，同年被江苏省人民政府公布为省级文物保护单位，2006年作为京杭大运河沿线上一个重要的文物点被国务院公布为全国重点文物保护单位。

中国漕运博物馆建筑采用明清时期江淮流域建筑的主流风格，典雅凝重、古朴大方，总建筑面积约8680平方米。地上两层，面积约1200平方米，包括门厅及游客中心等；负一层展区面积约6000平方米。它打破了传统陈列式博物馆模式，通过史料、文物、图版、多媒体互动等形式全面的展示了千年漕运的历史潮汐。《漕水转谷·千年载运》展览分为5个展区，包括序厅、漕运渊源（历史）厅、千年载运（运河）厅、漕政咽喉（淮安）厅与漕运遗韵（文物）厅。

漕运景区融知识性、趣味性于一体，既是全国漕运历史研究的平台，也是珍贵文物的展示场所，更是文化旅游的重要景区。

【吴承恩故居】　位于淮安区河下古镇打铜巷内，由故居本体、吴承恩生平陈列厅、玄奘纪念堂、美猴王世家艺术馆、六小龄童工作室五个部分组成，是国内唯一综合展示西游记文化和纪念吴承恩的场所。故居占地面积1.5万平方米，建筑面积3800平方米，为明代风格的古典园林建筑群。是全球首部立体电视剧《吴承恩与西游记》的拍摄基地。吴承恩故居景区是国家AAAA级景区，江苏省重点文物保护单位。

【镇淮楼】　位于淮安古城中心，是省级文物保护单位，是历史文化名城淮安的象征性建筑之一。始建于宋代宝庆二年，有800多年历史。1957年，镇淮楼成为“省级文物保护单位”。1958年，镇淮楼进行了一次大修，将楼基楼身放大增高，变木结构为砖木结构，变花墙为实墙，变砖梯为直角条石阶梯，四周皆可登楼。镇淮楼上现辟有“淮安历史文物陈列室”。楼的四周有银色栅栏，南北有门，内为城中心花园，广植蜡梅、金桂、广玉兰、侧柏、龙柏、黄杨等各式花木，日本前首相田中角荣赠送给周恩来故乡的樱花亦有部分植于园中。楼洞里竖有石碑一块，正面镌刻“镇淮楼”魏碑体三个大字。

【勺湖】 位于淮安区城西北隅，古运河堤东侧，拥有水面7.6万平方米，陆地2.67万平方米。因湖较小，古人以一勺之湖形容而得名。在历史上，勺湖周围先后设立的庵观寺院有：法华禅院、文通寺、龙兴寺、千佛寺、老君殿等。1981年前后，淮安县（今淮安区）人民政府对勺湖景观加以修缮，辟为勺湖公园；1988年3月25日被江苏省政府公布为“江苏省文物保护单位”。

【萧湖】 又名萧家湖、珠湖、东湖和学士湖，与勺湖、月湖并称为“淮上三湖”。位于古城淮安西北隅，东近周恩来纪念馆，北依河下古镇，南连勺湖，西接古运河。总占地80公顷。

萧湖以莲花街为界，分南、北两区。南区为中国古代军事家韩信的纪念建筑群，设有漂母祠、韩侯钓台、乾隆御碑，另有状元阁、帆影楼、润州会馆等遗存；北区为明清时盐商私家园林群，有荻庄、带柳园、曲江园和恢台园等。湖中现有“秋水蒹葭、新安旧址、角楼雪霁、荻庄通幽、漂母芳祠、钓台夕照、双枚同辉、步生莲花、登瀛抚霞和东湖烟舟”十大胜景。

【拈花寺】 始建于明代，占地1600多平方米。坐落于淮安区淮城街道莲花巷11号，其“拈花”二字是由佛教的典故“拈花微笑”而来。拈花寺是淮安区开展佛教活动、佛教教育和学术研究的重要场所。

（赵晓燕）

【新安旅行团历史纪念馆】 位于古运河风光带和月湖交汇点上。新安旅行团（简称“新旅”）历史陈列始于1979年，为纪念新安小学建校50周年，布置了新旅史迹展览室。1985年，为迎接新旅建团50周年，由江苏省、原淮阴市、淮安县三级政府拨款，兴建“新安旅行团历史陈列馆”。1987年该馆被原淮阴市人民政府确定为淮阴市文物保护单位。2005年重建新馆，更名为“新安旅行团历史纪念馆”，于当年10月10日（新旅建团七十周年纪念日），正式对外开放。

2010年10月对展厅进行升级改造，2011年6月重新对外开放。2021年底实施展陈提升工程。新的展陈面积增加到2800平方米，展线增加到416米，图片增加到268张，实物增加到197件，新增加文献资料36份。2021年，新安旅行团历史纪念馆获评全国爱国主义教育示范基地、全国青少年教育基地。新旅纪念馆先后被确定和表彰为“全国百家红色旅游经典景区”，江苏省优秀学校德育基地，江苏省优秀爱国主义教育基地，江苏省红领巾实践体验基地，淮安市和淮安区青少年校外教育基地。

（张树利）

【沈坤状元府】 沈坤是淮安历史上的第一个状元，也是一位著名的抗倭英雄，与《西游记》作者吴承恩是同窗好友。沈坤状元府位于河下古镇，建筑面积4500平方米。为缅怀和纪念抗倭状元沈坤，淮安区历时4年，在河下原址上恢复重建了沈坤状元府。沈坤状元府景区由明朝嘉靖年间淮安河下状元沈坤的老宅和寓园两部分组成，整个景区分状元楼、老宅区、习武区、向学区、园林区和纪念区六大部分。于2017年9月30日正式对外开放。

（赵晓燕）

历代名人

【概况】 淮安区人杰地灵，名人辈出。历代名人主要有韩信、枚乘、枚皋、陈琳、吉中孚、赵嘏、卫朴、张耒、梁红玉、沈坤、吴承恩、吴鞠通、关天培、邱心如、刘鹗、周恩来等。

【韩　信】 生年不详，卒于公元前196年，西汉淮阴人，中国历史上杰出军事家。始附项梁，继属项羽，屡次进言，不被采纳，遂投刘邦。汉高祖元年（公元前206年）被刘邦拜为大将。作为统帅，他率军出陈仓、定三秦、擒魏、破代、灭赵、降燕、伐齐，直至垓下全歼楚军，无一败绩。汉高祖四年（公元前203年）平定齐地后，韩信自请为齐王，致刘邦疑忌。汉高祖五年（公元前202年）由齐王改封楚王。后又被诬谋反，因无实据，贬为淮阴侯。后终为吕后、萧何诱杀于长乐宫。韩信是中国军事思想“谋战”派代表人物，被萧何誉为“国士无双”，被后人奉为“兵仙”。与张良整理兵书，并著有兵法三篇，已佚。

【枚　乘】 生年不详，卒于公元前140年。字叔，西汉淮阴人，辞赋家。初为吴王刘濞郎中，刘濞欲反，上书劝谏，刘濞不纳。于是离吴至梁，从游于梁孝王刘武。后被汉景帝召拜为弘农都尉。因不愿为地方官吏，称病辞职，复游梁。待梁孝王刘武死后，回归故里。后汉武帝以“安车蒲轮”的特殊待遇征召枚乘入京。枚乘因年老，卒于赴京途中。《汉书·艺文志》载云枚乘有赋9篇，今留存下来仅3篇，其中《七发》对汉赋特点的形成有重要影响。后世将枚乘与司马相如并称“枚马”。

【枚　皋】 字少孺，枚乘的儿子，西汉淮阴人。自幼受父熏陶，善于辞赋。17岁上书梁共王刘买，被召为郎。后被汉武帝拜为郎，随侍左右。枚皋才思敏捷，“为文疾，受诏辄成，故所赋者多”。《汉书·艺文志》载云枚皋有佳赋120篇。今淮安区有枚亭一座，为纪念枚氏父子。

【梁红玉】 生年不详，卒于1153年，宋楚州人。大将韩世忠之妻，抗金名将。南宋建炎四年（1130年），与韩世忠镇守京口，登橹楼，冒流矢，亲操桴鼓，留下“击鼓抗金”之千古佳话。南宋绍兴六年（1136年），与韩世忠驻防楚州，带领兵士以芦苇织箔为屋，挖蒲根以充饥，使蒲菜留下“抗金菜”之千古美名。

【沈　坤】 生于1507年，卒于1560年。字伯生，明淮安府山阳县人。明嘉靖二十年（1541年）中进士一甲第一名，钦赐状元及第。嘉靖年间，奸佞当道，沈坤为人耿直，不愿折腰事权贵，致使不被重用，长期任翰林院修撰。后改任南京国子监祭酒。嘉靖三十六年（1557年），沈坤因母亡回家守孝。当时，淮安地处黄海之滨，又是漕运咽喉，常遭倭寇骚扰。沈坤挺身而出，变卖家产，召募乡兵千余人，亲自操练，百姓称为“状元兵”。屡次击退倭寇进犯。后遭诬，死于狱中。

【吴承恩】 生于约1506年，卒于约1582年。字汝忠，号射阳山人，明淮安府山阳县人。出生于河下镇估衣街打铜巷小商人家庭。少时聪慧，“好奇闻”，“为诗文下笔立成，清雅流丽，有秦少游之风”。屡试不第，一生仕途不顺。曾任浙江长兴县丞、蕲州荆王府纪善等职。

吴承恩对野言稗史有浓厚的兴趣。因对当时社会不满，他用文学发泄长期郁积在胸中的愤懑，写出了富于积极浪漫主义精神的著名长篇小说《西游记》，为中国四大名著之一。

【吴鞠通】 生于1758年，卒于1836年。名瑭，字配珩，以号行。清淮安府山阳县人。青少年时，热心科举，不第。因其父及侄相继病故，遂专心攻医。创立“三焦辨证”学说，以医治温病。

吴鞠通是中国医学史上具有建设性的代表人物之一。其撰著的《温病条辨》为中医必读的“四大经典”之一。

【关天培】 生于1781年，卒于1841年。字仲因，号滋圃，淮安府山阳县人。幼时读书，后弃文习武从军，官至总兵。清道光十四年（1834年），任广东水师提督。道光二十一年（1841年）二月初六，英军大举进攻虎门炮台，关天培率部死战，以身殉国，是中国近代反侵略战争中最早牺牲的高级将领。

【刘　鹗】 生于1857年，卒于1909年。原名孟鹏，字云博，后更名鹗，字铁云，别号老残，又署洪都百炼生。祖籍丹徒，生于六合，后随父定居淮安府山阳县。刘鹗一生坎坷，但思想活跃，才华横溢。其著作《老残游记》被列为晚清四大谴责小说之一。他还是20世纪甲骨文、古文字学研究的先驱之一。

【周恩来】 生于1898年，卒于1976年，字翔宇，祖籍浙江绍兴，生于江苏淮安。1917年在天津南开学校毕业后赴日本求学。1919年回国，9月入南开大学，在五四运动中成为天津学生界领导人，与郭隆真、邓颖超等组织进步团体觉悟社。1920年赴法国勤工俭学。1921年加入中国共产党八个发起组之一的巴黎共产主义小组。1924年回国，在国共合作期间任广东黄埔军校政治部主任。1927年3月领导上海工人第三次武装起义；在中共五届一中全会上当选为中央政治局委员；和贺龙、叶挺、朱德、刘伯承等领导八一南昌起义。

1928年在中共六届一中全会上当选为中央政治局委员、常委，并任常委秘书长兼中央组织部部长。1931年12月，离开上海到中央革命根据地，先后任中共苏区中央局书记，中国工农红军总政治委员兼第一方面军总政治委员，中央革命军事委员会副主席。1935年1月在遵义会议上，支持毛泽东正确主张，继续被选为中央主要军事领导人之一。在1945年中共七届一中全会上当选为中央政治局委员、中央书记处书记。中华人民共和国成立后，周恩来一直任政府总理，1949—1958年曾兼任外交部长；当选为中共第八、九、十届中央政治局常委，第八、十届中央副主席；政协全国委员会第一届副主席，第二、三、四届主席。

周恩来同志是伟大的马克思主义者，伟大的无产阶级革命家、政治家、军事家、外交家，党和国家主要领导人之一，中国人民解放军主要创建人之一，中华人民共和国的开国元勋，是以毛泽东同志为核心的党的第一代中央领导集体的重要成员。

（淮　志）

美食特产

【概况】 淮安区气候温和湿润，土壤肥沃，水稻、小麦、油菜、鱼、虾、蟹、藕等物产丰富。淮安蚕豆粉丝、皮肚、猪头肉、茶干、车桥朝牌、顺河百页等农副食品享有盛誉。淮安皮肚又叫淮安肉皮，是淮扬菜中的传统菜品。淮安区河下街道是国内最大的皮肚生产区、集散地之一。

【淮扬菜】 淮安区是中国四大传统菜系淮扬菜的重要发源地。软兜长鱼、平桥豆腐、钦工肉圆、开洋蒲菜、文楼汤包、朱桥甲鱼等是淮扬菜的经典代表。淮扬菜口味清淡、注重养生，被誉为“东南第一佳味，天下之至美”。中华人民共和国成立时开国第一宴，用的就是周恩来总理家乡的淮扬菜。

【地方特产】 淮安区自古以来就是鱼米之乡，盛产荷藕、菱角、慈姑、茭白、莼菜、荸荠、水芹、芡实（鸡头米）、西瓜、青萝卜、小龙虾、虎头鲨等时令物产。2019年，“卢家滩手剥鸡头米”获国家绿色食品认证，芡实米、芡实粉、芡实杂粮粉等产品深受苏州、福建、广东、安徽市场青睐，截至2022年末，车桥镇芡实种植面积近3万亩。

（淮　鉴）

经济和社会发展

【概况】 2022年，淮安区坚持以习近平新时代中国特色社会主义思想为指导，坚持稳中求进工作总基调，统筹疫情防控和经济社会发展，综合实力稳步提升。入选全国红色旅游融合发展试点单位，上榜2022年全国市辖区旅游发展潜力百佳区名单，入选第二批长三角高铁旅游小城，创成第四批江苏省生态文明建设示范区、江苏省第十二届双拥模范区、江苏省农村物流达标县、江苏省健康促进区。

【主要经济指标】 2022年，淮安区实现地区生产总值751.14亿元，同比增长4%。其中，第一产业实现增加值84.51亿元，同比增长4.7%；第二产业实现增加值323.98亿元，同比增长5.5%；第三产业实现增加值342.65亿元，同比增长2.6%。全年实现规模以上工业增加值同比增长10.8%；规模以上固定资产投资264.47亿元，同比增长15.8%；社会消费品零售总额251.97亿元，同比下降0.8%；居民人均可支配收入32031元，同比增长5.9%。全年商品房销售面积100.93万平方米，同比下降23.7%。全年完成一般公共财政预算收入34.88亿元，同比增长8.3%。

【社会事业发展】 2022年，淮安区增强公共服务，增进民生福祉，社会事业不断发展。年末有各类学校171所，义务教育阶段学生巩固率100%，初中毕业生升学率98.60%，学生体质健康及格率达98.49%、优秀率16.23%；有各类卫生机构410个（不含诊所），有病床4739张；有国家高新技术企业81家，万人有效发明专利拥有量5.56件；有国有博物馆、文化馆、公共图书馆各1家，有纪念馆2家，镇街综合文化站16所，农家（社区）书屋330家，镇街淮安书房16家，城区淮安书房2家；有旅游景区（点）31处，累计接待游客1170万人次。全年新增农村劳动力转移6940人，城镇新增就业6315人，城镇登记失业率控制在4%以内；城镇职工基本养老保险参保人数9.77万人，城乡居民养老保险参保人数32.96万人，参保覆盖面持续扩大；经常参加体育健身人口达总人口44.6%，人均体育场地面积4.02平方米；完成产前筛查2901人，宫颈癌筛查28553人、乳腺癌筛查28638人，新生儿疾病筛查2973人；新生儿死亡率0.67‰，婴儿死亡率1.34‰，托幼机构卫生保健合格率98.15%。水环境质量显著提升，国省考断面优III比例达100%；$PM_{2.5}$浓度32.5微克/立方米，同比下降10.2%，优良天数比率82.7%。

（区统计局）

1月

1日，市委书记陈之常到淮安区检查超市、建筑工地节假日期间疫情防控和安全生产工作。

△淮安区在新安小学小好汉剧场举行2022年“元旦慈善一日捐”现场捐赠活动。活动现场认捐善款2129.66万元。

7日，按照省年度综合考核工作统一安排，省第一综合考核组对全市开展现场核查项目工作，到区新安旅行团历史纪念馆和石塘镇张兴社区进行现场核查。

8日，是周恩来总理逝世46周年纪念日，淮安区举行周恩来文化研究会揭牌仪式暨“周总理与淮安文化”专题研讨会。省内周恩来文化研究专家及淮安区周恩来研究会成员近200人参加专题研讨会。

9—11日，中国人民政治协商会议淮安市淮安区第十五届委员会第一次会议召开。

10—12日，淮安市淮安区第十八届人民代表大会第一次会议召开。

13日，副省长马欣一行到淮安区乡村振兴重点帮促村、基层卫生院和农业龙头企业，检查农村地区疫情防控和重要农产品稳产保供情况，调研农村改厕、人居环境整治提升等工作。

16日，淮安区作协创研基地揭牌仪式暨“新时代背景下的大运河文学建构——毕飞宇、丁帆文学创作对话会”在里运河畔举行。

18日，中国共产党淮安市淮安区第十三届委员会第四次全体会议召开。

△全区疫情防控工作领导小组会议召开，对春节期间疫情防控工作进行全面动员部署。

△区人社局、区残联在区人力资源市场举办2022年就业援助月启动仪式暨专场招聘会，集中帮扶困难群众就业。

20日，“让善汇流、为家充电”——省贫困家庭慈善救助“家电包”发放活动在河下街道螺蛳街村举行。省慈善总会秘书长谢玉和，省慈善总会捐赠中心主任黄月梅等参加活动。

25日，全区党史学习教育总结会议召开。市委党史学习教育第一巡回指导组成员、市民政局机关党委副书记何涛到会指导。

27日，市委书记陈之常到淮安区走访慰问部分退役军人、劳动模范、高层次人才、困难家庭、困难老党员、低保户。

△区长颜复为获得AAAA级餐饮名店称号的映像淮安、老淮安两家饭店现场挂牌。

29日，全区领导干部警示教育大会召开。会议贯彻落实习近平总书记在十九届中央纪委六次全会上的重要讲话精神，以及省纪委十四届二次全会和市委有关会议精神。

2月

7日，2022年全区招商引资暨项目攻坚大会召开。

8日，淮安区召开企业上市暨“专精特新”小巨人企业培育工作座谈会。

△淮安区召开2022年企业技工定向培养服务座谈会。

9日，全区百里画廊暨古城复兴建设工作大会召开。落实中央和省委部署，围绕市委提出的“支持淮安区古城复兴，打造全市展示‘象征意义’的窗口”要求，以百里画廊为统领，推动城市建设再上新台阶。

11日，省水利厅副厅长黄良勇带队到淮安区专项督查水电站安全运行工作。

15日，淮安区上海驻点招商联络处在沪挂牌成立。

17日，淮安区召开老城有机更新（复兴）方案视频交流会。淮安老城有机更新（复兴）方案规划面积7.44平方千米，围绕“四湖一垠”“四廊”（生态走廊、产业连廊、文化长廊、幸福画廊）开展老城文化传承和品质提升工作，达到水系连通、路网贯通、视觉畅通，绘制出相对成熟的老城更新蓝图。

25日，“回信记心间 永远跟党走”淮安区青少年红色故事大宣讲活动在新安小学正式启动。

△新疆生产建设兵团第七师125团党委书记、政委徐新洲一行到淮安区考察，双方就对口援疆工作进行深入交流。

28日，自然资源部党组成员、副部长王广华率队到淮安区荣安智创园项目现场实地调研自然资源节约集约利用工作。省自然资源厅厅长刘聪、副厅长崔娟，市领导史志军、顾坤、张笑、韩文军等，区领导颜复、朱书文、戴向峰陪同调研。

3月

2日，扬州市委常委、宣传部部长张长金率队到淮安区考察，就两地联动开展“世界美食之都”宣传进行交流。

△“从小学先锋 长大做先锋”——纪念周恩来总理诞辰124周年主题活动暨红色文化育人联盟启动仪式在周恩来红军小学举行。

3日，区委农村工作会议召开。落实中央、省市委农村工作会议精神，动员全区准确把握新形势，全面推进乡村振兴战略，加快农业农村现代化步伐，推动“三农”工作迈上新台阶。

5日，是周恩来总理诞辰124周年纪念日。区四套班子领导张笑、颜复、胡启新、关晓卫向周总理汉白玉塑像敬献花篮，深切缅怀周总理光辉业绩和卓著功勋，表达家乡人民深深怀念之情。

△市长史志军率队到淮安区调研城建重点工程建设。

△区政府与淮安生物工程高等职业学校签署战略合作框架协议。

6日，淮安区召开“清洁家园”专项行动部署会，深入推进全区“清洁家园”工作，营造整洁、优美、文明、宜居的城乡环境。

12日，全区疫情防控工作领导小组会议召开，针对当前疫情防控严峻形势，进行再动员、再部署。

13日，淮安区全面推行林长制暨国土造林绿化和森林防火工作会议召开。

15日，市人大常委会副主任徐利华带领市委疫情防控督导组到淮安区督导疫情防控工作。

19日，市长史志军率队到淮安区实地调研交通道口抗原检测点运行情况，看望慰问一线工作人员。

23日，市长史志军率队到淮安区调研城区积涝点改造工作。

24日，副市长邱华康到苏嘴、博里、车桥、施河4个镇，调研农业产业集群暨春耕生产工作。

28日，市长史志军率队到淮安区，访企业、问困难、化瓶颈，深入开展稳企业促发展调研。史志军强调，企业发展是稳固经济基本盘的基础。要坚持疫情防控和经济发展两手抓、两手硬、两手赢，强化服务意识，积极创新思路，着力化解企业发展中的实际困难。

30日，副市长、区委书记张笑带队督导全员核酸检测工作。

4月

7日，区长颜复专题调研文物保护与考古工作。

8日，市长史志军率队到淮安区调研台资企业生产经营和项目建设情况，现场协调解决存在的问题。

△市长史志军到淮安区调研督导中央生态环境保护督察信访交办问题整改工作。

9日，区长颜复到江苏国信淮安燃气发电有限责任公司和江苏国信淮安生物质发电有限公司调研生产保供情况。

11日，副市长、区委书记张笑前往大中专院校、集中隔离点检查指导疫情防控工作。

△副市长、区委书记张笑主持召开区委常委会会议，对中央生态环境保护督察交办信访问题整改工作进行专题部署。省生态环境厅第三专员办副主任朱正伟应邀到会指导。

12日，市政协副主席王苏君率调研组到淮安区开展“优化托育服务 解决家庭之忧”专题调研。

14日，光群镭射科技项目签约。光群镭射科技项目落户江苏淮安经济开发区智能装备制造产业园，总投资5000万美元。

15日，市政协副主席周毅带领市直相关单位负责人和部分政协委员到淮安区开展“建设美食之都，增强城市魅力”对口协商调研。

16日，市委常委、常务副市长顾坤到淮安区推进大运河百里画廊项目建设，检查疫情防控措施落实情况，现场会办解决存在问题。

△全区安全生产大检查动员部署会召开。

19日，市人大常委会常务副主任、党组副书记赵洪权带队到淮安区调研人大工作。

20日，淮安区召开2022年度医疗保障工作会议，部署推进全区医保工作。

22日，市长史志军率队到苏盐井神公司，调研企业疫情防控、生产经营和项目建设情况。

23日，市委常委、常务副市长顾坤到淮安区实地会办省市重大产业项目，推进淮昆台资合作产业园建设、重点项目招引等工作。

△“阅诵新时代 奋进新征程——2022淮安周恩来读书节淮安区活动”在线上启动。这是淮安区举办的第十二届读书节。区长颜复在线接受访谈并对读书节活动提出希望和要求。

24日，全区大运河百里画廊重点项目建设推进会召开。

26日，淮安区召开2022年度全区人大代表建议和政协委员提案交办会，总结全区2021年建议和提案办理工作，部署2022年工作任务。

28日，全区高质量跨越发展目标兑现暨“五新”行动总结大会召开。贯彻落实市“对标找差、补短强特、创新实干”高质量跨越发展总结动员大会精神，全面总结2021年成绩，科学研判发展形势，系统谋划和部署2022年工作。

△全区先进生产（工作）者表彰大会召开。会议为10名先进生产（工作）者代表现场颁奖。

29日，区政协举行“书香政协·同心筑梦”委员读书活动网上启动仪式。

5月

1日，区长颜复带领相关部门负责人开展巡河活动并现场推进防汛防旱工作。

5日，淮安区召开年轻干部挂职锻炼“双百计划”工作交接会，共有14名年轻干部分别到镇街（村居）和外市单位进行半年至一年的挂职锻炼。

△区长颜复现场推进危房解危工作。颜复一行查看了东长街居民点、周转楼、袜厂宿舍、商机厂危房现场，听取危房整治工作进展情况汇报。

7日，市长、市级总河长史志军到淮安区调研防汛工作并开展巡河督导。

8日，淮安区召开金融形势分析暨金融机构招商引资推进会，总结2021年金融工作成绩，部署2022年度金融工作，贯彻落实中央、省、市帮助市场主体纾困解难的各项金融政策，推动全区经济社会高质量发展。

12日，市委副书记赵正兰率队到淮安区观摩乡村振兴重点工作，推进农业重大项目建设和乡村公共空间治理工作。

△市人大常委会副主任周茂萱到淮安区调研人大代表履职管理工作。

13日，市政协副主席、市总工会主席张志勇、市总工会党组书记王立华一行到江苏双环齿轮有限公司，为全国“五一”劳动奖章获得者朱玉庭现场授奖。

14日，区委政法工作暨市域社会治理现代化试点工作会议召开。

15日，淮安区举行学习贯彻习近平总书记在庆祝中国共产主义青年团成立100周年大会上的重要讲话精神座谈会。

16日，团区委开展“喜迎二十大 永远跟党走 奋进新征程”主题团日活动。

17日，国家粮食和物资储备局江苏局党组书记、局长吴永顺一行到苏盐井神盐业股份有限公司实地调研盐穴储油储气项目情况。

△省安全生产第八督导组第二小组组长吴良宝、市安全生产第五巡查督导组组长王守祥带队对淮安区安全生产工作进行联合督导。

22日，市长史志军率队到淮安区部分施工工地和企业现场调研大气污染防治工作。

24日，省教育厅副厅长顾月华率队到淮安区调研习近平总书记重要回信精神贯彻落实情况。

25日，市人大常委会山阳街道基层立法联系点授牌仪式在淮安区山阳街道举行。

27日，市政协副主席周毅带队到淮安区开展“发挥比较优势，发展生态经济”专题调研活动。

28日，“满‘淮’诚意、与‘昆’同行”——淮昆台资合作产业园重大项目现场推进会在昆淮智创园项目建设现场举行。市委副书记、市长史志军出席活动并讲话，省台办副主任孙继兵致辞，全国台企联常务副会长、昆山市台协会长、南宝碳纤维董事长孙德聪作视频致辞。

30日晚，由中国儿童艺术剧院与中共淮安市委共同打造的现实题材儿童剧《新安旅行团》在淮安大剧院成功首演。国家文旅部党组成员、副部长卢映川书面致辞。省委常委、宣传部部长张爱军参加活动并致辞。

△省委书记吴政隆到淮安市新安小学，与师生们一起重

温、一起学习习近平总书记重要回信精神,向全省少年儿童致以节日祝贺,向辛勤工作的广大教师和少儿工作者表示诚挚问候。

31日,市长史志军到新安小学新区分校看望少年儿童,并向全市少年儿童致以节日的祝福。

6月

1日,省政协副主席周健民率队到淮安区调研苏盐井神张兴储气库项目建设。

2日,淮安区2022年第一期“订单式”企业技工培训班开班典礼举行。通过“政、校、企”三位一体联动,全面加快企业高级技工培训,为企业解决“用工难”问题。

7日,淮安区召开领导干部会议,宣布省委、市委关于淮安区党政主要领导职务调整的决定。颜复任中共淮安市淮安区委书记,不再担任淮安区人民政府区长职务;提名邓萌为淮安区人民政府区长候选人;张笑不再担任中共淮安市淮安区委书记职务。受市委书记陈之常委托,市委常委、组织部部长孙虎出席会议并讲话。副市长张笑作离任讲话,颜复、邓萌分别发言。

△省委统战部一级巡视员黄仕亮率队到淮安区调研新的社会阶层人士统战工作实践创新基地建设。

8日,省大运河文化带建设研究院理事长周琪率队到淮安区调研大运河文化带建设工作。

9日,区委书记颜复会见到淮安区参观考察的江西省道教协会副会长、三清山三清宫住持孟凡波一行,洽谈推进道教文化养生园项目。

13日,淮安区退役军人乡村振兴“兴村专干”培训班正式开班。

14日,中铁上海局集团有限公司总经理应慧刚一行到淮安区检查铁路建设工作。

△省关工委常务副主任李明朝带队到淮安区开展党史学习教育,参观新安旅行团历史纪念馆,重温习近平总书记重要回信精神。

15日,省委常委、政法委书记邓修明一行到淮安区瞻仰周恩来纪念馆和周恩来故居。

△淮安区人武部党委第一书记任职仪式举行。经淮安军分区党委常委会研究,同意增补颜复为淮安区人武部党委委员、第一书记。淮安军分区司令员徐建松向颜复颁发任职通知书。

△市生态环境局在淮安区召开大气污染防治座谈会,专题指导淮安区大气污染防治工作。

18日,代区长邓萌带领相关部门负责人督查推进大运河百里画廊项目建设工作。

21日,副市长邱华康率队到淮安区调研指导抗旱工作。

△区文广旅游局、区公安分局、区市场监督管理局和江苏有线淮安区分公司组织联合执法队伍,开展境外卫星电视传播秩序专项整治行动。

22日,淮安区老科技工作者协会召开第六次会员大会。副区长陈祖敏参加会议。会议听取并审议第五届理事会工作报告、财务工作报告,审议修改《淮安市老科技工作者协会章程》,选举产生新一届理事会,选举第六届理事会正副会长和秘书长。颜廷飞当选新一届淮安区老科技工作者协会会长。

24日,新一届省委乡村振兴帮促工作队进驻淮安区开展新一轮富民强村帮促工作。新一届省委驻淮安区乡村振兴帮促工作队由省委办公厅担任组长单位,南京市建邺区为副组长单位,10名工作队员来自省委组织部、省退役军人事务厅、团省委、省林业局、省药监局等单位。

30日,江苏省军区政治工作局大校副主任、省退役军人事务厅副厅长张博宇一行到淮安区检查省级双拥模范区创建工作。

△区委书记颜复到施河镇开展“庆七一·联系点上过党日”活动,走访慰问模范党员和生活困难党员。

7月

1日,市委常委、常务副市长顾坤率队到淮安区调研稳经济增长和重大项目建设工作。

△淮安区举行庆祝中国共产党成立101周年暨“跨越赶超、锋行有我”先进典型座谈会。

2日,淮安区召开“四大工程”工作推进会。专题听取“四大工程”工作方案落实情况汇报,部署下一步工作。

△区委书记颜复主持召开美食餐饮服务业提档升级工作推进会。

5日,省住房和城乡建设厅党组成员、副厅长范信芳带领省打击整治养老诈骗工作督导组到淮安区调研。

△市政协副主席王苏君带队到淮安区调研“加快县中振兴 促进教育均衡”工作。

7日,市委书记陈之常调研淮河入海水道二期工程、防汛工作并开展巡河。

8日,淮安区举行林权不动产权证书首发仪式,为名城公司颁发全区首张林权不动产权证。

12日，副市长张笑带队到淮安区督导建设领域安全生产专项整治工作。

△副市长邱华康带领市相关部门负责人到淮安区检查城区防汛排涝工作。

12—16日，区委书记颜复率队赴深圳、马鞍山、苏州等地开展招商考察活动，先后拜访跨境电商、高端装备制造、电子信息等行业的多家企业，与企业负责人深入座谈交流，共商发展大计。

17日，市长史志军到淮安区开展食品生产企业专题调研。

△涟水县委副书记、代县长朱永兴带队到淮安区考察全国文明城市建设工作。

18日，玄武区、淮安区文旅推介会暨战略合作协议签约仪式在周恩来纪念馆文化发展交流中心举行。

20日，区人大、区政府联合召开重点建议办理部门负责人与代表见面会。

21日，市人大常委会副主任徐利华、副市长邱华康带领市相关部门负责人到淮安区调研大胡庄八十二烈士陵园保护利用工作。

△由江苏广电总台融媒体新闻中心和中共淮安市淮安区委宣传部共同举办的“强国复兴有我——幸福社区行”活动在新安小学小好汉剧场举行。

22日，区委人大工作会议召开。

27日，省政府参事室（省文史研究馆）副主任邹立靖带领省文史研究馆馆员和特邀专家到淮安区考察里下河文化保护工作，并召开座谈会。

28日，“好家风 健康行”中国计生协家庭健康促进行动（淮安区）试点项目暨江苏省2022年度家庭健康主题推进活动在淮安区启动。

△江苏“最美退役军人”陈新宽先进事迹媒体见面会在淮安市广播电视台举行。

30日，中华人民共和国成立以来江苏投资额和工程量最大的水利工程——淮河入海水道二期工程开工动员会举行。会议以视频形式在水利部和南京、淮安、盐城同步举行。省委书记吴政隆出席并宣布淮河入海水道二期工程开工。水利部部长李国英、省长许昆林出席并讲话，省委副书记、省委政法委书记邓修明出席。

8月

2日，国家粮食和物资储备局规划建设司副司长晁铭波、能源储备司副司长熊晓宝带队到淮安区考察调研盐穴储油气项目。

3日，区委中心组（扩大）学习会暨国防教育专题报告会举行，邀请著名军事专家尹卓将军讲授国防形势教育课。

△市人大常委会副主任周茂萱带领市人大代表淮安区代表团第二组全体人员专题调研淮安区城市管理工作。

4日，区委书记颜复会见中国十九冶集团有限公司党委副书记、总经理欧成华一行，双方就加强对接、深化合作进行座谈交流。

△区委书记颜复会见到淮安区考察的台湾光群集团董事长郭维武暨合作厂商一行，就进一步推动光群镭射科技项目落地进行深入洽谈交流。

5日，首届新时代生涯教育及人才发展学术研讨会在淮安区举行。中国成人教育协会副会长、北京师范大学教授、博士研究生导师包华影，中国人民大学新闻学院教授、博士研究生导师殷强等参加研讨会。区委书记颜复出席会议并致辞。

10日，中国共产党淮安市淮安区第十三届委员会第五次全体（扩大）会议召开。

13日，“喜迎二十大 翰墨歌盛世”主题书法展暨淮安书法馆开馆仪式在区文化馆举行。

14日，区委书记颜复会见农芯（南京）智慧农业研究院院长陈天恩一行，双方就推进淮安区数字乡村建设、智慧农业发展等方面进行深入交流。

15日，市委书记陈之常到淮安区调研，强调要坚持稳中求进工作总基调，聚力重特大项目攻坚，集中力量招商引资，大抓项目、抓大项目，切实担起“勇挑大梁”的政治责任，为全市经济社会高质量发展作出淮安区贡献。

△第五期“翔宇论坛”暨区委理论学习中心组（扩大）学习会举行。学习会以“深化智改数转、赋能制造业高质量发展”为主题，邀请富士康校友会会长、深圳市工业自动化行业协会会长沈远武辅导授课。

16日，淮安区召开疫情常态化防控工作部署会，研判当前形势，部署防控重点工作。

△淮安区人民检察院举行首届听证员聘任仪式暨听证业务岗前培训会议。

18日，市政协副主席张志勇到淮安区开展“聚力强化核心功能 推动淮安城市复兴”专题调研。

△省水利厅副厅长高圣明一行到淮安区检查渠北灌区续建配套与现代化改造工程安全

生产工作。

17—18日，2022年淮安区民转公学校教师暑期集中培训活动在周恩来红军中学南校区举行，曙光双语学校和吴承恩中学初中部两所民转公学校的374名教师参加培训。

19日，市长史志军率队到淮安区实地调研会办产业项目建设。

22日，区政府与苏州市工业经济联合会招商战略合作签约仪式在苏州纳米城举行。

24日，区委书记颜复以《勇于自我革命 奋力担当作为 以更加昂扬的斗志迈入跨越赶超新征程》为主题，讲授纪法宣讲"千百万"行动专题党课。

△区委书记颜复以《永葆忠诚本色 淬炼政法铁军 在扛起"勇挑大梁"政治责任中干在前、走在先》为主题，为全区政法系统讲授专题党课。

24日，副市长、市公安局局长赵立宏带队到淮安区开展道路交通安全专项督查活动。

29日，市人大常委会常务副主任、党组副书记赵洪权，市人大常委会副主任范更生带队到淮安区调研大运河百里画廊建设。

31日，农业农村部规划设计研究院院长张辉一行到淮安区瞻仰周恩来纪念馆。

9月

1日，省教育厅副厅长顾月华率队到淮安区检查秋季开学安全工作。

△淮安区举行"亲清双月谈"暨汇聚淮商力量优化营商环境活动。

2日，市委书记、市人大常委会主任陈之常以人大代表的身份到淮安区参加"惠民生、助发展"人大代表进村入户促乡村振兴履职活动。

△淮安市建设工程施工图审查中心淮安区分中心揭牌仪式举行。市住建局局长秦浩、区委书记颜复共同为中心揭牌。

5日，副市长张笑带领市相关部门负责人到淮安区调研推进城市家具改造工作。

7日，省水利厅副厅长方桂林带队到淮安区调研淮河入海水道二期工程建设工作。

△区委书记颜复接待来淮考察的昆山通友智能装备有限公司总经理周晟一行，双方就进一步加强合作进行深入交流。代区长邓萌参加活动。

8日，在第38个教师节来临之际，市委书记陈之常到淮安区走访慰问教师代表。

9日，淮安区举行庆祝第38个教师节表彰大会。

11日，第三届吴承恩长篇小说奖颁奖典礼在淮安区举行。

14日，省政府参事室副主任邹立靖率队到淮安区调研红色资源保护利用工作。

15日，区淮河入海水道二期工程建设领导小组第一次全体会议召开。淮河入海水道在淮安区境内长38.3千米，将实施干河主体工程、跨河桥梁工程、渠北影响工程和调度河退建工程等，总投资91.90亿元（不含淮安枢纽）。

18日，淮安区开展"9·18"防空警报试鸣暨小区防空地下室平战转换战时演练活动。代区长邓萌在区人防机动指挥所向市人防指挥部报告全区防空警报试鸣准备工作。

23日，区委民族工作会议暨全区宗教工作会议召开。

△南京海事法院首个大运河巡回审判点揭牌仪式在区法院漕运法庭举行。

24日，淮安区举行区委书记抓基层党建项目推进会暨产业园综合党委授牌仪式。区委书记颜复向淮昆台资合作产业园和淮安电子商务现代物流园综合党委授牌，向5个党组织发放产业链党建发展基金。

△淮安区举行2022年度"振兴旗手"大讲堂开班仪式。

27日，区委政法委举行"喜迎党的二十大 精网微格建新

9月27日，"喜迎党的二十大 精网微格建新功"第四届全区网格员演讲大赛决赛举行　（区委政法委　供图）

功”第四届全区网格员演讲大赛（决赛）。

△淮安区举行退役军人及其他优抚对象优待证发放仪式，现场为24名退役军人代表发放优待证，全区优待证发放工作全面启动。

10月

4日，区委书记颜复会见来淮考察的马来西亚沙巴州（中国）投资中心商务大使、华侨国际控股集团有限公司董事局主席曹正军，江阴市金马玻璃有限公司总经理姜振风，江苏保瑞特科技有限公司总经理吴红兵一行，就推进项目合作事宜进行洽谈交流。

△代区长邓萌走访慰问淮安区百岁老人。

8日，省委第一巡视组巡视淮安区工作动员会召开。

10日，市政协副主席张志勇、韩文军带队到淮安区调研乡村振兴“三级先导”工程建设。

△淮安区召开会议专题推进综合执法进小区工作。

12日，淮安区闲置低效土地厂房摸排清理盘活推进会召开。

13日，省委第一巡视组现场调研淮安区重大项目建设。

△喜迎二十大·交通展新姿——淮安区“镜头里的交通”主题摄影展在淮安汽车客运东站开展。

17日，市长史志军带领市相关部门到淮安区实地调研督导中央生态环保督察交办问题整改工作。

△区委理论学习中心组举行学习党的二十大报告精神专题学习会。

19日，省发展改革委主任李侃桢率队到淮安区实地调研推进重大项目建设。

20日，江苏省广电有线信息网络股份有限公司党委书记、董事长姜龙一行到淮安区调研广电5G“点亮行动”和社区党建工作开展情况。

22日，代区长邓萌主持召开全区物业管理工作座谈会。

23日，区委书记颜复带领相关部门负责人调研推进淮安电子商务现代物流园建设。

26日，淮安区传达党的二十大精神大会召开。区委书记颜复主持会议并讲话，强调学习宣传贯彻好党的二十大精神，是当前和今后一个时期的首要政治任务。区委副书记、代区长邓萌传达党的二十大精神。省委巡视组相关成员列席会议。

△淮安区举行“欢歌新时代 奋进新征程”庆祝党的二十大胜利闭幕文艺演出。

30日，共青团淮安市淮安区第十七次代表大会召开。

△淮安经济开发区与中国电建储能项目签约仪式暨低碳产业园区推进洽谈会举行。区委书记颜复、中国电建集团江西省电力建设有限公司董事长邹胜萍出席签约仪式。

11月

2日，淮安区召开年轻干部座谈会。

3日，市委书记陈之常到淮安区检查督导疫情防控工作。

4日，区残疾人联合会第七次代表大会召开。

△省统计局执法监督局副局长杨勇一行到淮安区调研指导基层统计法治文化广场建设工作。

6日，淮安经济开发区与昆山通友PIM一体成型电感项目正式签约。区委书记颜复、通友智能装备（江苏）有限公司总经理周晟出席签约仪式。

8日，淮安区举行三维不动产权证书首发仪式。这是全区首次在不动产权证书中附三维宗地图示。

9日，省委第一巡视组听取淮安区委工作情况汇报。省委第一巡视组组长陈志扬主持会议并讲话，省委第一巡视组副组长周海南及有关同志出席会议。区委书记颜复代表区委向巡视组汇报工作。

10日，淮安区举行修正集团淮安项目签约仪式。市委书记陈之常、修正集团董事长修涞贵出席签约仪式并致辞。省委第一巡视组组长陈志扬，市长史志军，省委第一巡视组副组长周海南，修正集团副总裁高伯瑞，市委常委、常务副市长顾坤，区领导颜复、邓萌、胡启新、关晓卫等出席签约仪式。修正集团淮安项目总投资约106亿元，是淮安区体量最大的超百亿元制造业项目。项目一期总投资约55亿元。

11日，总投资10亿元的环欧高端传动设备智能制造项目开工典礼举行。

△市委常委、政法委书记周青带队到淮安区，围绕维护稳定、护航发展、司法为民、社会治理等主题开展专题调研。

△2022年全国“行走大运河”全民健身健步走大联动淮安区站启动式暨省老体节淮安区分会场闭幕式在万达广场举行。

13日，淮安区振兴发展促进会第一次代表大会召开。区委书记颜复出席会议并讲话，强调要以振兴发展促进会的成立为契机,不断弘扬乡贤文化、激活乡贤资源、发挥乡贤力量,共同绘就家乡发展的华章。大会审议通过《淮安市淮安区振兴发展促进会章程(草案)》,选举孙一峰为第一届理事会理事长、王金宽为副理事长。孙一峰向大会作题为《不辱使命 勇于担当 为全区高质量快速发展贡献力量》的工作报告。

14日,市委书记陈之常到淮安区调研现代化产业体系建设。

15日,淮安区举办"学习二十大 奋进新征程"新思想通俗理论作品汇演。

16日,省退役军人事务厅副厅长吴晓源带队到淮安区调研指导基层服务保障体系建设工作。

19日,淮安区与德利国际控股有限公司(香港)举行光学电子功能薄膜生产项目签约仪式。区委书记颜复,市科技局党组书记、局长胡长青,德利国际控股有限公司(香港)总经理陈政成,区领导邓萌、王星、朱亚、汪磊等出席签约仪式。光学电子功能薄膜生产项目由市科技局与淮安区共同引进,计划总投资约12亿元。

25日凌晨,淮安区召开疫情防控部署落实会,分析研判全区疫情防控形势,安排部署下一步重点工作。

12月

7日,苏州市委常委、常务副市长顾海东率队到淮安区就深化两地合作实地考察、座谈交流。

△全区物业管理高质量发展第一次联席会议召开。研究部署加强和改进住宅小区物业管理相关工作。

8日,代区长邓萌现场督办区政协十五届一次会议《关于切实做好黑臭水体综合整治"后半篇文章"》的重点提案。

9日凌晨,经过5个小时的紧张作业,264省道淮安区段工程苏北灌溉总渠暨淮河入海水道特大桥80米大跨度连续梁边跨顺利合龙。

11日,市政协副主席、党组副书记周毅率队到淮安区观摩指导文明典范社区创建工作。

20日,区委书记颜复带领相关部门负责人现场调研推进莲花街改造建设工作。

21日,淮安区土地经营管理委员会第一次会议召开。会议研究《关于承接市政府委托区政府行使工业用地供应管理权限的工作方案》、4宗国有建设用地挂牌出让方案、《淮安区补充耕地指标使用暂行办法》、土地征收相关事宜,听取2022年用地计划使用情况汇报。

22日,淮安区召开2022年度区领导班子和领导干部述职测评会议。区委书记颜复代表淮安区委领导班子述职,代区长邓萌主持会议并代表区政府领导班子述职。市考核办成员单冬雷、周健到会指导。

23日,文化和旅游部公布全国红色旅游融合发展试点单位名单,淮安区以大运河"百里画廊"红色旅游融合发展带试点为主题成功入选。

26日,市委常委、常务副市长顾坤到淮安区督导检查食品安全和稳产保供工作。

27日,区委书记颜复召集区各相关部门负责人专题推进江苏淮安经济开发区供热项目建设工作。

29日,中共淮安市淮安区委十三届六次全体(扩大)会议召开。

△冯祥文工作室落成典礼在河下古镇举行。

(档案馆)

重要会议

【中共淮安市淮安区委十三届四次全体会议】1月18日，中共淮安市淮安区委十三届四次全体会议召开。区委书记张笑主持会议，区委领导颜复、王元武、朱书文、祁素娟、袁安宝、吴洪刚、夏开封、彭凯、戴向峰、毛善德等，区委委员、候补委员出席会议。

会上，区委常委、组织部部长夏开封就淮安区出席党的二十大代表候选人推荐人选名单作说明。全会以举手表决方式审议通过淮安区出席党的二十大代表候选人推荐人选名单。

【全区党建工作会议】5月2日，区委召开全区党建工作会议。副市长、区委书记张笑出席会议并讲话。区委副书记、区长颜复主持会议。区领导胡启新、关晓卫、王星、朱书文、祁素娟、袁安宝、吴洪刚、夏开封、彭凯、朱亚等参加会议。会议以电视电话会议形式召开，各镇街设分会场收听收看。

会上，区委副书记王星宣读表彰通报，区委常委、宣传部部长祁素娟作宣传工作报告，区委常委、组织部部长夏开封作组织工作报告，区委常委、统战部部长彭凯作统战工作报告。

会议为10家红旗村（社区）进行授旗，为10名“两在两同”建新功行动党员先锋代表颁发证书。

【中共淮安市淮安区委十三届五次全体（扩大）会议】8月10日，中共淮安市淮安区委十三届五次全体（扩大）会议召开。全会由区委常委会主持。区委领导颜复、邓萌、王星、张进、朱书文、祁素娟、袁安宝、夏开封、彭凯、朱亚等，区委委员、候补委员出席会议。区纪委委员，不是区委委员的四套班子、副处级领导，老干部代表和有关方面负责同志列席会议。会议以视频形式召开，各镇街(园区)设分会场。

全会深入领会习近平总书记在省部级主要领导干部专题研讨班上的重要讲话精神，全面落实省委工作会议和市委全会部署要求，以“四大工程”为引领，统筹推进高质量发展，树牢“项目为王、环境是金”工作导向，动员全区上下“大抓项目、抓大项目”，切实担负起“勇挑大梁”的政治责任，强势助推全区跨越赶超。

全会听取和讨论区委书记颜复代表区委常委会所作的题为《勇挑大梁 奋力赶超 以“大抓项目、抓大项目”的鲜明导向 全力建好全市展示“象征意义”窗口》的报告。区经济开发区、工信局、驻点招商代表等作交流发言。

全会审议通过《中国共产党淮安市淮安区第十三届委员会第五次全体（扩大）会议决议》。

【中共淮安市淮安区委十三届六次全体（扩大）会议】12月29日，中共淮安市淮安区委十三届六次全体（扩大）会议召开。全会由区委常委会主持。区委领导颜复、邓萌、郭玉振、王星、张进、朱书文、祁素娟、袁安宝、吴洪刚、彭凯、毛善德、俞向林、朱亚等，区委委员、候补委员出席会议。区纪委委员，不是区委委员的四套班子、副处级领导，老干部代表，区委各部委办、区各委办局、区各直属单位主要负责人，各镇（街道）党政主要负责人，绿色建造产业园党工委主要负责人，市区两级党代表、人大代表、政协委员中的代表，各民主党派主要负责人,重点企业负责人代表列席会议。会议以视频形式召开,各镇街(园区)设分会场。

全会坚持以习近平新时代中国特色社会主义思想为指导,深入学习贯彻党的二十大精神,贯彻落实中央决策部署和省市工作要求,坚持稳中求进工作总基调,完整准确全面贯彻新发展理念,牢记殷殷嘱托、贯彻回信精神,以“四大工程”为引领,坚决扛牢“建设全市展示‘象征意义’的窗口”政治责任,在新征程上全面推进中国式现代化淮安区新实践。

全会听取和讨论区委书记颜复代表区委常委会所作的题为《牢记使命嘱托 实干担当作为 在新征程上全面推进中国式现代化淮安区新实践》的报告。区经济开发区、文广旅游局、住建局、农业农村局、绿色建造产业园等单位作交流发言。

全会审议通过《中国共产党淮安市淮安区第十三届委员会第六次全体(扩大)会议决议》。

(韩义宇)

组织工作

【概况】 截至2022年底,淮安区有中国共产党基层组织2520个,党员50491人,其中男性40800人,女性9691人;30岁及以下4245人,31~40岁11022人,41~50岁12099人,51~60岁11790人,61岁以上11335人;在职职工党员24028人、农牧渔民党员21209人、离退休党员3750人;2022年新发展党员515名。全年共开展专题直播课程21节,线上培训“云课堂”学习达25000余人次。

【基层党组织】 截至2022年底,淮安区共有中国共产党基层党组织2520个,其中基层党委57个,党总支409个,党支部2054个。区委直属党(工)委46个,其中镇街(园区)党(工)委18个,区直部门党(工)委28个。城市街道党工委3个;城市社区党组织12个,其中党委1个,党总支6个,党支部5个;乡镇党委13个;建制村党组织297个,其中党总支283个,党支部14个。非公企业单独建立党组织179个,党委5个,党总支2个,党支部172个。非公企业联合建立党组织23个,覆盖企业50家。

【区管干部】 截至2022年底,区委管理的乡科级干部971人,其中乡科级领导干部690人(正科职149人,副科职541人)、区管职级干部281人。乡科级领导干部中,女干部107人(正科18人,副科89人),占15.51%;非中共干部18人(正科1人,副科17人),占2.61%,其中民革2人,民盟5人,民建1人,民进4人,九三学社1人,农工党1人,无党派1人,群众3人;大学学历的531人(正科118人,副科413人),占76.96%,研究生学历的47人(正科17人,副科30人),占6.81%;35岁以下64人(正科5人,副科59人),占9.28%;36~40岁89人(正科10人,副科79人),占12.90%;41~45岁135人(正科21人,副科114人),占19.57%;46~50岁203人(正科43人,副科160人),占29.42%;51岁以上199人(正科70人,副科129人),占28.84%。

【干部队伍建设】 2022年,淮安区围绕重特大项目攻坚、城市经营管理建设等中心工作,选优配强园区、财政、区属企业等领导班子,先后提拔22人、进一步使用7人。制定出台“一线三支”干部队伍(即经济一线,专业型、基层一线、年轻干部队伍)建设实施办法,着力建立健全干部队伍“1+3”体系,把经济一线作为培养锻炼的主战场,重点加强年轻干部、专业型干部、基层一线干部培养。先后选派3名镇长开展专职招商,安排5名镇街区管干部赴北京、上海、深圳等市政府驻外办(招商局)跟班学习,比选30名90后干部输送到园区平台专职招商,推选年轻干部10人参加挂职锻炼“双百计划”,多批次抽调300余名年轻干部前往防疫一线历练成长。为136名公务员记三等功,对537名公务员予以嘉奖。加强干部履职能力和专业化水平建设,全年开展产业培育、乡村振兴、应急处突等重点培训班次30个,其中区委组织部牵头举办党政正职、乡科级干部、中青年科级干部培训班,参训学员257人。创新打造线上培训“云课堂”,与中国人民大学、上海交通大学、厦门大学等高校联合开设直播课程21节,参学干部25000余人次。《一群小好汉永远跟党走——新安旅行团红色教育课程》被列为2022年全市干部教育培训精品课程。严格落实干部监督各项规章制度,累计征集干部鼓励激励、容错纠错、能上能下“三项机制”典型案例82篇,择优上报24篇,被市委组织部《淮安组工信息》用稿6篇。

【目标考核管理】2022年，淮安区坚持“项目为王、环境是金”工作导向，以“四大工程”为引领，统筹推进高质量发展。成立淮安区考核工作委员会，搭建考核工作领导小组及其成员单位，健全指标推进“四级责任制”工作机制，以平时考核和年终考核为主要抓手，营造进位争先良好氛围。编制《淮安区2022年度综合考核实施办法》系列文件，建立“绩由事考、人事联考”实绩考评工作机制。采用“按月评价、按季考核”形式，定期通报市考指标完成实绩，召开短板弱项指标专题推进会，对推进不力、持续低位徘徊的指标承担单位，下发提醒单和黄牌警示函，加大纵横分析研判并组织指标整改“回头看”，确保短板提升取得成效。

【重特大产业项目建设】2022年，淮安区坚持“大抓项目、抓大项目”，全力推动重特大产业项目建设取得新突破。落实区领导挂钩重特大产业项目机制，建立“三个一”帮办服务机制（即选取10个签约待开工亿元以上重特大产业项目，按项目成立专职挂钩帮办小组，一名区领导牵头抓总，一名引资单位主要负责人、专职帮办员、经济开发区帮办员全流程帮办服务，一名行政审批局、自然资源和规划分局、生态环境局工作人员负责项目审批手续帮办服务，一名考核办、营商办、招商服务中心工作人员负责项目督查考核），实施项目全流程跟踪机制。建立项目攻坚指挥部联席会议机制，对有价值信息、待签约项目进行过堂，对计划开竣工项目存在的问题进行会办。深化重特大产业项目“三单一报”督查措施，对督查跟踪发现问题，及时印发交办单、提醒单、督办单、制发督查通报，制定推进方案，分类集中会办解决，全力推动重特大产业项目稳步实施。全年新开工亿元以上项目47个，其中10亿元以上项目4个；新竣工亿元以上项目31个，其中10亿元以上项目1个。2022年，淮安区重特大产业项目建设排全市第九名。

【机关“红吾星”党员教育平台搭建】2022年，淮安区在全市首创搭建机关“红吾星”党员教育平台。制定学习制度，要求各机关站点每月第一个周五集中开展学习活动，结合时政要闻和重大节点，全年开展12次专题学习。全年分两批为51个区直机关党组织搭建“红吾星”平台。

【电教制片】2022年，淮安区委组织部联合市委组织部、市党史工办，摄制《中华小号手》专题纪录片，全景式展现新安旅行团共赴国难宣传抗日，建设新中国的传奇故事，9月12日在江苏卫视公共频道首播，在全省取得热烈反响。策划摄制的《“疫”路有你》《岗位有我 请党放心》系列党员教育公益广告，在淮安区电视台、淮安区发布、淮安党建等市区各类媒体平台推广宣传。参与摄制的《记忆100》系列纪录片（承担制作《出奇制胜战车桥》《一群小好汉》），获第十六届全国党员教育电视片观摩交流活动优秀作品纪录片类一等奖、五佳策划奖；策划制作的《周恩来的家国情》系列情景互动式党课，获第十六届全国党员教育电视片观摩交流活动新媒体课件二等奖。

【“祝福二十大 说句心里话”主题活动】2022年，淮安区委组织部联合市委组织部线上搭建“祝福二十大 说句心里话”H5交互平台。平台设置留言板、语音条、照片墙、短视频四大板块，党员干部群众可通过录、传、拍、讲、唱等多种形式留下对二十大的美好祝福。H5平台共收到“心里话”44276条，在全市掀起祝福党的二十大的“告白热潮”。线下在全区启动“祝福二十大 说句心里话”主题活动，引导和激励广大党员干部不忘初心、牢记使命，鼓励党员干部们用质朴的话语，饱满的干劲，

10月，《祝福二十大 说句心里话》H5交互平台上线

（区委组织部 供图）

抒发听党话、感党恩、跟党走的真挚情感。

（任　朕）

宣传工作

11月7日，区委书记颜复赴施河镇调研宣讲二十大精神

（区委宣传部　供图）

【中心组学习】 2022年，淮安区制发《2022年区委理论学习中心组专题学习计划》，重点围绕习近平新时代中国特色社会主义思想、党的二十大精神等重点学习内容设置12个学习专题。全年开展区委理论学习中心组集中学习13次，其中交流研讨6次。10月17日，区委理论学习中心组党的二十大报告精神专题学习会召开，参会常委围绕学习贯彻党的二十大报告精神进行交流。

【理论宣讲】 2022年，淮安区深入开展“习近平新时代中国特色社会主义思想基层行”主题宣讲工作，按序时开展“六进（进机关、进农村、进企业、进校园、进社区、进网络）”宣讲活动，全年累计开展理论宣讲200余场次。发挥新思想通俗理论作品创传中心作用，创新理论宣传宣讲形式，围绕党的二十大精神开展新思想通俗理论作品集中创作。11月15日，在区文化馆举办“学习二十大　奋进新征程”新思想通俗理论作品汇演。

【新闻宣传】 2022年，淮安区围绕党的二十大召开主线策划宣传内容和形式，提高重大主题新闻宣传传播力。新安旅行团历史纪念馆改陈布展工作完成。与灌云县在开山岛联合开展“重走英雄路，寻访守岛人”两地青少年庆祝“七一”建党主题活动，新闻联播、新华日报、江苏新时空等主流新闻媒体予以报道。车桥镇丰年村被新华报业集团定为未来持续跟踪记录江苏现代化进程的调研观察点和践行“四力（脚力、眼力、脑力、笔力）”记者联系点。在海外华文媒体《欧洲侨报》推出专版，展示淮安区各界群众创造幸福生活的图景。全年在市级以上主流新闻媒体刊播稿件近2000条，其中，《人民日报》6篇，《人民日报》（海外版）8篇，央视30条，新华社11条（1条新华每日电讯头版），《光明日报》9篇（1篇头版），《经济日报》4篇（1篇头版）。

【主题宣教】 2022年，淮安区开展“强国复兴有我——幸福社区行”活动。全年开展“强国复兴有我”群众性主题宣传教育活动1000余场。培育选树先进典型，承办陈新宽先进事迹媒体见面会、江苏城市频道江苏最美人物陈新宽先进事迹发布会。举办淮安区庆祝中国农民丰收节荔直播活动，直播间人数达170余万。

【新闻出版】 2022年，淮安区开展系列阅读活动，实施“绘本教育行动”，向全区幼儿园捐赠绘本计20万元，组织绘本阅读行动推广人培训，提升儿童阅读素养。举办“全民阅读春风行

表2　　2022年淮安区委宣传部获市级以上表彰一览表

单位（姓名）	表彰内容	表彰单位
中共淮安市淮安区委网信办	2022年淮安市网络安全宣传周优秀单位	中共淮安市委网信办
淮安区文明办	淮安市《童心里的诗篇》少儿征文大赛优秀组织奖	中共淮安市委宣传部
王　翔	2022年淮安市网络安全宣传周优秀个人	中共淮安市委网信办

表3　　淮安区委宣传部基层单位名录

单位名称	基层单位名称
中共淮安市淮安区委宣传部	淮安市淮安区互联网舆情中心

动”“4·23‘云’上读书节”、农民读书节、纪念周总理诞辰、抗疫、红色诗词诵读等主题阅读推广活动。承办江苏读书节“传红色诵经典”文化校园行活动、淮安市农家书屋主题阅读示范推广淮安区专场活动。全年开展各类线上线下阅读活动700余场次。建成16个镇街级淮安书房、76个示范淮安小书房，淮安书房石塘镇服务点、恩来社区和城郊社区淮安小书房获评2022年淮安市优秀淮安书房、优秀淮安小书房。区新华书店获评2022年度江苏省“最美书店”。区“扫黄打非”办获评2022年省“扫黄打非”工作先进集体。

【网络宣传】2022年，淮安区围绕“落实总书记回信精神”座谈会、“贯彻回信精神传承红色基因”汇报演出、“落实总书记回信精神”图片展等活动持续开展网上宣传报道。与主流媒体合力打造《中国少年》连环画H5并全网推送，连环画讲述新安小学学生写信、读信、学信的成长过程。开展“大运河口述史影像数据库第三季”建设，拍摄制作《运河边的铁匠铺》等6部专题片，网络播放量100余万次。

（陈　曦）

统战工作

【概况】2022年，淮安区有7个民主党派，分别是中国国民党革命委员会淮安市淮安区总支部委员会、中国民主同盟淮安市淮安区基层委员会、中国民主建国会淮安市淮安区委员会、中国民主促进会淮安市淮安区委员会、中国农工民主党淮安市淮安区基层委员会、中国致公党淮安市总支委员会淮安区支部、九三学社淮安市淮安区委员会，共有成员455人。淮安区无党派知识分子联谊会有会员43人。各民主党派深入开展“矢志不渝跟党走、携手奋进新时代”政治交接主题教育，九三学社淮安区委员会完成换届工作，各民主党派顺利完成新老交替和政治交接。各镇街开展“一镇街一品牌”“一阵地一特色”统战阵地建设工作，全区共建设镇街统战阵地12家，涌现出施河镇“新创空间”、博里镇“博里·田园诗画苑”、漕运镇“民间艺术同心苑”、钦工镇“乡村直播集市”、淮城街道“恩来社区同心服务站”等一批特色基地。2022年，河下街道螺蛳街村被评为省级侨务“进三区”示范单位；“海棠新思荟”“博里·田园诗画苑”创成市级新阶层四星级基地；基层统战干部刘佩珩先后获“全市统一战线青年干部演讲比赛”一等奖、“全省统战系统学习党的二十大精神青年党员演讲比赛”三等奖。全年在《中国统一战线》《华人时刊》等中央及省级媒体杂志刊载统战宣传文章20余篇。

【思想建设】2022年，淮安区统一战线坚持把加强思想政治引领放在工作首位，深化统一战线共同奋斗政治共识。《中国共产党统一战线工作条例》学习列入区委统一战线工作领导小组会议议程和党委中心组学习内容。在省社会主义学院举办全区统战干部培训班1期，就《条例》内容进行专题学习；运用网络视频教学方式推动《条例》学习。开展“喜迎党的二十大”主题座谈活动3次。组织“讲多党合作故事，献礼中共二十大”“榜样引领前行，同心共向未来”系列短视频拍摄，九三学社《坚守合作初心，用情关爱恒长》获省优秀作品奖。开展统一战线“喜迎二十大”“欢庆二十大”系列文艺汇演4场次。举办“与党同心·砥砺奋进”主题书画摄影作品展，征集书画作品100多幅，并推荐优秀作品8幅参加全市作品展。组织“丹青共绘时代美·携手奋进新征程”自由职业人士庆祝党的二十大研讨交流活动。开展统战各领域党的二十大精神宣讲活动20余场次，组织区各民主党派、统战团体负责人发表学习二十大精神感言文章10余篇。

【服务招商】2022年，淮安区统一战线着力服务项目招引，策应“中国·淮安第二届淮河华商大会”，完成3批次40余名参会侨商来淮接待工作；接待来淮客商考察团8批次70余人次；协助区委区政府赴苏州、昆山、上海、漳州等地举办多场招商推介会。

【政党协商】2022年，淮安区统一战线提升协商议事实效，区各民主党派、工商联和无党派知联会就发挥乡贤作用、传统产业转型升级、教育、医卫等4方面开展调研协商，围绕全国文明典范城市创建、常态化疫情防控、农村生活污水处理等9项工作开展专题民主监督，形成民主监督建议书9份、建议报告5篇，其中《关于发挥乡贤作用的建议》转换为具体工作举措。2022年，区各民主党派共报送各类意见建议96件，党外政协委员报送社情民意116篇，其中《关于加快推进我市森林城市创建的建议》《关于进一步加强汛期水环境专项整治、防范水环境事件发生的建议》获市委主要领导批示；《主动对接上海临港新片区，深度融入长三角一体化》获市政府主要领导批示；5篇建议信息被党派中央采用。

【民族宗教领域统战】 2022年，淮安区统一战线深入开展铸牢中华民族共同体意识主题活动，组织拍摄在淮创业少数民族群众“民族团结一家亲，我在淮安有个家”短视频，帮助解决外来少数民族子女就学5人；印发《关于加强全区宗教团体和场所规范化建设的实施意见》，获评市级“和谐寺观教堂”创建优胜单位5个、“六进（国旗国歌、宪法和法律法规、社会主义核心价值观、中华优秀传统文化、反邪教宣传、民生服务进宗教活动场所）”提质增效先进单位10个。全年收缴非法宗教出版物700余本。实施“云眼系统”监控工程，常态化开展宗教领域自建房等既有建筑安全专项整治工作。

【民营经济领域统战】 2022年，淮安区开展民营经济人士理想信念教育和素质能力提升培训近300人次，持续提升“党政亲商会”平台效能。开展“法润民企双走进”“春雨润苗”等品牌活动，帮助企业解决实际需求30余个。助企用足用好惠企政策，积极应对疫情不利影响。引导民营企业家弘扬光彩精神，树立“义利兼顾，以义为先”的淮商形象，连续6年开展“送清凉·光彩节”活动，连续13年开展“栋梁工程”光彩助学活动。

【党外知识分子和新阶层人士统战】 2022年，淮安区举办2022年度党外后备干部培训班，建立100人的淮安区党外后备干部队伍；以行政事业单位和国有企业中层及以上党外干部为重点，开展首批25人的党外代表人士调研访谈工作。搭建“海棠益直播”“海棠新思荟”网上统战工作平台，开展“温暖e线牵”“@父母悦读共成长”品牌活动，引导新媒体从业人员和网络人士弘扬主旋律、传递正能量。建成“海棠新思荟”“博里·田园诗画苑”两个市四星级新阶层基地实践创新基地，依托基地，开展新阶层人士思想教育和素质培训500余人次。举办“寻美中国 寻美江苏 寻美淮安 弘扬传统 情暖佳节”等各类新阶层群体活动30余场，受惠群众3000余人次。

【港澳台及海外统战】 2022年，淮安区以视频连线形式开展“奋斗淮安人”——“淮安乡贤走天下”新闻采访活动，远在捷克的淮安乡贤代表陆汉斌通过视频连线形式，就如何促进淮安区更好发展，与区委领导深入互动交流，制成《奋斗淮安人》的首期专题节目。密切联系海外华文媒体，宣传淮安区改革开放成果。10月20日，《欧洲侨报》刊出淮安专版《奋斗创造幸福生活——记江苏省淮安市淮安区的奋斗者们》，介绍淮安区广大干群拼搏奋斗的感人故事。依托“淮统云”平台，进一步完善港澳台同胞及侨情数据库，成立淮安区欧美同学会。

（仇克邪）

机构编制管理

【机构编制制度建设】 2022年，淮安区深入贯彻《中国共产党机构编制工作条例》，出台机构编制请示报告、监督检查、统计和数据使用、信访举报受理办理、违规违纪违法行为预防查处问责、机构编制组织人事财政综合信息管理系统使用、机构编制执行情况和使用效益评估、基层行政权力事项清单编制管理等9项制度规定，进一步规范机构编制管理，明确程序和要求，推进机构编制制度体系建设。

【机构改革】 2022年，淮安区优化资源配置，推动机构改革取得实效。加强改革办机构建设，优化区委对国家安全的领导体制机制，推进行政复议体制改革，完成县区党政专用通信管理体制改革任务，完成应急综合行政执法队伍组建工作，将公安分局分散的行政审批职责集中整合统一行使，进一步优化营商环境。

【基层力量优化】 2022年，淮安区制定《实施基层力量优化工程提升基层治理效能工作方案》，镇街编制完成《镇街职能机构岗位职责与区级对应部门一览表》，进一步明晰镇街“一办六局两中心”机构职能定位、岗位职责、对应承接的区级部门。编制29条镇街重点领域

表4　淮安区委编办基层单位名录

单位名称	基层单位名称
中共淮安市淮安区委机构编制委员会办公室	淮安市淮安区委机构编制统计和信息化管理中心

“镇呼区应”执法事项清单，赋予镇街对辖区需区级职能部门解决事项的协调权。

【权力清单动态调整】 2022年，淮安区完善权力清单动态调整机制。梳理20个部门598项行政权力事项，及时进行动态调整并对社会公开。

【编外用工管理】 2022年，淮安区加强编外用工管理。严抓实名制管理，前移用编进人审批关口，从源头杜绝超编进人等违规现象。出台《机关事业单位编外用工管理暂行办法》，从紧控制机关、事业单位编外用工规模，组织3轮重点人员清理，共清理415人。从严核定17个镇街（含绿色建造产业园）及15家区直单位共计35类编外用工指标。

【事业单位登记管理】 2022年，淮安区规范事业单位登记管理。335个事业单位完成法人年度报告、设立登记、变更登记、证书补领、证书延期换发证书等工作。268个事业单位开展信用等级评价工作；教育系统开展事业单位信用承诺制试点。

【经济发达镇培育】 2022年，施河镇被明确为全省经济发达镇培育对象。制定深化施河镇经济发达镇行政管理体制改革实施方案和20条支持施河镇深化经济发达镇改革配套支持政策，明确责任部门，细化责任分工，建立工作动态季报制度，强化过程督导。

【机构编制服务中心工作】 2022年，淮安区机构编制工作突出服务经济导向，加大土地、招商、台商服务领域机构编制资源保障力度。动态调整主城区街道编制，适应社会事务管理需要。适时调整档案馆、社会治理指挥中心等单位职责、内设机构、职数，提高履职能力。进一步健全公共卫生应急管理体系，在淮安医院等5个二级以上医院设置“公共卫生科”，明确配备3~5名专职人员。持续推动疾控人员“平战结合”派驻机制建设，下达疾控中心招聘用编计划20名（其中派驻基层计划9名），实现镇街全覆盖。落实大运河文化带“百里画廊”建设要求，统筹事业编制资源保障“大运河办”高效运转。向上争取设立新安旅行团历史纪念馆事业机构，打造对外展示红色传统形象窗口。用编计划优先向重点工作、民生事业、镇街一线等重点领域和基层一线倾斜，保障各类用编962名。

（王建云）

人才工作

【概况】 2022年，淮安区围绕经济社会发展大局和中心工作，着力精准招才、科学用才、贴心留才，营造优质人才发展环境，推进人才工作创新突破。制定《关于“翔宇英才工程”三年行动的实施方案（2022—2024年）》，上线运行“翔宇英才·智汇淮安”信息系统。引进江苏省农科院、中国科学院、电子科技大学、河北工业大学等专家、教授9人，成功组建第十五批科技镇长团，调研走访企业130余次，完成技术服务46次，开展产学研对接活动130余次。2022年，淮安区招引博士3人、硕士93人、本科640人。40名“名校优生”、6名北京大学毕业生进入教育系统工作。淮安区有国家级见习基地1个、省级见习基地3个、市级见习基地16个，全年提供见习岗位2326个。新增国家高新技术企业39家，电子科技大学李元勋教授团队入选市“淮上英才计划”创新团队。江苏飞特尔通信有限公司香港中文大学博士后王洪洋创业团队基于低温共烧陶瓷LTCC工艺的5G多天线抗干扰滤波器开发与规模化应用项目获评第七届“创客中国”暨2022年江苏省中小企业创新创业大赛百强项目、企业组第三名。

【产才融合】 2022年，淮安区坚持人才工作与产业发展有效对接，深入园区、企业一线，征集人才、技术、政策需求40余条。利用第十四批科技镇长团力量，邀请相关技术专家与区重点企业开展产学研对接活动11次，来自江西省农科院、电子科技大学、上海交通大学、东华大学等8名专家与百斯特农业、飞特尔通信、鼎丰米业、协成新材料等企业精准对接。23名具有海外工作学习背景的人才申报国家启明计划。苏盐井神、康乃馨织造、芯声微电子等3家企业入选全市首批产业人才举荐企业库，12名举荐人才获批。

【科创载体】2022年，淮安区积极打造“双创空间”，建强科创载体。发挥创新创业大赛中落地项目示范带动作用，孵化培育一批高新企业。对区2021年创新创业大赛获奖3个项目免费给予2500平米厂房支持，永道智能科技有限公司、江苏汀贝科技有限公司投产运营。淮安精密配件特色产业基地入选国家科技部2022年度国家火炬特色产业基地名单；飞特尔通信建成“淮安市LTCC滤波器研发中心”；南京农业大学淮安研究院与百斯特鲜食科研平台合作建设的“功能谷物食品研发中心”正式成立。

【技能人才培养】2022年，淮安区完善技能人才评价体系。共创草坪、双环齿轮等规模企业建立技能人才评价制度。康乃馨织造、全稳农牧、白马湖农场等企业对生产一线职工开展高技能人才培训。全年新增培养高技能人才1085人。5名高技能人才获评市“533英才工程”拔尖人才。新增市级技能大师工作室1人、市级企业首席技师2人。

【人才服务】2022年，淮安区发放人才购房补贴、工作津贴、生活补贴等资助资金1100余万元，其中人才购房补助66万元、人才生活交通补贴100.94万元、“名校优生”一次性就业补助104万元。建成42套83间人才公寓，12名高层次人才入住人才公寓。开展“‘七’待有你 缘系今夕”“怀才聚淮 律动未来”等青年人才交友联谊活动。

（任　朕　徐美玉）

对台工作

【概况】2022年，淮安区贯彻中央对台工作方针，坚持党对对台工作的统一领导，出台《2022年淮安区对台工作任务分解表》，加快台资项目招引，全面推动台资集聚示范区建设提质增效。

【涉台服务】2022年，淮安区建立健全涉台服务联动机制，深化101%服务内涵。打造“法企同行”“台企安全生产月”等服务品牌，组织应急、公安、司法、卫健等多部门赴台企开展安全生产、法律知识培训以及疫情政策宣讲等活动。全年服务台企20余次，协调解决台商台企需求20余个，服务台商台胞近40人次。

【文化交流】2022年，淮安区围绕大运河文化、漕运文化、西游文化、掼蛋文化，组织具有本区域特色的文化交流活动4次。挖掘联络工作渠道，岛内重要台胞寻根联络工作接连取得突破。

【台资招引】2022年，淮安区出台《2022年淮安台资集聚区建设实施方案淮安区行动方案》，围绕新一代电子信息和智能装备制造等主导产业，赴苏州、昆山、漳州等台资密集区举办6场台资推介（产业对接）等涉台经贸交流活动，接待台商考察团8批次50余人次。洽谈推进昆山部分台资转移项目。新招引电子信息类总投资52亿元的芯声微电子二期项目等。建立全区台资重特大产业项目攻坚工作推进机制，全年新设1000万美元以上台资项目9个；新开工1000万美元以上台资项目5个。

（何晓彬）

区级机关党建

【思想政治建设】2022年，淮安区级机关坚持把学习贯彻习近平新时代中国特色社会主义思想作为重要政治任务，开展形式多样的学习教育活动。开展“初心四问大家谈”专题学习活动，增强守初心、担使命的思想自觉和行动自觉。举办“学用新思想”机关讲坛4期，组织党务干部赴南京大学集中培训1次；赠书“送学”疫情防控一线、工会职工书屋，组织党务干部走访参观廉政教育基地、驻地军队。开展“喜迎二十大·党员显风采”主题征文活动，汇编、选登优秀征文19篇，发放征文汇编百余册；组织“海棠红”宣传服务队、书记上党课、经典诵读等多种形式途径宣讲党的二十大精神。

【基层组织建设】2022年，淮安区级机关28个党支部完成换届改选工作；分类指导推进47家机关党组织和9家企业党组织支部标准化建设。开展“五好党支部”达标评定工作，全年评选挂牌20个。定期组织党务实务知识培训以及党性修养专题培训，提升党组织书记履职能力。建立支部书记述党建工作机制、党建工作季度交流考核机制，规范党员发展程序。开展区级机关入党积极分子、发展对象和预备党员跟踪教育培训，实现党员队伍“源头活水”“素质能力”“政治体质”“凝心聚力”四

7月18日，淮安区级机关工委开展党务干部廉政主题教育活动
（区级机关工委 供图）

个提升。组建"双百双队"（即100名青年党员突击队员、100名党员志愿者先锋队员），开展"党旗在基层一线高高飘扬"实战练兵活动。

【机关作风建设】 2022年，淮安区级机关聚力项目建设、聚力乡村振兴、聚力基层治理，推进"三尽"表率机关建设。印发《关于开展"埋头苦干，勇毅前行，争创'三尽'表率机关"主题活动的通知》，推动机关党组织和党员在跨越赶超中尽心为急、尽力而为、尽责担当。开展"遍访企业、助企纾困"活动，推动企业需求与党建资源充分对接。推进"吾心同行、温暖有我"党员助困系列行动，开展"党建助特行""党建绿色行"等形式多样的党建惠民行动，加强党员干部联系群众工作。深化"满意在机关""恩来先锋岗"等创建活动，开展"跨越赶超、锋行有我"系列活动，引导机关党员干部敢担当、善作为、走在前。组织1000余名党员干部以党员突击队、党员先锋岗、党员志愿者等方式，在街道社区防疫工作一线连续奋战40余天。区级机关服务文明城市建设，在主城区主次干道、重点路口开展文明行为引导、路段挂包卫生清扫志愿活动440余人次。

（王 溪）

党校工作

【干部培训】 2022年，中共淮安市淮安区委党校举办各类培训班8期，培训学员超过500人次。联合组织部门举办中青年科级干部综合能力提升班、全区发展对象培训班、全区乡村振兴旗手大讲堂等3个培训班次。承办区民政、招商、司法、金融、政法系统干部培训班5个班次。挑选5名骨干教师组成宣讲团，分赴镇街、企业、学校、军营开展党员冬训、党史学习教育等各类宣讲活动，宣传党的二十大精神、习近平新时代中国特色社会主义思想，累计送教宣讲20余场次，受训党员干部3000余人次。

【课程开发】 2022年，中共淮安市淮安区委党校开发《习近平关于党的建设重要论述》《加强社会治理专题》等党课新专题；挖掘本地教学资源，继续打造专题党课《党史中的周恩来》。

【理论科研】 2022年，中共淮安市淮安区委党校申报1项省委党校课题、1项市委党校科题和2项淮安周恩来邓颖超研究会课题，均完成结项工作。与组织部门联合开展全区党员干部迎接党的二十大主题征文活动。参加区委宣传部和社科联组织的"喜迎党的二十大，追逐城市复兴梦"征文活动，1篇文章获奖。

（杨 键）

老干部工作

【概况】 至2022年底，淮安区有离休干部62人，平均年龄93岁；县处级以上担任过原四套班子老领导退休干部39人（其中享受副省部级医疗待遇1人，厅局级乘车医疗待遇1人）；面上退休干部9142人。离休干部按享受待遇划分，副厅级1人，县处级37人；按参加革命时期划分，抗日战争时期11人，解放战争时期51人；按所在单位性质划分，行政机关21人，事业单位21人，企业20人。2022年，淮安区做好老干部工作，为老干部安享晚年、老有所为创造条件、做好服务。

【老干部生活保障】 2022年，淮安区坚持"一对一"老干部帮扶联系制度，建立区委老干部局、原单位、居住地、子女四阶网格化服务网络。年初为全区离休干部建立服务台账，实现走

表5　2022年淮安区委老干部局获市级以上表彰一览表

姓名	表彰内容	表彰单位
蒋金顺	全省先进老干部工作者	中共江苏省委组织部、中共江苏省委老干部局、江苏省人力资源和社会保障厅

访慰问常态化。各社区(村)将辖区老干部纳入网格化服务,开展离休干部"四百"大走访、"温情服务"等活动。结合走访慰问,及时上门通报传达工作情况、送书、送文件,常态化寄送《银潮》《老年周报》《淮安区报》等报刊供离休干部学习研读。组织原四套班子(副处级)退休老领导、离休干部进行健康体检。组织开展离休干部"四个一"(开展一次走访、拍摄一张纪念照、建立一份健康档案、悬挂一块光荣牌)关爱行动。

【老干部正能量活动】 2022年,淮安区组织老干部开展"迎接二十大,学习二十大,当好新征程银发先锋"主题党日活动;开展老干部"建言二十大""我看中国特色社会主义新时代"等主题调研活动;组织老干部参加淮安市"喜迎二十大,永远跟党走"主题征文活动,《不忘忠诚初心,永葆党员本色》等30篇作品获奖,位列全市第一,区委老干部局获活动组织奖。支持"老干部党员义工队""美丽乡村监督员"等志愿团队开展各类志愿服务活动。

(何　婷)

关心下一代工作

【概况】 2022年,淮安区贯彻落实《关于加强新时代关心下一代工作委员会工作的意见》,制定出台淮安区《关于加强新时代关心下一代工作委员会工作的实施意见》,关心服务青少年健康成长,关心下一代工作取得新成效。

【"老少心向党,喜迎二十大"主题教育活动】 2022年,淮安区关工委在全区开展"老少心向党,喜迎二十大"主题教育活动。开展"党史报告进校园""红色故事大家讲"活动,举办"喜迎二十大、筑梦向未来"老少同台节目展演,组织"党的光辉照我心 童心喜迎二十大"主题征稿活动。与区文明办、教体局、少工委联合发文在全区少先队开展创建"新旅中队"活动。在中小学生中开展"回信记心间,永远跟党走"主题活动。撰写党的二十大精神宣讲稿印发基层关工委;成立全区关工委系统"党的二十大精神宣讲团",深入学校、社区进行中共二十大精神宣讲。

【青少年帮扶帮教】 2022年,淮安区组织中小学法制副校长、区法制教育报告团"五老"(老干部、老战士、老专家、老教师、老模范)进校园、进班级开展法制教育活动。法制报告员潘恒球全年到学校讲法制故事50余场。全区220余个"五老"帮教小组对问题青少年进行重点帮教。区检察院关工委对11名涉罪未成年人,实行一对一帮教。对法院判缓刑社区矫正的青少年,镇、街道关工委组织"五老"跟踪帮教。全区公安派出所均建立关爱工作站,完善各项规章制度,开展"五有五好"创建活动("五有",即有班子、有老干警、有阵地、有制度、有经费;"五好",即班子建设好、作用发挥好、制度执行好、关爱活动好、

8月10日,淮安区开展"喜迎二十大 筑梦向未来"红色故事大家讲("新旅"故事专场)活动　(张媛芳　摄)

社会效果好）。组织150余名“五老”开展网吧义务监督，杜绝未成年人进网吧。

【校外教育辅导站】2022年，淮安区关工委与区文明办、教体局、财政局联合下发《关于全面推进全区校外教育辅导站“强内涵、提质量、上水平”的意见》，提出加强辅导站“组织、队伍、制度、功能”四项建设要求，要求镇街各类辅导站做到班子完备、制度健全、师资保证、管理到位。配合“双减”政策，拓展校外辅导站功能，着力把辅导站建成留守儿童假日辅导站、孤困儿童关爱驿站、家长学校、“五老”培训基地。辅导站配备电子阅览室、棋牌室、乒乓球桌、羽毛球等，为青少年活动提供硬件保障。辅导站根据学生的爱好，开展电脑维修、琴棋书画培训等形式多样的活动。

【家教指导】2022年，淮安区各家长学校开办各类讲座，传授家教知识。做好代理家长工作，关爱留守儿童、孤困儿童。山阳街道“三措并举，认真做好代理家长工作”经验在全市代理家长工作经验交流会上发言。区家长学校总校获评市先进家长学校。山阳街道、平桥镇、苏嘴镇、车桥镇官渡村4家关工委获评全市代理家长工作先进集体；任艳霞、陶开雨、李寿松、王红梅、吉玲珍、张海玲、刘年传、王乃峰、侯志梅、周仕作、咸锦霞、苏爱梅、朱新玲、姚二佳、赵成林、陈飞等16人获评全市代理家长工作先进个人。

（张媛芳）

7月28日，江苏“最美退役军人”陈新宽先进事迹媒体见面会在淮安市广播电视台举行　（区委宣传部　供图）

精神文明建设

【道德典型培育】2022年，淮安区坚持以社会主义核心价值观为引领，大力弘扬社会新风正气，厚植道德沃土，构筑文明高地。全年上榜中国好人1人，江苏好人3人，新时代淮安好人11人（组）；全国“新时代好少年”1人，新时代江苏好少年2人，淮安市“新时代好少年”5人。陈新宽获评江苏“最美退役军人”，陈新宽家庭入选第三届江苏省文明家庭。

【志愿服务活动】2022年，淮安区组织开展“德润淮安 温暖新春”志愿服务关爱行动，各类志愿服务活动共计400余场，受益人数达6万余人次。承办江苏省“道德的力量”巡演走进新安小学活动。淮城街道恩来社区获评江苏省优秀志愿服务社区。2022年，淮安区获评市级优秀志愿者4名，优秀志愿服务组织2个，优秀志愿服务项目3个，优秀志愿服务社区1个。

【文明城市长效建设】2022年，淮安区持续开展“大执法带动大长效”活动，推进文明城市长效建设，完成年度国测、省测迎测任务。全市4次月度考评中，2次获四区第一、2次获四区第二。区新时代文明实践中心提档升级，规模功能居全市前列。承办全市“我们的节日・元宵”新时代文明实践线上活动启动仪式。

（谢　阳）

淮安市淮安区人民代表大会

综　述

【概况】 淮安市淮安区人民代表大会，是本行政区域内的权力机关，由选民直接选举的区人大代表组成。区人民代表大会设常务委员会，在区人民代表大会闭会期间代行区人民代表大会部分职能。2022年，淮安区有十三届全国人大代表1人，十三届省人大代表2人，九届市人大代表82人；有区人大代表377人。区人大常委会有组成人员38人，其中主任1人，副主任4人，委员33人。淮安区人大专门委员会有监察和司法委、社会建设委、财经委。区人大常委会工作机构有办公室、人代联工委、财经工委、法制工委、环资城建工委、教科文卫工委、农经工委；派出机构有淮城街道人大工委、河下街道人大工委、山阳街道人大工委。2022年，区人大常委会修订《区人大常委会议事规则》和《常委会组成人员守则》，制定《区人大常委会质询办法（试行）》，严明工作纪律，明确工作责任，规范工作流程。成立代表履职服务中心，组建全市首家人大社会建设委智库，建立人大常委会环资城建工作智库和规范性文件备案审查咨询专家库，增强工作整体合力。

【主要工作】 2022年，淮安市淮安区人民代表大会共举行人大常委会会议8次，召开主任会议17次；听取和审议“一府一委两院”（区政府、区监察委员会、区人民法院、区检察院）专项工作报告19个；组织执法检查和专题视察、调研27次，开展专题询问1次；开展满意度测评33次，提出书面建议和意见85条；作出决议决定9项；依法任免国家机关工作人员79人次。

【基层人大工作指导】 2022年，淮安区人大常委会强化基层指导，进一步落实常委会领导分片联系、委办对口联系基层人大工作制度，出台镇街人大工作考评办法，完善规范镇人大“一年两会”，促进镇街人大工作质效提升。

（解　毅）

重要会议

【区十八届人大一次会议】 1月10—12日，淮安市淮安区第十八届人民代表大会第一次会议召开。会议选举产生淮安区出席淮安市第九届人民代表大会代表、新一届区人大常委会组成人员；选举胡启新为区第十八届人民代表大会常务委员会主任，葛明、谈效艳、李晓旭、刘宏彬为区第十八届人民代表大会常务委员会副主任；选举颜复为区人民政府区长，朱书文、汪磊、王成伟、陈祖敏、印祺、钟马、朱赤为区人民政府副区长；选举袁安宝为区监察委员会主任，段庆丽为区人民法院院长，臧雪青为区人民检察院检察长（须报市人民检察院检察长提请市人大常委会批准后生效）。会议通过区第十八届人民代表大会专门委员会组成人员名单；通过关于淮安市淮安区人民政府工作报告的决议；通过关于淮安市淮安区2021年国民经济和社会发展计划执行情况与2022年国民经济和社会发展计划报告的决议；通过关于淮安市淮安区2021年财政预算执行情况和2022年财政预算报告的决议；通过关于区人大常委会工作报告的决议；通过关于淮安市淮安区人民法院工作报告的决议；通过关于淮安市淮安区人民检察院工作报告的决议。

【区人大常委会会议】 3月4日，淮安市淮安区第十八届人大常委会第一次会议第一阶段会议召开。会议审议修订《淮安市淮安区人民代表大会常务委员会议事规则》《淮安市淮安区人民代表大会常务委员会组成人员守则》，审议通过《淮安市淮安区人民代表大会常务委员会质询办法（试行）》，审议通过《淮安市淮安区第十八届人大常委会代表资格审查委员会组成人员名单》，审议人事任命案。3月10日，淮安市淮安区第十八届人大常委会第一次会议第二阶段会议召开。会议听取和审议淮安区人民政府《关于提请授予张明南等13名同志“淮安区荣誉市民”称号的议案》。

4月29日，淮安市淮安区第十八届人大常委会第二次会议召开。会议听取和审议区政府关于安全生产专项整治三年行动情况的报告，听取和审议区法院关于全面清理涉党政机关为被执行人案件工作的报告，听取和审议区政府关于2021年度环境质量及环境保护目标完成情况的报告，听取区政府关于房地一体农村不动产登记发证工作情况的报告，审议有关人事任免案。

6月8日，淮安市淮安区第十八届人大常委会第三次会议召开。会议审议有关人事任免案。

6月28日，淮安市淮安区第十八届人大常委会第四次会议召开。会议听取和审议区监委关于整治群众反映强烈突出问题工作开展情况的报告；听取和审议区政府关于全区国有资产管理情况的报告；听取和审议区人大常委会执法检查组关于《中华人民共和国预算法》实施情况的执法检查报告，听取区政府关于该法实施情况的报告；听取和审议区检察院民事检察工作开展情况的报告；审议有关人事免职案。

8月26日，淮安市淮安区第十八届人大常委会第五次会议召开。会议听取和审议区政府关于区十八届人大一次会议代表建议办理情况的报告；听取区政府关于全区义务教育阶段学生“双减”工作情况的报告；听取和审议区政府关于淮安区2021年度本级预算执行和决算草案及其他财政收支的审计工作报告；听取和审议区政府关于淮安区2022年上半年国民经济和社会发展计划执行情况（草案）的报告；听取和审议区政府关于淮安区2021年财政决算（草案）和2022年上半年财政预算执行情况的报告；听取和审议区人大常委会执法检查组关于检查《中华人民共和国慈善法》《江苏省慈善条例》实施情况的报告和区政府关于《中华人民共和国慈善法》《江苏省慈善条例》实施情况的报告；作出对有关部门进行工作评议的决定；审议人事任免案。

10月28日，淮安市淮安区第十八届人大常委会第六次会议召开。会议传达党的二十大精神；听取区人力资源和社会保障局、市场监督管理局、商务局、科学技术局、行政审批局工作报告和评议调查组报告，并进行测评；听取和审议区人大常委会执法检查组关于《淮安市市容管理条例》实施情况的执法检查报告，听取区政府关于该法实施情况的报告；确认关于许可对区十八届人大代表沙彦明采取强制措施的决定；审议人事任免案。

12月27日，淮安市淮安区第十八届人大常委会第七次会议召开。会议听取区政府关于2021年度财政“同级审”审计查出问题整改落实情况的报告；听取和审议区政府关于2022年财政预算调整方案（草案）的报告；听取和审议区政府关于2022年财政预算执行情况和2023年财政预算（草案）的报告；听取区政府关于2023年区级政府重大投资项目计划（草案）的报告；听取规范性文件备案审查工作报告（书面）；审议召开区第十八届人民代表大会第二次会议的决定（草案）；审议区第十八届人民代表大会第二次会议建议日程（草案）；初审区人大常委会工作报告；听取代表资格审查委员会关于区十八届人大代表变动情况和补选代表的代表资格审查情况的报告。

12月29日，淮安市淮安区第十八届人大常委会第八次会议召开。会议审议区十八届人民代表大会第二次会议列席人员范围的决定（草案）；审议区十八届人民代表大会第二次会议的主席团和秘书长、议案审查委员会等建议名单（草案）；审议市人大代表辞职案；补选市人大代表。

（解　毅）

重要活动

【评议法检“两院”部分被任命人员履职报告】 3月10日，区人大常委会召开法检“两院”被任命人员履职评议会。区人大常委会领导胡启新、葛明、谈效艳、李晓旭、刘宏彬、孙学友带领部分常委会组成人员、人大司法和监察委员会全体人员、部分人大代表参加会议，区人大常委会副主任葛明主持会议。会议随机抽取10名被任命人员报告履职情况，并逐一进行满意度测评。区法院院长段庆丽、检察院检察长臧雪青作表态发言。

【视察全区全域旅游建设工作】 5月17日，区人大常委会领导胡启新、葛明、谈效艳、李晓旭、刘宏彬、孙学友带领部分常委会组成人员对全区全域旅游工作进行视察，区政府副区长朱赤陪同视察。视察组实地察看萧湖旅游度假区、周恩来故里旅游集散中心、龙光阁和石塘镇张兴社区，详细了解相关旅游项目开发建设及运营情况，听取区文广旅游局关于全域旅游工作情况的汇报，并进行座谈评议和满意度测评。

对全区全域旅游建设工作情况的总体评价满意率为85.7%，基本满意率为14.3%。对旅游基础设施建设情况评价满意率为85.7%，基本满意率为14.3%。对旅游业态布局规划情况评价满意率为85.7%，基本满意率为14.3%。对旅游人才队伍建设情况评价满意率为64.3%，基本满意率为28.6%，不满意率为7.1%。

视察组认为，淮安区全域旅游工作体制机制方面需要进一步理顺，公共服务功能需要进一步完善，乡村旅游瓶颈需要进一步突破，宣传营销力度需要进一步增强。视察组建议要健全文旅管理体制机制，强化规划引领导向作用，提升文旅基础配套设施，加强文旅宣传营销力度。

【视察渠北灌区续建配套与现代化改造工作】 5月31日，区人大常委会领导胡启新、葛明、谈效艳、李晓旭、刘宏彬、孙学友带领常委会部分组成人员和人大代表视察渠北灌区续建配套和现代化改造工作，区政府副区长印祺陪同视察。视察组实地察看板闸干渠护砌、李码分干渠护砌、茭陵一站引河护砌等工程，召开座谈会，听取区水利局受区政府委托所作的工作情况汇报并进行评议和满意度测评。

对渠北灌区续建配套和现代化建设的总体评价满意率为100%。对渠北灌区建设规划设计的评价满意率为100%。对渠北灌区水利工程实施进度的评价满意率为100%。对渠北灌区水利工程质量的评价满意率为100%。

视察组认为，区政府为改善和提高渠北灌区的配套建设投入大量的精力，从竞争立项到项目实施，再到规范管理，做了大量细致有效的工作，但也存在配套资金未足额到位、工程计量支付慢与工程进度不配套、地方矛盾协调较难等问题。视察组建议要重项目，围绕项目建设推进灌区功能提升；要重质量，围绕保证工程建设质量的前提狠抓工程进度；要重管理，围绕机制完善提升水利管理水平。

【视察区重特大产业项目建设工作】 6月29日，区人大常委会领导胡启新、葛明、谈效艳、刘宏彬、孙学友带领区人大常委会部分组成人员、区人大代表对淮安区2021年以来政府重大产业项目建设情况进行视察，区政府常务副区长朱书文陪同视察。视察组实地察看中通快递三期仓储、扩能项目，江苏永安制药口服固体制剂生产项目，江苏全稳农牧科技有限公司全稳饲料生产项目，江苏长特科技有限公司汽车零部件生产及装配项目，淮安欣明染整有限公司染整二期项目、江苏芯声微MLCC项目等6个项目现场。召开区人大常委会重特大产业项目建设“人大代表随时问”专题会议，7名区人大代表分别从淮安区重特大产业项目招引、帮办服务、土地、资金、人才等要素保障，现有列统企业的质效提升等方面向区政府相关职能部门提出询问，区政府职能部门相关负责人分别向代表进行回答。会议对政府重大产业项目建设工作进行满意度测评。

对政府重特大产业项目建设的总体评价满意率为44.4%，基本满意率为55.6%。对政府重特大产业项目招引的评价满意率为44.4%，基本满意率为55.6%。对政府重特大产业项目建设的评价满意率为44.4%，基本满意率为50%，不满意率为5.6%。对政府重特大产业项目投产达效的评价满意率为38.9%，基本满意率为55.5%，不满意率为5.6%。对政府重特大产业项目要素保障的评价满意率为44.4%，基本满意率为50%，不满意率为5.6%。对政府重特大产业项目帮办服务的评价满意率为50%，基本满意率为44.4%，不满意率为5.6%。

视察组认为，区政府存在重特大项目招引成效不够明显、新培植列统工业企业质态不够好、项目帮办服务意识有待进一步提高等问题。视察组建议要立足淮安区情实际，高标准招引重特大投资项目；要强化项目要素保障，高规格护航重特大投资项目；要增强主人翁意识，高效率帮办服务重特大投资项目。

【视察全区15分钟医保服务圈建设工作】 6月30日，区人大常委会领导胡启新、葛明、谈效艳带领部分常委会组成人员对全区15分钟医保服务圈建设工作进行视察，区政府副区长陈祖敏陪同视察。视察组实地察看顺河镇医保服务站、淮安区医保中心，详细了解15分钟医保服务圈建设及运营情况，听取区医保局关于15分钟医保服务圈建设工作情况的汇报并进行座谈评议和满意度测评。

对全区15分钟医保服务圈建设工作情况的总体评价满意率为100%。对医保服务圈布局规划情况的评价满意率为93.8%，基本满意率为6.2%。对医保服务标准化规范化情况的评价满意率为100%。对医保服务圈队伍建设情况的评价满意率为93.8%，基本满意率为6.2%。

视察组认为，全区15分钟医保服务圈建设工作存在医保公共管理服务能力还需提升、参保群众获得感有待提高、医保服务示范点建设投入不足、省市新规对区基金安全运行带来一定风险等问题。视察组建议要聚焦示范带动，从“最后一公里”到“最优一公里”；要聚焦优化流程，从“办事长途跑”到“办事不出村”；要聚焦贴心服务，从“群众能知晓”到“群众都满意”；要聚焦合力推进，从“区级统筹”到“市级统筹”。

【视察区公安分局“1+5+N”执法规范化建设工作】 8月25日，区人大常委会领导胡启新、葛明、谈效艳、李晓旭带领常委会部分组成人员、人大监察和司法委员会部分委员、部分镇人大主席视察区公安分局“1+5+N”执法规范化建设工作，区政府副区长、区公安分局局长王成伟陪同视察。视察组实地察看城东派出所办案中心和区公安执法办案案件管理中心，听取区公安分局政委王海鸿专题汇报并进行座谈评议和满意度测评。

对区公安分局“1+5+N”执法规范化建设整体建设工作的评价满意率为100%。对规范建设的评价满意率为100%。对功能融合的评价满意率为100%。对组织保障的评价满意率为100%。对实际使用的总体评价满意率为94%，基本满意率为6%。

视察组认为区公安机关执法规范化建设还存在提档建设有待推进、内部运行管理水平有待提高、队伍建设有待加强等问题。视察组建议要坚持围绕中心，在服务大局上有新作为；要深化法治建设，在规范执法上有新作为；要强化政治本色，在队伍建设上有新作为。

【视察区交通重点工程建设情况】 8月29日，区人大常委会领导胡启新、葛明、谈效艳、李晓旭、刘宏彬、孙学友带领常委会部分组成人员和区人大代表，视察淮安区交通重点工程建设情况。区政府副区长、公安分局局长王成伟陪同视察。视察组实地察看348省道范集及白马湖段、京沪高速扩建、264省道等工程项目，听取区交通运输局专题汇报并进行座谈评议和满意度测评。

对交通重点工程建设情况的总体评价为满意率为100%。对交通重点工程建设进度情况的评价满意率为94%，基本满意率为6%。对交通重点工程建设质量情况的评价满意率为100%。对交通重点工程建设组织实施情况的评价满意率为100%。对交通重点工程建设要素保障情况的评价满意率为100%。

视察组认为，2022年全区交通重点工程建设安排符合“十四五”综合交通运输规划，项目建设将更好地助力推动乡村振兴和经济社会发展，但存在项目前期征地拆迁力度有待加强、土地政策和资金问题急需解决等情况。视察组建议，在指导思想上，要有目标意识，增强工作紧迫性；在工作推进上，要能克难攻坚，增强工作的韧性；在组织领导上，要压实责任，增强工作的刚性。

【视察区政府2022年度为民办实事工作】 10月14日，区人大常委会领导葛明、谈效艳、李晓旭、刘宏彬带领常委会部分组成人员、部分街道人大工委主任视察区政府2022年度为民办实事工作，区政府副区长朱赤陪同视察。视察组实地察看河下古镇整体环境提升一期工程、荷湖五号地、紫金花苑、五中沟城市易涝片改造、“乐享园林”小型绿地活力空间等项目现场，听取区政府2022年度为民办实事工作情况的专题汇报并进行座谈评议和满意度测评。

对区政府2022年度为民办实事工作的总体评价满意率为100%。对项目选取的评价满意率为93.8%，基本满意率为6.2%。对项目质量的评价满意率为87.5%，基本满意率为12.5%。对整体进度的评价满意率为93.8%，基本满意率为6.2%。

视察组认为，2022年淮安区为民办实事工作尽管取得较大成效，但仍然存在项目进展不平衡、项目质效需提高、惠民效益待发挥等问题。视察组建议要言必行、行必果，积极兑现承诺；要高标准、严要求，确保序时进度；要强责任、重督导，构建运营闭环；要善总结，谋长远，选好实事项目。

【视察区农业特色产业发展工作】 10月20日，区人大常委会领导葛明、谈效艳、李晓旭、刘宏彬、孙学友带领部分常委会组成人员和区人大代表对农业特色产业发展工作进行视察，区政府副区长钟马陪同视察。视察组实地察看车桥镇卢滩村芡实种植基地和加工基地、施河镇百斯特农业生态园、施河镇江苏百斯特鲜食有限公司，详细了解农业特色产业项目规划、产业配套、企业运营等工作情况。听取区农业农村局局长孙一卫所作的农业特色产业发展情况汇报并进行座谈评议和满意度测评。

对淮安区农业特色产业发展工作的总体评价满意率为100%。对农业特色产业发展规划的评价满意率为100%。对农业特色产业发展质态的评价满意率为94%，基本满意率为6%。对推动农业特色产业发展服务工作的评价满意率为94%，基本满意率为6%。

视察组认为，淮安区农业特色产业规模不断提升、经营主体稳步壮大、三产融合进程加快、品牌意识显著增强，但也存在特色农业发展的产业链有待进一步完善；农业经营主体普遍规模较小，产业链短，深加工企业较少；产业深度融合不够，组织化程度有待提高，市场竞争力有待加强等问题。视察组建议，要继续加快土地流转，夯实特色农业产业化发展基础；要努力培育壮大特色产业，提升产业档次；要奋力加强品牌建设，提升特色农业产业影响力；要强势强力推进，促进特色农业产业化持续快速发展。

10月21日，区人大常委会视察区农业特色产业发展情况

（区人大办　供图）

【视察区城市重点项目建设工作】 11月17日，区人大常委会领导胡启新、葛明、谈效艳、刘宏彬带领部分常委会组成人员和区人大代表，视察区城市重点项目建设情况。视察组实地察看河下古镇茶巷、站前新村、沈坤路体育公园3个项目，听取区城建中心主任胡光宏所作的全区城市重点项目建设情况汇报并进行座谈评议和满意度测评。

对城市重点项目建设工作的总体评价满意率为94%，基本满意率为6%。对城市重点项目建设进度的评价满意率为94%，基本满意率为6%。对城市重点项目建设服务的评价满意率为94%，基本满意率为6%。对城市重点项目组织实施的评价满意率为100%。

视察组认为，区政府聚焦"绿色高地、枢纽新城"目标定位，做优城市环境，提升城市品质，城市重点项目建设工作取得明显成效，但也存在重点建设项目整体速度趋缓、城市南片区发展有待提升等问题。视察组建议，要进一步统筹工作，促进重点项目建设；要进一步突出重点，强化项目建设要素保障；要进一步倾斜民生，量力而行谋划城市建设项目。

（解　毅）

人大监督

【经济运行监督】 2022年，淮安区人大常委会加强对计划、预算、决算和审计工作的监督，通过预算联网监督系统对预算执行进行实时监督，提醒政府部门预算执行专项资金拨付不及时、政府性基金收入入库进度慢等6个风险点；听取和审议区政府2021年“财政同级审”审计查出问题整改落实情况报告、2021年度国有资产管理情况的综合报告。开展工业大项目建设专题视察，提出立足地方经济发展，高质量招引重特大项目、优化项目要素保障、高标准护航重大项目建设等意见建议6件。开展重特大产业项目建设“人大代表随时问”活动，助推项目攻坚提质效、出成果。听取审议安全生产专项整治三年行动情况报告，夯实全区安全基石；专题调研全区优化营商环境工作，推动政府牢固树立“服务就是效益”理念。

【民生实事监督】 2022年，淮安区人大常委会回应群众关切，听取监委关于整治群众反映强烈突出问题工作情况的专项报告，助推政府按时兑现“为民办十件实事”的承诺，推动生态环境保护、义务教育阶段学生“双减”、城乡低保、国家紧密型县域医共体和15分钟医保服务圈建设等关系群众切身利益问题的解决；对农业特色产业发展、渠北灌区续建配套与现代化改造、农村房地一体不动产登记等工作开展专项监督，促进农业增效、农村发展、农民受益；围绕国省干线、城市交通、绿色航运等交通工程开展视察调研，督促推进项目建设，完善城市功能配套。

【法治监督】 2022年，淮安区人大常委会聚力法治建设，检查预算法、慈善法及省慈善条例、淮安市市容管理条例等法律法规实施情况，视察区公安分局“1+5+N”执法规范化建设情况，调研行政执法“三项制度”落实情况；对人力资源和社会保障局、市场监督管理局、商务局、科学技术局、行政审批局等五个部门开展工作评议，梳理出窗口进驻率有待提高、社保数据共享不健全、市场监管执法力度有待加强等问题和不足19项，提出创新行政审批服务方式、深化人才引育等意见建议17件；深化对“两院”的司法监督，拓展“双随机双报告”范围（“双随机双报告”，指在法检“两院”被任命人员履职评议会上，现场随机抽取被测评人员报告履职情况），推动“两院”71名员额人员履职报告全覆盖；组织人大代表旁听案件庭审54人次、参与案件执行22件次，持续推进“执行难”问题基本解决；听取审议法院全面清理涉党政机关为被执行人案件工作和检察院民事检察工作的报告，依法对规范性文件进行备案审查；受理交办群众来信来访事项16件次，维护社会公平正义。

（解　毅）

代表工作

【代表履职服务】 2022年，淮安区人大常委会注重代表作用发挥，强化服务意识，提升保障水平，拓展代表履职平台，推动“一镇一街一品”“一家一站一特色”平台载体建设，实现代表进“家”入“站”全覆盖。市人大常委会司法实践教育基地、文旅画苑示范点、共同富裕实践点、科技致富实践点等特色实践点打造初现雏形。激发代表履职热情，印发《加强新时代人大代表履职担当的意见和代表履职积分管理办法》，建立代表履职档案，充分调动代表履职积极性和主动性。开展“学新旅谈履职”专题培训；推动代表调研视察制度化、规范化、常态化，组织代表参与常委会、专门委员会组织的各项活动300余人次。

【代表建议办理】 2022年，淮安区人大常委会提高代表建议办理实效，建立健全“集中交办、重点督办、跟踪落实、结果反馈、代表评判”办理机制，形成“提、办、督、效”良性循环。针对经济高质量发展、全域旅游开发、中小企业培育等重点建议，建立常委会领导、提出建议代表、建议承办单位三方“会审”机制，推动政策落地、问题解决。针对社会养老服务、未成年人保护、食品安全监管等民生问题建议，邀请代表全过程跟踪督办。区十八届人大一次会议期间提交的210件代表建议，解决率为73.8%，见面率为91%，满意率达100%。

【“惠民生、助发展”代表履职建功主题活动】 2022年，淮安区人大常委会在代表中开展“惠民生、助发展”代表履职建功主题活动。全区1571名五级人大代表深入338个行政村（居），结对困难家庭1285户，走访群众3859人次，捐款捐物48.01万元，收集问题1021个，提出意见建议465条，为民办实事214件。

（解　毅）

重要会议

【区政府常务会议】2022年，淮安区人民政府召开12次常务会议。

1月23日，区长颜复主持召开区政府十八届一次常务会议。会议传达学习省统计局《关于国家统计局召开统计系统贯彻落实〈关于更加有效发挥统计监督职能作用的意见〉视频会议精神情况的汇报》《关于规范国有平台融资行为和资金使用相关要求》；听取关于全区安全生产工作情况的汇报、关于全区春节期间疫情防控工作情况的汇报、关于耕地保护审计整改工作情况的汇报；听取并原则同意关于《2022年政府工作报告》任务分解情况的汇报、关于区政府规范性文件清理结果的情况汇报、关于淮安区新一代雪亮技防工程建设情况的汇报、关于将乾康小区未建楼栋列为平桥镇安置小区的情况汇报、关于《淮安区食品生产加工小作坊负面清单》修订情况的汇报、关于近期1000万元以上政府资金安排情况的汇报。会议票决通过《淮安区新一代雪亮技防工程建设》等2项重大事项和37项1000万元以上的政府资金安排。

3月5日，区长颜复主持召开区政府十八届二次常务会议。会议传达学习习近平总书记关于粮食安全的重要论述、许昆林省长在省打好污染防治攻坚战指挥部视频会议上的讲话精神；听取关于省环保督察问题整改情况的汇报；听取并原则同意关于《淮安区"无废城市"建设方案（草案）》制定情况的汇报、关于《淮安区2022年度招商引资考核激励办法》《淮安区2022年度利用外资考核办法》制定情况的汇报、关于《淮安区工业企业出租厂房排查登记工作方案》《关于持续攻坚安全生产"三年大灶"实施意见》制定情况的汇报、关于《淮安区关于进一步加强经营性人力资源服务机构管理的实施细则（试行）》制定情况的汇报、关于《淮安区列统服务业企业培育激励意见》制定情况的汇报、关于2021年向上争取工作表彰建议方案和2022年考核办法调整情况的汇报、关于《淮安区"清洁家园"专项行动方案》制定情况的汇报、关于授予王元武等十五名同志"淮安区荣誉市民"称号的情况汇报、关于路域环境整治立面出新情况的汇报、关于《淮安区历史文化名城老宅庭院更新实施方案》制定情况的汇报、关于2021年度工业经济获奖企业资金发放情况的汇报、关于近期1000万元以上政府资金安排情况的汇报。会议票决通过《淮安区列统服务业企业培育激励意见》等5项重大事项和47项1000万元以上的政府资金安排。

4月28日，区长颜复主持召开区政府十八届三次常务会议。会议传达学习《关于进一步加强融资平台公司经营性债务管理工作的通知》及相关会议精神、《地方党委和政府领导班子及其成员粮食安全责任制规定》、习近平总书记近期对安全生产工作重要指示精神和全国、全省安全生产电视电话会议及全省安全生产大检查动员部署会议精神；听取关于全区安全生产工作、国有厂房出租安全管理工作和水上交通安全监管工作情况的汇报；听取并原则同意关于中央生态环境保护督察交办问题整改落实情况的汇报、关于2022年度农村生活污水治理设施建设情况的汇报、关于全区公共消防设施和消防装备建设情况的汇报、关于《淮安区行政事业单位经营性资产集中统一管理工作方案》制定情况的汇报、关于《淮安区妇女发展规划（2021–2025）年》和《淮安区儿童发展规划（2021–2025）年》制定情况的汇报；听取并原则同意《进一步帮助市场主体纾困解难着力稳定经济增长的具体实施细则》制定情况的汇报、关于2021年列统服务业企业培育工作激励政策兑现建议方案情况的汇报、关于《淮安区商务流通发展资金扶持政策》制定情况的汇报、关于《淮安区异地来淮建筑服务业税源管理工作方案》制定情况的汇报、关于全区防汛急办工程和城市水环境整治工程情况的汇报、关于海棠大道总部经济走廊激励政策制定情况的汇报、关于控规调整计划安排情况的汇报、关于2022年度拟实施房屋征收工作情况的汇报、关于《2022年区政府规范性文件制定工作计划》制定情况的汇报。会议票决通过《2022年度农村生活污水治理设施建设》等7项重大事项。

5月8日，区长颜复主持召开区政府十八届四次常务会议。会议分别听取区住建局、区应急局关于自建房安全专项整治工作相关情况的汇报。会议要求，要深入学习习近平总书记关于湖南长沙居民自建房倒塌事故的重要指示精神和李克强总理批示要求，认真贯彻落实全国自建房安全专项整治电视电话会议精神和省市部署，深刻汲取事故教训，充分认识开展自建房安全专项整治的重要性、必要性、紧迫性，要增强行动之力，强化源头管控，加快排查整改，对风险隐患保持“零容忍”。

6月2日，区长颜复主持召开区政府十八届五次常务会议。会议传达学习省市打击整治养老诈骗专项行动会议精神；听取关于全区安全生产工作情况的汇报；听取并原则同意《关于强化过紧日子思想严控支出保财政收支平衡的实施意见》制定情况的汇报、关于《淮安区企业国有资产评估管理办法》制定情况的汇报、关于《淮安区工匠评定暂行办法》制定情况的汇报、《关于扶持施河教育体育装备产业高质量发展的实施意见》制定情况的汇报、关于国信生物质发电有限公司供热补贴的情况汇报、关于纬三河不淹不涝及环境整治工程的情况汇报、关于调整全国青少年思政教育核心基地EPC项目部分工程情况的汇报。会议票决通过《关于纬三河不淹不涝及环境整治工程有关事项》等2项重大事项。

7月1日，代区长邓萌主持召开区政府十八届六次常务会议。会议传达学习习近平总书记关于安全生产重要论述、《信访工作条例》精神、中央和省市清理规范公务员工资津贴补贴有关文件精神，传达学习全国、全省迎峰度夏能源保供工作电视电话会议及市政府会议精神；听取关于全区安全生产工作情况的汇报、“信访突出问题攻坚化解年”专项行动情况汇报、关于全区“12345”便民热线工作情况的汇报、关于2022年淮安区为民办实事项目进展情况的汇报；听取并原则同意关于区管国有企业的情况汇报、关于进一步完善全区中小学课后服务经费保障机制的情况汇报、关于全区农房改善集体土地项目情况的汇报；会议票决通过《关于进一步完善全区中小学课后服务经费保障机制有关事项》等2项重大事项。

8月7日，代区长邓萌主持召开区政府十八届七次常务会议。会议传达学习许昆林省长在全省科学技术奖励大会上的讲话精神；听取关于全区“12345”便民热线6月份运行情况的汇报、关于全区行政复议应诉工作情况的汇报、关于全区安全生产“百日攻坚”行动情况的汇报、关于2022年淮安区为民办实事项目完成情况的汇报、关于全区控规调整进展情况的汇报、关于《淮安区数字经济扶持政策》制定情况的汇报；听取并原则同意关于《淮安区深化应急管理综合行政执法改革实施方案（送审稿）》制定情况的汇报、关于镇街人员津补贴等发放情况的汇报、关于淮安区2021年度退役士兵接收安置情况的汇报、关于将恩来干部学院北侧九年一贯制学校地块上的企业征收项目纳入淮安区2022年度国民经济和社会发展计划情况的汇报、关于淮昆产业园工业污水管道工程情况的汇报、关于近期1000万元以上政府资金安排情况的汇报；会议票决通过《关于淮昆产业园工业污水管道工程有关事项》等2项重大事项和49项1000万元以上的政府资金安排。

9月8日，代区长邓萌主持召开区政府十八届八次常务会议。会议听取关于“四大工程”进展情况的汇报、关于全区安全生产工作情况的汇报、关于全区“12345”便民热线7月份运行情况的汇报、关于拟争取督查激励事项8月份进展情况的汇报；听取并原则同意关于明确淮安市粮安粮贸集团有限公司为区属一级企业情况的汇报、关于上河作业港产业园建设及苏盐井神300万吨制盐项目情况的汇报、关于江苏润淮产业发展

表6　淮安区政府办基层单位名录

单位名称	基层单位名称
淮安市淮安区人民政府办公室	淮安市淮安区机关事务管理服务中心
	淮安市淮安区土地综合服务中心
	淮安市淮安区数字经济发展服务中心

基金划转方案制定情况的汇报、名城公司关于制定产业投资运营决策机制情况的汇报、关于区域供水一级管网与白马湖水厂一期等工程情况的汇报、关于近期1000万元以上政府资金安排情况的汇报；会议票决通过《关于制定产业投资运营决策机制有关事项》等4项重大事项和22项1000万元以上的政府资金安排。

10月18日，代区长邓萌主持召开区政府十八届九次常务会议。会议传达学习党的二十大报告精神、习近平总书记致2022全国专精特新中小企业发展大会的贺信精神；听取关于用地计划管理及土地报批政策解读情况的汇报、关于“四大工程”进展情况的汇报、关于压减区本级项目支出情况的汇报、关于全区安全生产工作情况的汇报、关于全区“12345”便民热线8月份运行情况的汇报、关于全区禁毒工作情况的汇报、关于全区争取督查激励工作进展情况的汇报；听取并原则同意关于组建淮安市淮安区储备粮管理有限公司情况的汇报、关于园林绿化工程情况的汇报、关于淮安平桥临港产业基地情况的汇报；会议票决通过《关于园林绿化工程有关事项》等重大事项。

11月8日，代区长邓萌主持召开区政府十八届十次常务会议。会议听取并原则同意关于修正药业在淮投资项目合作协议情况的汇报、关于车桥羽绒纺织产业园一期规划用地范围房屋搬迁补偿安置实施方案制定情况的汇报、关于《淮安区农村住房条件改善五年行动实施方案》制定情况的汇报。

12月3日，代区长邓萌主持召开区政府十八届十一次常务会议。会议听取关于“四大工程”进展情况的汇报、关于全区安全生产工作情况的汇报、关于全区“12345”便民热线9—10月份运行情况的汇报、关于地区生产总值基础指标核算体系和常住人口城镇化率指标测算解读情况的汇报、关于农业重大项目招引建设和乡村公共空间治理工作情况的汇报、关于《淮安区2023年中心城市建设项目》编制情况的汇报、关于近期全区争取督查激励工作进展情况的汇报；听取并原则同意关于《淮安区区管国有企业人员招聘管理暂行办法》制定情况的汇报、关于《淮安区人民政府关于禁止燃放烟花爆竹的通告（修订稿）》制定情况的汇报、关于智能装备产业园四期（淮昆产业园）房屋拆迁与道路提升工程的情况汇报、关于2023年度农村生态河道建设工程的情况汇报、关于成立淮安区淮昆台资合作产业园的情况汇报、关于近期1000万元以上政府资金安排情况的汇报；会议票决通过《淮安区2023年中心城市建设项目》等6项重大事项和6项1000万元以上的政府资金安排。

12月26日，代区长邓萌主持召开区政府十八届十二次常务会议。会议听取关于2023年淮安区《政府工作报告》起草、2022年惠民实事项目完成以及2023年惠民实事项目编制情况的汇报，听取关于全区“12345”便民热线11月份运行情况的汇报；听取并原则同意关于淮安区2022年国民经济和社会发展计划执行情况与2023年国民经济和社会发展计划（草案）报告编制情况的汇报。

【区长办公会议】2022年，淮安区召开8次区长办公会议。主要研究解决以下问题：制定《关于进一步加强和改进内部审计工作的实施意见》、省运河公司淮安轮船站地块补偿费用、成立华西路总部经济走廊建设指挥部有关事项、X234苏钦线工程新增苏嘴镇慢车道及人行道工程、农村公路路域环境综合整治项目、2019—2020年农村公路提档升级工程区级配套资金、继续发放已退休下岗失业志愿兵特殊群体生活困难补助、核定区管企业全体人员薪酬、绿色建造产业园民乐路人工调差及材料调差变更、全国青少年思政教育核心基地主题雕塑建设、购买环卫作业车辆、提高城管协管员和环卫临时人员工资待遇、芯声微电子设备投入补贴、2021年度基础性绩效发放政策及综合考核一次性奖励发放、恩来干部学院周边公交站台升级改造、淮安区工人文化宫职工活动中心改造、调整2022年度淮安区住房保障标准、终止实施红军中学南校区教学楼加固工程、江苏广源石化有限公司处置工作、回购富升园部分房屋、实施淮安区农村公路技术状况（MQI）检测评定项目、原淮安曙光双语学校教师待遇保障、规范民办义务教育发展购买学位有关事项。

（姚　剑）

民生实事

【概况】2022年，淮安区坚持民生优先，持续加大投入力度，编排10大类共71项为民实事项目，高压统筹推进。截至年末，全区10大类共71项为民实事项目基本达或超序时。

【教育资源布局优化】2022年，淮安区建设山阳幼儿园、楚州府幼儿园、红军中学本部扩建二期、新安小学本部改扩建一期等4个教育重点项目；完成杜康桥路幼儿园建设。新增50个托位的普惠托育园2个。构建具有淮安特色的课后服务模式，义务教育学校100%开展课后服务、100%满足有需求的学生。

【公共卫生服务优化】2022年，淮安区新建1个农村区域性医疗卫生中心（漕运镇中心卫生院），通过省级验收。实现产前筛查和新生儿疾病筛查全覆盖。基本公共卫生服务人均补助标准提高到93元。改善49家村卫生室药品储存保管条件。城乡适龄妇女乳腺癌、宫颈癌筛查均达2.85万人以上。遴选确认省优秀基层骨干人才70名。在人员密集场所配备28台AED（自动体外心脏除颤仪）。推动4655名产业工人加入职工医疗互助保障项目。开展重点癌症免费筛查与早诊早治。健全完善疫情防控应急指挥调度信息平台，加强新冠疫情防控培训演练，按不少于7天的需求量储备医用口罩、防护服、护目镜等10类应急防疫物资。

【城乡人居环境优化】2022年，淮安区提升城市排涝能力。实施府前路（沈坤路至铁云路）排水管网建设；新开纬三河西延段河道、新建引水闸一座，新建纬三河穿楚州大道及梁红玉路箱涵各1座，新建刘伶泵站引河穿华西路涵洞1座，整治五中沟华西路至纬七路段护岸，新建刘伶泵站西侧涵洞1座等。实施河下古镇整体环境提升一期工程，完成竹巷西街改造。实施月湖周边环境整治一期工程、老西门历史地段保护更新。新建沈坤路市民广场。城镇棚户区改造新开工8694套，基本建成6484套，保障性租赁住房新开工182套。城市绿色小客厅提档升级，改造香樟园游园。实施农校教师公寓、广电宿舍楼、漕运小区、紫金花苑等37个老旧小区综合改造。建成高标准农田11.1万亩（含高效节水灌溉0.35万亩）。统筹实施秸秆还田、离田，秸秆综合利用率稳定在96%以上。创建美丽宜居乡村35个，创建省级特色田园乡村3个。打造14个省级垃圾分类达标小区。新建1处“乐享园林”小型绿地活力空间（人民医院新院北侧游园）。打造农村生态河道22条。打造交邮融合示范线路2条。整村推进农村厕所革命，完成农村户厕改造任务10100座。

【群众出行条件优化】2022年，淮安区实施府前路、经六路、藏军洞路、规划一路、规划二路、杜康桥路等6条城市道路畅通工程。新改建农村公路15千米，桥梁8座。新实施农村公路生命安全防护工程120千米。新增400个公共停车泊位。

【公共文体服务优化】2022年，淮安区按省标准和书香淮安建设要求提档升级16个镇（街道）文化服务中心。新建2个体育公园、20千米健身步道，更换破损严重的的健身器材101套。举办16场科学健身大讲堂、15场体育培训、220项次群体性体育活动。培育优秀群众文化团队2个，辅导培训群众文艺骨干50人，开展公益性文化活动3410场，送戏下乡进社区108场。施河镇、苏嘴镇建成智慧广电镇。

【就业创业水平提升】2022年，淮安区面向符合条件的城乡劳动者开展职业技能培训9825人次。新开发2456个就业见习岗位。审核推荐富民创业贷款1.24亿元。进一步巩固优化提升“残疾人之家”和“辅助性就业基地”等服务机构建设成果，实现840名残疾人稳定就业。组织淮安区退役军人乡村振兴“兴村专干”培训班，100名退役军人参加特色培训。新培训高素质农民4889人次。

【基本保障水平提升】2022年，淮安区公租房保障实现“应保尽保”。公租房实物配租新增21套，租赁补贴新增43户；全年发放租赁补贴201户、40.26万元。新建绿色建造产业园、河下街道穿运村2处公益性公墓，改扩建淮城街道运东村清凉园、开发区汤朱公墓、复兴镇福兴园等3处公益性公墓。加强特殊群体关爱，新建1个镇级残疾人综合服务中心（平桥镇）。建成1个无障碍示范社区（平桥镇上河社区）。建设121个事实无人抚养儿童“梦想小屋”。原建档立卡低收入人口医保待遇实行“一升一降”政策，对省定七类重点医疗救助对象医保待遇实行“两升两降”政策。困难群体在县域内定点医疗机构住院合规费用报销比例不低于90%，低于90%部分由地方财政负担。对全区年满60周岁纳入城乡居民基本养老保险、并享受基础养老金的老年居民，在2021年的基础上每人每月增加20元。完成360户特殊困难老年人家庭适老化改造。新建扩建1个示范性未成年人保护工作站（关爱之家）。实现孤独症儿童基本康复服务全覆盖。创建1个省级精神障碍社区康复服务示范点。改造提升和新建3个社区综合服务中心。城乡居民基本医疗保险财政补助最低标准提高到每人每年640元。

【食安保障水平提升】2022年，淮安区完成食品加工小作坊提档升级。创成经营管理规范、酒店环境优良、美食特色突出、公众认可度高、代表淮安餐饮高水准的美食之都特色店4家。实施美食街区提升工程。

【惠企惠民服务水平提升】2022年，淮安区深化“淮上关爱一件事”改革，扩大范围，拓展配套服务，强化业务协调。开展法治惠民行动，在全区开展系列展播，并持续提升援助覆盖率。全年新增6个法律援助工作站点。新培育1273名村（社区）法律明白人。推进“15分钟医保服务圈”建设，累计完成1个省级、7个市级和8个区级医保服务站示范点以及338个村居医保服务点建设。深入实施“工业强市”战略，从“规模发展、智改数转、创新驱动、平台支撑”等方面，强化政策集成，扶持工业企业做大做强做优。

【安全发展水平提升】2022年，淮安区完成17座农村生活污水治理设施、3座分布式污水治理设施建设。在15个涉农镇街开展农机年度检验服务，免费上门安全检验农机600台以上。对58栋城乡既有房屋建筑等承灾体开展调查与评估，对疑似存在安全隐患的房屋，开展安全评估、鉴定，分类整治建筑安全隐患。

（区政府办）

营商环境优化

【概况】2022年，淮安区加强营商环境建设，推进营商环境优化和作风效能提升。淮安区入选2022年度县市投资环境百佳典范和2022年度县域营商环境经典案例。

【营商环境建设】2022年，淮安区开展优化营商环境提升行动，一体推进政策、市场、政务、法治、人文“五个环境”建设。开办企业实现8小时内办结。人社、住房、公积金等单位入驻“企业开办综合窗口”进行联合办公。公证服务与不动产登记实现联动办理。推广网上办税，大幅缩短办理时长。出台《关于推进经营异常企业强制清算退出的实施意见》等文件，开展企业信用修复“暖企”专项行动。全年开展4批市场主体走访活动，加大助企纾困45条宣讲力度。不动产登记“一码+”三维地籍试点工作入选国家发改委《营商环境百问百答》。政务服务“海棠代办”模式经验被国家发改委《改革内参》刊载。综合服务大厅会员制度改革获省人社厅推广、表彰。根治欠薪联动机制被省高院推广，并作工作经验交流。

【作风效能建设】2022年，淮安区推进“党建引领·实干争先”作风建设工程，提振党员干部干事创业精气神。印发《作风建设简报》30期，通报表扬正面典型，曝光剖析反面事例。制作9期《作风建设进行时》电视曝光专栏，公开各单位推进全区重点工作的作风表现、经验做法、存在问题等。组织选聘营商环境监督员22人，设立营商环境监测点20个，推动作风建设贯穿于优化营商环境全过程。按月梳理“12345”政府便民热线、信访举报、营商环境投诉、人民监督员“一码通”等渠道群众反映的问题，受理事项办结工作做到“三个到位”（及时提醒到位、跟踪结果到位、反馈成效到位）。

【督查督办】2022年，淮安区进一步优化完善督查督办工作机制。针对区领导交办批示事项、重特大项目建设等重点工作开展全周期督办，落实定期交

表7　淮安区委营商办基层单位名录

单位名称	基层单位名称
中共淮安市淮安区委营商环境优化办公室	淮安市淮安区营商环境发展服务中心

办、清单管理、周报月结机制。紧盯大运河文化带“百里画廊”建设、全区定向商品房建设、城乡建设用地增减挂钩、秸秆禁烧、永怀路提升工程等工作督查督办，印发《督查专报》37期，对发现问题分析原因，及时通报调度，推动相关任务落细落实。强化对重特大项目招引、淮昆台资合作产业园建设等工作服务保障，加强跟踪督办，破解项目落地“中梗阻”。

（沈　虎）

行政审批

【相对集中行政许可权改革】2022年，淮安区推进江苏淮安经济开发区赋权工作，对市政府赋予省级以上开发园区市级管理事项清单进行逐项梳理。加强业务培训，通过设立行政服务大厅专窗、申请审批账号，江苏淮安经济开发区全面承接75个管理事项。编制全区行政许可事项清单，明晰行政许可权力边界，规范行政许可运行。

【企业开办审批】2022年，淮安区重塑企业开办流程，围绕“最多跑一次”重点突破，设立“企业开办一站式集成服务专区”；在全市首推“企业迁移一件事”改革。全年淮安区新登记法人企业3635户，0.5个工作日全流程办结率占比100%，位于全市前列。

【工程建设项目审批】2022年，淮安区持续打造“海棠代办”品牌，重点聚焦工程建设项目，打破传统模式，推行容缺审批。淮安盐穴压气储能发电项目、淮昆产业园南园区污水处理厂项目等107个项目通过容缺审批立项，全市数量最多、覆盖面最广。推行“拿地即开工”审批，建立“拿地即开工项目库”，倒排办理工期，昆淮智创园、荣安槽钢等4个项目“拿地即开工”。全年累计办理社会投资企业立项核准、备案等各类工程项目审批798件。

【“淮上关爱一件事”暖心服务】2022年，淮安区推进自然人、创业及项目类“淮上关爱一件事”改革任务，做好“婚姻登记”“就业登记”“货运车辆营运许可”“住房公积金贷款”四类新增“一件事”改革工作。对四类新增“一件事”设置专窗，实现常态化办件。全年累计办理各类“淮上关爱一件事”3600余件。

【政务服务一体化建设】2022年，淮安区持续提升区级“政务服务一网通办”总门户，确保网办渠道畅通；推进基层为民服务中心政务服务资源整合，除公安、市场监管等单设条线外，全面推行全科窗口服务，为群众提供民政、卫健、人社等高频服务事项一窗通办无差别受理，大厅窗口人员压减50%以上，原有精简人员分流至后台审批环节。

【政府信息公开】（参见《法治·法治政府建设》）

【12345政府便民热线】2022年，淮安区聚焦为群众办实事解难题，针对疑难、热点工单，区政府常务会按月定期分析研判，会商解决办理堵点困难。创新优化12345政府便民热线工作流程，将原先预审岗、回访岗、催办岗以及督查岗4个岗位整合成受理岗和督查岗2个岗位，突破疑难工单办理进度慢、质量低等瓶颈。全年12345政府便民热线共受理各类诉求75677件，响应率为99.99%，办结率为99.82%，满意率约为96.89%。

【公共资源交易】2022年，淮安区探索实行建设工程、政府采购、产权交易等各类项目全流程

9月30日，全市企业迁移登记“一件事”改革推进会在淮安区举行

（高　劲　摄）

表8 淮安区行政审批局基层单位名录

单位名称	基层单位名称
淮安市淮安区行政审批局	淮安市公共资源交易中心淮安分中心
	淮安市淮安区政务服务中心
	淮安市淮安区便民热线服务中心
	淮安市淮安区不动产登记中心

“不见面交易”，在全市率先开展政府采购“意向公开”工作，提升交易质效。为重点项目提供优先服务，通过上门送服务、远程业务指导等方式，为里运河慢行系统景观工程等60余个重点项目开辟绿色通道。落实惠企政策，降低供应商交易成本，提高中小企业中标率。使用电子保函为2237家投标企业节约资金成本约8.41亿元。全年共完成各类交易项目107个，交易金额达13.26亿元。

（高　劲）

信访工作

【概况】2022年，淮安区信访总量稳中有降，信访形势平稳可控。全年共受理国家信访局网上转送交办581件，省信访局网上转送交办139件，市信访局交办转送684件，群众来信398件，党政领导信箱46件，绿色通道29件，在规定期限内全部办结。

【领导接访】2022年，淮安区连续20年坚持区党政领导班子成员接访制度，常态化开展每月15次领导随机接访活动。全年区级共开展领导接访153次，接待来访141批192人，交办领导批示件120件、现场解释21件，其中，党政主要领导接访20次20批，化解25件次。

【网上信访】2022年，淮安区做好群众网上信访投诉件办理工作，要求所有网上信访件，必须按期回复，及时归档。全年共受理网上信访1404件，全部按期按要求给予回复。

【信访基层基础建设】2022年，淮安区深化信访工作“三无”县区、“四无”乡镇创建活动（“三无”指无进京越级上访、无大规模集体上访、无因信访问题引发的极端恶性事件；“四无”指无进京访含非访、越级访和集体访，无赴省集体访和重复访，无到市重复集体访，无因信访问题引发的极端恶性事件和舆论负面炒作），着力夯实信访基层基础工作。完善出台2022年度淮安区信访工作考核办法，完善信访工作例会制度，坚持常态化信访工作督查，有效减少信访存量，控制增量。推进法治信访改革，深化访调对接融合，维护信访秩序，保障信访人合法权益。

（姚大林）

外事工作

【概况】2022年，淮安区践行“外事为民”理念，发挥区位和资源优势，外事工作取得积极成效，入选省委外办“基层联系点”，为唯一县区政府性的基层联系点。

【对外交流】2022年，受新冠疫情影响，淮安区与友好城市日本柏崎市、吉备中央町互访活动受限。通过丰富交流形式，与友好城市保持常态化交流。参加省友协举办的“新时代中日地方友好组织领导人特别会晤”线上活动，协办“2022淮安—日本合作交流”活动，参与省友协举办的“江苏这十年”——在江苏外国人摄影大赛。

【外事惠企】2022年，淮安区协助市外办开展“外事惠企面对面”活动，与多家涉外企业进行座谈交流，深入了解企业诉求期盼，广泛宣传外事惠企政策。持续开展APEC商务旅行卡宣介，为企业开展国际贸易提供更加便捷高效的绿色通道。助力共创草坪成功申报省外办“小而美”项目。助推企业参与国际交流合作，推荐百斯特、苏盐井神参加中日美食文化交流活动。

【外事服务】2022年，淮安区做好涉外新冠疫情防控，严格落实入境人员全流程闭环管理措施。维护公民海外权益，做好基础性工作，对淮安区籍驻乌克兰、巴基斯坦、刚果（金）、斯里兰卡、印度等地的企业和公民进行摸排。密切关注国际安全形势，加强风险监测和预警。接待法国驻沪总领事纪博伟、日本驻沪总领事赤松秀一、泰王国驻上海总领事乐达·普玛等外宾来淮参观，累计五批次75人次。

（乔玲辉）

综　述

【概况】 2022年，政协淮安市淮安区第十五届委员会共有委员338人，常委会组成人员64人。2022年，政协淮安市淮安区第十五届委员会召开全委会议1次，常委会议5次，主席（扩大）会议12次。全年收到社情民意信息609篇，采用编发135篇；收到提案226件，经审查立案176件，提案人对提案办理评价满意和基本满意率达99.4%。

1月9日，政协淮安市淮安区第十五届委员会第一次会议开幕
（区政协　供图）

【交流接待】 2022年，淮安区政协做好交流接待工作，增强淮安区政协影响力。3月8日，省政协副主席王荣平到淮安区调研乡村振兴、“有事好商量”协商议事工作。4月28日，淮安区政协作为全省三个县区政协代表之一，在全省市县政协主席座谈会上作题为《突出做好“三聚”文章 激发基层政协新活力》的交流发言。7月25日至26日，省政协主席张义珍到淮安市调研政协工作，实地调研淮安区淮城街道下关村“码”上议协商议事室。2022年，《人民政协报》《央广网》《学习强国》《新华日报》等市级以上主流媒体宣传淮安区政协特色工作164次。

（郭光耀）

重要会议

【全委会议】 1月9—11日，中国人民政治协商会议淮安市淮安区第十五届委员会第一次会议召开。会议学习讨论中共淮安市淮安区委书记张笑在政协淮安市淮安区第十五届委员会第一次会议上的讲话；听取并审议政协淮安市淮安区第十四届委员会常务委员会工作报告；听取并审议政协淮安市淮安区第十四届委员会常务委员会关于提案工作情况的报告；列席淮安市淮安区第十八届人民代表大会第一次会议，听取并讨论《政府工作报告》和其他有关报告；审议通过政协淮安市淮安区第十五届委员会第一次会议决议。会议选举关晓卫为区政协十五届委员会主席，高超、马世良、汤荣平、徐向阳、嵇栩为区政协十五届委员会副主席，谷昭为区政协十五届委员会秘书长。会议选举产生64名区政协十五届委员会常务委员组成区政协十五届常委会。

【常委会议】 1月11日，政协淮安市淮安区十五届一次常委会议召开。会议要求新一届政协工作要遵循四项工作原则：一是坚持党的全面领导，自觉把党的领导贯穿政协工作全过程各方面，把牢正确政治方向。二是坚持围绕中心、服务大局，明确专门协商机构的职能责任，在建言资政和凝聚共识上双向发力。三是坚持协商于民、协商为民，践行人民政协为人民的履职理念。四是坚持从实际出发，因地制宜、守正创新，推动工作提质增效。

5月17日，政协淮安市淮安区十五届二次常委会议暨“大运河百里画廊建设”协商议政会召开。8名政协委员从文化旅游、乡村振兴、文化遗产保护、运河生态质量等方面作议政发言。形成《关于推进大运河百里画廊淮安区段建设的建议案暨十五届二次常委会议专报》报送区委区政府。

8月26日，政协淮安市淮安区十五届三次常委会议暨“深度融入长三角 增创跨越赶超新优势”协商议政会召开。会议传达学习区委十三届五次全会精神。区政府常务副区长朱书文通报淮安区融入长三角一体化的基本情况。8名政协委员分别围绕产业合作、数字经济、农旅产品、交通运输等方面作议政发言。会议原则通过《深度融入长三角 增创跨越赶超新优势》建议案。

11月14日，政协淮安市淮安区十五届四次（民主监督专题）常委会议召开。会议传达学习党的二十大精神；观看“区政协2022年民主监督工作开展情况”视频。各民主监督组围绕“落实常态化疫情防控”“创建全国文明典范城市”等9个民主监督主题进行监督性发言；2名政协委员代表提案监督、工作组就各自监督内容发言。区人社局、创建办代表被监督部门表态发言。

12月27日，政协淮安市淮安区十五届五次常委会议召开。会议协商通过区政协十五届二次会议议程、日程草案；审议通过区政协常委会工作报告、提案工作报告；审议通过关于十五届政协委员调整方案。孙洪梅、张士海、陈辰3名政协常委向区政协常委会议口头述职，其余政协常委进行书面述职。

（郭光耀）

参政议政

【民主监督】 2022年，淮安区政协聚焦全国文明典范城市创建、常态化疫情防控、企业安全生产监管、农村生活污水处理、农民工实名制管理等9项工作，开展“一党派一主题”民主监督。召开民主监督专题常委会议，就监督议题进行协商交流，会后报送9份民主监督建议书。聚焦“四大工程”开展民主评议，推动“‘党建引领·实干争先’作风建设”和“城市管理经营建设”取得明显实效。聚焦法治淮安区、平安淮安区建设，组织委员集中视察检察院工作。探索年度协商计划“一题两做”，推动各政协工作组从建言资政和民主监督两个维度开展协商活动。《人民政协报》对淮安区政协民主监督工作进行报道和推介。

【咨政建言】 2022年，淮安区政协聚焦助力推进大运河百里画廊建设组织多个调研组开展调研，召开“推进大运河百里画廊建设”专题议政性常委会议，从活化历史文化资源、形塑淮安区段特色、撬动社会资本参与等6个方面提出21条意见建议；举办“深度融入长三角 增创跨越赶超新优势”专题议政性常委会议，形成树立思想理念、创设工作载体、构建产业格局等5个方面16条意见建议。围绕枢纽经济高质量发展，召开主席专题协商会议提出意见建议。围绕区委交办的发挥乡贤作用、传统产业转型升级、教育、医卫等重点课题调研任务开展调研协商，形成专题调研报告并转化为区委区政府具体工作举措。聚焦“重特大项目攻坚”“培育机械电子、绿色建材两大先进制造业集群”“提升淮扬菜产业发展品质”“全面推动乡村振兴”等议题开展界别协商、对口协商，形成一批务实管用的建言成果。

【社情民意信息】 2022年，淮安区政协累计收集社情民意信息609篇、采用编报135篇，其中《关于加快建立“新淮安人”融入机制的建议》获市委主要领导批示，《关于谨防资本入侵生猪市场的建议》《关于应对寒潮来临，在田农作物田间管理的建议》《基层反映农业农村开展减排固碳仍面临四方面困难问题》获省政协采用并转报全国政协。

【良言开发计划】 2022年，淮安区政协完善“良言开发计划”。符合立项要求课题可随时申请立项，激励政协委员围绕全区重点工作深入调研。全年40个课题通过结项并转化为建言成果。

【"有事好商量"协商议事】2022年，淮安区政协推进"有事好商量"协商议事室、政协委员之家、政协委员工作室、政协社情民意联系点"四位一体"功能室建设，提升培育"有事好商量'码'上议"示范点17个，各协商议事室开展活动3433场次，参与协商的群众达1.7万人次。组织开展"喜迎二十大·码上议民生"专题协商议事月和助力化解信访突出问题活动，助推解决道路修缮、环境整治等民生实事350件，助力化解小区排水等突出信访矛盾。19个案例被《人民政协报》《新华日报》《学习强国》等省级以上媒体报道。

（郭光耀）

委员工作

【重点提案】2022年，淮安区政协遴选确定重点提案9件，分别是《发展供应链金融助力纺织百亿产业打造》《关于切实做好黑臭水体综合整治"后半篇文章"的提案》《关于增强我区地方国有粮食购销企业市场竞争力的建议》《关于构建智慧停车，推动停车资源共享，破解城市停车难题的建议》《关于推进养老机构医养结合发展的提案》《加大对制造业中小企业发展服务扶持力度的建议》《关于创建"四好农村路"全国示范县，实现"四好农村路"高质量发展，加快推进农业农村现代化进程的建议》《关于对农房拆迁后原宅基地"撂荒"问题进行整治的建议》《关于加强我区大运河百里画廊文化遗产保护工作的建议》。9件重点提案均由区领导督办，已经解决8件，正在解决1件（即《关于创建"四好农村路"全国示范县，实现"四好农村路"高质量发展，加快推进农业农村现代化进程的建议》），委员对重点提案办理满意率达100%。

【提案办理】2022年，淮安区政协推进提案办理工作，提升提案办理质效。区政府主要领导召开专题布置会交办政协提案并调研督办重点提案。各承办单位建立健全"一把手"负总责亲自抓、分管负责人具体抓、综合科室统筹协调、业务科室分工合作的提案办理工作机制。坚持在媒体公示提案办理责任与提案办理结果，发挥社会监督作用。开展提案办理质量绩效评议，督促承办单位提高提案办理水平。

【委员走访服务】2022年，淮安区政协开展"三问三聚"委员走访服务行动，通过问候、问事、问策，引导委员们在协商议政上"聚焦"、在凝聚共识上"聚心"、在自身建设上"聚魂"。全年走访委员328人、民主党派团体7个，梳理汇总意见建议84条，帮助解决各类难题28个。《新华日报》以"'三问三聚'凝共识、走访委员更'走心'"为题进行报道。组织委员开展"三走进一联系（走进企业、走进社区、走进乡村，联系群众）"、慰问贫困学生等公益活动，全年捐款捐物100余万元。

【委员队伍建设】2022年，淮安区政协制定《委员履职管理及评价实施办法》，建立政协常委提交履职报告制度。围绕委员履职需求、重要协商活动，举办2期政协讲堂。开展"书香政协·同心筑梦"委员读书活动，建设实体化读书基地、委员书屋，线下举办8次委员读书分享会，线上开设"加快数字赋能、促进转型升级"等主题读书群5个。与《人民政协报》《央广网》等媒体合作，开展委员风采宣传，激励委员履职尽责。全年各级媒体宣传委员事迹52人。

【履职体系建设】2022年，淮安区政协健全以政协委员为主体、以工作组为主力的履职体系，明确区政协主席会议是决策层、委办是指导层、工作组是实施层。推进全员入委，将全体委员编入5个专委会，划分为17个界别工作组开展活动。加强对工作组的履职指导，推动工作组开展具有界别特点的调研视察、协商议事等各类活动300余场次。

【"我为发展做贡献、项目攻坚我争先"主题活动】2022年，淮安区政协开展"我为发展做贡献、项目攻坚我争先"主题活动，区民主党派团体、政协工作组、委员提供有价值信息106条，引荐客商来淮考察，引进或参与引进项目21个。2022年，区政协机关新签约项目3个、开工项目2个。

（郭光耀）

中共淮安市淮安区纪律检查委员会
淮安市淮安区监察委员会

综　述

【概况】 2022年，淮安区纪委监委推动党风廉政建设和反腐败工作开创新局面，全面从严治党社会满意度上升至97.79%，全市最佳。9月8日，全国纪检监察系统表彰大会召开，淮安区纪委监委获评全国纪检监察系统先进集体，为5年内全省唯一获此荣誉的县区纪委监委。淮安区纪委监委在全市纪检考核中获得第一名和一等奖，实现“六年五冠”。

【纪检监察队伍建设】 2022年，淮安区纪委监委深入开展“打铁必须自身硬”专项行动，推动建设高素质专业化干部队伍。全年组织培训27场2000余人次。强化纪检监察干部廉洁要求，依托翔宇清风馆开设廉洁文化“实境课堂”。通过跟班学习、以案代训、交叉办案等方式，提升纪检监察干部履职能力。建立监、管、勤、廉“四维”智能监管平台，对纪检监察干部实行立体监管、实时分析，打造贯穿工作全时段、履职全过程、生活全方位的监管网络。对2017年以来纪检监察干部信访件及问题线索“大起底”，杜绝不抽查、不核实、“一函了之”现象。

【纪法宣传】 2022年，淮安区纪委监委深入基层开展纪法宣讲300余场次；拍摄廉洁文化视频《治学济世汪廷珍》；组织开展党员干部集体“过大廉”活动，全区形成崇廉尚德的良好氛围。

（徐洪涛）

重要会议

【全区党风廉政建设暨优化营商环境大会】 2月20日，全区党风廉政建设暨优化营商环境大会召开，深入学习贯彻习近平总书记在中央纪委六次全会上的重要讲话精神，全面落实中央、省市纪委部署要求和全市重特大项目攻坚暨优化营商环境大会精神，总结工作，分析形势，动员全区上下发扬自我革命精神，坚持不懈把全面从严治党向纵深推进，以务实高效的工作作风持续优化营商环境。区委书记张笑出席会议并讲话。区长颜复主持大会。区领导胡启新、关晓卫、朱书文、袁安宝、吴洪

9月，淮安区纪委监委获评全国纪检监察系统先进集体

（区纪委监委　供图）

刚、彭凯、戴向峰等参加会议。

会上，区委常委、常务副区长朱书文宣读《关于2021年度党风廉政建设先进单位的通报》，区委常委、区纪委书记、监委主任袁安宝作工作报告，并宣读《关于2021年度营商环境建设“十佳单位”和“优胜单位”的通报》。与会人员集中观看营商环境专题片《“优”无止境》。

【省委第一巡视组巡视淮安区工作动员会】 10月8日，省委第一巡视组巡视淮安区工作动员会召开。省委第一巡视组组长陈志扬作动员讲话，对做好巡视工作提出要求。市委书记陈之常就淮安区委接受巡视监督、配合和支持巡视工作提出要求。区委书记颜复主持会议并作表态发言。

省委第一巡视组副组长邱友根、周海南，淮安市委常委、市纪委书记岳岭，淮安区委和区人大常委会、政府、政协党组领导班子成员，区法院院长、检察院检察长出席会议；其他副处职（级）领导，区纪委监委、区委组织部领导班子成员，区委巡察办主任和巡察组组长，各镇街、产业园党政主要负责人，区各有关部门和单位主要负责人，专项检查组、联动巡察组、专项审计组有关成员，近3年退休的县（处）级领导干部列席会议。

（徐洪涛）

党风廉政建设

【概况】 2022年，中共淮安市淮安区委制发党风廉政建设主体责任季度工单4期，促进责任层层传导、落实到位。全年问责党组织6个、党员干部63人。建立全区各级党政“一把手”廉政档案，推动各级“一把手”勇当廉洁“头雁”。

【党风廉政审查】 2022年，淮安区纪委监委把好选人用人关，严格党风廉政情况审查，开展廉政查询138批次、4071人次，对77人次提出暂缓或否定意见。

【作风建设】 2022年，淮安区实施“党建引领·实干争先”工程，建立“四聚焦四整治”任务清单，创新正向激励、反向惩戒制度，严肃查处虚假表态、敷衍落实等问题62起。聚焦违规操办宴席、隐蔽场所吃喝等享乐主义、奢靡之风问题，紧盯节日节庆等重要节点，督查食堂、酒店、超市等重点场所100余次，查处违反中央八项规定精神问题62起，通报典型案例42起。创新制定《尽职免责八条规定（试行）》，合理设置8种尽职免责类型，对不同情形分类认定、精准处置。全年实施容错、免责16起18人，鼓励党员干部敢于担当。

（徐洪涛）

监督执纪

【政治监督】 2022年，淮安区纪委监委强化政治监督，开展疫情防控监督、作风监督等，推动政令畅通。围绕新冠疫情防控属地、部门、单位、个人“四方责任”落实，严格监督，严肃查处淮安医院阳性病例处置不力等问题40起，督促立行立改各类问题450余个。

【经济社会发展监督】 2022年，淮安区纪委监委聚焦安全生产、污染防治、营商环境等开展监督，严肃查处妨碍经济社会发展的问题214起，相关做法被省纪委《工作交流》推介。

【专项监督】 2022年，淮安区纪委监委找准群众“急难愁盼”问题，开展民生领域专项监督项目11个，查处群众身边腐败和作风问题84起。聚焦农村厕所改造工程应改未改、以次充好、官商勾结等问题，立案查处13人，监督推动全区农村改厕提档升级。针对侵占、套取特困人员救助金以及救助工作中优亲厚友、失职失责等问题，立案查处14人，推动相关职能部门完善社会捐赠管理等制度，有效守护特困群体权益。区社会福利院原院长李凤、办公室负责人吉莹贪污侵占孤残儿童伙食费、生活费，被移送检察机关审查起诉。紧盯虚报、截留、套取、私分惠农补贴问题，立案查处20人，推动规范发放补贴款9000余万元。围绕村集体领办合作社坐收坐支、固定资产违规发包违规出借、产业富民措施落实不到位等问题，立案查处13人，推动村集体领办合作社进一步规范运行。

（徐洪涛）

审查调查

【案件办理】 2022年，淮安区纪委监委对重大案件、重点项目聚力攻坚，形成工作合力。充分发挥信息技术在监督办案中的支撑作用，全年开展省市一体化协查1307件、4000余人次，6份电子数据被法院采信，位居全市第一。打造“铁案工程”，严格按照权限、规则、程序开展案件查办工作。全年移送检察机关15人，未出现不起诉和无罪判决案件。派驻机构全年立案98件，同比增长12.64%。

【以案促改】 2022年，淮安区纪委监委制发纪检监察建议54份，推动完善制度机制48项。联合开展编外用工专项治理，清退违规用工415人，节约财政资金4900余万元。监督推动追赃挽损，全区累计追赃挽损18.33亿元，创造省委巡视期间追赃挽损额度新高。

【信访举报】 2022年，淮安区纪委监委加大对基层疑难复杂信访问题交办督办力度，全年接收检举控告307件，全部按期办结，首次实现零进京赴省访。承担全市基层小微权力“监督一点通”平台推广试点任务，全年访问量19万余次，办理投诉1358件，群众满意度达99.71%，淮安区作为优秀代表在全市交流发言。

（徐洪涛）

巡察工作

【概况】 2022年，中共淮安市淮安区委编制十三届区委巡察工作规划，坚持区直机关、镇（街道）、村（社区）三级一体实施，增强巡察工作的整体性和系统性。2022年，淮安区委巡察机构围绕迎接党的二十大胜利召开和推动学习贯彻党的二十大精神落地落实，聚焦守牢民生底线、城市建设管理、优化营商环境等不同主题组织开展三轮“常规+专项”巡察，发现被巡察党组织在贯彻落实中央省市区委重大决策部署等方面典型问题690个。2022年，淮安区涉粮领域专项巡视巡察整改率达100%，全市领先。区委巡察反馈问题满1年整改率达99%。全年区委巡察相关工作被中纪报等省级以上媒体推介报道21次。

【巡察护航经济社会发展】 2022年，淮安区委巡察机构将被巡察党组织落实“抓财力增收、强国企运营、防债务风险”，城市管理经营，重特大产业项目攻坚等四大工程建设情况作为监督重点，强化跟进监督、精准监督。针对巡察发现平台公司融资成本过高、债务负担过重等问题，区政府专门成立债务风险防范组，推动银行减费让利15亿元。围绕惠民资金领域开展专项巡察、专项监督、专项治理“三专”联动，发现并推动查处福利院侵占截留儿童生活费等问题。上下联动对区资规分局开展对口巡察，督促区资规分局将账户滞留资金2887万元及时解缴区财政。2022年，淮安区委巡察机构针对城市防洪排涝、芡实产业发展、小区物业管理等重点领域开展调研式巡察，形成12篇专题报告，其中7篇被区委主要领导批示。区水利局先后投入3290万元实施城区易涝片区综合治理项目8个，解决卫生大厦、樱桃园路片区等城区重点路段易涝问题。围绕推动“车桥芡实”产业加快发展，区政府专门出台实施意见明确芡实产业发展3年行动方案。

【对村巡察】 2022年，淮安区委巡察机构以省、市委巡视巡察机构深化对村巡察试点为契机，探索建立“对象集成模块推进、力量集成专项攻坚、重点集成目标驱动、成果集成一体整改”的集成式对村（社区）巡察模式，在淮城街道、石塘镇、流均镇3个镇街共18个村（社区）同步开展试点工作，实现基层巡察“从分到统”的深度变革。淮安区列入2023年度全省3个对村巡察蹲点调研点之一。

【巡中见效】 2022年，淮安区委巡察机构将啃食国有资金、损害群众利益等问题列为巡中关注重点，推动问题边巡边改、线索边巡边移、损失边巡边追、制度边巡边建。通过纪巡协同研判、巡审同步深入，首次在巡中留置1名科级干部。发挥驻点督办优势，巡中责成相关单位将朱桥镇1名长期未获得救助的精神病患者纳入五保，淮城街道挽回集体经济损失数十万元，石塘镇筹措218万元化解挪用村居拆迁补偿款问题。

【人民满意巡察】 2022年，淮安区委巡察机落实八届市纪委二次全会推广“人民满意巡察”经验部署，构建重点民生项目整改群众评价机制，拓展群众监督路径。在海棠融媒APP开辟巡察整改专栏，选取灌溉渠堵塞、违规设置停车场、“三资”监管不力等重点巡察整改项目，组织“人民监督员”等群众代表赴现场开展评议。《督促新官理好旧账》《连心渠引来及时水》等2篇群众督促整改典型案例被中国纪检监察报、中央纪委国家监委网站采用推介。

（孙晶晶）

中国国民党革命委员会淮安市淮安区总支部委员会

【概况】 中国国民党革命委员会淮安市淮安区总支部委员会（以下简称“民革淮安区总支”），隶属民革淮安市委。该总支前身“中国国民党革命委员会淮阴市委员会直属第二（淮安）支部”于1987年8月3日成立。截至2022年底，民革淮安区总支共有成员50人，下设三个支部，成员主要来自于教育界、经济界和政府机关。

【参政议政】 2022年，民革淮安区总支党员中的政协委员共向淮安区政协提交提案及社情民意信息20余篇，提交集体提案1篇。委员纪星名《关于构建智慧停车，推动停车资源共享，破解城市停车难题的建议》作为区政协十五届一次全会重点提案督办，被区政协表彰为2022年度优秀提案。纪星名、徐璐、瞿永兵被区委表彰为2022年度优秀政协委员，谷喜被区政协表彰为2022年度优秀民主监督员。2022年，民革淮安区总支党员向民革市委报送社情民意信息15篇。瞿永兵《关于加快推进我市森林城市创建的建议》被市政协刊用，获市委主要领导批示。瞿永兵《多因素导致化肥价格暴涨亟需关注》被民革省委、民革中央采用。成立专项调研课题组，就高质量发展、电商物流、文明城市创建、城市交通等课题开展多种形式调研10余场次。《关于我区“巩固全国文明城市创建成果，创建全国文明典范城市”的建议》《关于做大做强电商物流产业的建议》2项调研课题入选2022年度区政协“良言开发计划”并顺利结项。

【党派活动】 2022年3月，民革淮安区总支开展大运河文化带百里画廊淮安区段建设调研活动；组织参加民革市委“学习四雅文化 提高内在素质”主题活动；4月，组织参加民革市委线上读书分享活动以及中山博爱讲堂专题学习活动等；6月，组织参加民革市委同心合唱团；8月，组织参加文化旅游高质量发展专题调研，参与“与党同心 砥砺奋进”主题书画摄影展；9月，组织参加民革市委“书香润民革 同心共前行”读书分享会以及博爱一日捐活动；10月，组织收看中山博爱讲堂直播；6—10月，开展“巩固全国文明城市创建成果，创建全国文明典范城市”民主监督活动。11月，组织参加市委统战部“献礼二十大 同心跟党走”统战知识竞赛。

（陈国红）

中国民主同盟淮安市淮安区基层委员会

【概况】 中国民主同盟淮安市淮安区基层委员会（以下简称“民盟淮安区基层委”），隶属于民盟淮安市委。该基层委前身民盟淮安支部于1994年6月28日成立。截至2022年底，民盟淮安区基层委共有盟员98人，下设六个支部，主要是来自教育、医卫及政府机关的中高级知识分子，其中正高职称5人。11月17日，淮安区第二家“盟员之家”在盟员企业华磊公司挂牌成立。2022年，民盟淮安区基层委被民盟淮安市委表彰为“先进集体”。谷璇、苏书被盟省委表彰为“2022—2023组织建设工作先进个人”，涂永明、刘姝、马琳、王钦等12名盟员被盟市委表彰为2022年度“优秀盟员”。王美萍被淮安市文明办、团市委授予“爱岗敬业好青年”称号。吴腊梅被淮安市妇联授予“淮安市三八红旗手标兵”称号。

【参政议政】 2022年淮安区两会期间，民盟淮安区基层委中的政协委员提交提案15篇、社情民意信息12篇，提交集体提案1篇；人大代表提交代表建议案3件。谷璇、王美萍、张月清被区委表彰为“2022年度优秀政协委员”。

【民主监督】 2022年，民盟淮安区基层委围绕农民工四项制度开展“一党派一主题”专题民主监督。民主监督组实地调查工地农民工实际情况，完成《农民工实名制管理等四项制度执行情况专项民主监督报告》，向主管部门提出民主监督建议。张跃超被区政协表彰为“2022年度优秀民主监督员”。

【党派活动】 2022年妇女节期间，民盟淮安区基层委组织女盟员开展海事工作半日行活动；五四青年节期间，组织青年盟员开展“嗨皮！富升园”活动；重阳节，组织老盟员参加大运河畔健步走活动；6月，组织慰问长期奋斗在抗疫一线的医卫界盟员。

（谷　璇）

中国民主建国会淮安市淮安区委员会

【概况】 中国民主建国会淮安市淮安区委员会（以下简称“民建淮安区委”），隶属于民建淮安市委，下设3个支部。截至2022年底，民主淮安区委共有会员73人。2022年，民建淮安区基层委、楚州支部、三支部被民建市委评为“优秀基层组织”，二支部被民建市委评为“先进基层组织”。吉洪飞、刘训富、周全、周玥涛等20名会员获评市“优秀会员”。39篇宣传稿件被民建中央网、《民讯》、淮安民建网站等媒体采用。

【参政议政】 2022年，民建淮安区委社情民意信息获民建淮安市委采用21篇，民建中央采用2篇，民建省委采用3篇，获市领导批示1篇。《打造淮安区农产商务品牌 助推乡村振兴的思路与建议》《关于集聚乡镇工业集中区潜力，助推我区工业经济发展的建议》等3项调研课题入选2022年度区政协“良言开发计划”，并顺利结项，获评优秀等次2篇、合格等次1篇。民建淮安区三支部被民建淮安市委参政议政专委会评为参政议政工作先进集体，朱卓雅被民建淮安市委参政议政专委会评为参政议政工作先进个人。

【党派活动】 2022年1月，民建淮安区基层委、国稳社会稳定风险评估（淮安）有限公司在漕运镇开展“感恩有你 一路同行”慰问困难群众活动；民建淮安区二支部到区疫情防控隔离点慰问防控一线隔离点的工作人员；民建淮安区三支部开展“思源救助行”慰问困难群众、精神障碍患者活动。4月，民建淮安区三支部到顺河镇慰问一线防疫工作人员。6月，民建淮安区基层委民主监督组开展“城市生活无着的流浪乞讨人员救助管理”专题调研；民建淮安区三支部开展“思源救助行”慰问精神障碍患者活动。8月，民建淮安市委老龄委、淮安区基层委到区“供销e家”电商园，就乡村振兴、消费合作社、电商扶贫等情况开展调研。9月，民建淮安区三支部开展“思源救助行”慰问孤寡老人、精神障碍患者活动。9月，民建楚州支部赴漕运镇掼蛋体验馆开展乡镇企业状况暨非物质文化遗产保护与发展调研活动。10月，民建淮安区基层委到城东派出所慰问基层公安干警；民建淮安区二支部主委赵娟慰问党的二十大安保一线民警、辅警。11月，民建淮安区楚州支部部分法律专家赴淮城街道运东村开展送法下乡活动。

（周玥涛）

中国民主促进会淮安市淮安区委员会

【概况】 2022年，中国民主促进会淮安市淮安区委员会（以下简称“民进淮安区委”）隶属于民进淮安市委。截至2022年底，民进淮安区委共有会员101人，下设五个支部。刘恩侨、陈沁彤在民进江苏省委组织的“吴贻芳先生诞辰130周年学术研讨会”论文评选中获二等奖。

【参政议政】 2022年，民进淮安区委围绕市政建设、农村劳动力转移、考古前置等主题开展调研，形成宣传信息16篇，其中民进江苏省委网站采用3篇，民进中央网站采用3篇。全年提交市、区两级委员提案、社情民意信息30余篇，集体提案、社情民意信息4篇。《关于将我区文物优势转化为文旅产业优势的建议》《关于加强我区市政基础设施工程建设管理的建议》等3项调研课题入选2022年度区政协“良言开发计划”，其中《关于将我区文物优势转化为文旅产业优势的建议》顺利结项获评优秀等次并作为2023年1月区政协全会发言。开展“一党派一主题”民主监督活动，形成《区考古前置执行情况》民主监督建议书。完成《关于丰富里运河‘八点半’，打造夜游名片的建议》《关于加强淮安区百里画廊建设的建议》等调研报告并在区政协常委会上发言。

【党派活动】 2022年4月，民进淮安区委到复兴镇城头村慰问疫情防控一线工作人员；到车桥镇敬老院开展“同心抗疫 助老行动”，慰问孤寡老人；5月，民进淮安区委三支部联合淮安区金融监管局、人民银行、农业银行在新世纪广场开展打击整治养老诈骗宣传活动；6月，民进淮安区委三支部、五支部，区人民法院、区金融监督管理局到淮安市楚州实验小学开展“我为群众办实事，民进普法在校园”活动。7月，民进淮安区二支部组织新安小学新区分校师生家长20余人开展关爱未成年人社会实践活动。12月，民进淮安区委四支部到隔离点慰问抗疫一线医护人员和志愿者。2022年，潘宇、徐玉兄夫妇创作一组以“干群一体，党群一心抗击疫情”为主题的农民画刺绣，为抗击疫情加油助威；民进淮安区五支部通过邮寄书包、书信等方式与女足球娃们互动。

（民进淮安区委）

中国农工民主党淮安市淮安区基层委员会

【概况】 中国农工民主党淮安市淮安区基层委员会（以下简称“农工党淮安区基层委”）隶属于农工党淮安市委，下设四个支部。截至2022年底，农工党淮安区基层委有党员73人。其中正高级职称5人，副高级职称23人，中级职称26人。2022年，农工党淮安区基层委被农工党淮安市委表彰为社会服务工作先进集体，陈祖敏被农工党中央表彰为先进个人，陶文花被农工党江苏省委表彰为先进个人，被农工党淮安市委表彰为优秀个人，黄瑞明被农工党淮安市委表彰为宣传工作先进个人，徐海霞被农工党淮安市委表彰为社会服务工作先进个人。

【参政议政】 2022年淮安区政协全会期间，农工党淮安区基层委向大会提交委员提案15篇、集体提案1篇、社情民意信息8篇。开展“落实常态化疫情防控，提升应对突发公共卫生事件能力”民主监督活动，形成民主监督建议书。周舟被区政协表彰为2022年度优秀民主监督员。吴苏蓉被区委表彰为2022年度优秀政协委员。

【党派活动】 2022年1月，农工党淮安区基层委联合淮安区红十字会在恩来社区、下关社区、运东村开展“博爱进万家 健康进村居”义诊以及新春慰问活动，慰问困难群众300户，发放慰问款138500元，物资34020元；5月，联合淮安区法院、淮安区检察院在区青少年实践基地围绕《未成年人保护法》举行“‘六一’呵护未成年人健康成长”模拟庭审活动；8月，到区集中隔离点、恩来社区等地进行民主监督专题调研；10月，到区第二人民医院、区疾控中心进行民主监督专题调研；11月，走进钦工镇开展“重阳敬老节 健康村居行”送健康进村居义诊活动。

（黄瑞明）

中国致公党淮安市总支委员会淮安区支部

【概况】 中国致公党淮安市总支委员会淮安区支部（以下简称“致公党淮安区支部”）成立于2018年10月11日，隶属于致公党淮安市总支。截至2022年底，致公党淮安区支部有党员8人。

【参政议政】 2022年，致公党淮安区支部向区政协提交《关于构建困境儿童关爱保护服务体系》集体提案1篇；提交《打造漕运文化品牌 助推大运河文化带建设》《关于做好春运及春节假期期间新冠肺炎防控工作的建议》《关于在区政府面前建立生态停车场的建议》《关于尽快收回学府壹号幼儿园办人民满意教育的建议》《弥合数字鸿沟，让老年人融入智能时代》委员提案5篇；提交《美化城市天际线需做好常态长效文章》《关于帮助楚州中医院尽快成立重症监护病房的建议》社情民意信息2篇。

表9　2022年淮安区民主党派基本情况一览表

党派名称	党员人数	主任委员	其中人大代表政协委员人数
中国国民党革命委员会淮安市淮安区总支部委员会	50	汪性国	人大代表2人 政协委员14人
中国民主同盟淮安市淮安区基层委员会	98	涂永明	人大代表2人 政协委员20人
中国民主建国会淮安市淮安区委员会	73	嵇　栩	人大代表6人 政协委员21人
中国民主促进会淮安市淮安区委员会	101	金　媚	人大代表4人 政协委员18人
中国农工民主党淮安市淮安区基层委员会	73	陶文花	人大代表1人 政协委员18人
中国致公党淮安市总支委员会淮安区支部	8	董　珊	人大代表1人 政协委员5人
九三学社淮安市淮安区委员会	52	谈效艳	人大代表3人 政协委员13人

注：表中数据截至2022年12月31日

【民主监督】 2022年，致公党淮安区支部开展"抑郁症筛查纳入学生健康体检工作"一党派一主题民主监督活动。通过座谈、问卷、个别访谈等方式，实地调查淮安区抑郁症筛查纳入学生健康体检情况，形成民主监督建议书。

【"@父母·悦读共成长"沙龙活动】 2022年，致公党淮安区支部继续开展"@父母·悦读共成长"沙龙活动。"@父母·悦读共成长"沙龙活动入选淮安市慈善总会资助公益项目。元旦，"@父母·悦读共成长"沙龙公众号正式上线；疫情期间，停止线下活动，每周推送一篇公众号文章，累计推送30篇；8月19日，"@父母·悦读共成长"沙龙到钦工镇腾飞村开展活动，为当地父母和儿童上示范课；9月9日，"@父母·悦读共成长"沙龙赴博里镇陶桥村为留守儿童送去温暖和关爱；12月12日，"@父母·悦读共成长"沙龙走进顺河中学为师生们送去心理关爱。至2022年底，共举办沙龙活动67期，为近千位处于教育困境、亲子关系困扰的家长答疑、解惑。

（董　珊）

九三学社淮安市淮安区委员会

【概况】 九三学社淮安市淮安区委员会（以下简称"九三学社淮安区委"）隶属于九三学社淮安市委，下设6个支社。2022年6月换届，谈效艳任主任委员，江玲玉、孙静泉、袁夫石、祁宏任副主任委员。截至2022年底，九三学社淮安区委有社员52人。

【参政议政】 2022年，九三学社淮安区委向区政协提交委员提案14篇，社情民意信息16篇，集体提案1篇；向九三学社淮安市委报送社情民意信息26篇，获社省委采用2篇，市政协采用1篇，获市委主要领导批示1篇。开展"农村生活污水处理设施运行情况"一党派一主题民主监督活动，形成民主监督建议书。

【党派活动】 2022年，九三学社淮安区委参加全省统战系统的"讲多党合作故事，献礼中共二十大"短视频大赛，拍摄短视频《坚守合作初心　用情关爱恒长》并获优秀奖，为淮安市唯一获奖作品。短视频主要讲述心理咨询专家工作站工作故事和案例。

（祁　宏）

淮安市淮安区工商业联合会

【概况】 2022年，淮安区新组建成立家电商会，区工商联吸纳区青年商会为团体会员。截至2022年底，淮安区依法注册成立基层商会组织26家，其中区直属商会11家，镇街商会15家。区新生代企业家商会、女企业家商会获评2021—2022年度江苏省“四好”商会。区新生代企业家商会获省人社厅和省工商联联合授予“全省工商联系统商会组织先进集体”称号。

【参政议政】 2022年，淮安区工商联企业家政协委员围绕“健全区工业企业安全生产监管机制”主题开展民主监督活动。区工商联针对企业面临困难和问题，向区委、区政协上报《疫情冲击下餐饮企业亟需普惠性纾困政策支持》等社情民意信息、提案；围绕进一步做好淮扬菜文化传承创新等课题开展调查研究，形成《充分彰显和发挥淮扬菜“世界美食之都”核心区的地位和作用》专题调研报告。

【服务引导】 2022年，淮安区依托“亲清双月谈”党政企常态化沟通机制，书面征集企业针对抗疫情、稳经济以及淮安区营商环境建设等方面的意见建议，邀请部分市属商（协）会负责人、淮安区民营企业家代表同区领导面对面座谈交流。区工商联联合区税务局开展“春雨润苗”互动体验日活动，宣传税费支持政策，帮助企业用足用好优惠政策。联合区人民法院开展两期法润民企“双走进”活动，加强司法机关与民营企业的沟通联系，助力打造法治化营商环境。促成上海市普陀区工商联青年创业商会一行到淮安区考察，并与淮安区新生代企业家商会共建友好商会，促进沪、淮两地企业家深化交流、互鉴互助。

【阵地建设】 2022年，淮安区按照有固定场所、有工商联（商会）特色、有政治活动、有工作制度、有人员管理“五有”要求，在飞翔科技集团打造“淮商之家”，为民营经济人士协商议事、培训充电、交流联谊等提供场所。

【社会服务】 2022年4月，淮安区新生代企业家商会和女企业家商会爱心企业代表，赴隔离酒店和石塘、平桥等接驳点，捐赠4000只N95医用防护口罩、120瓶免洗消毒凝露、方便面、矿泉水、水果及火腿肠等保障物资，慰问驰援上海回淮的医护工作者及接驳点防疫一线工作人员。飞翔科技集团、杰翔羽绒、惠民市场、奥斯忒食品、久升投资、万泰商贸等部分工商联副主席（副会长）爱心企业单位以及淮安区新生代企业家商会筹资捐物，向上海市淮安商会淮安区分会捐赠总价值近8万元的150份鲜蔬、罐装食品和肉食品礼包，驰援在沪淮安区籍乡贤抗击疫情。7月，淮安区新生代企业家商会、女企业家商会等连续第四届开展“送清凉·光彩节”公益活动，为环卫工人、快递员、建筑工人等一线户外工作者送去矿泉水、西瓜、藿香正气水等解暑降温物品400余份。8月，区工商联联合区委统战部开展第十二届“栋梁工程·光彩助学”活动，飞翔科技集团、杰翔羽绒、康乃馨织造等27家爱心企业捐款31.8万元，资助困难学生89人。

（曹　越）

表10　淮安区工商联直属商会名录

单位名称	基层单位名称
淮安市淮安区工商业联合会	淮安市淮安区新生代企业家商会
	淮安市淮安区女企业家商会
	淮安市淮安区餐饮商会
	淮安市淮安区现代农业产业商会
	淮安市淮安区经济开发区民营企业商会
	淮安市淮安区机械行业商会
	淮安市淮安区羽绒行业商会
	淮安市淮安区酒类行业协会
	淮安市淮安区建筑业协会
	淮安市淮安区家电商会
	淮安市淮安区青年商会

群众团体

淮安市淮安区总工会

【概况】 2022年末，淮安区有独立基层工会组织1147家，工会会员106543人。其中机关工会78家，事业单位工会120家，企业工会806家（其中非公企业工会694家），村级工会84家，社区工会18家。新组建工会166家，入会会员5254人。工会系统先后获全国性表彰（个人、单位）5个、省级表彰（个人、单位、项目）15个、市级表彰（个人、单位、班组、项目）109个。淮安区总工会在2022年度全市工会重点工作考评中获一等奖。

【组织建设】 2022年，淮安区扩大工会组织覆盖领域，入会新业态企业25家，吸纳新业态人员入会的村（社区）工会88家，新业态会员达4828人。区总工会发出换届提示函12份，及时换届工会27家。培育选树淮安中通物流公司等5家非公企业参加省“三创争两提升（创争先进党支部、创争模范职工之家、创争工人先锋号，提升政治引领力、提升群众组织力）”示范单位创建活动，江苏共创人造草坪股份有限公司被命名为省级示范单位。开展“三联三促（活动联搞，促进村企深度融合；服务联手，促进百姓获得感增强；组织联建，促进基层组织更加坚强有力、充满活力）”活动，区总工会联合电商园工会，促成淮安中通物流有限公司工会和长流村工会结对联建，帮助长流村富余劳动力43人进企就业。2022年，淮安区100人以上建会企业职代会建制率达100%，厂务公开建制率达95%以上，有职工董事监事试点企业4家，全区企业民主管理体系化制度建设初步形成。

6月25日，2022年淮安区欣明“安康杯”新安法和劳动保护知识竞赛（决赛）在周恩来红军小学红军娃剧场举行

（区总工会　供图）

【产业工人队伍建设改革】 2022年，淮安区完善《产改实施方案》，产改试点镇街由6家扩展到全区所有镇街（园区），试点企业扩大到83家，试点产业集群1家。江苏康乃馨织造有限公司、江苏双环齿轮有限公司纳

入省级产改试点企业，江苏杰翔羽绒有限公司等5家企业纳入市级产改试点企业。全年新建20家“户外劳动者服务站点”，漕运镇工会户外劳动者服务站等4个站点获评省最美站点。

【劳动技能竞赛】 2022年，淮安区总工会组织职工开展小发明、小改造、小革新、小设计、小建议“五小”活动，江苏镇淮建设集团有限公司杨阳的一种新旧混凝土柱竖向连接技术，江苏苏盐井神股份有限公司热电分公司钟镇的解决汽泵小汽轮机油档积碳小设计、冯海兵的6#炉脱硝氨水喷枪移位改造、蒋俊的CEMS系统烟气采样预处理优化，汤始建华建材（淮安）有限公司武永兵的关于一种高压釜余热回收改造的创新、汤井亮的关于高压釜余热回收改造创新（蒸养池喷淋）6个项目获2022年度职工“五小”活动市级优秀项目。3个发明专利成果入围淮安市第二届职工发明家评选名单。2022年，汤始建华建材（淮安）有限公司、江苏苏盐井神股份有限公司热电分公司等骨干企业分别结合疫情防控、企业岗位和工序需要，举办8场劳动技能竞赛。

【劳模工匠典型培树】 2022年，淮安区在企事业单位开展“恩来窗口”“恩来车间”“恩来班组”“党员先锋岗”等系列创建活动。申报3家劳模创新工作室入围市候选名单，李成劳模创新工作室先后获评长三角地区、江苏省劳模创新工作室。首届大国工匠创新交流大会中，2人入选江苏展区工匠人才名单。20人获得全国、省、市五一劳动奖章及第二届“淮安工匠”称号，14家单位和车间（班组、科室）获省市工人先锋号，5家单位获市五一劳动奖状。开展女职工争创五一巾帼标兵岗、争当五一巾帼标兵“双争”活动，表彰区“五一巾帼标兵”20名、区“五一巾帼标兵岗”10个。

【党工共建】 2022年，淮安区总工会打造“党工共建推动新就业形态劳动者建会入会”党组书记抓党建特色项目。聚焦新就业形态劳动者“急难盼愁”问题，为新就业形态劳动者建好“四家”。建好“红色之家”，强化党建引领，全区建立新就业形态党组织12个，党员110人；建好“职工之家”，抓好建会入会，让新就业形态劳动者服务有依靠；建好“安康之家”，重视维权服务，让新就业形态劳动者平安有保障；建好“赋能之家”，探索“政府搭台、企业组班、工人点单、学校培训”培养新模式，让新就业形态劳动者成长有平台。8月22日，苏工暖“新”行动之“淮安市新就业群体‘有事码上说’平台启动仪式”暨“8+X”综合服务集市活动（包括健康服务、专项保险、入会服务、暖“新”礼包、困难帮扶、能力提升、法律服务、心理咨询以及各设区市X项特色服务）在淮安中通物流有限公司举行。

【宣教文体工作】 2022年，淮安区总工会将学习宣传习近平新时代中国特色社会主义思想贯穿“中国梦·劳动美·幸福路”主题教育活动。开展“双进（劳模工匠进校园、思政教师进企业）”宣讲活动18场，受教育职工7000余人；开展“六个十”示范行动（优选10名劳模先进，结对10所学校，打造10个精品课件；培育10名思政教师，走进10家企业，开展10场示范性宣讲）。5名劳模讲师、6名思政教师入选市“双进”名师课程资源库。全年在市级以上媒体刊登工会新闻报道302篇，其中省级以上111篇。组织职工参加全市首届职工运动会，承办游泳比赛，淮安区代表队8名选手全部获奖。开展“阅读日”“阅读季”等系列职工阅读活动，推进职工书屋建设，1家职工书屋获评省级职工书屋示范点，3家职工书屋获评市级职工书屋示范点，新建职工书屋2家。开展“求学圆梦行动”，全年帮助130名农民工和一线职工提升学历等级，其中新业态劳动者30名。开展《职业病防治法》宣传，受众人数达4.2万人。近400家单位4.3万名职工参加“安康杯”竞赛活动。上报职业健康传播作品3件。全年共收集安全隐患“随手拍”作品216幅，评选表彰50幅优秀作品。推荐102幅作品参加全市评选，牛琳珊作品获市一等奖，吕元标、高静、于成全、韩万梁、曹葛萍、李会作品获市二等奖，宗祥、黄兵作品获市三等奖。

【职工关爱】 2022年，淮安区总工会向3630名各类职工和劳模，发放帮扶慰问金（品）112.3万余元。指导推动19303名职工加入“淮安市职工特殊疾病互济会”，参保费用210.7万余元，报销住院费用177.23万元。开展企业女职工免费两癌筛查工作，覆盖150余家单位2800余名女职工。组织295名女职工参加省总工会“520”免费两癌筛查活动。投资5.8万元新建6家康乃馨服务站，其中恩来社区站点被评为市级示范点。

表11　**2022年淮安区工会系统获市级以上表彰一览表**

单位（姓名）	表彰内容	表彰单位
淮安区总工会	2021年度工会财务会计工作先进单位	中华全国总工会办公厅
淮安区总工会	2020—2021年度全国“安康杯”竞赛优秀组织单位	中华全国总工会、应急管理部、国家卫生健康委员会
江苏苏盐井神股份有限公司热电分公司	2020—2021年度全国“安康杯”竞赛优胜单位	中华全国总工会、应急管理部、国家卫生健康委员会
淮安区淮城街道镇海路工会户外劳动者服务站点	2022年全国最美工会户外劳动者服务站点	中华全国总工会
江苏共创人造草坪股份有限公司	2022年度全省非公有制企业党建带工建“三创争两提升”活动省级示范单位	中共江苏省委组织部办公室、江苏省总工会办公室
李成劳模创新工作室（江苏苏盐井神股份有限公司热电分公司）	第二届中国长三角地区劳模工匠创新工作室	中国长三角地区职工劳动技能创新立功竞赛组委会
李成劳模创新工作室（江苏苏盐井神股份有限公司热电分公司）	第五批“江苏省示范性劳模创新工作室”	江苏省总工会
淮安区漕运镇工会户外劳动者服务站	2022年度全省“最美工会户外劳动者服务站点”	江苏省总工会
中国邮政淮安市淮安区河下支局工会户外劳动者服务站	2022年度全省“最美工会户外劳动者服务站点”	江苏省总工会
中国电信淮安淮安区分公司希尔顿支局工会户外劳动者服务站	2022年度全省“最美工会户外劳动者服务站点”	江苏省总工会
中国电信淮安淮安区分公司下关淮上人家工会户外劳动者服务站	2022年度全省“最美工会户外劳动者服务站点”	江苏省总工会
江苏施塔德有限公司技术研发部	2022年江苏省工人先锋号	江苏省总工会
江苏镇淮建设集团有限公司经营部	2022年江苏省工人先锋号	江苏省总工会
淮安市淮安区翔宇消防救援站	2022年江苏省工人先锋号	江苏省总工会
江苏康乃馨织造有限公司织造车间准备班组	“双争”活动中成绩突出集体	江苏省总工会
淮城街道恩来社区职工书屋	2022年江苏省工会“职工书屋示范点”	江苏省总工会、江苏省全民阅读办
淮安区人民检察院	淮安市五一劳动奖状	淮安市人民政府
淮安市淮安医院	淮安市五一劳动奖状	淮安市人民政府
淮安区住房和城乡建设局	淮安市五一劳动奖状	淮安市人民政府
江苏镇淮建设集团有限公司	淮安市五一劳动奖状	淮安市人民政府

续表11

单位（姓名）	表彰内容	表彰单位
中共淮安市淮安区委营商环境优化办公室	淮安市五一劳动奖状	淮安市人民政府
汤始建华建材（淮安）有限公司JH12班	2022年淮安市工人先锋号	淮安市总工会
江苏双环齿轮有限公司精密齿轮分厂螺伞项目部研齿线	2022年淮安市工人先锋号	淮安市总工会
江苏施塔德电梯有限公司工程部	2022年淮安市工人先锋号	淮安市总工会
淮安市公共资源交易中心淮安分中心	2022年淮安市工人先锋号	淮安市总工会
淮安市新安小学德育处	2022年淮安市工人先锋号	淮安市总工会
淮安市淮安区人民法院立案庭	2022年淮安市工人先锋号	淮安市总工会
淮安市淮安区发展和改革委员会投资科	2022年淮安市工人先锋号	淮安市总工会
淮安市楚州中医院康复科	2022年淮安市工人先锋号	淮安市总工会
淮安宏能集团有限公司楚明分公司工程业务部	2022年淮安市工人先锋号	淮安市总工会
淮安市淮安区市场监督管理局办公室（招商办）	2022年淮安市工人先锋号	淮安市总工会
中国移动江苏有限公司淮安区分公司府前路营业厅	2022年淮安市工人先锋号	淮安市总工会
江苏国信淮安生物质发电有限公司综合管理部	淮安市五一巾帼标兵岗	淮安市总工会
淮安市淮安医院重症医学科	淮安市五一巾帼标兵岗	淮安市总工会
江苏华磊建材科技有限公司	淮安市工会职工书屋示范点	淮安市总工会
江苏华磊建材科技有限公司	淮安市书香企业示范点	淮安市总工会
江苏皇岗建设（集团）有限公司	淮安市工会职工书屋示范点	淮安市总工会
江苏皇岗建设（集团）有限公司	淮安市书香企业示范点	淮安市总工会
淮安中通物流有限公司	淮安市工会职工书屋示范点	淮安市总工会
淮安中通物流有限公司	淮安市书香企业示范点	淮安市总工会
淮安区总工会	2022年度淮安市“书香三八”女职工读书活动先进单位	淮安市总工会
淮安区淮城街道恩来社区康乃馨服务站	2022年度淮安市女职工康乃馨服务站示范点	淮安市总工会
淮安区总工会	2022年淮安市新《工会法》知识竞赛优秀组织奖	淮安市总工会
淮安区总工会代表队	淮安市首届职工运动会——乒乓球比赛县区组第一名	淮安市总工会
淮安区总工会	2022年度淮安市创新活动优秀组织奖	淮安市总工会
淮安区总工会	淮安市女职工“新亚杯”抖音视频比赛优秀组织奖	淮安市总工会女职工委员会

续表11

单位（姓名）	表彰内容	表彰单位
朱玉庭（江苏双环齿轮有限公司）	2022年全国五一劳动奖章	中华全国总工会
孔令福（江苏共创人造草坪股份有限公司）	2022年江苏省五一劳动奖章	江苏省总工会
陈新宽（淮安区翔宇消防救援站）	江苏省文明职工	中共江苏省委宣传部、江苏省文明办、江苏省总工会
朱玉庭（江苏双环齿轮有限公司）	江苏省文明职工	中共江苏省委宣传部、江苏省文明办、江苏省总工会
陶文花（淮安区人民法院）	“双争”活动中成绩突出的个人	江苏省总工会
魏凤玲（江苏省白马湖农场有限公司居委会）	“双争”活动中成绩突出的个人	江苏省总工会
陈　飞（淮安市古文楼餐饮服务有限公司）	第二届“淮安工匠”	淮安市人民政府
朱俊友（淮安区动物卫生监督所）	第二届“淮安工匠”提名奖	淮安市人民政府
刘黎明（淮安区审计局）	淮安市五一劳动奖章	淮安市人民政府
卢国峰（淮安市周恩来红军中学）	淮安市五一劳动奖章	淮安市人民政府
王　健（江苏双环齿轮有限公司）	淮安市五一劳动奖章	淮安市人民政府
王　爱（江苏苏盐井神股份有限公司热电分公司）	淮安市五一劳动奖章	淮安市人民政府
赵国顺（江苏共创人造草坪股份有限公司）	淮安市五一劳动奖章	淮安市人民政府
张友俊（汤始建华建材（淮安）有限公司）	淮安市五一劳动奖章	淮安市人民政府
周　茜（中国邮政集团有限公司淮安市淮安区分公司）	淮安市五一劳动奖章	淮安市人民政府
胡　波（江苏国信淮安生物质发电有限公司）	淮安市五一劳动奖章	淮安市人民政府
张　飞（江苏飞翔科技集团有限公司）	淮安市五一劳动奖章	淮安市人民政府
张罕见（江苏百斯特鲜食有限公司）	淮安市五一劳动奖章	淮安市人民政府
周津宇（区人力资源和社会保障局）	淮安市五一劳动奖章	淮安市人民政府
王成伟（淮安市公安局淮安分局）	淮安市五一劳动奖章	淮安市人民政府
李　娟（江苏康乃馨纺织科技有限公司）	淮安市五一劳动奖章	淮安市人民政府
张　静（江苏一洲纺织有限公司）	淮安市五一劳动奖章	淮安市人民政府
曹建国（淮安区施河镇卫生院）	淮安市五一劳动奖章	淮安市人民政府
李　力（淮安三新供电服务有限公司）	淮安市五一劳动奖章	淮安市人民政府
姚　婕（淮安区人民检察院）	淮安市五一巾帼标兵	淮安市总工会
朱秀华（淮安市楚州实验小学）	淮安市五一巾帼标兵	淮安市总工会
时旺旺（江苏康乃馨纺织科技有限公司）	淮安市五一巾帼标兵	淮安市总工会
唐　佩	工会财务知识竞赛一等奖	淮安市总工会

续表11

单位（姓名）	表彰内容	表彰单位
马晓红	工会财务知识竞赛一等奖	淮安市总工会
万艾兵	2022年度淮安市“安全隐患随手拍”优秀组织个人	淮安市“安康杯”竞赛活动领导小组办公室
程　瑞	2022年淮安市新《工会法》知识竞赛二等奖	淮安市总工会
孙余美	2022年淮安市新《工会法》知识竞赛二等奖	淮安市总工会
蒋渭清	2022年淮安市新《工会法》知识竞赛二等奖	淮安市总工会
张国华	淮安市首届职工运动会——游泳比赛中年男子50米自由泳第二名	淮安市总工会
周　颖	淮安市首届职工运动会——游泳比赛青年女子50米自由泳第二名	淮安市总工会
余佳佳	淮安市首届职工运动会——游泳比赛青年女子50米自由泳第三名	淮安市总工会
周　艳	淮安市首届职工运动会——游泳比赛中年女子50米自由泳第一名	淮安市总工会
马晓红	淮安市首届职工运动会——游泳比赛中年女子50米自由泳第二名	淮安市总工会
谭志坤	淮安市首届职工运动会——游泳比赛中年男子50米蛙泳第四名	淮安市总工会
周晓穗	淮安市首届职工运动会——游泳比赛中年女子50米蛙泳第一名	淮安市总工会
赵卉娟	淮安市首届职工运动会——游泳比赛中年女子100米蛙泳第一名	淮安市总工会

表12　淮安区总工会基层单位名录

单位名称	基层单位名称
淮安市淮安区总工会	淮安市淮安区工人文化宫
	淮安市淮安区职工服务中心
	淮安市淮安区职工学校

【职工权益维护】 2022年，淮安区开展“女职工维权行动月”送法进乡村、“尊法守法·携手筑梦”公益法律服务行动等主题法律宣传和劳动法律监督检查系列活动45次，发放宣传资料6000余份，覆盖近百家企业。面对面服务职工1200人次，帮助38名职工追回工资61万元。在淮安中通物流有限公司首次开展物流行业“能级工资”集体协商，相关工作经验在省级以上媒体宣传。

【工会经费收管用】 2022年，淮安区总工会依法加强全区工会经费的收管用工作，完成年度工会经费上缴任务。落实小微企业工会经费返还政策，全年返还工会经费198.37万元，惠及企业435家，返还率100%。依法开展工会经费检查审计工作，全年完成区本级预决算审计、实务审计、计拨审计45家，区本级预决算审计项目被市总工会评为优秀审计项目。会同区纪委等部门依法依纪对134个机关事业单位工会经费收管用情况进行专项检查，督促存在问题的4家单位工会立行立改。委托审计22个基层单位工会2020—2021年度财务收支、经费管理情况。

（徐媛媛）

共青团淮安市淮安区委员会

【概况】2022年，淮安区有团组织1844个，其中团(工)委65个、总支52个、支部1408个。农村、非公企业和社会组织领域团组织分别为612个、419个和73个。有团员28519人，其中学生团员6948人；有少先队员6.43万人。2022年，淮安区共青团系统开展“学习二十大 永远跟党走 奋进新征程”主题活动，完成县区团委换届工作，获评全国优秀少先队集体1个、江苏省优秀少先队集体2个、江苏省“红领巾奖章”集体四星章2个、江苏省五四红旗团委2个、江苏省五四红旗团支部1个。1人获评江苏省十佳少先队辅导员。

【组织建设】2022年，共青团淮安区委严格团员发展管理，新发展团员1325人，“双积双评”积分入团（两次积分、两次民主评议）覆盖率100%。严格开展年度团员先进性评价，支部覆盖率和团员参与率达100%。健全和强化县域团属青年社团，新建各类青年社会组织和新兴青年群体57家。研究制定《淮安区共青团重点活动清单式管理实施方案》，引导各级团组织互学互比、竞赛竞优。完善“红旗榜”考评机制，常态化考核基层团组织履职情况，激发基层工作活力。10月30日，共青团淮安市淮安区第十七次代表大会召开。郑珊代表共青团淮安区第十六届委员会向大会作题为《牢记殷殷嘱托 扛起光荣使命 在新征程上奋力谱写共青团工作新篇章》的工作报告。会议通过《共青团淮安市淮安区第十六届委员会工作报告的决议》，选举产生22名委员、8名候补委员组成共青团淮安市淮安区第十七届委员会。召开共青团淮安市淮安区第十七届委员会第一次全体会议，郑珊当选新一届团区委书记。

5月10日，淮安市“喜迎二十大 永远跟党走 奋进新征程”主题团日活动在淮安区举行 （团区委 供图）

【青少年思想引领】2022年，共青团淮安区委围绕党的二十大、建团百年等重要节点，制定《全区共青团系统学习宣传贯彻党的二十大精神工作方案》，承办全市“喜迎二十大 永远跟党走 奋进新征程”等活动20余场。5月15日，淮安区举办学习贯彻习近平总书记在庆祝中国共产主义青年团成立100周年大会上的重要讲话精神座谈会。持续开展入队入团仪式、十八岁成人礼等仪式教育，增强少先队员、共青团员的光荣感、使命感。依托“三微一端（微博、微信公众号、微视频，客户端）”“青年大学习”等线上平台，通过微团课、微队课等方式，面向青少年系统宣讲党的二十大精神、共青团百年光辉历史。全年举办线上团课队课30期，受众超60万人次；区团属平台粉丝数总计约3.5万人，累计发布文章872篇，阅读量约62万人次。挖掘淮安区红色资源，整合“青年之家”、青年学习社等团属阵地，举办全区“百年青春心向党”红色教学点打卡活动，编织“35+N”（“35”指35个红色打卡点，“N”指其他打卡点）青少年打卡网络。开展“青春礼赞新时代、青年追梦复兴路”等多场红色主题教育活动，全年举办线下宣讲60余场，线上宣讲162场；全区青少年“红色打卡”超过10万人次。

表13　　2022年淮安区共青团系统获市级以上表彰一览表

单位（姓名）	表彰内容	表彰单位
淮安市新安小学少先队大队	2022年度“全国优秀少先队集体"	共青团中央、教育部、全国少工委
淮安市新安小学少先队大队	江苏省优秀少先队集体	共青团江苏省委、江苏省教育厅、江苏省少工委
淮安市关天培小学五（3）中队	江苏省优秀少先队集体	共青团江苏省委、江苏省教育厅、江苏省少工委
河下街道团工委	江苏省五四红旗团委	共青团江苏省委
淮安市文通中学团委	江苏省五四红旗团委	共青团江苏省委
淮城街道恩来社区团支部	江苏省五四红旗团支部	共青团江苏省委
淮安市新安小学新旅少先队大队	2022年度江苏省“红领巾奖章”集体四星章	江苏省少工委办公室
淮安市周恩来红军小学四（11）中队	2022年度江苏省“红领巾奖章”集体四星章	江苏省少工委办公室
淮安市新安小学红领巾新旅研究院	淮安青年五四奖章集体	共青团淮安市委、淮安市青联
车桥镇陈河村团支部	淮安市五四红旗团支部（团总支）	共青团淮安市委
陈燕燕	江苏省十佳少先队辅导员	共青团江苏省委、江苏省教育厅、江苏省少工委
皮　丽	淮安市十佳少先队辅导员	共青团淮安市委、淮安市教育局、淮安市少工委

【社会服务】 2022年，共青团淮安区委成立淮安区青年志愿者协会，建立健全“区—镇街—社区”三级队伍体系，重点打造“彩虹青春”志愿进社区特色项目，引导“社区—学校”深度对接，将服务时长纳入入队入团必要条件，动员青少年围绕疫情防控、文明城市、环境保护、帮扶关爱等重点工作开展志愿服务。全年开展“温暖回家路”“河小青”等各类志愿服务25次；疫情期间，全区各级团组织成立青年突击队17支，招募青年志愿者183人，服务时长2505小时。以青年突击队、青年文明号、青年岗位能手和青年安全示范岗等“青”字号品牌为载体，在企业生产经营、窗口服务岗位、新兴青年群体中，开展“立足岗位比奉献”“青春建功争先锋”“争做青年岗位能手”等活动。吴喜云、尹辉、王中原3人获评2022年“淮安市乡村振兴青年先锋”，赵子昂获得2022年“淮安市青年五四奖章”。开展乡村振兴计划志愿者工作，招募派遣大学生45人深入基层开展志愿服务。联合区委组织部、区教体局等单位，共同开展“暑期大学生实践活动”，提供125个实习岗位，吸引更多淮安区大学生返乡就业。发挥青年科技人才专业优势，组建“青禾”科技志愿队、金融下乡突击队等20余支乡村振兴队伍，深入基层一线开展专项技术服务。推进青年创业贷款“新农菁英贷”工作，全年发放助农贷款5300万元。

【关爱帮扶慰问】 2022年，共青团淮安区委持续开展“梦想小屋”建设，全年累计募集资金130余万元，建成“梦想小屋”121间，惠及138名困境儿童。开展困境青少年关爱帮扶，重点打造“生活、学习、心理三支护航队”立体关爱项目矩阵，结对414名团干部、志愿者、辅导老师，为困境儿童建立长期关爱帮扶机制。疫情期间开展“心依暖阳 静候花开”等主题关爱走访活动，累计开展走访活动41场，为332户困境儿童送去

3万余只口罩、300瓶消毒液等“关爱礼包”。

【未成年人权益保护】 2022年，共青团淮安区委联合区教体局、检察院、法院等单位，开展“与法同行 护航青春”“西游课堂”“送法进校园”等30余场法治宣传教育活动。开展“沉浸式”体验司法，邀请未成年人走进法院，“零距离”学习法律知识，提高青少年的法治观念和安全意识。围绕防范意外伤害、校园霸凌、女童保护等内容，举办青春自护教育活动30余场。

（陈瑾璇）

8月18日，淮安区妇联开展女童保护志愿讲师培训考核活动

（顾秀云 摄）

淮安市淮安区妇女联合会

【概况】 2022年，淮安区三级妇联组织健全，有各级各类机关事业单位及系统妇联41个，有新兴领域妇联组织、各类妇女微家35个。2022年，淮安市淮安区妇女联合会（以下简称“淮安区妇联”）“99公益日”活动期间募集资金21.1万元，获江苏省妇女儿童慈善优秀组织奖，“海棠圆梦你我同行”公益项目获“99公益·网络募捐”优秀项目奖。“我助妇儿康·一户一策微关爱计划”“三全”社区家庭教育指导服务等特色做法被学习强国、江苏女性等媒体平台报道。

【组织建设】 2022年，淮安区妇联与区委组织部联合印发《关于做好镇（街道）妇联组织换届工作的通知》，明确镇（街道）妇联组织架构和人数配备。制定《淮安区镇（街道）妇联组织换届参考资料》，为基层妇联提供政策、流程指导。召开镇（街道）妇联换届工作动员会，完成镇（街道）妇联换届工作，巾帼新农人、优秀女党员等一批优秀女性代表被选进妇联干部队伍。实施“基层妇联领头雁培训计划”，召开镇（街道）妇联重点工作座谈会，组织妇联干部培训班，对新任妇联主席进行业务指导培训。推进新兴领域妇联组织建设，全年共新建企业妇联5家、社会组织妇联3家。组织镇（街道）、村（社区）妇联干部参观邓颖超纪念馆，厚植红色基因，赓续红色血脉。

【家庭文明建设】（参见《社会事务·人口家庭》）

【妇女儿童权益】（参见《社会事务·妇女儿童事务》）

【妇儿民生实事】（参见《社会事务·妇女儿童事务》）

【妇女创业就业】（参见《社会事务·妇女儿童事务》）

【主题宣讲】 2022年，淮安区妇联围绕“巾帼心向党 喜迎二十大”主题，成立巾帼宣讲队伍，开展巾帼大宣讲52场次，覆盖妇女群众1300余人次。深入社区举办“我奋斗·家国美”故事汇活动，邀请优秀女典型分享家风故事、奋斗故事。

【服务新冠疫情防控】 2022年，淮安区妇联组织妇联执委、女企业家、巾帼志愿者等投身新冠疫情防控工作，宣传防疫政策、维护核酸检测秩序、捐赠防疫物资、慰问卡口工作人员等，相关做法被学习强国、中国妇女报、

表14 2022年淮安区妇联获市级以上表彰一览表

单位	表彰内容	表彰单位
淮安区妇女联合会	2022年度全市妇联重要工作优秀集体	淮安市妇女联合会

江苏女性、花开淮安等媒体宣传报道。

（顾秀云）

淮安市淮安区科学技术协会

【概况】2022年，淮安市淮安区科学技术协会（以下简称“淮安区科协”）围绕服务科技工作者、服务创新驱动发展战略、服务公民科学素质提高、服务党委政府科学决策、加强自身建设“四服务一加强”职能定位，守正创新，完成各项工作任务。2022年，淮安区入选省科协“科创江苏”试点县（市、区），全市唯一；区科协被省科协评为“2022年科技活动周暨科普宣传周”“2022年全国科普日”活动优秀组织单位。

【全民科学素质行动方案】2022年，淮安区出台《淮安区全民科学素质行动规划实施方案（2021-2025）》。方案提出实施科技资源科普化、科普信息化提升、科普基础设施建设、基层科普能力提升、科学素质开放合作“五大工程”，重点实施青少年、农民、产业工人、老年人、领导干部和公务员科学素质提升五项重点行动。明确到2025年，淮安区公民具备科学素质比例超过16%的目标。

【企业科技供需对接】2022年，淮安区科协对外发布技术需求信息，面向全国征集技术对接项目。6月24日，联合区科技镇长团举行省工程师学会与施河教育装备产业园企业科技供需对接会、洽谈会。9月9日，联合区科技镇长团、区人才办邀请中国计量大学生命科学学院院长徐沛率领的专家团到淮安区开展技术对接活动，中国计量大学生命科学学院与区政府签订科技合作框架协议。10月21日，邀请电子科技大学电子科学与工程学院合作发展办公室主任李伟率领专家团到淮安区调研走访部分电子企业，就校企技术合作进行洽谈对接。联系淮阴工学院陈奇博士与淮安惠明汽配有限公司就自动化割胶机、无人机技术达成技术开发协议。

【科普活动】2022年，淮安区科协在“全国科技活动周”“省科普宣传周”和“全国科普日”主题科普活动期间，开展各具特色的科普专家社区行、科普知识讲座、科普知识竞赛、科普体验、消防安全演练、防疫科普板面巡展、科普新天地电视节目开播、科普大篷车进校园等主场活动60项。各级科技志愿服务组织开展科技志愿服务活动100余场，参与人数10万余人，其中以科技志愿者身份参加的“四长（学校校长、医院院长、农技站长、能人大户以及企业家等）”等科技工作者近百名。活动期间赠送科普书籍1万余本，发放科普宣传册2万余份，开放科普场馆19个，开放科研机构6个。

【科技下乡】2022年3月4日，淮安区科协在河下街道新路村开展“我为群众办实事，科普服务学雷锋”科技志愿服务活动，开展新冠肺炎防控、卫生保健、新民法典、居家安全知识宣传，免费为居民理发、测量血压。3月10日，区科协开展“科普大篷车进乡村——走进朱桥镇”科普宣传活动，接受群众科普知识咨询2000余人次。9月21日，区科协联合区科技镇长团，邀请中国农业科学院植物保护研究所博士生导师、国家西甜瓜产业技术体系病虫草害岗位科学家、中国农业科学院创新工程团队首席专家赵廷昌研究员和淮安市农科院蔬菜研究发展中心主任孙玉东研究员等专家到淮安区苏嘴镇调研指导西甜瓜产业发展。

5月30日，淮安区科协“科普大篷车”走进车桥中心小学

（区科协　供图）

【科普基地建设】 2022年，淮安区科协加强科普教育基地建设。淮安区曙光双语学校科普教育基地、周恩来红军中学创客机器人科普基地、仇桥初级中学科技馆被市科协、市教育局命名为2021年度淮安市科普教育基地。12月，区科协援助河下街道新路村科普体验馆一批科普设备。

（陈国柱）

淮安市淮安区残疾人联合会

【概况】 淮安市淮安区残疾人联合会（以下简称“淮安区残联”）成立于1989年9月，是中国残联的基层组织，是将残疾人自身代表组织、社会福利团体和事业管理机构融为一体的残疾人事业团体。2022年，淮安区残联开展残疾人康复、教育、社会服务、法律援助等工作，推进基层残疾人公共服务体系建设，完成残联换届工作。

【《残疾人证》办理】（参见《社会事务·残疾人事务》）

【残疾儿童康复机构管理】 2022年，淮安区残联加强对残疾儿童康复机构监督，对全区4家儿童康复机构开展不定期、不定时突击检查。3月，淮安区康教幼儿园从民办非营利性机构向公办非营利性机构转型，成为全市唯一事业单位康复机构。

【残疾儿童康复救助】（参见《社会事务·残疾人事务》）

【重残居家服务】（参见《社会事务·残疾人事务》）

【无障碍示范社区、家庭项目】（参见《社会事务·残疾人事务》）

【残疾人之家】（参见《社会事务·残疾人事务》）

【区残疾人联合会第七次代表大会】 2022年11月4日，区残疾人联合会第七次代表大会召开。区委书记颜复出席开幕式并讲话。市残联党组书记、理事长江迈，区领导邓萌、胡启新、关晓卫、俞向林、陈祖敏参加会议。会议听取审议区残联第六届主席团工作报告，选举产生区残联第七届主席团委员、主席、副主席，执行理事会理事长、副理事长、理事以及出席市残联第八次代表大会的淮安区代表。聘请颜复、邓萌为淮安区残联第七届主席团名誉主席。陈祖敏任区残联第七届主席团主席，朱剑春任区残联第七届执行理事会理事长，王友进任区残联第七届执行理事会副理事长。

【区残疾人绿色家园托养服务中心】 2022年，淮安区残联依托民办托养机构，打造淮安区残疾人绿色家园托养服务中心。7月底投入试运营。全年进入托养服务中心体验托养生活残疾人46人；有寄宿制托养残疾人26人，其中精神残疾人7人、智力残疾人18人，重度肢体残疾人1人。托养服务中心主要为寄宿制托养人员提供生活照料以及劳动技能、生活适应能力、生活技能、文化体育活动、社会融入等方面训练，提高残疾人生活自理能力。

表15　淮安区残疾人联合会基层单位名录

单位名称	基层单位名称
淮安市淮安区残疾人联合会	淮安市淮安区残疾人劳动服务所

【平桥镇残疾人综合服务中心】 2022年，淮安区残联向上争取资金80万元，将平桥镇“残疾人之家”提升为平桥镇残疾人综合服务中心。项目建筑面积约530平方米，拥有独立院落，是全市唯一乡镇级残疾人综合服务中心，综合开展残疾人日间照料、辅助性就业、康复训练、文化体育、技能培训等工作。

【残疾人活动】 6月27日至9月4日，淮安区残联在漕运镇“残疾人之家”组织“非遗”项目“南闸民歌”培训，参加培训残疾人17人。在“迎中秋”活动中，邀请参加“南闸民歌”培训的残疾人为托养中心残疾人演唱“南闸民歌”。“三·八”妇女节，举办插花培训班，参加培训残疾人20人，提高女性残疾人家庭生活情趣。

（韩　鑫）

淮安市淮安区归国华侨联合会

【概况】 截至2022年末，淮安区有归侨2人，侨眷近2000人，海外侨胞约300人。全年处理侨胞来信来访10人次，协助解决涉侨纠纷2起，慰问困难归侨侨眷60人次。2022年，淮安市淮安区归国华侨联合会（以下简称“淮安区侨联”）参与人大、政协提案建议4件。制定《第二届华商大会来淮安区嘉宾接待方案》，做好“中国·淮安第二届淮河华商大会”服务工作。10月，以“侨心永向党，喜迎二十大”为主题，组织侨界群众集中收看中共二十大开幕会。

【归侨侨眷服务】2022年，淮安区侨联做好归侨侨眷政务服务工作，办理归侨落户1人、华侨子女中考加分认定2人。10月，组织“中医惠侨——侨艺沙龙”专场活动，邀请楚州中医院2名侨界专家为河下街道侨界群众讲述中医预防、保健养生、家庭应急救护知识。

【对外联谊合作】2022年，淮安区侨联开展与华人华侨联谊活动，密切联系海外华文媒体。春节前夕，淮安区侨联向6名海外侨领发出问候。中秋节前夕，制作具有地域特色、呈现淮安风景人文特色的视频贺卡，向美国、日本、阿根廷、捷克、加拿大、新加坡等国的淮安区籍海外侨胞和归侨侨眷送去问候。与捷克新媒体“捷讯”达成开设淮安区专栏合作意向。7月10日，以视频连线形式开展“奋斗淮安人”——“淮安乡贤走天下”新闻采访活动。10月20日，《欧洲侨报》刊出淮安区专版《奋斗创造幸福生活——记江苏省淮安市淮安区的奋斗者们》。

【侨务进三区】2022年，淮安区侨联以侨务工作“进三区（社区、园区和校区）”为抓手，打造“侨务工作示范单位”。10月，河下螺蛳街村被评为侨务“进三区”省级示范单位；12月，朱桥镇朱桥社区被评为侨务“进三区”市级示范单位。

（董　珊）

淮安市淮安区文学艺术界联合会

【概况】2022年，淮安市淮安区文学艺术界联合会（以下简称“淮安区文联”）“创新央地合作模式，打造优秀儿童剧《新安旅行团》”项目获2022年全省文联工作创新提名奖。淮安区作协获江苏省基层文学工作先进单位提名。围绕新旅题材创作的长篇小说《中国少年》获江苏省第十二届精神文明建设“五个一工程”优秀作品奖。长篇报告文学《天路淮军》与长篇小说《大胡庄·1941》获淮安文化奖优秀作品奖。9月，淮安区举行第三届吴承恩长篇小说奖颁奖典礼。11月，首届吴承恩长篇小说奖获奖作品《装台》、第二届吴承恩长篇小说奖获奖作品《人世间》改编的同名电视剧，同获第31届中国电视“金鹰奖”优秀电视剧奖。

【淮安区爱乐民族乐团组建】2022年，淮安区文联组建“淮安区爱乐民族乐团”。乐团按照标准民族乐团配备，分为吹、拉、弹、打击乐四个音乐声部。先后参与江苏广电总台融媒体新闻中心主办的“强国复兴有我 幸福社区行”、第三届吴承恩长篇小说奖颁奖典礼、第三届著名作家“运河之都·淮安”采风行、“欢庆二十大 逐梦新征程”——幸福淮安惠民演出等活动。

【淮安区作协创研基地揭牌】1月16日，淮安区作协创研基地揭牌仪式举行。中国作协副主席、江苏省作协主席毕飞宇，中国现代文学研究会会长、中国作协文学理论批评委员会副主任丁帆，市政协副主席范更生，市文联名誉主席赵恺，区委书记张笑等为创研基地揭牌，区长颜复主持揭牌仪式。揭牌仪式后，创研基地举办“新时代背景下的大运河文学建构——毕飞宇、丁帆文学创作对话会”。建成开放500余平方米的区作协创研基地，设有创作中心、阅读中心、研学中心三大功能区，是全省县区级作协中面积最大、功能最全的创研基地。

【长篇报告文学《新安旅行团》出版】2022年5月，淮安区作协主席于兆文创作的长篇报告文学《新安旅行团》于习近平总书记给新安小学回信一周年前夕正式出版发行。全书40万字，完整全景式还原了“新安旅行团”17年的英雄足迹和光荣历史，是淮安区重点打造的重大题材文艺精品项目。11月25日，江苏省作协、淮安市委宣传部、淮安区委区政府在南京联合举办长篇报告文学《新安旅行团》研讨会。12月，报告文学《新安旅行团》获第五届（南钢）江苏报告文学奖。

（丁　冬）

淮安市淮安区红十字会

【概况】2022年，淮安区红十字会开展捐赠筹资活动，共接受资金捐赠84.56万元，物资捐赠价值23.96万元；完成应急救护培训20463人；在人员密集场所安装自动体外心脏除颤仪（AED机）28台。全年向省市红十字会网站报送新闻通讯294篇。

【基层组织建设】 2022年，淮安区红十字会加强基层组织建设，推进基层组织开展培训、志愿服务。全年新增学校基层组织11个，社区基层组织10个，医院基层组织5个。

【“三献”工作】 2022年，淮安区红十字会利用“5·8世界红十字日”“世界献血日”等纪念日，加强“三献（献血、造血干细胞捐献、器官捐献）”宣传动员和服务。2022年，淮安区无偿献血者6550人，无偿献血采集量达218万毫升以上；遗体器官登记捐献者679人，完成器官捐献1例；造血干细胞知识培训3330人，宣传普及5586人，造血干细胞血样采集入库100人。

【“博爱家园”建设】 2022年，淮安区红十字会新建淮城街道环城社区、夹城社区，河下街道乌纱村、螺蛳街村等10个“博爱家园”，完善博爱家园硬件设施。淮安区红十字“博爱家园”立足社区实际，组织开展核酸检测、慰问送温暖、关爱空巢老人、免费义诊、红十字知识宣传等主题活动。全年开展人道项目35个，投入人道项目资金23.19万元，受益人数48500余人。

【生命健康安全体验教室建设】 2022年，淮安区红十字会组织完成关天培小学、周恩来红军小学、楚州中学生命健康安全体验教室申报和建设工作。生命健康安全体验教室融入红十字运动知识传播、安全教育、健康教育、志愿服务等相关工作，实现一个阵地多项功能。

【“博爱送万家”活动】 2022年，淮安区红十字会将“博爱送万家”活动与“三下乡”活动结合，走访慰问抗疫一线人员、学校困境儿童、敬老院老人、福利院儿童，送去米、油、食品、棉被等慰问物资以及慰问金。全年发放慰问物资及慰问金91.04万元，受益人数5250人。

8月21日，淮安区红十字会走进钦工中学开展“救在身边·校园守护”行动　（周　傑　摄）

【“博爱助医”活动】 2022年，淮安区红十字会拓展红十字人道救助范围，提高救助标准。全年救助白血病、器官移植、癌症等重大疾病患者74人次，发放人道救助金9.2万元。组织冠名红十字单位淮安市淮安医院常态化开展“红十字博爱送健康”志愿服务活动，为群众开展“世界哮喘日义诊”“老年医学专家基层行”“防盲治盲义诊筛查”等一系列义务诊疗和健康咨询，完成困难群众免费白内障摘除术84人次，减免困难群众医疗费用6.5万元。

【应急救护培训】 2022年，淮安区红十字会开展应急救护培训活动，普及应急救护知识，提升群众应急救护技能。与淮安区安全生产委员会办公室联合下发《关于在全区工业企业中开展公益性应急救护知识与技能培训活动的通知》，力争实现2024年底前为全区3000多户工业企业每户至少培训一名救护员目标任务。开展“救在身边·校园守护”行动，实现高一、大一新生救护培训全覆盖。全年完成救护员培训1101人、CPR+AED持证培训1243人、普及性培训18119人。

【应急救援与防灾减灾演练】 2022年，淮安区红十字会组织应急救援队开展救援培训、演练活动，提升救援技术水平和实战能力。选派骨干队员参加省红十字会举办的救援培训班。“防灾减灾宣传周”期间，新安小学、关天培小学、勺湖小学等红十字学校组织开展“防灾减灾应急疏散演练”，确保在灾害来临时，应急工作能快速、高效、有序地进行。

【红十字志愿服务】2022年，淮安区红十字会新建淮安区红十字会艺术团志愿服务队、淮安区红十字会博爱家园志愿服务队2支志愿队伍。年末全区有志愿队伍13支。推广使用志愿服务信息管理系统，在中国红十字志愿者平台注册的志愿者256人。淮安区红十字志愿队伍围绕救灾救助、应急救护培训、心理疏导、养老照护等开展志愿服务活动。

【红十字青少年工作】2022年，淮安区红十字会新增学校基层组织11个。10月，联合区教体局共同制定《关于在全区开展2022年红十字青少年活动月的通知》，各学校结合社会主义核心价值观教育和学校思想政治教育，开展红十字青少年活动月活动。组织教育系统应急救护培训讲师走进校园开展救护知识培训和生命健康教育，增强校园救护服务能力。

（许　星）

淮安市淮安区老区开发促进会
淮安市淮安区扶贫开发协会

【参与乡村振兴】2022年，淮安市淮安区老区开发促进会、扶贫开发协会（以下简称“淮安区两会”）巩固拓展脱贫攻坚成果，通过联系点工作全面参与乡村振兴。全年完成调研报告17篇。淮安区镇街两会联系17个村、25个企业、36个合作经济组织，帮助联系点单位发展生产建设。充分发挥政治上有影响、经济上有实力、技术上有专长、创业上有本领“四有会员”作用，继续开展“百名理事帮百户”活动。车桥镇老促会帮助芡实产业项目带头人成立芡实协会，扩大芡实种植5000亩。

【扶困助学】2022年，淮安区两会通过项目帮扶助学30人，资助金额6万元，新安排就业104人。开展“携手助老区”公益募捐活动，募集资金12万元，救助特困家庭45户。淮安区两会、企业、学校三方合作在淮安工业中等专科学校开设3个“红星班”90人，生均资助2000元。淮安区两会冠名的江苏省帮扶基金会淮安区助学基金资助学生100人17万元。争取碧桂园公司资助家庭困难学生5人2.5万元，启宏基金资助10人5万元。

【“五老”维稳】2022年，淮安区两会基本建立五老、信访、综治、派出所、法庭等维稳联动机制。全区“五老”维稳志愿者队伍协助党委、政府排查矛盾纠纷1976件，调处1848件。

【红色资源普查】2022年，淮安区两会组织开展红色资源普查工作。5月，完成《挖掘红色资源 赓续红色血脉 开创红色文化和旅游经济融合发展新局面》调研报告，在中国老区网全文发表；9月，完成《淮安区红色资源调研普查汇总表》；年末，编纂完成《红土热血——淮安市淮安区红色资源》史料汇编。

（王培龙）

政法委及综治

【概况】 2022年，淮安区政法系统以市域社会治理现代化试点建设为主线，圆满完成中共二十大维稳安保各项任务。成功预警阻止一起涉政风险隐患，受到中共中央书记处书记、公安部部长、党委书记王小洪批示肯定。区委政法委获评全市社会治理工作先进集体，区社会治理指挥中心获评全市"七五"普法先进单位；全区政法队伍满意度达97.46%，列全市第一，3个案件获评"2022年度全市政法系统优化法治化营商环境十佳典型案例"。

【服务大局】 2022年，淮安区政法系统承担新冠肺炎疫情防控城市社区组和核酸检测组工作，统筹调度36轮区域核酸检测，组织72个区级机关1200余名干部协管城市小区疫情防控。深化"放管服"改革，首创"海棠警务帮办"服务模式，累计办理事项1.6万件、破获涉企案件23起，获评2022年全市十大政法品牌项目。对477家被执行企业创新建立预提醒程序，最大程度维护企业正常生产经营。"强化司法保障，优化营商环境"等工作经验被《人民日报》推介。

【平安建设】 2022年，淮安区妥善处置敏感舆情涉稳事件72起。全年快侦快破2起现行命案，八类主要刑事案件破案率达92.5%，全区刑事案件发案总数同比下降34.3%，电信网络诈骗立案同比下降21%；办理涉黑涉恶团伙案件2起，依法处置涉"黑恶"财产770余万元。

【社会治理】 2022年，淮安区实现区社会治理指挥中心与大数据指挥服务中心融合发展，形成区社会治理指挥中心、合成维稳联动中心等"多中心"合一格局。16个镇级中心全部建成，钦工镇级中心示范升级；建成328个村居社会治理工作站，建成率达93.2%。网格治理单元精细化，全区1307个网格细分为3190个微网格，"精微式网格治理示范点建设"入选2022年度全市政法工作十大优秀项目。突出网格员队伍建设，"网格学院"和国家安全暨反邪教教育基地累计培训教育近万人次；举办第四届全区网格员演讲大赛，省委政法委微博全网直播，在线观众6.54万人。实施"精网微格"4.0工程，建成60个"三治融合"示范村居，创成"凉亭议事""逢四说事"、小螺号吹响"精网微格"集结号等一批"精微式"服务品牌，成为全市首个主讲"淮尚善治"论坛的县区。

【政法惠民】 2022年，淮安区构建区镇村三级人民调解网络，组建各级各类调解平台367个，全年调处各类民间纠纷5066件，调解成功率99%；打造"互联网+"解纷模式，推广运用"无讼淮安·一码解纷"智调平台，全年诉前化解纠纷14880件，"云审判""云调解"审结案件985件。安置帮教对象社会适应指数评估工作经验在全省交流，"校园哨兵""青鸾智融"大数据平台在全省有影响。全年办理

表16　淮安区委政法委基层单位名录

单位名称	基层单位名称
中共淮安市淮安区委政法委员会	淮安市淮安区社会治理指挥中心

司法救助案件82件，发放司法救助金124.72万元。运用远程司法救助系统，解决异地救助申请人申请成本高、救助金额差异大、救助形式单一等问题，群众满意率达100%。

【政法队伍建设】 2022年，淮安区贯彻落实《政法工作条例》，制定履行重大事项请示报告、政治轮训、纪律作风督查巡查等工作规范，成立督查组配合开展政治督察，确保党的绝对领导贯穿政法工作全过程、各方面。放大“精神育警”品牌效应，组织政法书记下基层、法治校长进课堂等活动，推进“绿色、成长、激励、纾困、防护”爱警暖警五项工程，实施交流轮岗72人。

（赵奕然）

法治政府建设

【概况】 2022年，淮安区落实《法治政府建设与责任落实督察工作规定》各项任务要求，压实党政主要负责人履行推进法治政府建设第一责任人职责，深入开展法治政府示范创建“攻坚年”活动，高标准创建法治政府建设示范区。

【“放管服”改革】 2022年，淮安区规范政府部门权力运行。结合“证照分离”改革和相关事权调整情况，及时动态调整权力清单。对区农业农村局、区人社局等20个部门、598项行政权力事项进行动态调整，予以公开。开展政府购买服务协议专项清理，排除行政管理职责外包隐患。深化综合行政执法体制改革。制定出台《淮安市淮安区深化综合行政执法体制改革实施方案》，制定20条具体改革措施，系统打造综合执法体系。文化市场、市场监管、交通运输、农业农村、应急管理等5个领域，分别制定相应《改革实施方案》。进一步整合行政执法队伍，完成文化市场、交通运输、应急管理等3个领域行政执法队伍整合。推进基层综合行政执法体制改革，区城管局探索综合执法力量整合、下沉方式，制定《淮安区城市长效综合管理“区—街—居”执法一体化工作方案（试行）》，形成管理全覆盖、执法一体化、任务有人领、联动常态化工作格局。推进相对集中行政许可权改革。稳步推进江苏淮安经济开发区赋权工作，对市政府赋予省级以上开发园区市级管理事项清单进行逐项梳理，全面做好江苏淮安经济开发区75个市级管理事项事项承接工作。编制全区行政许可事项清单，采取上下对口方式承接，明确承接范围及方式，印发至相关责任部门，明晰行政许可权力边界，进一步优化营商环境，规范行政许可运行。完善政务服务一体化建设，持续提升“政务服务一网通办”总门户。有机整合基层政务服务资源，积极推行镇街全科窗口服务模式，为群众提供民政、卫健、人社等高频服务事项一窗通办无差别受理，镇街政务服务大厅窗口人员压减50%以上。

【行政规范性文件管理】 2022年，淮安区强化行政规范性文件合法性审核报备，汇编制定淮安区2022年度规范性文件制定计划表。开展《淮安区企业国有资产评估管理办法》《关于进一步加强经营性人力资源服务机构管理的实施细则（试行）》合法性审核。开展行政规范性文件定期清理，下发《淮安区关于行政规范性文件清理结果的通知》，梳理出区政府继续有效规范性文件12件，废止4件。推进公平竞争审查政策实施，建立健全公平竞争审查联席工作机制，开展规范性文件和政策措施存量清理，逐件清理妨碍统一市场和公平竞争的各种规定和做法，共清理文件715件，废止1件；开展发文审查284件，其中涉及市场主体经济活动的文件14件。

【行政执法监督】 2022年，淮安区推进行政执法“三项制度”（即行政执法公示制度、全过程记录制度、重大执法决定法制审核制度）建设，将三项制度要求向镇街延伸，进一步做好行政执法案件、人员网上公示，实现执法监督网站与政务公开网站、内网与外网的无缝对接，实时进行信息互联动态公示。开展行政执法案件季季评活动及行政执法专项督查活动，强化行政执法监督。印发《关于开展基层综合执法规范化建设专项行动方案的通知》《关于开展行政执法“三项制度”落实情况专项督查的通知》，将基层执法改革、规范化建设、三项制度落实，纳入行政执法督查检查范围，规范行政执法工作程序和标准，统一行政执法案件格式文书，完善基层综合执法联席会议制度，对赋权镇街行使的70项事项逐项开展双向评估。严格行政执法人员资格审核管理，从在编在岗情况、工作岗位性质、执法区域等方面严格把关。组织1320名行政执法人员围绕新行政处罚法实施、行政处罚认定及程序规则、行政诉讼法等内容，进行专业法律知识培训考试。对在岗行政执法人员证件进行注册管理，开展全区行政执法部门2022年度新执法证件换领申办工作。

【政府信息公开】 2022年，淮安区推进行政决策公开、执行公开、管理公开、服务公开和结果公开“五公开”工作，加强政策解读、重点领域信息公开、依申请公开、保障监督机制等各项工作。每双月对全区政府信息公开工作进行评价，涉及全区32家单位和16个镇街。

【行政复议应诉】 2022年，淮安区健全完善行政复议应诉工作体系，增设行政复议、行政应诉两个科室，配齐行政复议硬件设施，配强行政复议、行政应诉工作力量，遴选3名干警充实一线办案，形成职权法定、分工明确、关系顺畅、运行高效的行政复议应诉工作体系。吸纳法律专家、知名律师组成“行政复议委员会”，将调解工作贯穿于行政复议案件审理全过程，运用行政调解、和解等方式，调动各行政部门、单位调解资源合力解纷，推动行政争议实质性化解。落实事前监督，组织行政执法人员进行实务培训，强化依法行政意识。强化事中监督，推进行政复议与行政应诉的有机衔接。做细事后监督，以案促改。全年收到行政复议案件61件，受理56件，审结52件，其中调解结案18件。淮安市威特彩印包装有限公司“不服某区某局行政处罚申请行政复议案”获评全市政法系统优化法治化营商环境十佳典型案例。

【政府法律顾问工作】 2022年，淮安区加强全区党政机关法律顾问选聘工作。做好新一届区人民政府法律顾问聘任工作，调整区人民政府法律顾问聘任人员1人。推动各镇街、区级党政机关、群众团体、事业单位选聘法律顾问。截至8月，淮安区区镇两级党政机关聘任法律顾问70名，基本实现党政机关法律顾问全覆盖。

【法治营商环境优化】 2022年，淮安区优化法治营商环境。全力推进包容审慎执法，建立“三张清单（涉企不予行政处罚事项清单、从轻行政处罚事项清单、减轻行政处罚事项清单）”案件季报制度。区司法局等单位多件案例被市委政法委、市营商办、市司法局评为2022年度全市优化法治化营商环境十佳典型案例、包容审慎监管执法十大优秀案例和十大好案例。全年各行政执法单位办理不予处罚案件355件，为企业减负41.13万元；从轻处罚案件185件，为企业减负169.695万元；减轻处罚案件233件，为企业减负999.53万元。

【普法工作】 2022年1月27日，淮安区“八五”普法规划印发并实施。落实国家机关“谁执法谁普法”普法责任制，印发年度普法责任清单，明确普法任务。成立普法讲师团，建立基层普法队伍，开展“民法典宣传月”等活动，提升普法工作质效。

（许滨淮）

公　安

【概况】 2022年，淮安区公安机关锚定“五个严防、三个确保”工作目标，防风险、保安全、护稳定、促发展。聚焦全面从严治警，推进教育训练体系实战化建设，公共基础科目实战练兵考核位列全市第一，连续两年获评优胜单位。“海棠警务帮办”优化营商服务品牌获“2022年度全市政法十大品牌项目”，相关案件被评为“2022年度全市政法系统优化法治化营商环境十佳典型案例”“2022年度全市包容审慎监管执法十大优秀案例”。4人被分别授予全省优秀人民警察、淮安市最美警察、全市十佳青年卫士、淮安青年五四奖章等荣誉称号。

【维护稳定】 2022年，淮安区公安机关落实“市县主战、派出所主防”实战要求，统筹推进“情指行”实战化建设，完善合成维稳处置机制，化解处置各类涉稳事件，完成中共二十大、进博会等重大安保维稳任务。

【打击犯罪】 2022年，淮安区公安机关大力推进“一室（刑侦综合指挥室）三战队（传统犯罪侦研战队、新型网络犯罪侦研战队、刑事技术战队）”刑侦实战化改革，完成刑侦智慧侦查中心、网安电子数据实验室及各类平台建设，推动科技应用与警务实战深度融合，破大案、攻串案、盯小案的分层专业打击能力明显提升。实现命案连续13年全破，“八类”案件破案率提升至92.5%。全年抓获电信网络诈骗犯罪嫌疑人249人，同比上升39.1%。

【公安基础建设】 2022年，淮安区公安机关紧扣大抓基层、大抓基础导向，建强城乡“1+1+

2+N”（1名社区民警、1名专职辅警、2名巡防辅警、N名社区力量）和“1+2+4+N”（1名社区民警、2名专职辅警、4名巡防辅警、N名社区力量）社区联勤，建成38家标准化警务室，派出所“一室两队”（“一室”即综合指挥室，“两队”即社区警务队、案件办理队）勤务改革落地落实。在全市率先推进110与12345政府便民热线联动，全年分流警情同比上升21.9%。实行辅警参与先期处警试点，成立17个结对联系小组。机关警力增援基层机制实现常态化运行，基层减负取得成效。

【公安改革】 2022年，淮安区公安机关创新打造“海棠警务帮办”，打通服务企业“最后一公里”；全面实施“全要素警务”，推动公安现代警务机制转型升级；推进“一室三战队”刑侦实战化改革，完成智慧侦查中心建设；“两校一园”风险评估预警平台被省公安厅升级为“校园哨兵”智能防控平台，在全省推广应用，得到广泛认可。

（黄玉源）

表17　**2022年淮安市公安局淮安分局获市级以上表彰一览表**

单位（姓名）	表彰内容	表彰单位
淮安公安分局网安大队	全省优秀公安基层单位	江苏省公安厅
淮安公安分局内保大队	成绩突出集体	江苏省公安厅
淮安公安分局侦破“汪海涛黑社会性质组织案”专案组	全省公安机关扫黑除恶专项斗争成绩突出集体	江苏省公安厅
淮安公安分局	A类县分局工作绩效综合考评先进单位	淮安市公安局
淮安公安分局	2021年度全警实战练兵工程标兵单位	淮安市公安局
淮安公安分局	全市公安机关优化营商环境工作先进集体	淮安市公安局
淮安公安分局	集体嘉奖	淮安市公安局
淮安公安分局指挥中心	2021年度全市社会治理工作先进集体	中共淮安市委、淮安市人民政府
淮安公安分局出入境管理大队	2021年度淮安市三八红旗手集体	淮安市妇女联合会
淮安公安分局巡特警大队	集体三等功	淮安市公安局
淮安公安分局交警大队	集体三等功	淮安市公安局
淮安公安分局城东派出所	集体三等功	淮安市公安局
淮安公安分局治安大队	集体三等功	淮安市公安局
淮安公安分局刑警大队八中队（图侦中队）	集体三等功	淮安市公安局
吴国平	全省优秀人民警察	江苏省公安厅
杜立雄	全省公安机关扫黑除恶专项斗争成绩突出个人	江苏省公安厅
王国波	全省公安信访突出问题攻坚化解专项工作成绩突出个人	江苏省公安厅
李文旭	个人二等功	江苏省公安厅

续表17

单位（姓名）	表彰内容	表彰单位
刘　镇	第二届“淮安最美辅警”，记大功一次	淮安市公安局
龚旭东	第五届“淮安最美警察”，记个人三等功一次	淮安市公安局
张　冰	全市公安机关十佳女民警	淮安市公安局、淮安市妇女联合会
徐亚萍	全市公安机关十佳女辅警	淮安市公安局、淮安市妇女联合会
顾　明	全市公安机关“十大青年卫士”	淮安市公安局、共青团淮安市委
赵培勤	2021年度全市公安机关优秀政工干部	淮安市公安局
蔡瑞永	2021年度全市公安机关优秀新闻宣传民警	淮安市公安局
窦林波	2021年度全市社会治理工作先进个人	中共淮安市委、淮安市人民政府
骆长帅	2021年度全市社会治理工作先进个人	中共淮安市委、淮安市人民政府
董健波	淮安市技术能手	淮安市人力资源和社会保障局、淮安市总工会
薛　强	淮安市技术能手	淮安市人力资源和社会保障局、淮安市总工会
王学志	淮安市技术能手	淮安市人力资源和社会保障局、淮安市总工会
徐洪芦	个人三等功	淮安市公安局
唐友成	个人三等功	淮安市公安局
于曦东	个人三等功	淮安市公安局
骆长帅	个人三等功	淮安市公安局
吴　坤	个人三等功	淮安市公安局
朱士能	个人三等功	淮安市公安局
王成伟	个人三等功	淮安市公安局
王学志	个人三等功	淮安市公安局
张剑锋	个人三等功	淮安市公安局
高树能	个人三等功	淮安市公安局
王耀忠	个人三等功	淮安市公安局
许立鸿	个人三等功	淮安市公安局
王成伟	个人嘉奖	淮安市公安局
陈　诚	个人嘉奖	淮安市公安局
董健波	个人嘉奖	淮安市公安局
贾金铭	个人嘉奖	淮安市公安局
赵培勤	个人嘉奖	淮安市公安局
张　冰	个人嘉奖	淮安市公安局

续表17

单位（姓名）	表彰内容	表彰单位
王耀忠	个人嘉奖	淮安市公安局
汪登举	个人嘉奖	淮安市公安局
秦天柱	个人嘉奖	江苏省公安厅
蔡从康	通报表扬	淮安市公安局
魏小从	通报表扬	淮安市公安局
赵永刚	通报表扬	淮安市公安局
张　兵	通报表扬	淮安市公安局
史国伟	通报表扬	淮安市公安局
张　轩	通报表扬	淮安市公安局
陈旭生	通报表扬	淮安市公安局
王秀国	通报表扬	淮安市公安局
丁连虎	通报表扬	淮安市公安局
陈雪松	通报表扬	淮安市公安局
刘振明	通报表扬	淮安市公安局
韩振国	通报表扬	淮安市公安局
周语琨	通报表扬	淮安市公安局
史锦武	通报表扬	淮安市公安局
周国成	通报表扬	淮安市公安局
张德林	通报表扬	淮安市公安局
褚全生	通报表扬	淮安市公安局
赵二国	通报表扬	淮安市公安局
骆长帅	通报表扬	淮安市公安局
王　波	通报表扬	淮安市公安局
陈学军	通报表扬	淮安市公安局
纪　辉	通报表扬	淮安市公安局
胥　军	通报表扬	淮安市公安局
杨金浪	通报表扬	淮安市公安局
傅国鸿	通报表扬	淮安市公安局
刘　斌	通报表扬	淮安市公安局
姜　磊	通报表扬	淮安市公安局
史桂华	通报表扬	淮安市公安局
周建国	通报表扬	淮安市公安局

检　察

【概况】2022年，淮安区检察机关以“作风建设年”“质量建设年”为主线，出台《淮安区人民检察院服务大局指引书》，推动政治、业务深度融合，着力为经济社会发展提供检察助力，连续15年获评全市先进基层检察院。3名干警获评省级以上先进个人、检察人才，6起案件获评省级以上典型案例。

【刑事检察】2022年，淮安区检察机关加强刑事诉讼活动法律监督，在全市率先设立侦查监督与协作配合办公室，与公安机关共同规范侦查行为。对刑事诉讼过程中的违法行为提出书面纠正意见51件次，监督立案、撤案59件，纠正漏捕、漏诉、改变定性33人。回应人民群众对刑罚执行情况的关切，进一步规范监管场所秩序，对盱眙县看守所开展交叉巡回检察，参与省检察院组织的跨市交叉巡回检察。针对刑罚执行和监管活动发出检察建议6件、纠正违法32件，维护刑事被监管人合法权益26件。2022年，淮安区检察机关严厉打击各类刑事犯罪，为社会和谐稳定、人民安居乐业保驾护航。对涉枪支、毒品、寻衅滋事、聚众斗殴等影响公共安全犯罪案件提起公诉123件139人；对利用网络开设赌场、实施婚恋诈骗等犯罪案件提起公诉12件31人；对出租、出借银行卡为犯罪团伙转移、隐匿资金提供帮助犯罪案件提起公诉75人；对贪污、受贿等职务犯罪案件提起公诉15件16人；惩治行贿犯罪，对3名行贿人提起公诉。贯彻落实少捕慎诉慎押司法政策，妥善办理情节较轻、社会危害性不大、初犯偶犯的危险驾驶、轻伤害等类型案件，全年共对28件41人不批准逮捕、对77件114人作出相对不起诉决定。

【民事检察】2022年，淮安区检察机关强化精准民事监督，共受理、审查各类民事监督案件48件，发出再审检察建议9件，开展其他类监督21件，依法对18件原判决、裁定结果正确的申请监督案件不予支持。注重运用民事监督职能，防止国有资产流失、集体利益受损，依职权对一起建设工程施工合同纠纷案进行立案审查，依法发出再审检察建议和执行监督检察建议，助力挽回16万余元国有资产。对民事诉讼中不如实陈述案件事实的虚假诉讼行为开展监督，共制发各类检察建议6份。与法院携手解决执行难问题，对案情重大、有信访隐患的执行活动开展现场监督8次。

【行政检察】2022年，淮安区检察机关制发纠正行政违法类检察建议8件，制发行政执行监督检察建议24件。针对与群众利益密切相关的社会福利保障、退休待遇、劳动者权益保护等领域，与区法院、人社局、民政局等部门建立联动办案机制6项，共同化解裁判结果类、执行类、其他类行政争议35件。有效化解4起当事人常年上访、持续时间10年以上的行政争议。对不属于民政部门依法撤销范围、无法通过诉讼途径解决、当事人饱受困扰的错误婚姻登记，通过制发检察建议方式帮助4名当事人解除婚姻关系。

【公益诉讼检察】2022年，淮安区检察机关围绕土壤、大气、水资源等重点领域行政公益诉讼立案31件，发出诉前检察建议17件，与行政机关磋商办结14件。督促相关部门清理违规堆放的固体垃圾1.2万立方米、修缮维护乡镇道路28千米、恢复被违规占用的农业用地35.8亩。服务大运河百里画廊建设，根据中央环保督查组反馈结果

3月10日，淮安区检察院在苏嘴镇章集村对一起拟不起诉滥伐林木案召开听证会
（区检察院　供图）

表18　　2022年淮安区检察院获市级以上表彰一览表

单位（姓名）	表彰内容	表彰单位
淮安区检察院	全省检察机关信息工作先进单位	江苏省人民检察院
淮安区检察院	淮安市文明单位	淮安市精神文明建设指导委员会
淮安区检察院	全市先进基层检察院	淮安市人民检察院
孙小年	入选全省检察机关办公室工作人才库	江苏省人民检察院
孙小年	江苏检察献礼“七一”主题朗诵活动一等奖	江苏省人民检察院
吕　进	全省检察机关信息工作先进个人	江苏省人民检察院
王明锐	全省检察机关大数据法律监督建模活动先进个人	江苏省人民检察院
李丹丹	全市社会治理工作先进个人	中共淮安市委政法委
周玉萍	淮安市检察机关“淮检之星”	淮安市人民检察院
张士海	优秀办案检察官	淮安市人民检察院

开展专项巡查，推动大运河沿岸垃圾堆放、河流污染、私采地下水等专项整治。聚焦水源地保护，根据走访发现的线索制发检察建议，推动相关部门清除白马湖引河湿地保护小区污染，清理整改面积258.3万平方米。坚持以“我管”促“都管”，对办案中发现的问题症结加强研判，向相关主管部门制发社会治理检察建议12份，推动源头治理。落实最高检八号检察建议，办理一起重大责任事故案时，联合主管部门召开联席会议，推动对221家企业开展全面排查，督促整改安全隐患问题316个。

【未成年人保护】 2022年，淮安区检察机关对侵害未成年人犯罪行为“零容忍”，批捕11件11人，起诉18件18人，其中一审被判处三年以上有期徒刑9人。聚焦未成年人自护教育，联合区教体局、妇联与中国“女童保护”公益基金会合作，在全区50所小学集中开展“女童保护全覆盖”专项行动，惠及5.6万余名小学生。持续升级青少年法治教育基地，融入西游文化元素，打造大圣检察官形象，全年接待20批次3000余名中小学生沉浸式普法学习。6月，全国人大常委会调研组到青少年法治教育基地调研，高度评价基地建设和工作成效，建议向全国检察机关推介相关经验。关注师德师风建设，录制《检校对话：如何提升教师法治素养》教学视频，被纳入淮安区教师培训课程，获评全国检察机关“法治进校园”精品网课优秀奖。

【服务经济发展】 2022年，淮安区检察机关与公安机关会签《涉企案件办理规定》，加强法治营商环境建设，持续提升服务效能。审慎办理涉企案件10件，对7家涉案企业开展刑事合规工作，推动合法、合规经营，对21名犯罪嫌疑人作出相对不起诉决定。对主动认罪认罚、退出1200余万元违法所得的一家串通投标案涉案企业开展异地企业合规，稳住4000余名员工就业，涉案企业完成合规整改后中标2个亿元项目，相关工作经验在全省企业合规专题研讨会上交流发言。

【检察为民】 2022年，淮安区检察机关开展打击整治养老诈骗专项行动，从严办理1起以销售净水器为名骗取110名老年人103万元的非法吸收公众存款案。结合办案拍摄2部原创防诈短视频，深入老年人较为集中的新世纪广场、漕运广场等地开展普法宣传。打击涉众型犯罪，办理以“易经文化”为噱头发展12万余名会员、涉案金额高达16亿元的新型传销案，联合开展追赃挽损8000余万元。关注公民个人信息保护，对乡镇通讯营业厅工作人员非法获取客户信息用于牟利的3件4人提起公诉，并提起1.8万元公益损害赔偿、公开赔礼道歉的刑事附带民事公益诉讼。聚焦残障人士出行安全，开展无障碍环境建设公益诉讼专项行动，推动相关部门在万达广场、镇淮楼等地整治、新建盲道21处。聚焦农民工权益保护，集中办理143起支持起诉的讨薪案件，314名农民工顺利领取400余万元工资。化解涉企行政处罚争议13件，促成纠纷双方达成和解。结合司法办案，救助生活陷入困境的69名当事人69.2万元，救助人数同比增长36.2%。全年接受群众来信、来访186件次，依法受理开展监督27件。对10件立案监督、刑事申诉、国家赔偿等首次信访案件实行领导包案，将矛盾化解在首办环节。

【从严治检】 2022年，淮安区检察机关坚持党对检察工作的绝对领导，严格执行政法工作条例和重大事项请示报告制度。落实从严治检各项要求，压实党风廉政责任制，常态化对司法办案和内部管理开展检务督查，对羁押必要性审查、量刑建议调整案件开展专项督查，邀请第三方开展内部审计，确保检察权规范运行。

【检务公开】 2022年，淮安区检察机关主动接受人大监督、政协民主监督和社会各界监督，专题向区人大常委会、区政协汇报检察工作3次，24名员额检察官向区人大常委会述职并接受评议。向社会公开聘请20名听证员，引入人大代表、政协委员、基层干部、律师等多方力量参与矛盾化解，围绕争议大、有影响的案件开展听证56次。开展"家门口"的公开听证，邀请30余名村民在村委会旁听一起滥伐林木案。聘请区应急管理局、市监局、审计局等部门8名专业人员担任特邀检察官助理，为检察办案提供专业支持。

【"大道至检"文化品牌】 2022年，淮安区检察机关坚持运营自媒体平台"大道至检"微信公众号，鼓励干警学习身边榜样、畅谈学习体会、发表工作感悟，打造检察文化输出窗口。原创检察形象宣传片《大道至检》获评第六届平安中国"三微"大赛优秀微视频。回应关于加强检察宣传的建议，以案例讲述形式开展生动普法，全年共开展"8分钟我来说"案例讲述会4次，用32个鲜活的检察办案故事传递司法理念。

（吕　进）

法　院

【概况】 2022年，淮安区法院系统围绕"努力让人民群众在每一个司法案件中感受到公平正义"的目标不动摇，紧扣"'打造高质量司法，建设现代化法院'工作要求，聚焦审判与执行，忠诚履职，各项工作取得新成效。2022年新收各类案件15960件，结案16051件，员额法官人均办案339件。生态新城民商事案件管辖调整至淮安区法院，新收案件同比上升5.86%。9项省法院通报的重点审判质效指标，淮安区法院7项指标进入全省基层法院前40名。2022年，淮安区人民法院"多措并举织密织牢司法规范防护网"工作经验被新华日报刊载。淮安区人民法院青年学习社被团市委评为优秀"青年学习社"。速裁庭党支部被区委区级机关工委表彰为"五好党支部"。

【刑事审判】 2022年，淮安区法院系统审结刑事案件358件，28名犯罪分子被判处五年以上有期徒刑。常态化推进扫黑除恶，依法处置涉"黑恶"财产770余万元。审结故意伤害等暴力犯罪案件33件33人，增强群众安全感。依法严惩腐败犯罪，审结贪污、受贿等案件15件20人。加大对侵害妇女儿童权益行为的惩治力度，严惩某培训机构教师猥亵儿童犯罪，判决其终身不得从事密切接触未成年人工作。开展整治养老诈骗专项行动，审结颜某、赵某以销售空气净化器名义非法吸收110名老人存款案。

【民商事审判】 2022年，淮安区法院系统审结各类民商事案件8865件，其中，商事合同纠纷案件6144件（不含人格、婚姻家庭等），金融纠纷案件302件，劳动争议案件535件，知识产权案件72件。注重保障和改善民生，审结涉侵权、教育、就业等民生案件1323件。聚焦和谐家庭建设，审结婚姻家庭类纠纷1742件，60%案件以当事人调解、撤诉结案。

【案件执行】 2022年，淮安区法院系统执结案件6029件，执行到位金额5.69亿元。上级法院考核的12项执行质效指标中，8项指标位列全市前三。开展民生类案件执行专项行动，执结案件1036件，到位金额5645万余元。推动执行工作"走近群众"，直播执行现场，半日吸引46万人围观。推动执行工作"走进生活"，在淘宝拍卖平台定制拍卖专场，吸引超百万网友围观，拍品全部售罄。用好信用惩戒、强制措施、拒执入刑等措施，彰显执行权威。

【维护稳定】 2022年，淮安区法院系统严防金融市场风险，审结非法吸收公众存款、金融诈骗等案件10件，维护金融秩序和人民群众的财产安全。依法否定高利贷、变相高息等行为效力，打击“套路贷”，审结民间借贷案件1246件。严防建筑工程领域风险，审结建筑工程案件403件，及时向建筑业管理部门移送问题线索，进一步规范建筑领域转包、违法分包乱象。严防社会治理领域风险，针对审判过程中发现的行业性、系统性社会治理薄弱环节，发送司法建议28份。构建完善“多元共治、非诉解纷、分类办理、调裁融合”的多元解纷体系，与辖区派出所、人民调解委员会、基层法律服务所等组织共建司法安全防线，以“诉前调解+司法确认”模式高效解纷420件，以“车载法庭”“地头法庭”等方式开展巡回审判100余次。挂牌成立“农渔经济”多元解纷工作站，协助乡镇制定出台水面和湖荡发包工作《操作指引》，降低产生纠纷和成讼的风险。通过登门走访、明理释法和心理疏导，化解一起长达四十余年的信访积案。

【服务经济发展】 2022年，淮安区法院系统完善“府院联动”协作机制，发挥破产程序清理负债、净化资产的功能，审结江苏泰祺建筑公司、振驰针织厂等破产案件42件，释放沉淀资产8700余万元，盘活土地厂房23万余平方米。创新企业多元退出机制，与区市场监督管理局等单位联合出台《关于推进经营异常企业强制清算退出的实施意见》等协作机制文件，畅通长期未经营、吊销未注销等经营异常企业的退出渠道。全年推动175家经营异常企业退出市场，相关做法在全市推广。按照“司法+行政”手段，通过案外协调、诉前调解、强制执行等方式为全区“保交楼”“工业不动产处置”等项目保驾护航。针对辖区楼盘开发商资金链断裂、两幢楼面临无法交付的烂尾风险，主动对接，协调多方做好新老开发商的退场、承接工作，确保商品房平稳有序建设交付，保障150余户业主的合法权益。与开发区管委会就工业不动产工作强化配合，打造“筑巢引凤”品牌，对14万平方米低效利用的土地厂房进行协作处置，为优质项目落地提供保障。在漕运法庭设立南京海事法院大运河巡回审判点，服务保障大运河百里画廊建设。制定“助企纾困暖企发展十条措施”等贯穿立审执全过程的司法服务举措，“强化司法保障，优化营商环境”相关工作被《人民日报》推介。最大化减少强制执行对企业的影响，征得申请执行人同意为570家企业解除限制措施，呵护被执行企业再生产、再发展。秉承善意文明，对477家被执行企业创新设立预提醒程序，送达《预限制消费令》和《预纳入失信黑名单告知书》，给企业充分的缓冲时间。

【司法为民】 2022年，淮安区法院系统升级改造集诉讼引导、诉前调解、立案审查、信访接待等功能于一体的诉讼服务中心，满足群众多元司法需求，实现“事务一站清”。推广运用“无讼淮安·一码解纷”智调平台，全面开展在线咨询、调解、网上预立案等网上诉讼服务，“在线审判”实现全覆盖。全年诉前化解纠纷14880件，以“云审判”“云调解”等方式审结案件985件。针对群众反映较为强烈的退费难、退费慢问题，在诉讼服务中心开设“一站式退费专窗”，简化流程，提升速度，“只要跑一趟、一周就到账”做法得到市法院推广。深化根治欠薪联动工作机制，累计为1500余名农民工追回欠薪2000余万元。某倒闭针织厂欠薪案件中，帮助工人

1月1日，区人民法院组织干警开展元旦健步走活动

（余 嫚 摄）

表19　　2022年淮安区人民法院获市级以上表彰一览表

姓名	表彰内容	表彰单位
曾金年	全省法院执行裁判工作先进个人	江苏省高级人民法院
唐　蓉	全省法院政治工作先进个人	江苏省高级人民法院

讨回欠薪同时利用联动机制引导61名下岗职工全部就地转岗至另一家公司实现再就业。做好消费者合法权益保护工作，淮安区人民法院获评“淮安市消费维权先进集体”。加大司法救助力度，为困难当事人发放救助金、减免诉讼费119万元。突出对未成年人成长关怀，向家长发出《家庭教育令》5份，督促父母“依法带娃”。保障老年人权益，对赡养案件进行判后回访，被最高法院官微转发。

【司法改革】 2022年，淮安区法院系统构建以审判权责清单为主体，以案件质量评查和差错、瑕疵案件责任追究为两翼的法官担责量化新体系，被最高法院全文转发推广，案件被发回改判率从同期的2.53%降至1.83%。进一步加强法官助理培养，建立权、责、利、能统一的业绩档案管理机制，入选江苏法院2022年司法改革案例。精准把握“准确查明事实，实质化解纠纷”的审级职能定位，核心指标“服判息诉率”达93.2%，保持全省前五，相关做法被省法院全文转发推广。响应轻微刑事案件“一站式”集约化办理，轻微刑事案件平均审理时间不超过48小时。

【普法宣传】 2022年，淮安区法院系统开展“春风化雨·法润民心”普法活动，围绕打击养老诈骗、家庭教育、扫黑除恶等题材，召开新闻发布会4场，制作“普法故事会”等系列短视频56期，其中3期被最高法院采用，16期被学习强国、江苏政法采用。

（华　蓉）

司法行政

【概况】 2022年，淮安区司法行政系统履行执法监督指导、法治宣传实践、公共法律服务、矛盾纠纷化解、刑事执行治理等工作职能，深化推进法治政府示范建设。开展基层综合执法规范化建设专项行动，强化公共法律服务体系建设，实施法润淮商提档升级工程，深化推进村（社区）“法律明白人”培育工程，全面加强特殊人群服务管理，深化社会矛盾纠纷排查化解。全年律师担任党政机关、企事业单位法律顾问402家，办理各类案件6535件。2月，淮安区司法局被市司法局表彰为2021年度高质量发展先进司法局。江苏山阳律师事务所党支部获评全省律师行业先进党组织。

【依法治区】 2022年，淮安区召开区委全面依法治区工作会议，制定年度工作要点，加强督办落实。完善全面依法治区工作机制，开展法治淮安区、法治政府、法治社会建设三个规划推进情况专题督察，推进落实“八五”普法规划各项工作。组织开展党政主要负责人法治建设第一责任人履职述法工作，深化镇（街道）等法治建设示范创建工作，优化法治建设考核指标体系，完善全面依法治区考核工作方案，将法治建设列入年度高质量跨越发展考核，形成从党政主要负责人到其他领导干部直至全体党政机关工作人员的闭环责任体系。

【公共法律服务】 2022年，淮安区把公共法律服务资源向基层延伸，在镇（街道）为民服务中心设置公共法律服务窗口，一体化办理法律咨询、法律援助、法治宣传、人民调解、律师公证等事项。开展公共法律服务进园区、进企业、进乡村、进网格、进家庭“五进”活动，构建覆盖全业务、全时空的公共法律服务网络。做实“一村一法律顾问”工作，实施“挂牌服务”“见面服务”“打卡服务”等工作制度，做好法律咨询、法治宣传、法律指引提供、矛盾纠纷化解等工作。2022年，村（社区）法律顾问开展“打卡服务”2.7万小时，提供法律咨询服务57741人次，开设法治讲座1788场次。

【法律援助】 2022年，淮安区继续实施“法援惠民生”拓展提升工程，对主张赡养费、抚养费的妇女儿童以及遭受家庭暴力主张权利的妇女，免予提供经济困难证明，对涉及妇女儿童的法律援助案件优先受理、优先指派。深入基层村居、社区“点对点”宣传、“面对面”问诊，通过法律知识讲座、法律咨询服务、以案释法等多种形式，宣传《民法典》《未成年人保护法》《反家庭暴力法》《法律援助法》等与妇女儿童权益息息相关的法律法规。利用300余个“法润民生”微信群，推送涉及妇女儿童权益保护典型案例、法律法规等。2022年，全年办理法律援助案件1395件。

【法润淮商】2022年，淮安区司法行政系统实施“法润淮商提档升级”工程，开通服务企业直通车，完善主动服务、贴近服务、跟踪服务等工作机制，围绕企业开办设立、经营管理、资产重组等，通过调查问卷、上门问诊、法治体检等方式，为企业在法人治理结构、民商事合同、劳动雇佣关系等领域提供全面专业的法律建议。开展“公共法律服务进园区”活动，帮助企业对照劳动用工等规章制度开展合规管理和风险评估。开展“小微企业法律服务月”活动，对29家小微企业进行法治体检，强化企业融资引资、合同签订、商帐信用、知识产权保护等法律论证和案例宣传。2022年，全区法律服务人员调研走访企业263家，提供法律体检160家，提出法律建议288条，排查调处涉企矛盾纠纷446件，走进企业开展专项法治宣传55场次。

【公证工作】2022年，淮安区司法行政系统针对招标、拍卖、金融信贷等研发公证服务产品，提供全方位公证法律服务。开设企业“绿色通道”，实行预约服务、上门服务、“一对一”全程跟踪服务，通过购物证据保全、网页证据保全等形式，为企业打击制假售假、保护知识产权、防范经济风险等提供法律保障。做好民生领域公证服务，免费办理5000元以下的小额存款公证、80岁以上老年人遗嘱公证，对未成年人和残疾人办理公证收费予以减免。全年办理各类公证8405件。

【人民调解】2022年，淮安区以区、镇（街道）、村居（社区）矛盾纠纷调中心、站点为依托，组建各级各类调解平台367个，构建区镇村三级人民调解网络。设立劳动争议、交通事故、物业纠纷、婚姻家庭等8大类40个专业性行业性调解组织，建立行政领域参与矛盾纠纷化解的职责清单，落实行政复议调解制度，在法院、检察、公安、信访等部门设立调解工作室34个，构建“诉调”“检调”“公调”“访调”衔接工作机制。加大对涉疫矛盾、涉企纠纷等排查调处，加强重点群体、敏感领域矛盾化解，开展特困群体、妇女儿童纠纷集中排查化解行动。开展“有纠纷找调解”专题宣传活动，增强群众“有纠纷找调解”的理念，提升人民调解知晓率。2022年，全区受理矛盾纠纷调解案件5771件，调解率100%，成功率99%。

【社区矫正】2022年，淮安区建立社区矫正“三期分段、四级管控”分类模式，结合社区矫正对象入矫期、矫中期以及解矫期不同特点，划分不同类别，开展分类管理，实施分类教育。抓好重点社区矫正对象排查、认定、管理、转化和解除等工作。把社区矫正对象家属和亲属纳入帮教工作体系，吸纳镇（街道）干部、派出所民警、村居人员等参与社区矫正对象监督管理，矫正方案制订考虑社区矫正对象不同情况，针对其犯罪性质、刑罚类型制定个性化矫正方案。组建帮教小组380余个，及时帮助社区矫正对象解决实际生活困难和问题。通过多层次、多方位的监管网络，确保社区矫正对象在管在控。2022年，淮安区接收社区矫正对象286人，解除社区矫正288人，全区在册社矫人员403人。

【安置帮教】2022年，淮安区

5月14日，淮安区司法局在青少年法治宣传教育中心开展“模拟法庭”活动
（区司法局　供图）

完善党委领导、政府负责、部门协同、社会参与、法治保障的刑满释放人员安置帮教工作机制，明确安置帮教工作领导小组成员单位职责，构建安置帮教工作责任体系。加强刑满释放人员信息衔接工作，网上信息录入率、纸质材料送达率100%。严格重点刑满释放人员“必接必送”制度，加强重点防控，移交公安机关列管率100%。落实安置帮教对象社会适应指数评估日巡查、周汇总、月分析等制度，根据安置帮教对象评估因子变化情况跟踪开展日常评估。依托“刑罚执行一体化”监地协作机制，督促刑满释放人员及时报到、谈话。制定帮扶帮教方案，成立帮扶小组，落实帮扶责任。全年衔接安置帮教对象521人，全区在册安置帮教对象共4145人，接回重点对象67人，接回率100%，后续照管对象在册人员126人。

【**基层法治建设**】 2022年，淮安区开展“民主协商·法治护航”深化基层法治建设专项行动，聚焦党政关注要事、民生改善实事、社会治理难事，构建党组织领导下多方参与的村居社区协商议事工作机制。实施“1+1+N”（社区“两委”+法律智囊团+协商利益相关方）主体参与机制，对协商议事的内容、人员、流程等全要素进行法治保障。建立健全协商议事成果采纳、落实、反馈机制，加强协商议事成果跟踪问效和转化落实。以“援法”促“议事”，通过“云上直播”“智慧普法”“视频普法”“系列微电影展映”等方式，播放原创民法典微视频30余部；推出“漫说民法典”，覆盖300余个法润民生微信群。

表20 **淮安区司法局基层单位名录**

单位名称	基层单位名称
淮安市淮安区司法局	淮安市淮安区司法局平桥司法所
	淮安市淮安区司法局石塘司法所
	淮安市淮安区司法局施河司法所
	淮安市淮安区司法局车桥司法所
	淮安市淮安区司法局流均司法所
	淮安市淮安区司法局朱桥司法所
	淮安市淮安区司法局博里司法所
	淮安市淮安区司法局苏嘴司法所
	淮安市淮安区司法局顺河司法所
	淮安市淮安区司法局钦工司法所
	淮安市淮安区司法局复兴司法所
	淮安市淮安区司法局漕运司法所
	淮安市淮安区司法局山阳司法所
	淮安市淮安区司法局淮城司法所
	淮安市淮安区司法局河下司法所
	淮安市淮安区司法局范集司法所
	江苏省淮安市楚州公证处
	江苏山阳律师事务所
	江苏大业天平律师事务所
	江苏曙东律师事务所
	江苏普非特律师事务所
	江苏誉淮律师事务所
	江苏沁心律师事务所
	江苏淮瑞律师事务所
	江苏法德东恒（淮安）律师事务所
	江苏宙辉律师事务所
	淮安市淮安医院司法鉴定所
	淮安市淮安区白马湖法律服务所
	淮安市淮安区博里法律服务所
	淮安市淮安区车桥法律服务所
	淮安市淮安区城东法律服务所
	淮安市淮安区城中法律服务所

2022年，全区建成小区议事厅、村民议事会、道德评议会等协商议事载体338个。

【“法律明白人”培育】 2022年，淮安区深化推进村（社区）“法律明白人”培育工程，建立“村（社区）法律顾问—法治带头人—骨干法律明白人—法律明白人”联动融合工作模式，对“法律明白人”遴选范围、培育流程、选聘条件、主要职责、培训指导、使用管理等作出具体规定，建立相应工作机制。实施“典”亮生活解读工程，开设“法律明白人”云课堂，解读民主法治创建、重点法律法规等，线下“法治带头人”现场参训，线上发布培训视频。开展“送法入家”“普法助民村居行”“民法典宣讲”等各类普法宣传活动，充分发挥“法律明白人”在基层治理中的作用。全年新培育村（社区）法律明白人1273名。

【法治宣传教育】 2022年，淮安区印发《关于开展进一步学习贯彻习近平法治思想活动的通知》，将学习宣传宪法、民法典纳入各级党委（党组）理论中心组和干部理论学习重点内容。成立由法官、检察官、警官、律师、司法行政人员等组成的普法讲师团，建立以村（社区）干部、专兼职网格员、“法律明白人”“学法用法示范户”为主体的2700余人的基层普法队伍。开展“民法典宣传月”等活动，动态管理全区2个全国民主法治示范村（社区）、158个省级民主法治示范村（社区），提升基层民主法治建设水平。

（许滨淮）

续表20

单位名称	基层单位名称
淮安市淮安区司法局	淮安市淮安区仇桥法律服务所
	淮安市淮安区范集法律服务所
	淮安市淮安区复兴法律服务所
	淮安市淮安区淮城法律服务所
	淮安市淮安区季桥法律服务所
	淮安市淮安区建淮法律服务所
	淮安市淮安区茭陵法律服务所
	淮安市淮安区泾口法律服务所
	淮安市淮安区林集法律服务所
	淮安市淮安区流均法律服务所
	淮安市淮安区马甸法律服务所
	淮安市淮安区南闸法律服务所
	淮安市淮安区平桥法律服务所
	淮安市淮安区钦工法律服务所
	淮安市淮安区三堡法律服务所
	淮安市淮安区上河法律服务所
	淮安市淮安区施河法律服务所
	淮安市淮安区顺河法律服务所
	淮安市淮安区宋集法律服务所
	淮安市淮安区苏嘴法律服务所
	淮安市淮安区溪河法律服务所
	淮安市淮安区席桥法律服务所
	淮安市淮安区朱桥法律服务所

淮安区人民武装部

【概况】 2022年，淮安区人民武装部深入学习贯彻习近平新时代强军思想，着眼建军百年奋斗目标，突出思想政治领航，聚力抓实练兵备战，国防动员和武装工作高质量发展再上新台阶。

【党管武装】 2022年，淮安区推进党管武装制度落地落实。党管武装责任党建考核指标对下考核覆盖到机关企事业单位，出台《淮安区基层武装平时工作考评细则》。召开区委常委议军会、军政座谈会，研究解决武装工作重点问题。组织区四套班子和国动委成员单位领导干部过“军事日”，邀请著名军事专家尹卓将军为全区党政领导干部作国防教育授课辅导，举行镇街人武部政治教导员、机关企事业单位人武部第一部长任职仪式。《中国国防报》《中国民兵》杂志宣传报道淮安区党管武装“上要置顶、下要落地”的经验做法。

【思想政治建设】 2022年，淮安区人民武装部围绕“迎盛会、建新功”和“学习宣传贯彻党的二十大精神”两条主线，研究制定学习宣传贯彻党的二十大精神工作方案，采取轮流领学、氛围促学、民兵必学、重点精学等形式，提高学习质效。结合民兵基地化轮训备勤，在专武干部和民兵队伍中开展二十大精神理论宣讲活动。推进“忠诚维护核心、矢志奋斗强军”主题教育活动，开展“三心两争（思想安心、工作尽心、守纪人心，争创一流、争当先进）”专题教育，全体官兵时刻在政治上与党中央、中央军委保持高度一致。

【国防动员建设】 2022年，淮安区人民武装部深入开展国防动员潜力调查，按“编训管用”要求编实各类基干民兵队伍，全面推开“应急力量编在稳定队伍上、专业力量尽量人装结合编、特殊力量确保专业对口率”编组模式，采取自有实物储备和特种装备器材协议储备相结合的方式，将民兵通用装备预征预储落到基层末端，高标准完成基干民兵整组任务。踩实通用装备预征预储工作，对辖区所有编兵单位进行全覆盖点验。

【应急应战能力提升】 2022年，淮安区人民武装部抓实练兵备战主责主业，完成全年民兵训练任务。组织开训动员实战化综合训练，牵头区国动委成员单位参加全市指挥课题演练。高标准完成全市专武干部集训施训组训专题承训任务，承担全市民兵“四会”教练员特色亮点创建，在全市第一家完成并形成经验成果。扎实推进战备工作，滚动修订各类战备方案计划，系统规范和升级改造战备库室。2022年，淮安区人民武装部聚力打造“平时服务、急时应急、战时应战”的民兵队伍。科学制定《年度民兵遂行任务清单》。选派30名民兵持续9个月奋战在辖区疫情防控重要交通卡口，涌现出细致盘查劝返3名阳性患者避免社会面早期传播的民兵高王进，挺身而出协助四川刑警抓捕逃犯的民兵王锐、潘海亮、马伟、王帅等突出典型。暑期组织100余名民兵骨干完成辖区普通高中和淮阴工学院1万余名学生军训任务。

【征兵工作】 2022年，淮安区人民武装部紧盯大学生特别是大学毕业生主体，抓早、抓实“一年两征”工作，圆满完成年度征兵工作任务。加大征兵政策宣传力度，从人社局和人才市场调取适龄大学毕业生数据，做好精准宣传和跟踪服务。严密组织体检政考、役前教育训练、审批定兵等各个环节，严格落实公示要求和廉洁征兵制度规定，完成全年男兵、女兵、直招军士征集任务，大学毕业生占比超55%，较上年度提高15个百分点。

【民兵教练员队伍建设】 2022年“八一”前夕，淮安区人民武装部举办民兵“四会（会讲、会做、会教、会做思想工作）”教练员聘书颁发暨协议签订仪式。经军政素质考核，来自全区不同行业岗位业务尖子被聘为“四会”教练员。淮安区“选训用保”四位一体选拔培养使用民兵教练员的经验做法被《中国国防报》报道。制定出台《关于加强高素质专业化民兵教练员队伍建设的意见》，选拔优秀人才建立人才库，确保民兵教练员队伍“规模适当、专业齐全、素质过硬、相对稳定”。建立健全民兵教练员军地共用机制，组织民兵教练员担负疫情防控、安保警戒、抢险救灾等重大任务，参与开训动员实战演练、军地联合国防动员演练、人民防空演练等重大活动，引导教练员把实战经历转化为组训能力。探索建立民兵教练员荣誉激励机制，协调区委组织部和退役军人事务局举办强兵兴业培训班，通过退役军人“兴村专干”招聘等途径，将优秀教练员选为民兵连长、担任基层武装部工作人员或进入村居（社区）两委任职。

【民兵连部规范化建设】 2022年，淮安区人民武装部在全区16个镇街武装部规范化建设全部达标的基础上，坚持把工作重心放在基层村居（社区）。借鉴镇街武装部规范化建设内容和标准，充分考虑地域特色、经济发展现状，分类指导推进村居（社区）民兵连部“两室一家”规范化建设。全区309个村居（社区）民兵连部“两室一家（资料室、器材室、青年民兵之家）”规范化建设推进成效明显。其中，淮城街道、石塘镇所辖村居（社区）民兵连部“两室一家”规范化建设整体建设标准高；苏嘴镇大胡村结合“大胡庄八十二烈士陵园”、流均镇渔业村结合红船文化进行民兵连部“两室一家”规范化建设，特色明显。

【全民国防教育】 2022年，淮安区人民武装部学习贯彻中共中央、国务院、中央军委《关于加强和改进新时代全民国防教育工作的意见》，以开展好第22个全民国防教育日活动为契机，组织人武部机关干部、文职职工和民兵，深入教育场馆、旅游景点、学校、新兵训练场，广泛开展国防教育系列宣传活动。9月1日，淮安区人民武装部特邀老功臣蒋德礼到周恩来红军小学为学生讲授“国防教育第一课”。9月16日，淮安区人民武装部机关干部、文职职工，会同周恩来纪念地管理局工作人员分别在周恩来纪念馆主馆和铜像广场设立国防教育宣讲展台，向游客宣讲周总理精神，发放国防教育宣传手册，宣讲国防和军队建设成就。组织接受秋季役前教育训练的新兵开展“讲好国防故事，坚定报国之志”教育活动。

（葛成靠）

武警淮安支队执勤二中队

【概况】 2022年，武警淮安支队执勤二中队以《军队基层建设纲要》为依据，以建设一支听党指挥、能打胜仗、作风优良的现代化武装警察为目标，推进中队全面发展。2022年，武警淮安支队执勤二中队组织开展区委党校党课进军营、“学雷锋”主题献血、新安小学军营一日游等活动，被区政府表彰为创建江苏省双拥模范区“九连冠”先进单位，被武警淮安支队表彰为“四铁”先进单位。

【政治工作】 2022年，武警淮安支队执勤二中队以学习中共二十大精神为突破口，狠抓思想政治建设，提高政治敏感性，不断打牢官兵“三个绝对（绝对忠诚、绝对纯洁、绝对可靠）”思想根基。邀请周总理特型演员李守俊给官兵讲“一大”党史和总理生平事迹，邀请新安小学师生进中队讲解新旅精神事迹，协调区委党校副校长和机关工委书记给官兵讲解习近平新时代中国特色社会主义思想以及《习近平谈治国理政》第四卷。一季度，参加省总队党建法规知识竞赛，取得全总队近200个党组织前5名，支队第1名的成绩。

【军事工作】 2022年，武警淮安支队执勤二中队贯彻军委和武警部队军事训练会议精神，坚持打基础、练硬功，不断提升备战打仗能力。开展评比竞赛和创破纪录活动，更新制作大厅龙虎榜，营造比学赶帮超氛围。设立个人军事训练小目标，引导官兵定目标、寻突破。参加支队组织的军人运动会，2名骨干分别取得支队单、双杠第一。在年终支队军事训练普考中，中队7个科目，4项总评优秀。

【执勤战备】2022年，武警淮安支队执勤二中队重抓执勤工作，抓好专勤专训、岗位练兵。年末总队规范化执勤等级评定交叉检查中取得优秀评定。持续开展执勤战备和形势任务教育，引导官兵提高执勤动作和执勤姿态的标准。学习贯彻新时代执勤安保规范化集训会议精神，每月组织官兵学习典型执勤案例，强化执勤法规意识，执勤工作标准显著提高。2022年，武警淮安支队执勤二中队出动93人次，完成"二十大前后"社会面武装巡逻任务，完成武装押解任务10次。

(武警淮安支队执勤二中队)

人民防空

【概况】2022年，淮安区人民防空工作践行"战时防空、平时服务、应急支援"使命任务，严格人防工程审批监管，实现演练备战军事化，人防配套设施不断完善。2022年，淮安区人防办被省人防办表彰为"全省人防工作先进单位"。

【人防工程审批监督】2022年，淮安区新立项人防工程6个，审批人防易地建设项目13个，年度征缴人防易地建设费802.08万元，收取人防平战结合费用34.52万元。严格人防工程质量监督，坚持全程跟踪、一线监管、靠前服务。全年新接受监督开工人防工程6个；新监督竣工人防工程3个；新增人防停车位1843个；新竣工人防工程标识率100%。

【人防工程管理】2022年，淮安区发挥人防工程非战时协助普通地下室作用，缓解小区停车难问题。全省首推"小区人防工程进社区"，明晰人防工程所有权、管理权、使用权、受益权"四权"职责，推动属地管理责任前移，41个小区人防工程正式实施进社区管理。编制人防工程维护经费预算，对人防设施损坏严重的一批"老旧病"人防工程及时维修改造，消除安全隐患。聘请具有专业资质的淮海地下空间资产管理公司按月对全区建成、竣工人防工程开展专业巡查。对小区人防工程实行"网格化管理"，在汛期、防台风、高温、重大节庆等特殊时点开展督查巡查。防台风、防洪涝安全检查期间发现疏散指示牌脱落和排水沟盖板凸起等问题12个和配件故障警报器3台，安全隐患交办率和整改率均达100%。全年全区人防工程安全无事故。

【人防演练备战】2022年，淮安区根据省、市统一部署，开展"9·18"防空警报试鸣暨防空袭平战转换战时演练。完成人防专业队整组工作并录入综合信息平台。组织人防机动指挥所跨区域机动至涟水县，与涟水县人防机动指挥所完成协同训练，通过训练进一步提高人防机动指挥所处置突发事件能力和跨区域协同水平。

【人防配套装备完善】2022年，淮安区绘制人防警报地图，对全区防空警报器进行合理布点，全年新增4台防空警报器，初步实现全区防空警报器无盲点、无死角。完成人防机动指挥所"北斗+5G"动中通系统建设，对地面指挥中心设施设备进行改造维修，视频会议系统处于良好状态。

(区人防办)

双拥工作

【概况】2022年，淮安区常态化开展春节、八一慰问驻区部队、现役军人亲属、维和军人亲属、抗战老兵、抗美援朝老战士、烈士遗属、因公牺牲军人遗属、病故军人遗属等重点优抚对象。坚持为部队立功人员送喜报，全年上门送喜报129人次，慰问立功人员父母，累计发放立功奖励金26.45万元。以优待证申领发放为契机，逐户核对光荣牌悬挂，确保做到不漏一户，实现全覆盖。承办全市"9·30"烈士纪念日纪念活动。淮安区成功创成省双拥模范区，实现"九连冠"。江苏瑞皇新型建材有限公司获省优秀"戎耀之家"命名。

【军地互办实事】2022年，淮安区继续组织军地互办实事活动，2022年共互办实事23件，投入资金66.5万元。

【零散烈士墓修缮】2022年，淮安区对240座零散烈士墓进行修缮。其中，迁移集中安葬零散烈士墓22座。

(金云祥)

经济管理

宏观经济运行管理

【概况】2022年，淮安区实现地区生产总值751.14亿元，同比增长4%，总量排名全市第一、增幅排名第四。编制出台《关于进一步帮助市场主体纾困解难着力稳定经济增长的具体实施细则》《关于有效应对疫情新变化新冲击进一步助企纾困政策措施的实施细则》《淮安区稳增长促发展若干措施》等文件，从减税降费、资金扶持、缓缴缓办等方面做好要素保障和政策支持，帮助各类市场主体渡过难关、恢复发展，促进经济社会平稳健康发展。印发《淮安区城乡公共服务一体化工作实施方案》，组织淮安区殡仪服务中心项目申报省社会服务兜底线工程2023年中央预算内投资计划，申请中央预算内资金450万元。

4月8日，淮安区发改（粮食）系统开展2022年安全消防应急演练（区发改委　供图）

【重大项目建设】2022年，淮安区共有54个项目列入市重大产业项目投资计划，总投资413.88亿元，年度计划投资179.65亿元。全年完成投资199.25亿元，完成率110.91%。井神盐腔储能和百斯特航空食品两个省重大项目分别完成投资8亿元、6.5亿元，完成率分别为100%、130%。

表21　淮安区发改委基层单位名录

单位名称	基层单位名称
淮安市淮安区发展和改革委员会	淮安市淮安区发改经济信息中心
	淮安市淮安区社会信用建设管理服务中心
	淮安市淮安区粮油管理服务中心
	淮安市淮安区价格认证中心

【向上争取】2022年，淮安区累计向上争取到位资金62.1亿元（含基金7.18亿元），完成目标任务的106%，较上年（45.67亿元）增长36%，其中非政策性资金35亿元，完成目标任务的118%。区发改委牵头争取基础

设施投资基金7.18亿元，资金金额、项目数量全市最大。

【疫情防控服务】 2022年，淮安区发改委落实疫情防控物资保障，累计发放各类口罩超212万只，84消毒液超16.5吨，一次性防护服近18.35万件，一次性隔离服13.2万件，医用手套48.24万副，医用帽子25.44万个，医用面屏23.16万个，鞋套17万双，固体消毒片57.6万片。

【信用体系建设】 （参见《经济管理·社会信用体系建设》）

【粮食安全】 2022年，淮安区推动粮食仓储设施建设。全区4个粮食仓储设施改造提升项目，纳入省级整市推进粮食仓储设施示范项目，可增加仓容10万吨以上，其中车桥、平桥项目开工建设，获批省级奖补资金3245万元。严格落实粮食收购资格备案制度、超标粮处置流程，加强对粮食流通市场收购行为监督管理。建立粮食流通领域协同联动执法监管联席会议制度，依法对365户粮食收购主体开展“双随机”联合监督检查。组织粮食企业开展安全生产知识、消防安全知识、储粮化学品安全知识学习培训、应急演练、安全检查，提高粮食企业安全生产意识，全年共检查粮食企业177家次。

（卢　梦）

财　政

10月27日，淮安区财政干部综合能力提升培训班开班仪式举行（区财政局　供图）

【概况】 2022年，淮安区完成一般公共预算收入34.88亿元，同比增长5.1%，占市下达年度考核目标任务的97.5%，占区人代会下达年度目标任务的98.2%。其中，税收收入完成24.57亿元，非税收入完成10.31亿元，税占比70.4%。全年完成一般公共预算支出91.88亿元。全年累计争取资金62.1亿元，同比增加35.9%，其中，非政策性资金35亿元，占比56.4%。追赃挽损累计完成18.33亿元，超额完成省委巡视组交办的10亿元目标。2022年，淮安区优化财政支出结构，力保基本民生支出只增不减，保障科技攻关、乡村振兴、绿色发展等重点领域支出，压减一般性支出，提高支出效率，推动高质量发展。贯彻落实政府“过紧日子”要求，规范财政资金使用，压降项目经费支出10%，压降政府工程项目资金11.63亿元。推动编外用工人员压缩，防范化解债务风险。2022年，淮安区财政部门获评全区综合考核先进集体一等奖、全区党风廉政建设先进单位、开放型经济工作先进集体、服务城市管理经营建设工作先进集体等。

【财政支持保障民生】 2022年，淮安区强化民生保障，落实各项社会保障惠民利民政策，全年民生八项支出60.35亿元。全年机关事业基本养老保险财政补助4.9亿元、城乡居民基本养老保险财政补助4.86亿元、城乡居民基本医疗保险财政补助2.44亿元。实施“育才兴教”工程，全年累计投入各类教育资助资金3801.39万元。稳步实施义务教育经费保障机制改革，安排义务教育生均公用经费7961.51万元；安排延时服务费等相关教育资金3229.23万元。

【财政服务发展】 2022年，淮安区稳步推进城乡发展建设，全年筹集和整合各类资金近12.5亿元，支持老旧小区改造、城乡公交一体化等城乡统筹发展项目。持续推动交通基础设施投资、黑臭水体综合整治、大数据产业园一期、老年人日间照料中心、施河产镇融合等PPP项目建设，促进政府投资高质量发展。围绕实施乡村振兴战略，多措并举筹集资金，集中支持乡村振兴重点任务，全年农林水支出8.49亿元。推进高标准农田

表22　2022年淮安区财政局获市级以上表彰一览表

单位（姓名）	表彰内容	表彰单位
淮安区财政局	2022年度预算执行分析优秀单位	淮安市财政局
许　萍	淮安市先进会计个人	淮安市财政局
黄雅婷	2022年度淮安市优秀网评员	中共淮安市委网信办
史建飞	2022年度参加市委巡察工作表现优秀干部	中共淮安市委巡察办

建设，全年投入3.37亿元，建设高标准农田11.1万亩，实施高效节水灌溉0.35万亩。全面开展农业保险工作，完成保费收入1.11亿元，三大主粮保险覆盖面达95.8%。发放农业支持保护补贴（耕地地力保护补贴）1.13亿元，落实补贴面积93.86万亩，惠及农户20.34万户。对实际种粮农民发放一次性补贴，三次共计落实补贴面积539.47万亩、惠及实际种粮农户28.2万户，发放资金5250.93万元。落实企业扶持政策，帮助企业纾困解难，全年累计减税降费19.06亿元；累计落实国有企业租金减免518户535.26万元，行政事业单位租金减免210户211.66万元；开展项目申报工作，全年累计到位省市以上专项补助资金4880.52万元；鼓励银行开展"小微贷""淮科贷""苏科贷"等业务。

表23　淮安区财政局基层单位名录

单位名称	基层单位名称
淮安市淮安区财政局	淮安市淮安区国有资产管理服务中心
	淮安市淮安区非税收入管理服务中心
	淮安市淮安区财政国库支付中心
	淮安市淮安区政府投融资管理服务中心
	淮安市淮安区财政信息中心
	中华会计函授淮安市淮安区函授站
	淮安市淮安区财政绩效评价中心

【财政管理】2022年，淮安区规范预算管理，坚持无预算不列支，有预算不超支，除重特大自然灾害、重特大疫情、对淮安区经济社会发展有重要影响的要素保证、影响淮安区对省、市目标考核的重要项目支出四种情况外，其他一律不追加预算。强化财政资金跟踪问效，构建预算绩效管理长效机制。精准测算、科学调度，财政库款保障水平达到部省监控要求，实现"每月达标，全年通绿"。开展"债务风险管控"行动，全年完成存量隐性债务化解5亿元，政府性债务率风险等级连续3年保持绿色，全市唯一；压降高成本融资94.63亿元，超额完成市下达的压降30%目标；平台公司经营性债务规模436.46亿元，控制在市下达的14.26%增幅管控目标以内；平台公司经营性债务综合融资成本下降到6.6%；压降融资平台公司9家，超额完成市下达平台压降目标。

【财政改革】2022年，淮安区财政局推进财政票据电子化改革，全区265家执收单位全部上线使用非税收入收缴电子化系统。深入推进预算管理一体化，完善国库集中支付流程，组织授权支付条件成熟的76家预算单位开设零余额账户；组织镇街（园区）以及人行、代理银行完成全业务全流程联调测试。

（周梦月）

国有资产监督管理

【概况】2022年，淮安区纳入年度企业报表统计的国有企业有7户（淮安市宏信国有资产投资管理有限公司、淮安市名城投资控股集团有限公司、淮安市客总汽车运输有限公司、淮安市淮安区粮食集团有限公司、淮安市第二市政有限公司、淮安市淮安区安保汽车综合性能检测站以及淮安市淮安区城市资产经营有限公司）。截至年末，企业资产总额815.73亿元，负债总额449.87亿元，其中流动负债290.21亿元，非流动负债159.66亿元，资产负债率达55.15%；国有资本及权益总额（净资产）365.86亿元。营业总收入9.15

亿元，营业总成本22.06亿元，其中营业成本8.38亿元，税金及附加0.86亿元，销售费用0.22亿元，管理费用0.75亿元，财务费用11.85亿元。加强经营性债务管理，强化区管企业资产负债约束管理以及第三方中介机构居间费用监督。配合省委巡视工作，开展国资管理规范整治，全面摸清淮安区平台公司和开发区收购民营资产、股权投资基金行为，以及行政事业单位、国有企业、区纺织资产经营有限公司等5公司资产出租、资产赖占、房屋搭建、资产闲置情况，依法依规对相关资产资金进行追回追缴。累计完成2项政府收购资产权证办理，涉及金额3494.6万元；收回1笔不良债权124万元；追回7笔行政事业单位、21笔国有企业遭遇违约欠缴租金以及6处国企房屋重新评估租金差价共计519.83万元，收回被赖占资产427.74平方米，拆除（或协议拆除）违章建筑2920.8平方米。

【国企改革】 2022年，淮安区统筹推进国企改革工作，推进国有经济布局优化和结构调整。压减企业管理层级，深入推进“僵尸企业”和重点亏损子企业专项治理。将经营性资产集中统一监管与国有企业壮大资产工作同步推进，理顺产权关系，整合有效资源，促进国企聚焦主责主业，实现资产规模进一步壮大、综合实力进一步增强等目标。健全国企市场化经营机制。明确区属企业的市场主体地位，建立监管企业工资总额管理，实现薪酬与业绩紧密挂钩。出台《淮安区区管企业负责人经营业绩考核与薪酬管理实施方案（试行）》，对淮安市宏信国有资产投资管理有限公司和淮安市名城资产经营有限公司实行经营业绩考核。推进用工市场化改革，推动监管企业初步建立市场化用工和公开招聘制度。提升监管效能和抗风险能力。国资监管机构履行区管企业出资人职责，针对企业产权管理、风险管控、重大投资、经营业绩考核等方面出台监管文件，逐步构建以管资本为主的国资监管制度体系。

【国有企业资产监管】 2022年，淮安区进一步完善区属企业法人治理结构，淮安市宏信国有资产投资管理有限公司、淮安市名城投资控股集团有限公司按照现代企业制度，建立企业内部“三会一层”机制。全年国有企业盘活闲置资产271处，面积13.51万平方米，营收收入1723.22万元。梳理国有企业权证不齐资产清单，推进无证资产确权办证138处，建筑面积2.39万平方米，占地面积2.72万平方米。

【行政事业单位国有资产监管】 2022年，淮安区行政事业单位资产总量为101.23亿元，其中行政单位总资产29.17亿元，事业单位总资产72.06亿元，资产总量较上年增长28.2%。总资产中，流动资产36.39亿元，占比35.95%；固定资产净值38.51亿元，占比38.04%；无形资产净值0.39亿元，占比0.39%；在建工程7.88亿元，占比7.78%；公共基础设施净值18亿元，占比17.78%；政府储备物资134.03万元，占比0.013%。淮安区行政事业单位国有资产实收收益合计569.31万元，其中房屋出租收益为463.34万元，占比81.39%；资产处置收益为105.97万元，占比18.61%。开展行政事业单位资产管理专项检查，完成2021年度行政事业单位资产年报编制。出台《关于印发应对疫情减免租赁全区国有房屋租金实施办法的通知》，精准纾困助企解难，全年减免承租国有企业和行政事业单位国有房屋的服务业小微企业和个体工商户3—5月份租金786.51万元，涉及743家服务业小微企业和个体工商户。

（区财政局）

【淮安市宏信国有资产投资管理有限公司】 淮安市宏信国有资产投资管理有限公司（以下简称“宏信国投”）下设淮安楚韵文化旅游（集团）有限公司、淮安市淮安区经济适用房开发有限公司、淮安市宏盛金创控股集团有限公司、淮安市宏运来物业管理服务有限公司、淮安市淮安区水利建筑工程公司、淮安市玖信控股集团有限公司、淮安市淮安区保安服务有限公司7个子公司。2022年，宏信国投累计装入资产203.05亿元，累计实现营业收入10.3亿元，净利润4031.65万元。其中，宏信国投本部（含城资公司）无营收、利润负2100万元；淮安市宏运来物业管理服务有限公司营收3800万元、利润1050万元；淮安市淮安区保安服务有限公司营收5300万元、利润150万元；淮安市宏盛金创控股集团有限公司营收550万元、利润100万元；淮安市淮安区经济适用房开发有限公司营收9.6亿元、利润4800万元，利润主要为代建定向商品房利润（管理费）；淮安楚韵文化旅游（集团）有限公司营收1406万元，净利润负2486

建设中的温馨花园二期　　　　　（名城控股集团　供图）

万元。2022年，宏信国投组建淮安市宏盛金创控股集团有限公司，混改信远、信立2家建筑企业，划转淮安市淮安区水利建筑工程公司、淮安市玖信控股集团有限公司；开发与代建萧湖国际大酒店、上河作业港、国信产业园污水处理厂、站前新村、高港二期等6个亿元以上项目；建成智慧停车一期项目；打造知膳堂、书香堂、非遗小镇客厅、“乐享淮安”旅游平台等文旅经营项目9个；通过银行让利减免中收费用3.73亿元，达成与16家银行五年期战略合作。

（单娇娇）

【淮安市名城投资控股集团有限公司】 2022年6月，淮安市名城资产经营有限公司升级为淮安市名城投资控股集团有限公司（以下简称“名城控股”），税务部门登记类别由“房地产类”变更为“资本投资服务类”。2022年，名城控股装入资产105.3亿元，完成营收11.3亿元，净利润4500万元，上缴税费3888万元。成立江苏名拓供应链管理有限公司、江苏润淮商业保理有限公司，7月，获批淮安市第1块商业保理金融牌照。7月，名城控股正式确定为区管一级企业，成功办理淮安市首张林权不动产证书，实现全市范围内林权办证“零”的突破。全年办理林权不动产权证186本，林地总面积约293.85万平方米。8月，明确名城控股主责主业为建安建筑开发和产业投资。9月，接管江苏润淮产业发展基金管理有限公司，产业投资基金规模由5亿元增至15亿元。2022年供应链、商业保理业务累计服务全区中小企业近50家，实现运营开票超亿元，有效解决中小企业资金紧张难题。2022年，名城控股完成对杜康花苑，黄桥花园，西长街等53处商业用房的对外出租，实现资产盘活收入约143.19万元。竣工交付杜康花苑、广州路二期、温馨花园一期3个定向商品房小区，建筑面积37.66万平方米，交付房源2589套；在建温馨花园二期和西城花园三期2个定向商品房项目，建筑面积30.3万平方米，房源1977套，温馨花园二期完成主体施工，西城花园三期完成桩基施工；在建环欧高端传动设备智能制造项目，分一二期建设，总用地面积约8.8万平方米，一期建筑面积约3.4万平方米，二期建筑面积约2.6万平方米，一期完成主体结构施工。

（郭　露）

税　务

【概况】 2022年，淮安区税务部门组织税收收入43.64亿元，完成地方一般公共预算收入24.59亿元；还原留抵退税后，组织税收收入48.66亿元，完成地方一般公共预算收入27.1亿元。

【税收征管改革】 2022年，淮安区税务部门加强精细服务，将发票增版增量、个人所得税股权转让等35项服务事项前移至窗口，推进办税服务一体化，减少纳税人重复跑、多头跑。推广江

表24　2022年淮安区税务系统获市级以上表彰一览表

单位（姓名）	表彰内容	表彰单位
淮安区税务局	江苏省文明单位	江苏省精神文明建设指导委员会
淮安区税务局第一税务分局	巾帼文明岗	江苏省妇女联合会
张婷婷	巾帼公仆之星	江苏省妇女联合会

8月8日，淮安区税务局开展送政策到企业活动（杨　超　摄）

苏税务APP、电子税务局等“非接触式”服务功能，合并申报、不见面审批等线上服务持续增量扩面，线上办税率稳步提升。加强风险应对，组建提示提醒团队，实行人员集中管理、任务统一分配。提示提醒团队分设大企业应对团队、复杂事项应对团队和省局综合性任务以及专项任务应对团队。加强精准监管，成立“1+7”监管团队，即成立“1”个综合监管团队，在税政一股、税政二股、征管、非税、收核、法制、风险管理等部门成立“7”个专业监管团队，通过税收风险分析精准识别和监控行业性、系统性风险。加强协同共治，以异地建筑企业税源控管为突破口，成立重大项目税收管理团队，对全区500万元以上工程项目进行重点摸排，形成多批次任务清单，督促异地建筑企业补预缴税款。全年对7批异地建筑企业发票数据进行督促整改。

【税费优惠】 2022年，淮安区税务部门全面落实各项纾困解难政策，为纳税人办理增值税留抵退税、出口退税，纳税人享受月销售额15万元以下免征增值税政策，享受小规模纳税人阶段性免征增值税政策、减免“六税两费”政策、减半征收车辆购置税政策。落实制造业中小微企业缓缴税费政策，纳税人享受阶段性缓缴社会保险费政策。

【税收营商环境优化】 2022年，淮安区税务部门专题部署纪律作风整顿暨营商环境提升工作，开展为期三个月的纪律作风专项整顿。主动问需，服务重大产业项目，开展“大走访、送政策、问需求”活动，对企业反映相对集中的诉求及时回应和化解。其中，专用发票、普通发票首次领用满足度接近100%。区税务部门领导班子与53个重大产业项目定点挂钩，提供“一对一”帮扶指导，落实专人提供全程帮办。强化监督，推动一体化监督向基层延伸。完善内控机制，把所有执法任务统一纳入风险应对流程，使所有税收执法行为有据可依、全程可控，最大限度压缩自由裁量空间。

（杨　超）

表25　淮安区税务系统基层单位名录

单位名称	基层单位名称
国家税务总局淮安市淮安区税务局	国家税务总局淮安市淮安区税务局第一税务分局
	国家税务总局淮安市淮安区税务局第二税务分局
	国家税务总局淮安市淮安区税务局淮安经济开发区税务分局
	国家税务总局淮安市淮安区税务局河下税务所
	国家税务总局淮安市淮安区税务局漕运税务分局
	国家税务总局淮安市淮安区税务局车桥税务分局
	国家税务总局淮安市淮安区税务局博里税务分局
	国家税务总局淮安市淮安区税务局顺河税务分局

金融监督管理

【概况】 2022年，淮安区金融生态环境评估在全市各县区中排名第一。打击整治养老诈骗专项行动经验获省地方金融监管局专报推广。金融相关工作获各级媒体宣传58次，其中省级以上媒体14次，市级媒体31次。

【金融机构引进】 2022年，广发银行、南京银行落户淮安区，正式开业，全市首家保理公司润淮商业保理公司正式营业，宏信科贷公司、宏信农贷公司获批开业。

【金融行业监管】2022年，淮安区严格金融市场准入。全面落实地方金融组织设立、变更审查事项联动协查机制，对所有设立、变更的地方金融组织审查有无涉黑涉恶、违法犯罪、违规经营、信用污点等问题。全年来共审查地方金融组织7家。坚持金融机构白名单制度，适时更新地方金融组织白名单，遏制非法金融，净化金融生态。将典当行、小贷公司、融资担保、融资租赁等地方金融组织纳入“双随机一公开”检查范围，按计划定期现场抽查账册、凭证资料等；运用省相关金融监管操作系统，开展线上业务检查。开展地方金融组织年检评级工作，强化地方金融组织风险管控。配合开展小贷、担保、租赁、典当行等地方金融组织审计和监管评级，实现地方金融组织审计全覆盖。强化审计结果运用，将审计评级和审计整改情况作为分类监管的重要依据。

【金融服务项目招商】2022年，淮安区出台金融机构招商引资激励办法、过程性计分办法，推动金融机构业务骨干与经济部门开展结对挂职锻炼，参与招商引资、重大项目金融服务，形成“专职小微、挂职招商、兼职重大项目”的工作格局，为全区项目招引提供有效金融支撑。

【政银联动】2022年，淮安区梳理重大项目编印成册，鼓励金融机构主动对接服务，积极向上争取，做好项目信贷储备。组织银行、担保等机构调研重大产业项目，了解项目情况、融资需求，跟踪对接服务，累计对接54户重特大项目，项目贷款余额达194.3亿元。

11月1日，淮安区举办2022年“无非法集资单位”授牌仪式暨防范非法集资集中宣传活动（区金融监管局　供图）

【上市服务】2022年，淮安区建立健全企业上市后备库，市、区级上市后备企业分别达5家、10家。组织企业参加上市训练营、沙龙等培训交流，邀请中信证券、远方私募基金等投资机构赴芯声微、鸿洋钛业等开展股权调研，推进股权融资合作。为百斯特、芯声微电子等后备企业会办解决上市过程中问题13个、授信达5.6亿元，新增股权融资1.13亿元，在股交中心新增挂牌企业41户、累计57户。

【银企对接】2022年，淮安区连续7年开展银企“双拜访”活动，完善金融服务网格。组织金融管家“春风送雨、纾困解难”“金融服务万企行”专项行动，发布21家金融机构75个纾困解难金融产品及电话，组织银行、担保等走访拜访市场主体14000余户。线上持续发挥省综合金融服务平台对接作用，做强网上金融超市，注册市场主体达19600余户，平台对接普惠贷款余额达78亿元，均位于全市第一。针对全区700余户列统企业与80余户智改数转企业融资需求情况，开展智改数转、羽绒行业等专场融资对接，规上羽绒企业授信达2.2亿元。

【银担合作】2022年，淮安区推进银担合作，发挥融资担保机构增信作用，加大对中小微企业、三农主体的融资支持力度，年末全区融资担保贷款余额15.3亿元，较年初增长34.2%。发挥区级风险分担补偿金杠杆作用，持续推进“政、银、担、再担”四方合作融资风险分担模式，风险分担累计达4.1亿元，业务规模走在全省前列。

【金融惠企政策落实】2022年，淮安区出台金融帮助市场主体纾困解难实施意见，定期分析金融机构企业贷款情况，形成贷款中止规上企业、中小微企业清单，并分析原因。2022年，淮安区中小微企业贷款余额达340.38亿元，利率同比下降25个BP。实行到期贷款延展情况月通报制度，推动中小微企业、个体工商户、货车司机贷款和受疫情影响严重的个人住房、消费贷款等延期还本付息政策落实，延期偿还贷款25亿元。加大政策性信贷产品投放，用好普惠金融发展基金项下政策性产品小微贷等产品，在门槛、利率等方面提供优惠，向市场投放政策性信贷产品14.2亿元、743户，位于全市各县区前列。督促融资担保公司落实降费措施，2022年新增及续贷担保102笔、9.43亿元，执行优惠担保费率，其中对受疫情影响较大的部分小微企业免收担保费，降低市场主体综合融资成本。

【金融风险防范化解】 2022年，淮安区推进国企融资降本，区平台公司经营性债务综合融资成本降至6.6%。围绕国有企业“清、规、控、降、防”要求，召开政银企洽谈会2次、银行降费让利会商会7次，国有企业与20家银行机构市行进行对接，加快非标等融资产品置换，降低新增融资产品的综合融资成本。开展创建“无非法集资单位”活动，组织参加全市防范非法金融网络知识竞赛，参赛人次、总分位于各县区第一。持续开展非法金融线下门店、非法金融“小广告”专项清理活动，成功处置“中源乐充充电桩”经营门店风险，累计拆除非法金融门店招牌35处、清理非法金融的小广告50余起。制作发放《防范粮食购销领域非法集资吸储风险提示书》2万份，开展涉及“养老投资”“养老理财”等内容的非法金融小广告专项排查清理，清除店牌店招以及非法金融广告资讯4起。

（吴德腾）

市场监督管理

【概况】 2022年，淮安区新增企业3698户，个体工商户6256户，农民专业合作社42户，登记市场主体同比增长28.9%。全年累计注销企业3211户，普通注销企业1070户，其中简易注销企业764户，简易注销率同比增长236%。

【质量强区】 2022年，淮安区着力塑造质量品牌效应，打造“淮安创造”“淮安制造”“淮安建造”金字招牌，编印《质量淮安》宣传画册500份，鼓励企业走质量品牌之路。选派全区优秀首席质量官5人参加省市监局首席质量官高级培训班。组织全区各级质量奖获奖企业代表138人参加首届苏浙皖赣沪质量知识竞赛。2022年，淮安区3家企业申报江苏精品认证、4家企业申报省工业企业质量信用AA级、3家企业申报市长质量奖、4家企业申报市质量管理奖。圣玉米业和康乃馨织造2家企业通过江苏精品认证。周恩来纪念馆、老淮安餐饮、镇淮建设集团、康尔馨电子商务四家单位获淮安市质量管理奖。苏盐井神公司入选苏浙皖赣沪优秀企业文化案例。推进建设“品牌强区”，第一批完成知识产权贯标备案企业9家，其中高企8家，实现高企贯标备案100%全覆盖。推进“淮安茶馓”“淮安蒲菜”地理标志保护，培育“车桥芡实”地理标志证明商标，“苏嘴西瓜”地理标志证明商标进入申报程序。江苏康乃馨织造有限公司获批国家知识产权示范企业，为淮安市2022年唯一一家获批企业，获批奖励资金50万元。全区拥有有效注册商标企业1730家。推动盐化工、纺织、施河教学具、共创草坪优势特色产业，参与制定发布团体标准。全区高新技术产业值占规上工业产业值比重达16.07%。江苏共创人造草坪股份有限公司起草体育用人造草获得首届

4月，淮安区市监局开展知识产权宣传活动

（区市监局　供图）

江苏省标准创新贡献奖项目奖二等奖，获得省质量强省奖补专项资金10万元。江苏康乃馨纺织科技有限公司参与制定国际标准，获得省质量强省奖补专项资金50万元。淮安凡之晟远大建筑工业有限公司获得淮安市首张预制构件产品三星级绿色建材产品认证证书。江苏康乃馨纺织科技有限公司通过纺织品"三同"认证，成为全国纺织行业首批、淮安市首家"三同"认证获证企业。

【产品质量监管】 2022年，淮安区制定实施消费品质量合格率监测工作方案。落实纺织品、建筑玻璃等重点消费品企业质量主体责任，对接省、市级消费品质量合格率调查统计工作，消费品合格率指标稳中有进。制定全区产品质量抽检目录，结合大气污染防治、儿童用品等重点领域开展监管工作，抽检防疫物资、消防器材、家用电器、儿童玩具、服装等17类产品57批次，不合格后处理16批次。开展"灶管阀"等10类重点工业产品质量安全排查治理行动，出动执法人员1100余人次，检查经营户223家，查扣问题燃气灶132台、调压阀70个、连接软管19捆（根），立案查处33起。按照"进一家门查多项事"工作方式，开展双随机和许可证证后企业检查工作，现场发现问题做闭环处理。开展产品质量"你点我查"活动，面向社会公众征集产品质量监督抽查目录和产品"双随机、一公开"检查计划，获得投票8800余张，抽检家用电器等11类产品45批次。向校园周边经营户发放产品质量安全风险警示告知书550余份，张贴"灶管阀"、电动自行车产品质量安全知识宣传画350份。

【食品安全监管】（参见《公共安全·食品药品和医疗器械安全》）

【网络交易监管】 2022年，淮安区开展网络交易监管，在巩固现有网络监测手段的基础上，向网络交易新领域、新模式延伸监管"触角"，减少网络交易监管空白。利用关键词搜索，监测"江苏省网络交易监测系统"数据库中淮安区网店、网站、微信公众号、微博等内容。开展"6·18"网络集中促销、中小学校外培训广告、长江禁渔、涉老诈骗等7项综合和专项网络交易监测，运用"云搜索"设计关键热词75条，其中命中关键词2条，搜索关联网页链接117条，其中涉嫌违法网页链接9条。做好监测系统分流，推进"国家网络交易监测五级分流系统"使用。完成国家市场监督管理总局转办7条监测信息的处置，其中主体监测信息3条，商品或服务监测信息4条，分发信息处置率100%。外延网络监测领域，对"闲鱼""高德""携程"等9个移动终端App本地内容实施监测，对平台内标注商家名称、交易内容和推荐广告中涉及奥运标志的文字和图片实施检查；加强抖音等视频平台的监测，抽查头部网红"HA金城武""老友海鲜大咖"5场直播带货。

【合同格式条款监管】 2022年，淮安区运用合同格式条款监管新手段，联合住建部门运用"双随机"抽查"楚州印""融创·运河望"等5家在售楼盘的房地产企业房地产买卖合同格式条款等方面经营行为。对检查中发现部分房企存在违规设立"生活垃圾处置费"、未有效公示房产备案价格、利用合同格式条款剥夺买受人权利等问题，提出整改措施，设定整改和回查时间。

【药品药械许可监管】（参见《公共安全·食品药品和医疗器械安全》）

【特种设备安全监管】（参见《公共安全·安全生产》）

【市场秩序维护】 2022年，淮安区持续稳定市场秩序，维护人民群众和各类市场主体利益。2022年，查处价格违法案件15起，结案15起，罚款人民币22万余元，没收违法所得1127万余元。夏秋两季粮食收购期间，开展粮食收购市场秩序专项整治以及夏秋两季粮食市场"双随机，一公开"检查，保障广大种粮农户利益。全年共检查粮

表26　**2022年淮安区市场监督管理局获市级以上表彰一览表**

单位（姓名）	表彰内容	表彰单位
淮安区市场监督管理局	江苏省食品安全工作先进集体	江苏省食品安全委员会
袁　磊	2022年江苏省市场监管系统法律知识竞赛先进个人	江苏省市场监督管理局

表27　淮安区市场监督管理局基层单位名录

单位名称	基层单位名称
淮安市淮安区市场监督管理局	淮安市淮安区市场监督管理局淮城分局
	淮安市淮安区市场监督管理局河下分局
	淮安市淮安区市场监督管理局经济开发区分局
	淮安市淮安区市场监督管理局钦工分局
	淮安市淮安区市场监督管理局苏嘴分局
	淮安市淮安区市场监督管理局车桥分局
	淮安市淮安区市场监督管理局施河分局
	淮安市淮安区市场监督管理局漕运分局
	淮安市淮安区市场监督管理局石塘分局
	淮安市淮安区市场监督稽查大队
	淮安市淮安区综合检验检测中心

食购销市场主体500余户次（其中“双随机，一公开”检查361户次），对67家粮食购销主体检定各类计量器具252台件（其中电子汽车衡120台，容重器61件，水分测定仪71件），查处涉粮违法案件3起（其中使用未经检定的计量器具2件，粮食收购经纪人无照从事粮食收购及销售食品1件）。落实疫情防控期间核酸采样检测价格、口罩消毒杀菌用品等防疫用品价格监管各项要求，严厉打击借疫情之机囤积居奇、哄抬价格、散布涨价信息等违法行为，维护市场价格秩序。累计检查药店1100余户次，发放政策提醒函270余份。开展2022年教育收费专项检查，重点监督检查中小学校、公办幼儿园收取与入学挂钩的捐资助学款，未经法定程序审批以中外合作办学名义收费，高等院校以热门专业、学分制等名义变相提高标准收费，违反自愿和非营利原则收取服务性收费和代收费等行为等。抽取15所学校（含教育集团）作为专项检查对象，覆盖职业学校、高中、中学、小学、幼儿园。开展普通商品房销售行为专项检查，针对2021年1月1日以来的在售楼盘（中奥天樾府、融创·运河望、清和园、碧桂园楚州印和港龙东望府），重点检查未明码标价、未在交易场所醒目位置明码标价、未按规定实行“一套一标”、没有按照规定内容明码标价、标示信息不全、未标明房源销售状态、已售房源所标示价格不是实际成交价以及其他价格违法行为。约谈3家房地产开发商，督促房地产开发商按照法律法规做好明码标价及“一房一价”公示，诚信宣传。处理商品房相关消费投诉10余起。加强金融领域与供水供电等公用事业收费监管。重点查处超出银行总行价目表自立项目收费，信贷、助贷、增信等环节与贷款捆绑强制收费，中间业务强制服务，只收费不服务或者少服务，利用贷款优势地位转嫁抵押登记费、押品评估费，不落实国家及总行层面降低中小微企业和个体工商户支付手续费等优惠政策的行为。加强供水供电供气领域工程安装、维护维修领域价格监管，查处不执行政府定价或者政府指导价、收取不合理费用，查处不按规定执行峰谷分时电价政策，以及转供电环节不合理加价等价格违法行为。全年检查水电气单位2家，转供电主体3家，政府部门及下属单位1家，行业协会商会及中介机构1家，商业银行2家，查结违法案件1件，没收违法所得88.34万元。

【放心消费】（参见《收入与消费·居民消费》）

【反不正当竞争】　2022年，淮安区开展反不正当竞争专项执法行动，以社会关注度高、群众反映强烈的虚假宣传、仿冒混淆、商业贿赂，以及侵犯商业秘密、互联网领域不正当竞争行为为执法重点，严厉查处虚假或者引人误解的商业宣传违法行为、仿冒混淆违法行为、侵犯商业秘密违法行为、商业贿赂违法行为、网络新产业新业态不正当竞争行为。重点打击防范网络传销和聚集式传销，强化对涉传市场主体的事前事中监管，分类处置网络传销线索，加强对互联网平台的引导和监管，压实互联网平台企业主体责任。2022年，查处不正当竞争案件8起（其中虚假宣传案件6起，仿冒混淆案件2起），结案8起，罚款人民币22万余元。

【“双随机、一公开”监管】　2022年，淮安区开展“智慧监管+信用监管+协同监管”“三位一体”

表28 2022年淮安区审计局获市级以上表彰一览表

单位（姓名）	表彰内容	表彰单位
淮安区审计局	江苏省文明单位	江苏省精神文明建设指导委员会
刘黎明	全省审计机关“五个强审”先进个人	江苏省审计厅

的“双随机、一公开”（即在监管过程中随机抽取检查对象，随机选派执法检查人员，抽查情况及查处结果及时向社会公开）监管新模式。推行“非现场监管”。运用物联网、视频监控等技术，通过远程监管、数据监测等手段，对企业、团体、金融机构等场所开展双随机检查，实现“数据代替人工跑腿”，提升监管效能。强化信用分级分类监管。将企业信用风险分类管理与“双随机、一公开”监管相结合，对信用状况好、风险较低的适当减少抽查，对信用状况一般或存在失信行为的加大抽查比例和监管频次，实现每检查100户市场主体可减少对60户守法企业检查，增强监管精准度。构建协同监管体系，区市监部门联合30家部门参与制定年度抽检计划，明确监管事项和清单，建立跨部门联合监管数据库，实现“进一次门，查多样事”，降低扰企频率。

（杨　明）

审　计

【概况】 2022年，淮安区审计局完成审计项目28个，查出违纪违规和管理不规范问题金额6.03亿元；完成政府投资评审项目1332个，送审额44.78亿元，核减额2.23亿元，综合核减率4.98%。

【财政同级审】 2022年，淮安区审计局以促进财政资源统筹，提升财政资金安全规范绩效为重点，共审计和延伸调查140个部门（单位），查出违纪违规和管理不规范问题金额5.35亿元，提出审计建议36条，审计专报《专项资金项目绩效管理亟需加强》获区委区政府主要领导批示。同级审工作报告和同级审整改工作报告在区人大常委会满意度测评中满意率均为100%。

【经济责任审计】 2022年，淮安区审计局开展领导干部经济责任审计项目13个，其中任中审计5个、离任审计4个、离任交接4个，审计及延伸调查15个单位，查出违纪违规和管理不规范问题金额1619.69万元，促进被审计单位出台规章制度8个。审计专报《村级“第三方”代账监管不力现象亟待关注》获区委主要领导批示。

【政府投资审计】 2022年，淮安区审计局持续抓好项目“源头控制、过程监督、事后审核”工作，对新安小学周边整治工程、乡镇农房改善工程、黑臭水体整治工程、经济开发区环境提升、安置房建设等重点工程开展监督，其中对在建的萧湖度假区项目开展全过程跟踪审计，就审计发现的问题先后5次与项目各方开展会商，以高质量审计监督保障项目顺利推进。针对政府投资工程在实施过程中造价不合理、工程量不实、签证不规范、文件规定执行不到位等问题，推进建设单位履行主体责任，加大项目监督管理力度。审计专报《淮安区政府投资项目核减和变更情况分析》获区委主要领导批示。

【政策跟踪审计】 2022年，淮安区审计局贯彻党中央“疫情要防住、经济要稳住、发展要安全”总要求，选取与营商环境密切相关的惠企政策落实情况作为政策跟踪审计重点，在“同级审”期间，嵌入式开展全区惠企政策落实情况审计，审计和延伸调查淮安经济开发区管委会等16家部门（单位）、区管国有企业等18家市场主体，查出淮安经济开发区管委会违规为不符合条件企业获取区产业引导资金等问题14项，促进区行政审批局等相关部门优化涉企制度、流程12项，实现“让信息多跑路，让企业少跑腿”。

（吉星宇）

表29 淮安区审计局基层单位名录

单位名称	基层单位名称
淮安市淮安区审计局	淮安市淮安区政府投资评审中心

统　计

【概况】2022年，淮安区统计局充分发挥统计信息、统计咨询、统计监督职能，为推动经济高质量发展行稳致远落实统计保障。淮安区统计局获评2022年度全市统计调查工作先进单位。

【统计监测】2022年，淮安区统计局推进统计年、定报及各项统计调查监测工作，落实省、市相关数据质量要求，严格执行省、市统计年、定报报表制度。做好综合、农业、工业、建筑业、投资、能源、商贸、服务业、住户、人口、名录库、高质量发展监测等专业统计报表收集、整理、汇总、上报、分析工作。拓展监测领域，强化经济运行分析，增强分析监测的前瞻性和时效性，为区委区政府决策提供重要参考。全年撰写农业、工业、服务业、贸易业、居民收支等统计信息、统计分析42篇，按月编印《淮安区统计月报》，及时发布《国民经济和社会发展统计公报》《统计年鉴》。

【统计执法】2022年，淮安区统计局配合省、市做好统计督查，开展“双随机、一公开”执法检查，抽查企业184家，未发现弄虚作假现象。提升统计执法队伍整体素质和办案水平，高标准选配统计法治人员，组织4名业务骨干参加执法证考试，抽调执法人员参加省、市局统计执法检查任务12人次。

【统计基层基础建设】2022年，淮安区根据省统计局《关于进一步加强统计基层基础建设的指导意见》和市委编办、市统计局《关于进一步规范镇街、开发园区统计职责等相关工作的通知》要求，镇街在经济发展和建设局加挂“统计站”牌子，推进“八有八化”（有机构、有编制、有人员、有资格、有台帐、有经费、有场地、有设备，统计管理制度化、统计人员专业化、统计报表标准化、统计手段现代化、统计工作法制化、统计宣传经常化、统计服务优质化）建设。提升统计站硬件设施，向上争取专项资金21.52万元为镇街统计站配备电脑43台、打印机13台。

【统计法规宣传】2022年，淮安区统计局开展统计法律法规宣传，向镇街、机关、社区、农村发放《统计法》《统计违法违纪处分规定》和《江苏省统计条例》解读等宣传手册，提高公众统计法治意识。区统计局和市统计局、淮城街道、楼东社区四家单位在楼东社区公园建设统计法治广场。9月20日，开展以“数说新时代，奋进新征程”为主题的第十三届“中国统计开放日”系列宣传活动。

【住户调查大样本轮换】2022年，淮安区统计局做好住户调查大样本轮换工作。住户收支与生活状况调查是实施城乡统筹发展和民生政策的重要依据。为防止样本老化，保证样本代表性，抽选出240户居民进行记账工作。按照国家调查方案要求，完成辅调员选聘和培训、调查小区简图绘制、建筑物清查、住宅名录表编制、入户调查等工作，为新一轮住户收支与生活状况调查工作奠定基础。

（祁　龙）

价费管理

【价格监测】2022年，淮安区有价格监测点31个，监测内容包括夏秋粮、成品粮、稻种、麦种、农资、生猪、重点工业企业、主副食品、防疫用品、酒店住宿、餐饮等类型价格。建立健全监测数据现场核价工作机制，累计开展30余人次现场核价工作。在淮安区政府网站及时发布主副食品民生价格，累计发布监测报表12次，包含数据近7000条。编写印发“淮安区价格监测”专刊四期；累计上报各类价格监测报表近400份。

【价费调控】2022年，淮安区做好价格调控和节日市场稳价控价工作。出台2022年价格调控目标责任制实施意见，半年和全年对落实情况进行总结。做好元旦、春节、全国两会、端午、中秋、国庆期间市场稳价控价工作。编制《淮安区执行政府定价的价格和收费减免与优惠政策清单》（2022年版），要求各相关收费单位根据目录严格执行优惠政策。落实农村建设保鲜仓储执行农业电价政策，8家企业享受政策，全年可减少企业负担约6万元；落实农产品初加工用电价格，通过市发改委四个批次包含7家国有粮食收储企业、7家粮食加工企业执行农业生产电价审批，全年企业可节约电费支出约20万元。严格落实转供电价格政策，涉及终端用户1686户，全年为终端用户减少电费支出超30万元。跟踪助企纾困价格政策落实情况，落实水资源费省级部分减按80%收取，防空地下室易地建设费标准下调20%。开展水电气暖领域涉企违规收费自查自纠工作，其中城区自来水公司退费32万元、燃气电厂退费128万元。

【收费管理】 2022年，淮安区落实《江苏省行政事业性收费监督管理办法》，编制《政府定价的经营服务性收费目录》（2022版），会同财政部门编制《行政事业性收费目录》（2022版）；开展2021年度收费年报工作，涉及114家收费单位，对8家收费单位开展收费巡访工作。开展2022年度教育收费专项检查，规范民办学校收费，做好民办学校代办费备案工作；落实义务教育阶段学科类校外培训收费相关政策；制定课后服务收费标准；调整楚州中学和范集中学住宿费标准。规范政府审批的公共停车场收费行为。

【价格认定】 2022年，淮安区价格管理部门贯彻落实《价格认定工作规定》等有关法律法规，开展涉案财物价格认定工作，共受理涉刑事案件价格认定178件，涉案金额834万元，其中法院认定11件，涉案金额628万元；开展涉纪财物价格认定工作，共受理涉纪案件价格认定2件，涉案金额1.36万元；完成商品房价格备案15批次，31.99万平方米；完成物业备案3件；完成农村供水公司、民办学校等收费成本监审。做好价格矛盾调解等工作，受理回复区长热线工单71件，接待来访60余次，接受电话咨询和投诉80余起。

（卢　梦）

社会信用体系建设

【概况】 2022年，淮安区加快构建守信联合激励和失信联合惩戒机制，继续深入实施《淮安区守信联合激励和失信联合惩戒实施办法（试行）》《淮安区公共信用信息管理办法（试行）》《淮安区加强个人诚信体系建设的实施意见》和《淮安区全面加强电子商务领域诚信建设的实施意见》等文件，建立健全公共信用信息记录、征集、管理及应用制度，坚持信用监管和信用服务双轮驱动，推动信用监管信息公开公示。2022年，淮安区开展严重失信市场主体和“僵尸企业”专项治理，严重失信市场主体占比从年初的1.76%降至0.64%，低于全省1%要求。全年发布“红黑榜”1批次。开展诚信文化宣传活动，累计发放信用系列宣传册1万余册，在施河镇建立“诚信广场”1处。

（许滨淮　卢　梦）

【信用信息归集】 2022年，淮安区推动“双公示”（即行政许可、行政处罚等信用信息作出决定后上网公示）、信用承诺、合同履约信息等信用信息归集110余万条。

【信用管理】 2022年，淮安区镇（街道）教育、财务等16个公共服务领域均建立信用承诺制度。推动企业签订并公开信用承诺，引导企业遵纪守法、重信践诺。区交通局、市监局等10余个监管部门，运用综合信用评价、公共信用信息基础数据对监管对象信用情况实施分级分类监管，对诚信市场主体做到无事不扰、对一般失信行为的市场主体在监管中适当给予抽查、对严重失信的市场主体做到多频次的监管抽查。全年开展信用审查及查询940余次，对20余家失信主体在资金扶持等方面开展联合惩戒。区发改委会同区法院建立政府机构失信治理长效机制，开展政府机构和村居失信治理30余起。

【信用修复和信用管理培训】 2022年，淮安区发改委分别组织170余家失信企业和60余家守信企业举办信用修复和信用管理培训会，为20余家失信主体开展网上信用修复指导，推动41家守信企业参与信用管理创建，4家企业获评市级信用管理示范企业。

（卢　梦）

农业

综　述

【概况】 2022年，淮安区全年粮食总产98万吨，比上年增长0.21%；能繁母猪保有量2.99万头；农作物耕种收机械化水平达96.24%。

【农业现代化】 2022年，淮安区新增优质食味稻米3万亩、新增稻田综合种养1.1万亩。新创建省级畜牧生态健康养殖示范场11家，新增省级农业龙头企业2家、市级农业龙头企业3家，新培育省级示范家庭农场7家、市级示范家庭农场15家、省级示范合作社4家、市级示范合作社15家。

【农产品质量监管】（参见《公共安全·农产品质量安全》）

【农业项目建设】 2022年，淮安区当年新开工、新竣工3000万~1亿元农业项目分别为11个、11个，分别完成目标任务的100%、110%；新开工、新竣工亿元以上农业项目分别为12个、9个，分别完成目标任务的150%、180%，同比分别增长140%、125%。2022年，淮安区在全市农业重大项目考评中获得第二等次。

【农田基础设施建设】 2022年，淮安区实施高标准农田建设项目。项目总投资33650万元，建设任务11.1万亩，涉及顺河、苏嘴、博里、平桥、复兴、山阳街道、车桥、漕运、流均、施河、绿色建造产业园等11个镇街（园区）61个行政村。项目实施后，灌溉保证率提高到90%以上，排涝标准达10年一遇以上。

（区农业农村局）

表30　2022年淮安区农业农村局获市级以上表彰一览表

单位（姓名）	表彰内容	表彰单位
淮安区农业农村局	全国农村集体产权制度改革工作先进集体	农业农村部
淮安区农机化推广中心	2022年度江苏省农机推广信息宣传先进集体	江苏省农业机械技术推广站
淮安区农机化推广中心（淮安区农机科技志愿者服务分队）	2022年度江苏省农机科技优秀志愿服务队	江苏省农业机械技术推广站、江苏省农机科技志愿者服务总队
江苏省农业广播电视学校淮安市淮安区分校	2022年度全省农民教育培训工作先进集体	江苏省农业广播电视学校
朱新伟	全国农牧渔业丰收奖一等奖	农业农村部
谢小军	全国农牧渔业丰收奖二等奖	农业农村部
王　虹	全国农牧渔业丰收奖二等奖	农业农村部
高玉侠	2022年度绿色食品检查员考核优秀等次人员	中国绿色食品发展中心

续表30

单位（姓名）	表彰内容	表彰单位
管亚之	2022年全国肥料信息监测工作考评通报表扬个人	全国农业技术推广服务中心
蒋 斌	2022年农业农村部农情基点县工作优秀个人	全国农业技术推广服务中心
刁广华	2022全国县域农业农村信息化发展水平评价工作先进个人	农业农村部信息中心
杨卫新	2021—2022年度优秀信息员	农业农村部农业机械化总站
刁广华	2022年中国农民丰收节江苏活动组织实施工作中表现突出个人	江苏省农业农村厅
杨卫新	2022年度江苏省农机科技优秀志愿者	江苏省农业机械技术推广站、江苏省农机科技志愿者服务总队
杨卫新	2022年度江苏省农机推广信息宣传先进个人	江苏省农业机械技术推广站
魏 斌	2022年度江苏省农机推广信息宣传先进个人	江苏省农业机械技术推广站
耿友玲	2022年度江苏省农机推广信息宣传先进个人	江苏省农业机械技术推广站
高玉侠	2021年度全市乡村振兴工作先进个人	中共淮安市委、淮安市人民政府

表31 淮安区农业农村局基层单位名录

单位名称	基层单位名称
淮安市淮安区农业农村局	淮安市淮安区农业技术推广中心
	淮安市淮安区扶贫开发服务中心
	淮安市淮安区农机化推广中心
	淮安市淮安区植保植检站
	淮安市淮安区农村能源服务站
	淮安市淮安区农业执法大队
	淮安市淮安区农村合作经济服务站
	淮安市淮安区农村财产交易中心
	淮安市淮安区动物卫生监督所（淮安市淮安区动物疫病预防控制中心、淮安市淮安区畜牧技术推广站）
	淮安市淮安区水产技术推广站
	淮安市淮安区渔政监督大队
	淮安市淮安区蚕桑技术指导站
	淮安市淮安区平桥镇畜牧兽医服务站
	淮安市淮安区朱桥镇畜牧兽医服务站

种植业

【概况】 2022年，淮安区粮食作物种植面积199.2万亩，单产491.96千克/亩，总产98万吨，其中粮食作物种植面积与上年持平，单产、总产同比分别增加0.2%、0.2%。其中水稻种植面积96.5万亩，亩产603.8千克、总产58.27万吨；小麦种植面积96.84万亩，亩产391.9千克、总产37.95万吨；豆类种植面积2.64万亩，亩产207.82千克、总产0.55万吨；玉米种植面积2.91万亩，亩产377.9千克、总产1.1万吨；油菜种植面积3.23万亩，亩产189.87千克、总产0.61万吨。

【粮食生产】 2022年，淮安区粮食作物播种面积199.2万亩、总产量98万吨，其中粮食作物

续表31

单位名称	基层单位名称
淮安市淮安区农业农村局	淮安市淮安区施河镇畜牧兽医服务站
	淮安市淮安区车桥镇畜牧兽医服务站
	淮安市淮安区流均镇畜牧兽医服务站
	淮安市淮安区博里镇畜牧兽医服务站
	淮安市淮安区复兴镇畜牧兽医服务站
	淮安市淮安区苏嘴镇畜牧兽医服务站
	淮安市淮安区钦工镇畜牧兽医服务站
	淮安市淮安区顺河镇畜牧兽医服务站
	淮安市淮安区漕运镇畜牧兽医服务站
	淮安市淮安区石塘镇畜牧兽医服务站
	淮安市淮安区山阳街道畜牧兽医服务站
	淮安市淮安区淮城街道畜牧兽医服务站
	淮安市淮安区范集镇畜牧兽医服务站
	淮安市淮安区日利动物药品有限公司
	淮安市淮安区种猪场

种植面积与上年持平，总产较2021年增加0.21万吨，增幅0.2%。其中夏粮播种面积96.95万亩，总产37.97万吨，夏粮播种面积较上年减少0.27万亩，减幅0.28%，总产较上年增加0.32万吨，增幅0.85%。夏粮生产获省农业农村厅通报表扬，全市唯一。秋粮播种面积102.26万亩，较上年增加0.27万亩，增幅0.26%，总产60万吨，较上年减少0.13万吨，减幅0.22%。其中小麦播种面积96.84万亩，较上年减少0.24万亩，减幅0.25%，总产37.95万吨，较上年增加0.33万亩，增幅0.88%。水稻播种面积96.5万亩，较上年减少0.12万亩，减幅0.13%，总产58.27万吨，较上年减少0.17万亩，减幅0.29%。

【蔬菜生产】 2022年，淮安区蔬菜作物播种面积15.95万亩、总产52.32万吨。新增省级园艺作物标准园2家、建设单位2家，新增西瓜特色产业千亩基地1个、芡实特色产业千亩基地2个。苏嘴镇现代农业产业园区获批建设省级现代农业产业高质量发展示范园。

【优良品种推广】 2022年，淮安区水稻种植主要推广淮稻5号、南粳9108、南粳5718、苏秀867号等抗病品种，良种覆盖率达90%以上；小麦主要推广淮麦系列、镇麦12等优质抗病品种，良种覆盖面积稳定在85%以上。

【绿色增产技术推广】 2022年，淮安区重点推广水稻规模化集中育秧技术、水稻机械化插秧技术、水稻侧深一次施肥技术、测土配方施肥技术、稻麦绿色防控以及小麦机械条（匀）播高产栽培技术、稻草全量还田小麦全苗壮苗技术、稻田套播小麦技术、优质专用小麦品质调优栽培等技术。淮安区植保植检站朱新伟等参与完成的《水稻重大病害稻曲病成灾机制及其绿色防控技术创新与应用》获评2022年中国植物保护学会科学技术奖科学研究类一等奖。

（区农业农村局）

畜牧业

【概况】 2022年，淮安区生猪存栏量达29.85万头，年出栏生猪53.71万头，能繁母猪保有量2.99万头；家禽存栏量达298.46万头，年出栏活禽738.29万羽；规模养殖场粪污治理设施装备配套率达100%，畜禽粪污综合利用率达98.78%。

【动物疫病防控】 2022年，淮安区组织实施春季集中免疫、夏季集中补免及消毒灭源、秋季集中免疫等三大防疫行动。对散养户畜禽实行重大动物疫病集中免疫，月月补防；对规模畜禽场实行程序免疫。淮安区高致病性禽流感、牲畜口蹄疫、小反刍兽疫、高致病性猪蓝耳病、猪瘟等重大动物疫病群体免疫密度达91.2%，应免畜禽免疫密度达100%，免疫畜禽群体平均免疫抗体合格率达83.5%。全面开展动物流行病学调查、疫情监测和预警工作，及时消除疫情隐患。落实全区重大动物疫病监测方案，以常规监测、飞行监测、专项监测和月月抽检相结合的方式，实现规模场监测全年全覆盖，及时掌握疫情动态和免疫效果情况。

【畜牧养殖监管】 2022年，淮安区对养殖企业兽药、饲料使用开展定期巡查和质量检测，按照省、市要求每季度巡查一次，做到户户到，一户不漏。严格检查养殖场生产记录以及免疫情况，严肃查处使用假劣兽药、不合格饲料养殖企业。做好出售畜禽检疫工作，严格执行免疫出证制度。做好“瘦肉精”检测工作，对病死畜禽进行无害化处理。

【病死畜禽无害化收集点建设】 2022年，淮安区有复兴、苏嘴、石塘、顺河、漕运、车桥等镇病死猪无害化收集点6个，全年共收集病死猪43909头。

（区农业农村局）

林 业

【概况】 2022年，淮安区稳步推进造林绿化，全面推行“林长制”，建立护林员队伍，开展全民义务植树活动。2022年，淮安区森林面积23.4万亩，林地面积24.75万亩，林木蓄积230万立方米、乔木林蓄积138万立方米。截至2022年末，全区林木覆盖率为18.79%。全年完成成片造林2868.15亩，其中新增造林572.4亩；完成珍贵用材树种造林355亩，新建和完善高标准农田林网4.6万亩，四旁植树62.5万株，森林抚育0.4万亩；新建省级绿美示范村15个：苏嘴镇北季村、苏嘴镇苏家嘴居、石塘镇盖桥村、石塘镇邱家村、博里镇新博居、车桥镇泾东村、施河镇成灌村、施河镇大施河村、施河镇双福村、顺河镇三堡村、顺河镇崔周村、顺河镇大吉村、钦工镇三里墩村、平桥镇沈庄村、平桥镇谭庄村。区河道湖泊管理所平桥镇段建成区级义务植树基地1个。做好大运河文化带造林绿化试点项目建设，在京杭大运河高标准造林322亩。

【林木种苗经济】 2022年，淮安区加大林木种苗基础建设和科技投入，全面提高林木种苗质量，确保林业重点工程造林、国土绿化种苗供应和造林成效。全区在圃种苗面积4000亩以上，累计完成产值1.16亿元以上。

【林业有害生物防治】 2022年，淮安区设有林业有害生物监测点12个，设有测报灯12台，悬挂美国白蛾性诱捕器90个，安装全谱纳米太阳能诱捕灯50个，配备测报员12名。严格执行周报、月报、季报制度，及时统计美国白蛾、杨小舟蛾监测数据上报国家林草监测系统。开展林业有害生物越冬蛹基数调查，收集整理数据，科学分析害虫发生趋势和规律，编制2022年度林业有害生物防治方案。持续开展林业有害生物野外监测调查，适时指导全区美国白蛾、杨小舟蛾、重阳木锦斑蛾等主要害虫防治。根据虫情发生危害情况组织专业防治队对绿色通道、重点公益林及主要景区进行地面喷雾防治6次，完成防治任务10.5万亩，其中防治美国白蛾8.5万亩、防治杨小舟蛾2万亩。

【林地使用管理】 2022年，淮安区加强林地使用审批管理，服务重点工程项目。3月，完成开发区淮昆产业园片区永久使用林地审批手续，涉及林地面积25.31亩；9月，在全市率先完成淮河入海水道二期工程先导段使用林地0.8571公顷的材料组卷上报工作，获省林业局批准，保障国家重点水利工程开工建设。

【林木使用管理】 2022年，淮安区对申请林木采伐许可地块进行逐宗踏勘查验，开展林木采伐作业设计，规范审批流程，严格控制采伐限额。全年审批商品林采伐限额19014.67立方米、公益林采伐限额1167.5立方米。

【森林防火】 2022年，淮安区强化森林防火意识，落实节假日森林防火值班制度，开展防火设备操作培训活动。投入30万元为苏嘴镇、钦工镇、白马湖农场、区河道湖泊管理所等4家森林防火重点单位配备防火物资。利用“6.25”土地日、“国家安全生产日”、镇街现场查验等时间节点，发放森林防火日常知识宣传册2100余份。

【陆生野生动物保护】 2022年，淮安区推进陆生野生动物保护工作。借助市野生动物救助机构救助力量和技术手段，安全处置36起野生动物救助事项，野生动物保护工作实现常态化。

【古树名木保护】 2022年，淮安区加强古树名木保护工作。对38株古树名木进行排查、核实和登记，对两株生长情况不好的古树名木采取复壮、抢救等措施。

（区自然资源和规划局）

渔 业

【概况】 2022年，淮安区水产养殖放养面积7.4万亩，新增稻田综合种养1.1万亩，其中稻鳝综合种养0.5万亩，水产品总产量4.8万吨。开展外来入侵水生动物普查和水产养殖种质资源普查。

【水生动物疫病防控】 2022年，淮安区设立水生动物疫病监测点9个，监测面积1.32万亩，重点测报鱼类、甲壳类等4个品种，监测病害4种，发布疫病预报信息9期，完成水生动物疫病送采样40份。

【高效绿色渔业技术推广】 2022年，淮安区以渔业科技入户工程为抓手，在10个镇（街、场）88个村（居），培育渔业科技示范户400户，示范推广河蟹高效生态健康养殖、稻鳝生态综合种养等一批先进绿色养殖技术，建立高效示范养殖面积2.27万亩。组织农技人员进村入户开展病害防治、水质调控、质量安全、生物制剂使用、信息服务、市场销售等诸多环节服务，举办主体培训班10期，受训人员406人次。全年印发《稻虾综合种养技术》《小龙虾繁育分离技术》《水产用药明白纸》《池塘养殖尾水排放标准》等技术和宣传资料3000余份，先进实用技术入户率和到位率达98%。

【稻鳝综合种养】 2022年，博里镇2万亩稻鳝综合种养现代产业园完成建设面积1万亩，主要涉及仇桥居、三门居、倪桥村、三角墩村、长沙村、史桥村，其中核心示范区1800亩，完成道路、闸涵、桥梁、绿化及稻田环沟、防盗、防逃、灭虫灯、视频监控、亮化工程等建设，亩产黄鳝25千克以上、水稻500千克以上，亩均综合效益达2000元以上。

【池塘生态化改造】 2022年，淮安区完成池塘生态化改造0.4万亩，其中建设“三池两坝”（沉淀池、曝气池、生态净化池，两个过滤坝）生态化综合治理模式0.14万亩。全区池塘原位净化和异位净化等生态治理面积达1.6万亩。

【人工增殖放流】 2022年，淮安区开展人工增殖放流，投放青、草、鲢、鳙鱼苗10万多尾。11月25日，“保护渔业资源，建设美好家园”2022年淮安区渔业资源损害赔偿增殖放流现场会在流均镇渔业村码头举行。渔业违法案件当事人缴纳生态赔偿金2.4万元购买鱼苗现场集中放流。

（区农业农村局）

新型农业经营

【概况】 2022年，淮安区继续按照“党建引领、合股联营、村社一体、融合共建”的改革思路，进一步盘活土地资源，扩大试点范围，优化运作机制，探索发展高效特色种植，放大“党建引领、集成振兴”改革示范带动效应，促进集体和农民双增收。

【农业示范主体培育】 2022年，淮安区继续加大新型农业经营主体培育力度，促进新型农业经营主体高质量发展。全年新认定家庭农场53个，创建省级示范家庭农场7个，市级示范家庭农场15个；创建省级示范合作社4家、市级示范合作社15家。实施家庭农场扶持项目16个，扶持资金152.1万元。投入15万元用于5家示范合作社档案规范化建设。

【农村集体产权制度改革】 （参见《乡村振兴·乡村改革》）

【农村产权交易】 （参见《乡村振兴·乡村改革》）

【农业保险】 2022年，淮安区农业保险总保费1.26亿元。主要种植业承保面达92.24%，承保面积180.75万亩，其中小麦90.13万亩，水稻88.97万亩，总保费收入8469.73万元；高效设施农业开办能繁母猪、育肥猪、设施大棚（棚架、膜、棚内植物）、奶牛、羊、蛋鸡、肉鸡、肉鸭、蛋鸭、桃、淡水鱼、荷藕、芡实、螃蟹、小龙虾、仔猪、种鸽、黄鳝、农机、生猪“保险+期货”、商业性内塘螃蟹、防贫保等24个险种，总保费收入为4152.1万元。

（区农业农村局）

农业机械

【概况】 2022年，淮安区推进省级农业生产全程全面机械化示范区创建工作。区农机化推广中心被省农机推广站表彰为“2022年度江苏省农机推广工作先进单位”。任晓莉、沙春阳制作的课件《精量粘种机的使用与维修》在全省农机实用技能培训课件推荐活动中被评为二等奖，在2022年全国农机实用技能培训优秀课件推荐活动中被评为“优秀课件”。

【农机技术示范推广】 2022年，淮安区推广乘坐式高速插秧机146台、航空植保机63台。新增智慧农机无人农场1个、全程机械化综合农事服务中心1个，积极探索综合农事服务“1（全程机械化）+4（社会化服务、产业化富民、股份制合作、村集体经济）”新模式，打造“全程机械化+综合农事”升级版。夏季基本实现秸秆机械化还田全覆盖，全年使用秸秆机械化还田补助资金约2978.38万元。

【农机服务】 截至2022年底，淮安区农业机械化总动力超过105万千瓦，主要农作物耕种收机械化水平达96.24%。全区共注册农机合作社144家，合作社社员8560多人，拥有各类农机具3万余台套。2022年，淮安区农机服务收入93750余万元。农机合作社实现单项作业服务逐渐向提供耕、种、收及机植保综合性作业服务转变，从单纯的作业服务向水稻烘干及初加工服务转变，从以订单作业为主向以土地流转为主的规模经营转变。

【农机管理】 2022年，淮安区新发拖拉机号牌192只、新发联合收割机号牌244只，新办联合收割机、拖拉机驾驶证共70本；年检拖拉机850台、收割机861台，完成跨区作业证发放530份、农机政策性投保1220台。

【农机购置补贴】 2022年，淮安区新增机具2229台，其中插秧机159台（高速乘坐式146台）、拖拉机304台、旋耕机460台、联合收割机390台、喷杆喷雾机70台，使用补贴资金3135.57万元。

（区农业农村局）

农业执法

【农资打假】（参见《公共安全·农产品质量安全》）

【农产品质量安全监管】（参见《公共安全·农产品质量安全》）

【“瘦肉精”专项整治】（参见《公共安全·农产品质量安全》）

【渔业执法】 2022年，淮安区开展“中国渔政亮剑2022”系列专项执法行动，实施打击非法捕捞专项执法行动及“清网行动”，组织执法人员1238人次，出动执法车辆和船艇366艘次，行政立案处罚22起，罚款金额6.25万元。电鱼等渔业违法违规现象明显下降。举行违法禁用渔具集中销毁活动，销毁电鱼器30台（套）、小船4条、电瓶20只、地龙网120条。

【农机执法】 2022年，淮安区出动农机执法人员270人次，区农机管理部门与公安、安监等部门开展联合执法4次，全年检查各类机具950台，检查农机维修网点、农机合作社108家，查处农机违章45起，发现并整改农机安全隐患33起。全年未发生较大以上农机事故。

【渔船管理】 2022年，淮安区做好退捕渔民工作。全区登记在册机动渔船106艘，主机总功率1320.8千瓦，162总吨，均参加渔业互助保险。其中渔业公务船5艘，主机功率499.6千瓦，9总吨。

（区农业农村局）

综　述

【概况】 2022年，淮安区实现规模以上工业总产值447.42亿元，同比增长9.95%；战略性新兴产业产值135.15亿元，占工业总产值比重为30.21%；规模以上工业增加值同比增长10.8%，规模以上工业增加值能耗同比下降10%。实现工业投资146.2亿元，同比增长24.2%，实现技改占比36.3%。实现规模以上工业应税开票销售333.1亿元，全部工业入库税金13.90亿元；新增工业列统企业36户。加快工业转型升级，实施智改数转项目76个。

【工业项目建设】 2022年，淮安区新开工亿元以上工业项目29个，实际投资71.27亿元，其中10亿元开工项目3个；竣工亿元以上工业项目20个，其中10亿元竣工项目1个，其余19个竣工项目完成投资22.08亿元。

【“2+2+N”产业体系】 2022年，淮安区打造以高端装备制造、电子信息为主导，以盐穴储能贸易、电商物流为特色，兼顾绿色建材、绿色食品、现代教育装备等优势产业的“2+2+N”产业体系。其中，两大主导产业和两大特色产业开票和税收占全区工业列统企业比重分别达44.3%和53.7%，高端装备制造、电子信息、盐化工产业开票销售分别达51.48亿、13.54亿、82.61亿元。

【产业资金扶持】 2022年，淮安区根据《关于扶持主导产业做大做强的实施意见》，给予97户企业2021年度奖补资金合计1316.33万元。给予芯声微电子一期设备投入奖补1977.5万元，文盛电子二期项目设备投入奖补979.93万元。全年共为双环齿轮、建华建材等15户重点企业争取上级资金共计2446万元。

【工业企业高质量发展】 2022年，江苏施塔德电梯有限公司、淮安凡之晟远大建筑工业有限公司、江苏康乃馨织造有限公司、汤始建华建材（淮安）有限公司和江苏苏洁环卫装备有限公司5户企业通过国家两化融合管理体系贯标。2022年，淮安区工业企业获批省、市级品牌认定91项，其中智能工厂2个，智能车间2个，省级工业互联网标杆工厂1个，专精特精企业17个，省级服务型制造示范企业3个，企业技术中心5个，省工业电子商务应用创新示范企业3个，省质量标杆1个，省新技术新产品1个，淮安市绿色标杆企业（第一批）2个，省级星级上云企业46个，两化融合7个，上榜工信部重点培育纺织服装百家品牌名单1个。

（曹馨月）

【淮安区纺织资产经营有限公司】 2022年，淮安区纺织资产经营有限公司（以下简称“纺织公司”）全系统2户列统企业共完成现价产值15630.6万元，实现开票销售16238.29万元，完成入库税金512.73万元，较上年分别下降17.31%、16.1%和15.63%。受疫情影响，全系统工业经济运行质量不高，主要经济指标均呈下降态势。

（任庆伟）

【淮安区机电化资产管理公司】 2022年，淮安区机电化资产管理公司完成规模以上工业增加值13.6亿元，较上年增长73%；开票销售76.58亿元，较上年增长24.6%；完成技改投入8204万元，较上年增长4.6%；完成企业重组7户。淮安区机电化资产管理公司5家直属企业盘活资产存量，引进大小租赁户82家，全年完成销售收入1.1亿元，交纳税收近300万元。

（周　详）

【江苏共创人造草坪股份有限公司】 江苏共创人造草坪股份有限公司（以下简称“共创草坪公司”）主要从事人造草坪的研发、生产和销售，是FIFA（国际足联）8家全球人造草坪优选供应商之一，World Rugby（世界橄榄球运动联盟）8家全球人造草坪优选供应商之一、FIH（国际曲联）11家全球人造草坪优选供应商之一，同时也是国家标准《体育用人造草》（GB/T 20394-2013）的起草单位，是中国体育用品业联合会人造草专业委员会第一届主任委员单位。主营业务人造草坪产品分为运动草和休闲草两类。共创草坪公司在全球拥有四个生产基地，其中淮安施河生产基地现有年产人造草坪1600万平方米的生产能力，淮安工业园生产基地现有年产人造草坪4000万平方米的生产能力。2022年，共创草坪公司累计销售人造草坪产品6468万平方米，实现营业收入247075.50万元，同比增长7.35%，主营业务毛利率28.92%，较上年同期提升0.9个百分点，实现净利润44703.05万元，同比增长17.55%，经营活动产生的现金流量净额为50591.72万元，同比增长97.89%。截至2022年末，共创草坪公司累计取得授权专利50项，其中发明专利21项，实用新型专利29项。

（共创草坪公司2022年年报）

高端装备制造产业

【概况】 2022年，淮安区高端装备制造产业有列统企业48户，实现开票51.48亿元，同比下降3.61%，占全区工业列统开票的15.45%，在全区工业列统开票中的占比位于各产业第二位。累计实现税收9222万元，同比下降42.23%，在全区规上工业企业税收中占比9.59%。累计实现产值74.30亿元，同比增长36.61%，在全区规上工业企业实现产值中占比16.61%。

【江苏双环齿轮有限公司】 公司始建于2005年5月，注册资本53888万元，是一家从事汽车齿轮、摩托车齿轮、电动工具齿轮、工程机械齿轮研发和生产的专业制造企业。目前为中国齿轮协会常务理事单位，是中国齿轮行业实力最强的企业之一。公司总占地面积为518亩，厂房面积10.06万平方米，总资产达20亿元，有员工1248人，大专以上人员527人，占比达42%。公司拥有锻造、电动工具齿轮、桥齿、精密成型四个制造分厂。具备年产2万吨普通锻件、1200万件小模数齿轮生产能力、50万套螺伞齿轮和2000万件高精度齿坯生产能力。公司与世界知名汽车主机厂及零部件客户建立了稳定伙伴合作关系，产品销售网络覆盖到国内大部分省、直辖市和自治区，并远销欧美等10多个发达国家和地区。2022年公司开票销售、入库税金分别为13.87亿元、1705万元，分别同比增长5.16%、125%。

【江苏施塔德电梯有限公司】 公司成立于2007年7月，是由香港佳升国际有限公司与浙江梅轮电扶梯成套有限公司共同投资组建的现代化专业的电梯制造合资企业。按照欧洲电梯制造标准，采用德国电梯先进技术，在江苏淮安经济开发区建立现代化的电梯生产基地。公司是苏北地区唯一一家具有A级资质的研发、生产、销售、安装、维保于一体的电梯企业，主要产品有乘客电梯、载货电梯、自动扶梯、自动人行道等十多个系列，产品覆盖全国。2020年，施塔德电梯投资1.2亿元新建智能化生产基地，对生产设备进行升级，生产全流程实现自动化；2021年企业建立5G+数据采集、5G+视频监控、5G+工业物联网、5G+工业互联网信息平台，生产效率比改造前提高15倍，产品精确度提升到0.1毫米以内，良品率从92%提高到99.8%，先后获评江苏省名牌产品、省级高新技术企业、省级示范智能车间、省级科技“小巨人”企业、智能工厂、工业互联网标杆工厂等荣誉。2022年公司开票销售、入库税金分别为3.18亿元、778万元，分别同比下降5.07%、59.4%。

（曹馨月）

电子信息产业

【概况】 2022年，淮安区电子信息产业有列统企业15户，全年合计实现开票13.54亿元，同比下降4.59%，占全区工业列统开票的4.07%，其中7户企业实现开票增长。累计实现税收4252万元，同比下降0.57%，在全区规上工业企业税收中占比4.42%；累计实现产值16.86亿元，同比下降2.27%，在全区规上工业企业实现产值中占比3.77%。

【淮安市文善电子有限公司】 公司成立于2009年10月，是一家专业生产贴片电感的厂商。公司位于江苏淮安经济开发区，占地面积16000平方米，建筑面积20000平方米，有员工650余人，拥有高效的自动化生产设备和精密的检测设备，可实现产能24亿只产品。2016年通过省级企业技术中心认定，2017年获评市级科技"小巨人"企业，2022年通过省级服务型示范企业、省级专精特新企业、国家高新技术企业认定。2022年公司开票销售、入库税金分别为3.47亿元、1426万元，分别同比增长负16.61%、45%。

【淮安市鸿富瀚科技有限公司】 公司成立于2017年3月，位于江苏淮安经济开发区，是一家主要从事精密模切解决方案、自动化设备开发、刀具、精密冲压为主的制造业企业，主要服务客户为富士康、鹏鼎、比亚迪、业成等大型电子制造企业。淮安市鸿富瀚科技有限公司以精密模切开发制造和自动化设备研发制造为主，建有厂房9000平方米，其中包括3000平方米千级精密模切生产厂。2019年通过国家高新技术企业认定，2022年获评省级专精特新"小巨人"企业。2022年开票销售、入库税金分别为1.54亿元、955万元，分别同比增长9.35%、负19.53%。

【捷群电子科技（淮安）有限公司】 公司位于江苏淮安经济开发区，占地90亩，总投资约6亿元，主要生产LED陶瓷散热基板、陶瓷基体、片式电阻器等产品。公司母体台湾厚生电子的陶瓷基体等产品销量位列全球第二。淮安工厂项目于2015年3月份开工建设，2018年竣工投产。可月产切片电阻等元器件13.3亿只。2022年公司开票销售、入库税金分别为1.1亿元、88万元，分别同比下降43.01%、89.99%。

（曹馨月）

盐化工产业

【概况】 2022年，淮安区盐化工产业有列统企业11户，全年合计实现开票82.61亿元，同比增长17.97%，为2022年度唯一正增长行业，占全区工业列统开票的24.80%，在全区工业列统开票中的占比位于各产业第一位；累计实现税收38141万元，同比增长119.07%，在全区规上工业企业税收中占比39.68%；累计实现产值63.27亿元，同比增长20.48%，在全区规上工业企业实现产值中占比14.14%。

【江苏苏盐井神股份有限公司】 公司为江苏省盐业集团有限责任公司控股的子公司，是集科研、生产、销售于一体的全国大型盐及盐资源加工企业，连续多年入选中国制盐行业十强企业。2015年在上海证券交易所首发上市（股票代码：603299，股票简称：苏盐井神），获得国家高新技术企业、国家企业技术中心、省级服务型制造示范企业、全国质量奖、江苏制造突出贡献奖等荣誉。公司总部位于淮安区，有在岗员工3900余人，总资产逾70亿元，拥有8个大中型井盐盐矿采矿权，保有资源储量约120亿吨，年许可开采量为1200万吨；盐及盐资源加工产品总产量800余万吨，位居全国盐行业前列，其中年制盐生产能力500万吨（含食盐120万吨）、纯碱60万吨、芒硝50万吨、氯化钙35万吨。公司是全国食盐定点生产企业、全国绿色食品示范企业、江苏省盐业动员中心，研发生产海藻碘食盐、绿色食品食盐、深井岩盐、天然日晒盐等系列中高端食盐，保障江苏及周边省份2亿人的食盐稳定供应。2022年公司开票销售、入库税金分别为76.57亿元、36911万元，分别同比增长24.63%、151%。

（曹馨月）

建筑业

综述

【概况】2022年，淮安区共有建筑企业218家，其中特级总承包企业1家、一级总承包企业9家、二级总承包企业22家、一级专业承包企业22家。深化建筑企业“外引内培”工作，引进10亿元以上产值建筑企业1家，新培育规上建筑业企业14家。全年完成建筑业产值436亿元，召开京津冀外埠市场推介会1次，完成人才培训5000人次。

【建筑业扶持政策落实】2022年，淮安区推进建筑产业现代化建设，促进建筑业健康快速发展，创建建筑强县。落实《区政府关于进一步加快推进建筑业发展的意见》（淮政发2017〔70〕号），发放建筑企业在资质晋升、争优创先等方面奖励资金175万元。建筑总部经济产业园项目产业奖补资金4000万元奖补到位。

（孙　彬）

【绿色建筑】2022年，淮安区新竣工绿色建筑面积约111.46万平方米，既有建筑节能改造3.28万平方米，新墙材总产量约4.38亿块（折标砖），新墙材占墙材总量比例达100%。全年生产预拌混凝土约100万立方米，预拌砂浆20万吨。

（李　淮）

建筑产业现代化

【概况】2022年，淮安区新开工建筑工程项目156.5万平方米，其中装配式建筑61.15万平方米，占新开工项目比例39%，成品房住宅装配化装修面积4万平方米。凡之晟远大实训基地进行装配式人才培训308人次。全面推进绿色建造产业园建设，初步形成建筑产业现代化装配式生产的产业集群。2021年淮安区申报建筑业产业示范基地1家，2022年初省建设厅完成审批。

【建筑总部经济产业园】2022年，江苏建航、江苏鹏达、江苏淮航三家本土建筑企业联合投资超10亿元的淮安区建筑总部经济产业园项目，建成4栋20层集办公、设计、研发、全过程咨询于一体的综合楼，总建筑面积13.5万平方米。年末，部分企业入驻办公。

淮安区建筑总部经济产业园（建航建工集团有限公司　供图）

【外埠市场拓展】2022年，淮安区建筑业国内外外埠市场稳步发展，实现外埠市场产值280亿元，其中海外市场产值约20亿元。国外市场方面，镇淮公司在赤道几内亚承接3500万美元的阿尼索克市25公里公路项目，在乌兹别克斯坦承接3000万美元的吉鹏水泥厂项目，在科特迪瓦承接1030万美元的梅洛迪小区项目；坤龙公司在阿尔及利亚斯基克达省承接3.64亿元的2200套住房项目。国内市场方面，鹏达公司在信阳市承接5亿元的华儒新时代项目，在杭州市滨江区承接4.02亿元的良祥路道路工程项目，在玉溪市EPC总承包2.1亿元的星云湖水循环利用工程项目；镇淮公司在南通市承接2.2亿元的红通核电、风电装备制造项目；坤龙公司在杭州市承接4.25亿元的中海地产项目，在西安市承接3.2亿元的中海纺四路全期项目。

（孙　彬）

建筑施工

【概况】2022年，淮安区在建项目51个，涉及建设单位39家，施工单位43家；新开工建筑工程项目156.5万平方米；建筑业企业房屋建筑施工面积4952.32万平方米。

（孙　彬）

【施工许可与竣工验收备案】2022年，淮安区深入推进工程建设项目审批制度改革，建筑工程施工许可证的发放、建设工程竣工验收备案等环节使用电子签章和电子证书，实现一站式网络申报、不见面审批。施工许可证承诺在1个工作日办结；竣工验收备案承诺2个工作日办结。

【建筑工程质量安全监管】2022年，淮安区开展城乡建筑工程质量巡查、检查及整顿工作，重点开展在建工程商品混凝土质量专项检查、深基坑质量安全专项检查、建筑工程质量巡查等，工程质量监督覆盖率98%以上。城区建筑工地质量安全监控系统投入使用。

【建筑工程扬尘治理】2022年，淮安区加强建筑工程扬尘治理，城区建筑工地扬尘监控系统投入使用。对拆除施工现场采取围挡隔离，拆除地块实现基本防治扬尘措施落实到位。空气质量严重污染等恶劣天气的扬尘治理应急响应100%执行到位。

（李　淮）

建筑业管理

【概况】2022年，淮安区在建项目51个，涉及建设单位39家，施工单位43家。强化建筑市场管理，全年对在建项目进行市场行为专项检查8次，多部门联合检查5次，共计检查项目43个，其中政府投资工程2个，国有资金投资项目13个，开发商项目12个，其他项目16个。下发整改通知书30份，因无施工许可证下发停工通知书2份。对没有及时整改到位的项目作为1次不良记录录入信用平台，全年共计录入平台信息21条。全年接待案件投诉221起，处理率100%。

（孙　彬）

【工程建设项目审批】（参见《淮安市淮安区人民政府·行政审批》）

【工程建设招投标管理】2022年，淮安区加强工程建设项目招投标管理，严格落实《淮安区政府投资工程建设项目防范串通投标、挂靠、转包及违法分包管理办法（试行）》。深化工程建设招标投标领域改革，持续优化招标投标领域营商环境，自5月10日起，实施工程建设项目招标计划提前发布制度。淮安区范围内依法必须进行招标的工程建设项目，在招标公告发布前应当先行发布招标计划，招标计划发布时间应当至少为招标公告（招标文件）发布之日前30日。

【农民工工资专户与实名制管理】2022年，淮安区在建工程项目申请办理实名制考勤系统率100%，农民工工资专户达标率100%，办理施工许可证的项目实行农民工工资卡制度达100%，在建工地代发率100%。截至2022年底，淮安区在建工程项目建设单位、施工单位、监理单位管理人员实名制考勤系统信息录入率100%。

【工程项目欠薪治理】2022年，淮安区开展农民工工资支付检查3次，受理农民工欠薪投诉885起，涉及农民工4542人，涉及投诉金额约3124万元，清欠处理率97%。4家施工企业因未按照要求支付农民工工资，被限制市场准入，其中有1家施工企业未按照要求从农民工工资专业支付工人工资，被省住建厅限制市场准入。全年未发生恶意讨薪和群体讨薪事件。

（孙　彬）

旅游业

综 述

【概况】 2022年，淮安区共有旅游景区（点）31处。其中A级景区共7个，包括：AAAAA级旅游景区1个，即周恩来故里旅游景区（含周恩来纪念馆、周恩来故居和河下古镇）；AAAA级旅游景区3个，即中国漕运博物馆、淮安府署、吴承恩故居景区；AA级旅游景区3个，即新安旅行团历史纪念馆、勺湖园、大胡庄八十二烈士陵园景区。省级四星级乡村旅游点共2家，即恩赐山庄、苏嘴湾生态园。星级宾馆（饭店）共2家；星级旅行社1家，即三星级旅行社淮安中国旅行社。2022年，淮安区旅游接待人数1170万人次，实现旅游综合收入128亿元。2022年，淮安区入选“全国红色旅游融合发展试点单位”，上榜“2022年全国市辖区旅游发展潜力百佳区”名单，入选“第二批长三角高铁旅游小城”。“红色传承 使命担当”融合发展项目入选第一批江苏省红色旅游融合发展示范项目。

【旅游行业管理】 2022年，淮安区狠抓行业管理，打造“平安旅游”。督促旅游经营单位落实安全管理各项制度，加强安全生产督查和疫情防控检查工作；抓好重大节日的旅游安全生产和疫情防控工作。以全国文明城市建设为契机，对旅游从业人员进行培训和监管，优化和完善旅游投诉机制，开展文明旅游宣传。

（赵晓燕）

河下古镇老街　　（朱　伟　摄）

旅游开发

【文旅融合】 2022年，淮安区河下古镇城河步行街入选“第三批省级夜间文化和旅游消费集聚区”。河下非遗小镇通过第三批省级特色小镇2021年度考核。苏嘴镇大胡村、博里镇博里村、蓝水湾生态休闲农场、恩赐人民公园获评“2022年度淮安市乡村旅游重点村和乡村旅游点认定单位”。中国漕运博物馆获评“江苏省粮油科普教育示范基地（五星）”。淮安府署获评“中国楹联教育基地”。

【宣传推介】 7月18日，玄武区、淮安区文旅推介会暨战略合作协议签约仪式在周恩来纪念馆文化发展交流中心举行，两地围绕建立协作联席机制、加强旅游推广合作、推动产业协作发展、促进文化艺术交流、强化数字资源共享、开展行业人才交流等六个方面展开合作。9月22日—25日，组织参加第四届大运河文化旅游博览会，利用灯箱海报、产品展示、宣传资料发放等多种推介方式，集中呈现周恩来故里旅游景区、淮安府署、吴承恩故居、漕运博物馆等淮安区特色文旅产品。运营淮安区文旅微信公众号，完善更新旅游宣传片、手册、折页、手绘地图和文创产品。

（赵晓燕）

景区建设

【概况】 2022年，淮安区推进“百里画廊”淮安区段项目建设，河下古镇文化商业街提升改造、里运河“四行”（人行、骑行、车行、船行）系统等建设工程取得阶段性成效。

【里运河慢行系统】 2022年，淮安区里运河慢行系统一期工程更新56棵栾树，完成1.6千米绿化清理工作，更换10个破损垃圾桶、10个窨井盖，油漆出新乾隆御碑园；二期工程完成1.55千米绿化提升工作，维修地面破损道板砖约230平方米，更换围栏150米；三期工程完成7米宽1615米长的慢行步道建设，完成南侧绿化道路及北侧国有土地部分绿植建设。

【河下古镇景区提升改造】 2022年，淮安区对竹巷西街进行改造，完成竹巷西街北侧四组单体四合院建设以及路面石板铺设、雨污管网建设、强弱电入地和水系景观建设。提升花巷湖嘴大街景观，完成花巷15户房屋收购及5处节点改造。实施茶巷片区整治提升工程，完成文化广场建设，完成清溪园方案设计、地下停车场及地面民宿方案设计。苏州盛泽园林投资建设的老街客栈完成民房征收、地质勘探和方案设计，完成项目场地平整施工。福州涌泉寺投资打造的如意展馆和国学交流基地完成布展及景观绿化。文楼早茶店完成内部装修布展，进入试营业。

【河下古镇文旅经营】 2022年初，淮安区出台《河下古镇国有房屋招商招租办法》，与上海戴德梁行公司合作编制河下业态招引策划方案。围绕淮安传统美食、精品民宿、文创产品、非遗展示、淮安土特产、创意集市、创意工坊和文旅康养等八类业态开展招商招租。截至2022年末，60余家业态报名。老虎灶特色茶餐馆、明清书屋、铁炉咖啡等业态装修完毕正式营业，淮扬菜大师工作室、寓园茶舍、老字号酒店“天妃宫”等业态进场装修。

（庄文欣）

周恩来故居

【概况】 2022年，周恩来故居接待学习参观游客20余万人次，提供讲解服务1189场次，对外宣讲14场次，举办全国巡展5场次。全年安全无事故，服务零投诉。举办“周恩来家风图片展”全国巡展活动，获评“2022年度全国文博社教百强案例”。邓颖超纪念园被中华全国妇女联合会授予“全国三八红旗集体”称号。1人入选淮安市第三期“533英才工程”骨干人才。

【宣教工作】 2022年，周恩来故居管理处紧扣“周恩来家风”、“周恩来家教”等宣教品牌，开展形式多样的宣教活动。举办

7月14日，“我们的邓大姐”缅怀邓颖超诗文诵读会举行

（王昊苏　摄）

《周恩来家风图片展》全国巡展，走进中国妇女儿童博物馆、河南邓颖超祖居纪念馆和山东省滕州汉画像石馆等场馆。举办“周恩来家风”主题宣讲，走进淮安区作协、淮安区周恩来文化研究会等机关企事业单位。开展《伉俪情深——周恩来、邓颖超夫妇图片展》巡展活动，举办“我们的邓大姐”——缅怀邓颖超诗文诵读会，完成《天长地久——周恩来邓颖超的爱情故事》纪录片拍摄，举办“永远的怀念——邓颖超水墨画展”。编写《人生第一堂课——周恩来家教的故事》青少年思政课辅助读物，走进淮阴师范学院第一附属小学、淮安市承恩小学、淮安市宋集中学等学校开展“笃学立志、树厚德少年——周恩来童年励志故事校园行”活动，举办“我心中的明天”周恩来班主题手抄报征集展示活动。向清浦区检察院、淮安区作协及“巾帼共建村”涟水大东镇干东村等处赠送图书，共建“周恩来图书角”。举办“一月的思念”——纪念周恩来诗歌朗诵会，举办青年学习社主题诵读活动。《“我们的邓大姐”——缅怀邓颖超诗文诵读会举行》《邓颖超纪念园获评“全国三八红旗集体”》等30多篇宣传信息，被学习强国、今日头条、网易新闻、名故委微信公众号、《丰碑》报纸、周恩来纪念景区网站等媒体采用。

【景区项目建设】 2022年，周恩来故居管理处实施网络安全建设项目，从身份、网络、权限、传输、终端等多维度构建多方位安全防护能力。按照江苏省文物局批复的设计方案，启动实施周恩来故居防雷工程。推进《周恩来故居保护规划》评审工作，按照江苏省文物局、自然资源厅组织的专家实地论证意见，修改完善《周恩来故居保护规划》，并上报国家文物局。

（易行健）

周恩来纪念馆

【概况】 2022年，周恩来纪念馆对外开放30周年，全年累计接待瞻仰观众32万人次，讲解2415场，观众满意率、场馆和文物安全率均达100%。入选全国首批“大思政课”实践教学基地（中华优秀传统文化、革命文化、社会主义先进文化专题实践教学基地和党史新中国史教育专题实践教学基地）和“江苏省博物馆研学基地”，讲解接待科获评“一星级全国青年文明号”。1名讲解员获淮安市“百姓名嘴”宣讲大赛三等奖，1名讲解员获评“江苏双十佳革命文物讲述人”。讲解员高萱担任“江苏省青少年党史学习教育成果图片展”和中央迎接党的二十大胜利召开主题成就展江苏展区讲解工作，入选全国红色旅游“五好讲解员”培养项目。全年常态化开展各类旅游志愿服务，“海棠情”志愿者服务队——青春有担当志愿正当时服务项目入选2022年江苏省博物馆志愿服务十佳案例。

【景区环境优化】 2022年，周恩来纪念馆启动编制《周恩来纪念馆中长期发展规划》，完成主入口综合功能区提升改造，维修主馆和剑碑建筑，更新主馆圆头草坪，新增主馆广场广播系统，对西花苑碑园局部粉刷出新，完成东、西湖泵站维修。对西北门区域进行规划设计，拟作为游客通道对外开放。完成监控室提升改造，更新监控大屏，新增盥洗区和储物区。维护展厅空调、电梯等设备，更换维修文物库房、铜像广场厕所等电源线路，及时更新出新各类标识标牌、公益广告、休息椅凳等300余处，做好草坪维护、树木修剪、病虫害防治等日常工作，完成西湖小岛覆土绿化、主馆护坡麦冬补植，以及铜像广场、碑园、东西湖岸裸土地块补种美化工作。

【重要纪念日活动】 2022年，周恩来纪念馆持续扩大周恩来家乡红色品牌影响。1月6日，举办周恩来纪念馆对外开放30周年暨创建国家一级博物馆启动仪式，收到中央党史和文献研究院、周恩来亲属、海峡两岸关系协会等捐赠的图书、周恩来遗物等，同时举行《唯公永恒》电视片献映式、“周恩来和老一辈革命家与中国共产党创建”研讨会等活动。为纪念周恩来总理逝世46周年、诞辰124周年，举行周恩来纪念馆文物保护中心启用暨致公林授牌、纪录片《世纪足音——寻访周恩来纪念地》开机、“你是这样的人”——淮安市“政德传承”廉洁文化广场演出等活动。2022年是中日邦交正常化50周年，为缅怀周恩来总理为中日友好事业所作出的重要贡献，联合中国人民对外友好协会、北京大鸾翔宇慈善基金会等策划《海棠樱花永相传——周恩来与中日友好》图片展，在中日两国五地首展巡展。

【专题展览】 2022年，周恩来纪念馆策划《周恩来纪念馆对外开放30周年图片展》《周恩来廉政风范图片展》《海棠樱花永相传——周恩来与中日友好图片展》等3个主题展，引进《海外中共珍稀文献展》《家和万事兴图片展》《共产党人的光辉榜样——刘少奇专题展》《铁军忠魂永远跟党走——新四军暨华中抗日根据地党的建设主题展》等4个专题展，组织《人民总理周恩来》专题展赴外交学院、刘少奇纪念馆巡展，与淮安市司法局联合推出《周恩来与法治》常设专题展。提升改造《情归大地》专题展览，更换一批激光投影设备和图形控制系统，升级基本陈列中“大江歌”“外交风云”“十里长街送总理”“伉俪情深”等重点场景的设备。

8月2日，“心向党、颂总理、爱莲说”主题社会实践活动启动暨《周恩来廉政风范图片展》开展仪式举行

（周恩来纪念馆　供图）

【文物保护】2022年，周恩来纪念馆完成并正式启用文物保护中心安防和消防工程，建成藏品管理系统。4月，纪念馆向国家文物局提出关于复制60年代全毛华达呢中山装等14件馆藏一级革命文物的请示，6月22日，获国家文物局同意批复。持续开拓和丰富文物征集渠道，争取宋庆龄基金会、孙平化基金会等多方支持，全年共征集到文物藏品11套19件、书画作品11幅、纪念品30余件，如周恩来祖父周攀龙照片、周恩来总理生前穿过的衣物、在国庆二十五周年招待会上使用过的铅笔等。

【主题社教】2022年，周恩来纪念馆打造《风范》《不朽的旗帜》周恩来故事情景报告会，走进省委统战部、江苏财经职业技术学院、市供电公司等开展周恩来崇高品质宣讲活动24场次，《革命伴侣挚爱情深》故事入选2022年度长三角文化和旅游优秀案例榜单长三角红色旅游故事优秀案例。作为“海棠情志愿者艺术团”的骨干力量，面向社会开展公益文艺演出3场。协助市、区多家单位举办实境团课、诗文朗诵、人才联谊、主题党日等活动近30场次。与南京理工大学马克思主义学院、南京旅游职业学院马克思主义学院等建立共建合作关系，创新实施活动联办、阵地联建、课题联手、研学联推、队伍联育的“五联模式”，协同共建联享“大思政课”育人资源库。开发《少年周恩来的求学之路》《为中华之崛起而读书》等特色研学课程，走进北京师范大学淮安学校、市级机关幼儿园等校园开展授课5场。讲解员叶天讲授的《做总理胸前的那枚小像章》研学课程获2022年江苏省少先队辅导员少先队活动辅导技能展示特等奖。开展第八届“周恩来班”精英学子修学团活动，组织周恩来主题励志话剧第一部《为中华之崛起而读书》校园展演2场。暑假期间，面向中小学生组织开展中华传统技艺拓印学习体验活动和“心向党、颂总理、爱莲说”主题社会实践活动。“心向党、颂总理、爱莲说”实践活动吸引了近20所中小学两千余名学生参与，征集到各类作品1100幅。

【宣传研究】2022年，周恩来纪念馆完成周恩来主题动漫片预告小片，《周恩来青少年的故事》提交审批。《新时代背景下的周恩来楷模风范研究》课题获省级立项，《习近平法治思想与中华优秀传统文化关系研究》《周恩来廉政实践对新时代治国理政的现实价值》等5个市级课题结项。在景区微信公众号、“周恩来纪念馆”学习强国号以及其他各类网络平台上推出相关宣传报道，其中学习强国号发布文章700篇次，点击量达360万人次。推出云展览、云直播、云祭扫等多种在线活动教育新模式，制作《人民总理周恩来》基本陈列云视频。

（周恩来纪念馆）

综　述

【概况】2022年，淮安区住宿餐饮业营业额56.69亿元，同比增长3.62%。其中，住宿业营业额7.15亿元，同比增长1.2%；餐饮业营业额49.54亿元，同比增长4%。截至年末，全区有限额以上住宿餐饮企业117家，其中限额以上住宿业企业25家、限额以上餐饮业企业92家。限额以上住宿餐饮业营业额8.24亿元，同比增长6.61%。其中，限额以上住宿业营业额1.85亿元，同比增长13.9%；限额以上餐饮业营业额6.49亿元，同比增长4.8%。

【餐饮业提档升级】2022年，淮安区修订完善《2022年淮安区餐饮业提档升级专项行动工作方案》，制订《2022年河下古镇美食餐饮服务业招商引资工作方案》，完成河下古镇资产盘点，推进资产腾退工作，推进淮扬菜大师工作室、萧湖国际大酒店、淮安宾馆改建工程、运河宴——楚韵淮扬菜研发基地等项目建设。持续提升餐饮业服务质量水平，创成经营管理规范、酒店环境优良、美食特色突出、公众认可度高、代表淮安餐饮高水准的示范店4家，分别是翠和嘉华、古文楼、老淮安宙辉店和狮王府，均入选淮安市首批"世界美食之都"特色店。

【餐饮燃气安全】2022年，淮安区开展餐饮燃气安全生产专项整治，全区2353家餐饮经营户安装联动切断阀报警装置3144套，更新符合要求的软管3038根。

（陈子璇）

星级酒店

【概况】2022年，淮安区有星级宾馆（饭店）共2家，即四星级宾馆淮安宾馆、二星级宾馆楚州宾馆。

【淮安宾馆】始建于1981年5月，占地逾百亩，紧邻萧湖公园。馆内亭台楼阁、湖水荡漾；翠叠柳掩、鸟语花香。淮安宾馆有客房180余间，总统套房别墅一幢、豪华套房别墅二幢，宴会大厅、中小餐厅可同时容纳1000余人就餐。会议中心有大、中、小会议室5处，接待过国家、省、市重要活动及中外贵宾。宾馆纯正淮扬菜肴名闻遐迩，是"江苏餐饮名店""淮扬菜名店"。软兜长鱼、虾米扒蒲菜两款菜肴被国内贸易部评为"中国名菜"。"长鱼宴"获江苏省烹饪大赛金奖并获"江苏名宴"称号。

【楚州宾馆】楚州宾馆营业面积14000平方米，集住宿、会务、餐饮、娱乐、休闲于一体。馆内环境清新宜人、建筑古朴典雅。宾馆有豪华套房8间，标准客房90间，单人房8间；会议中心1座、会议厅4个；配套停车场、洗浴中心、棋牌室、美容休闲等设施。宾馆设有餐位700个，VIP包厢30间，为宾客提供正宗淮扬菜服务。

（陈子璇）

淮扬菜名店

【概况】2022年，淮安区围绕环境好、味道好、服务好、品牌好"四好"要求，加强餐饮企业在经营管理、服务品质、菜品质量、风味特色、操作规范，人才培养、品牌塑造等方面提档升

文　楼　　　　（纪星名　摄）

级，打造一批有较大影响力的淮扬菜餐饮名店。

【餐饮"名店"复核】 2022年9月27日至10月19日，淮安区餐饮业提档升级专项工作领导小组委托市烹饪协会邀请淮扬菜烹饪大师冯祥文、吴志华、王建中，中国餐饮服务大师成平等组成专家评审组，对2021年度取得"味美淮安"餐饮"名店"称号的20家餐饮企业开展复核评审工作。淮安宾馆等20家餐饮企业全部通过复核评定。狮王府饭店、芳芳私房菜花园餐厅分别从AAA级、AA级"名店"升级为AAAA级、AAA级"名店"。

【AAAA级名店】 2022年，淮安区有AAAA级名店6家，分别为古文楼、翠和嘉华酒店、老淮安酒店、淮安宾馆、映像淮安、狮王府饭店。

【AAA级名店】 2022年，淮安区有AAA级名店5家，分别为天时晋国际大酒店、咱家小院、紫京城饭店、芮寿园大酒店、芳芳私房菜花园餐厅。

【AA级名店】 2022年，淮安区有AA级名店9家，分别为富淮园酒店、武庄主饭店、朱桥甲鱼馆、新普京国际大酒店、小香阁餐厅、丰裕园大酒店、稳得福大酒店、百年阳光大酒店、海之缘大酒店。

（唐　丽）

淮扬菜名菜

【概况】 淮扬菜历史源远流长。其部分食品及加工烹饪器具，可以追溯到6000多年前的青莲岗文化时期，而部分烹制技艺的最初记载出现在西汉淮阴人枚乘的《七发》中。淮扬菜始盛于隋唐，鼎盛于明清，弘扬发展于当代。至20世纪70年代，形成体系健全的"淮扬菜系"。2002年9月，淮安市被中国烹饪协会授予"淮扬菜之乡"匾牌。淮扬菜集南北风味之所长，精烹细调，咸淡适宜，选料严谨且主料突出。淮安区现存名菜有平桥豆腐、钦工肉圆、朱桥甲鱼羹、黄焖甲鱼、软兜长鱼、生炒蝴蝶片、叉烤长鱼方、白煨脐门、大烧马鞍桥、乌龙凤翅、红酥长鱼、龙虎斗、银丝长鱼、白烧皮肚、蒲菜炖斩肉猪、文楼涨蛋、开洋扒蒲菜、鸡油烩蒲菜、大煮干丝等。

【淮安菜特点】 淮安与扬州同为淮扬菜的主要发源地。淮安市现存名菜名点1300余种。淮安区是淮安淮扬菜（淮安菜）发源地核心区。淮安菜以和、精、清、新的特色闻名于世。和，就地取材，以淮产烹淮菜，不伤天和；崇尚养生，组配谐和；口感适中，南北咸宜，味众至和。精，讲究选料、前期加工和刀工技法；善用火候，因料而异，炖、焖、煨、焐、蒸、烧、炒皆长；菜品形态精致，滋味醇和，百味各异。清，崇尚本味，原汁原味；崇尚本色，以味取胜；崇尚清淡爽洁，"浓厚而不油腻""清鲜而不淡薄"；崇尚"一席半斋"，简朴而不粗陋，精洁而不奢华。新，选料注重鲜活，菜依月令，时鲜野蔬，清爽宜人；传承创新，博采众长。

【平桥豆腐】 相传乾隆皇帝下江南之时，乘龙舟路经淮安平桥，当时有位名叫林百万的大财主，张灯结彩，把皇帝接到家里。命家厨用鲫鱼脑加老母鸡原汁烩制豆腐，鲜美异常，乾隆品尝之后，誉其为"天下第一菜"。平桥豆腐就此得名，成为淮扬菜系的传统名菜。豆腐浸煮后过凉，切成菱形小薄片待用。熟鸡脯肉、熟火腿均切成小片。虾仁上浆滑油后备用。炒锅上火，放底油煸香姜末，放鸡清汤、熟鸡脯肉、熟火腿、豆腐片、虾仁烧沸，加精盐、味精、绍酒、白汤酱油调味，湿淀粉勾芡，撒胡椒粉、香菜末装碗即成。成品味咸鲜，热烫味香，鲜嫩油润。

【钦工肉圆】 由钦工镇厨师陈友奎创制，此项技艺在钦工镇流传逾百年。选用猪后腿精瘦肉，剔去筋膜杂质，用铁棒捶成肉茸，加入葱姜汁、精盐5克、味精1克、食碱粉及猪肥膘茸、鸡蛋清、湿淀粉搅拌上劲成猪肉糊，低温放置4~5小时。将猪肉糊挤成圆子投入热水锅内，小火浸养至熟盛起，鸡汤入锅中烧沸，放入绿叶菜，加入精盐、味精，调味后装碗即成。成品有弹性，味咸鲜，细嫩味美。

【朱桥甲鱼羹】 取甲鱼一只，以甲盖青色为佳。宰杀治净，入沸水锅中略烫，除去表层衣膜，煮至八成熟，拆骨取肉切成小丁。锅中加入底油，煸香葱姜，放入鸡汤、干贝、冬笋、甲鱼肉、猪皮冻，大火烧至汤汁浓稠，加酱油、绍酒、精盐、味精、黑胡椒粉，调味装入分盅，撒香菜叶即成。成品味咸鲜，肉鲜，汤浓，味醇。此菜的鲜美，关键在于原料——朱桥甲鱼。正宗的朱桥甲鱼羹所用甲鱼为朱桥马塘野生甲鱼。马塘是朱桥镇的一个村，地处幽静之处。甲鱼习性是喜静怕惊，喜阳怕风，喜洁怕脏。马塘甲鱼洁净肥美。

【软兜长鱼】 淮安区盛产长鱼（黄鳝），以小暑前后一个月内上市为佳，民谚有“小暑长鱼赛人参”的说法。古法是将活长鱼用纱布包扎，放入带有葱、姜、盐、醋的沸水锅内至鱼身卷曲、鱼口张开捞出，取其脊背烹制。熟鳝鱼脊背肉一掐两段，置于沸鸡汤中烫透，并用洁布吸去水分。然后将熟鳝鱼脊背肉投入到煸香蒜片的热油锅中炒匀，迅速用以酱油、白糖、香醋、绍酒、味精、湿淀粉、鸡汤25克调和的兑汁芡勾芡，淋入熟猪油，撒上胡椒粉装盘即成。成品味咸鲜，色泽乌亮，质地绵软鲜嫩。

软兜长鱼　　　　（区融媒体中心　供图）

【开洋扒蒲菜】 蒲菜切成10厘米左右的段，入烧沸的鸡清汤锅中煮至六成熟捞出。炒锅置中上火，舀入熟猪油烧热，放入蒲菜、葱段、姜片略煸，加鸡清汤、精盐、味精，烧至熟软出锅。将水发大虾米放入碗中底部，蒲菜整齐摆放虾米上，加入鸡清汤，上笼旺火足汽蒸约8分钟，将蒲菜反扣盘内，原汤汁入锅调味，烧沸后用湿淀粉勾芡，明油，浇在蒲菜上即成。成品味咸鲜，色泽洁白，清香四溢，鲜嫩可口，造型美观。

【文楼涨蛋】 鸡蛋黄搅匀，掺入打发的鸡蛋清、猪肥膘粒、用鸡清汤泡开的馒头屑，并加入精盐、虾籽、味精，调匀成蛋糊。炒锅上火，加入熟猪油100克，烧至四成热时，将调匀的蛋糊倒入锅内，并用手勺搂炒，待蛋糊凝固时，撒上葱白末和划过油的虾仁，盖上锅盖，用小火加热并晃动炒锅，待蛋体完全凝固时，出锅装盘即成。成品味咸鲜，金黄油润，蓬松鲜嫩，油而不腻。

（淮　志）

淮扬菜名点

【概况】 淮安区现存名点有文楼汤包、淮饺、鸡汁小刀面、淮安茶馓、阳春面、鸡蛋软饼、蒲菜三鲜饺、淮安春卷、楚州牛舌饼、朝牌面饼、淮安薄脆等。

【文楼汤包】 由河下古镇文楼而得名，始于清道光年间。将鸡宰杀治净，与猪肉皮、骨头、猪肉一起放沸水锅中焯水，捞出洗净后，放冷水锅中，加葱、姜煮至成熟，取出切成丁，肉皮绞成茸浆。螃蟹蒸熟，取出黄、膏、肉。入锅中加姜米等调料炒成蟹粉。将原汤加入肉皮茸烧开，撇去浮沫，待汤粘稠时加入鸡丁、肉丁、蟹粉、葱、姜末、料酒、精盐、白糖，小火熬至稠浓，装入盆内冷却，不停地轻轻搅动，

文楼汤包　　（区融媒体中心　供图）

使汤汁中各原料均匀相溶，凝固后，用手揉搓成茸。将面粉加冷水、精盐、食碱一同和成硬面团，醒透后，反复将面团叠揣至光滑有筋力，搓条，摘剂70只，擀成中间厚、四周薄，直径5寸的圆皮，包入馅料，双手向上对折后推捏成皱折，去剂头即成汤包生坯。将生坯置笼中足汽蒸7分钟即成熟，用手将包子提抓到热水烫过的小盘中即成。成品味鲜咸，包大皮薄，口张汤满而不溢，用汤制馅独特一格，爽滑不腻。食时配以香醋、香菜则更佳。

【车桥馄饨】 又名淮饺、炒米馄饨，是淮安传统的地方名点。车桥馄饨的制作，首先要选用好的面粉和面，纯手工擀面皮，面皮擀的越薄越好，以皮薄如纸，点火即燃为最佳。其次是做馅料，必须要选用上等的新鲜猪腿肉，去皮去肥去筋，纯手工用刀背或铁棒慢慢捶打，直至瘦肉全部成糊状，然后加入笋和葱、姜、蒜等佐料。馄饨汤中加入炒米。成品入口爽滑，味道鲜美。

【淮安茶馓】 面粉、黑芝麻、精盐、水和成面团，揉光醒制1小时左右，用双手揣面，面张开后，折叠再揣醒1小时后再揣一次，取出面团放案板上按扁，面上刷少许油，用刀切成条，双手将条搓成直径为1厘米粗的大条，盘在盆中醒1小时，取出再搓成筷子粗细的均匀小条，盘在盆中，每盘一层刷上一层油，一盆中的条只有一根，醒制两个小时。锅上火放入麻油烧至六成热，将条绕在手掌上，用两根长筷子挑住放入油锅中，炸至两面金黄，呈梳子等形状即成。成品味咸香，色泽金黄，细如麻丝，香脆松酥。

【阳春面】 阳春面最初叫光面、清汤面，后因民间习惯将阴历十月称之为小阳春，逐渐隐以十为阳春，而最初光面的售价又是每碗十文钱，故渐渐的人们改称这种面为阳春面。和面时要加少许食用碱水，使面条薄而有劲道。下面前，在碗中放入熟猪油、酱油、味精、蒜蓉及滚烫的猪骨头汤，面条下沸水锅中一滚而已，过凉水，去碱味，放入已兑好热汤的碗中，洒上黑胡椒粉，放上少许芫荽末，淋上几滴麻油即可。成品味鲜咸，爽滑筋道，蒜香浓郁。

【淮安春卷】 锅上火，放入色拉油，倒入猪五花肉丁，用小火慢慢煸炒至五花肉中的瘦肉变黑，肥肉油基本耗尽，加入葱姜末起香，放酱油、料酒，煸成棕红色盛入碗中。荠菜择洗干净焯水后，切成末挤去水份，分别放入精盐、白糖、味精、胡椒粉、煸制好的五花肉丁一同拌成馅。将面粉加入冷水、食碱和成面团，擀成方形春卷皮，春卷皮摊开包入馅心，成圆柱形生坯。锅上火倒入色拉油至五成热，放入生坯炸至金黄起锅即可，食时蘸香醋味佳。成品味鲜咸，色泽金黄、外香脆、内鲜咸，荠香浓郁。

【楚州牛舌饼】 面粉加盐、热水和成面团，放冷水中浸泡1小时后将面揣透揉光，案板上刷少许油，将面团摘剂30只，右手抓住剂子一头，在案板上掼成长条按扁，面上刷一层油，分别放上炸酥、葱末、油渣末、精盐按扁，从一头卷起，用面杖擀成长方形生坯。放入平锅中，用小火烙制时，饼坯两面刷油并经常翻动，直烙到两面金黄，将饼码在炉子边檐四周，盖上烙锅，待饼呈深黄色时刷油即可。成品味咸香，色泽深黄，葱香酥脆，层次分明。

【朝牌面饼】 放入老酵面，和成烫面团，用刀划开散凉，然后加碱，中和面团酸味，搓条，摘剂40只，擀成长7寸、宽4寸的方块，抹上饴糖，撒上芝麻，运用仰掌前推、勾手后贴、从左向右的方法，将饼坯贴入炉内滚烫的四壁上，用炭火烤至色泽金黄，外酥里绵即成。成品味香甜，外酥里绵，香味扑鼻。

【淮安薄脆】 面粉与酵母、泡打粉、白糖拌匀，用沸水和成烫酵面，揉匀，擀皮刷油，搓条，摘剂50只，再擀成薄饼，撒上芝麻，入炉内小火烤至脱水酥脆，出炉即成。成品味香甜，干香酥脆。

（淮　志）

淮扬菜名厨与名服务员

10月19日，淮安区"味美淮安"第二届服务员技能培训活动在淮安宾馆举行　（区工商联　供图）

【概况】 2022年，淮安区进一步提升美食品牌知名度、美誉度与影响力，争当全市餐饮特色发展领头雁。开展第二届"味美淮安"餐饮企业厨师、服务员技能竞赛活动，对获胜的"名厨""名服务员"给予通报表扬以及奖金奖励。

【餐饮业"名厨"】 2022年，淮安区第二届"味美淮安"厨师技能竞赛共评选出评选出餐饮业"名厨"15名，发放奖金7.7万元。其中，金奖4名，分别是王杰、毕钲、张琪、张峰；银奖5名，分别是杜雷、路顺锁、廖成伟、白如、姜泽昆；铜奖6名，分别是刘廷保、武传昭、刘治纬、高建勇、谭俊、朱荣。

【餐饮业"名服务员"】 2022年，淮安区第二届"味美淮安"服务员技能竞赛共评选出餐饮业"名服务员"17名，发放奖金5.4万元。其中金牌服务员5名，分别是陶晓慧、徐珍义、项克艳、孟艳丽、刘颖；银牌服务员5名，分别是刘霞、许建云、孙兆美、张廷华、姚二平；铜牌服务员7名，分别是史国华、刘文娟、刘万英、黄润博、邢海艳、刘鹏、卢大玲。

【服务员技能培训】 10月19日，淮安区"味美淮安"第二届服务员技能培训活动在淮安宾馆举行。近30家餐饮企业100余名服务员参加培训。中国餐饮服务大师、国家级餐饮评委、国家职业技能鉴定考评员、江苏省旅游饭店星级评定员、淮安市烹饪协会驻会秘书长成平，以及3位曾在省、市技能状元大赛中获得"餐厅服务状元"称号的金牌服务员系统辅导餐饮服务实操要点及礼仪规范。

（唐　丽）

【冯祥文（淮扬菜）大师工作室】 12月29日，冯祥文（淮扬菜）大师工作室落成典礼在河下古镇举行。工作室位于河下古镇沈坤状元府西侧，以传承、创新、推广淮扬菜为使命，主要职能包括培养淮扬菜高技能人才、塑造本土淮扬菜餐饮品牌、制定淮安经典淮扬菜操作标准、研发推广新品淮扬菜品种、宣传推广淮安美食文化等。中国烹饪大师冯祥文深耕淮扬菜烹饪40余年，是淮安十大名厨、淮安市劳动模范。

（区政府网站）

商贸服务业

供销合作

【概况】2022年，淮安区供销系统坚持为农服务，全力抓好稳增长、调结构、惠民生等各项工作，实现销售总额1.5亿元，利润450万元，所有者权益2100万元。淮安区供销合作总社办公室获评2022年全省供销合作总社信息宣传工作优秀单位。

【基层社建设】2022年，淮安区供销系统加强基层社提升改造工作。苏嘴供销社投入115万元改造农资仓库，盘活存量资产，增加为农服务项目，提升为农服务能力。仇桥供销社投入46万元改造仇桥镇欧买佳超市。淮安市供销资产经营有限公司投资建设的车桥镇供销便民超市竣工开业。仇桥供销社创成省级基层社示范社。

【组织制度建设】2022年1月19日，淮安区供销合作总社六届理、监事会第四次会议召开，理、监事会成员共商发展大计，强化社有资产管理，规范资产维修、出租经营行为。依据区总社出台的相关文件精神，对照资产

表32　　淮安区供销合作总社基层单位名录

单位名称	基层单位名称
淮安市淮安区供销合作总社	淮安市淮安区上河供销合作社
	淮安市淮安区建淮供销合作社
	淮安市淮安区马甸供销合作社
	淮安市淮安区朱桥供销合作社
	淮安市淮安区溪河供销合作社
	淮安市淮安区泾口供销合作社
	淮安市淮安区流均供销合作社
	淮安市淮安区博里供销合作社
	淮安市淮安区仇桥供销合作社
	淮安市淮安区复兴供销合作社
	淮安市淮安区苏嘴供销合作社
	淮安市淮安区茭陵供销合作社
	淮安市淮安区钦工供销合作社
	淮安市淮安区宋集供销合作社
	淮安市淮安区顺河供销合作社
	淮安市淮安区季桥供销合作社
	淮安市淮安区席桥供销合作社
	淮安市淮安区南马厂供销合作社
	淮安市淮安区三堡供销合作社
	淮安市淮安区林集供销合作社
	淮安市淮安区南闸供销合作社
	淮安市淮安区白马湖供销合作社

续表32

单位名称	基层单位名称
淮安市淮安区供销合作总社	淮安市淮安区范集供销合作社
	淮安市淮安区农业生产资料总公司
	淮安市淮安区农副产品购销有限公司
	淮安市淮安区商业总公司
	淮安市淮安区供销职工学校
	淮安市供销资产经营有限公司
	淮安市楚州供销集团有限公司

维修、出租相关规定，对2021年1月至2022年7月期间签订的资产租赁合同进行专项检查，规范全系统资产租赁行为。建立健全社员代表大会下的理事会、监事会制度。11月，组建“淮安市楚州供销集团有限公司”，逐步建立适应市场需要的现代企业制度。继仇桥、顺河、林集三个供销社社员代表大会成功召开后，苏嘴供销社在11月8日成功召开第三次社员代表大会，选举产生新一届理事会、监事会。

【现代农业综合服务中心建设】 2022年，淮安区供销系统持续推进“1+4”（一个中心、四个分中心）供销现代农业服务体系建设，为周边农民提供农资供应、农药统防统治、土地流转、粮食收购、粮食烘干仓储、稻麦收割、稻米加工等多环节服务，不断扩大服务规模。有条件的基层社根据当地农户需求，提供耕、种、收、防、储等农业生产各环节的单项农业社会化服务。引导专业合作（联）社、家庭农场等加入分中心，实现资源共享，扩大服务范围。

【电商助农】 2022年，淮安区供销合作总社搭建“淮供连锁”社区电商平台，平台商品与线下服务站商品同品同价，采用“线上订线下取，今日订明日取”的互联网新零售经营模式，助力淮安区农产品直供社区。新建特色农产品展示展销、品牌推介“窗口”，设立现场品鉴中心，开设“消费扶贫”和“供销e批”专区，推进扶贫产品销售和批发团购业务。探索发展城市社区消费合作社，建成全市供销系统首家消费合作社，通过资源共享、购售返利，实现合作共赢。

（濮雨露）

粮食购销与储备

【概况】 2022年，淮安区全社会粮食购销总量150.20万吨。全社会收购粮食85.97万吨，其中国有企业收购25.26万吨，非国有企业收购60.71万吨。全社会销售粮食64.23万吨，其中国有企业销售19.51万吨，非国有企业收购44.72万吨。国有粮食购销企业在库粮食33.87万吨，其中托市小麦13.7万吨。夏粮收购小麦15万吨，秋粮收购粳稻10.26万吨。

【应急保供】 2022年，淮安区大米加工企业累计加工大米19.82万吨。确定粮食应急供应网点38个、粮食应急加工骨干企业10个、粮食应急配送中心、粮食应急保障中心、应急储运企业各1个。

【全民所有制粮食企业改制】 2022年，淮安区进一步优化重组粮企资源，推动国有粮食企业提档升级。区政府十八届九次常务会议研究决定组建淮安市淮安区储备粮管理有限公司，由淮安市粮安粮贸集团有限公司通过资产注入、现金出资的方式全资设立，注册资本500万元，立足现有子公司，选择合适区域规划新建储备库点，实现“公司+直属库”管理模式，执行董事或经理负责制。9月，淮安区政府下达《区政府关于明确淮安市粮安粮贸集团有限公司级别的通知》，明确淮安市粮安粮贸集团有限公司为区管一级企业（区管领导班子企业）。12月，淮安市粮安粮贸集团有限公司更名为“淮安市淮安区粮食集团有限公司”。

（卢　梦）

邮政　通信

中国邮政集团有限公司淮安市淮安区分公司

【概况】 2022年，中国邮政集团有限公司淮安市淮安区分公司（以下简称“淮安区邮政”）实现营业总收入1.83亿元，同比增长14.02%，完成年度计划（17967万元）的102.05%，位列全市第二位,其中寄递业务收入3493.58万元,位列全市第一位,收支差(含寄递指标)完成4613万元。

【邮政金融代理业务】 2022年,淮安区邮政代理金融业务收入12685万元,同比增长9.79%,其中利差收入7929万元,占代理金融收入的62.5%,较2021年提升4.25%;代理保险业务收入3919.75万元,同比增长3.52%,同比增幅较同期下降11.08%。提前完成中邮保险目标,完成率列全市第一;中邮证券有效户完成率列全市第一;完成融资E贷款业务、信用卡、公司存款目标。2022年淮安区邮政夏收代发资金1.51亿元,平均余额净增2.95亿元,创历史新高;累计激活军人优待证10112张,规模列全市第一,优待证代发资金1100万元,沉淀资金1200万元;试点朱桥宜佳生活超市收单场景项目,累计交易流水列全市收单场景第一位。

【寄递业务】 2022年,淮安区邮政实现寄递收入3493.58万元,同比增长36.8%。其中国内特快完成712.98万元,同比增长59.34%;快包完成2610.39万元,同比增长28.15%;国际快递完成163.65万元,完成率达104.24%;物流完成6.37万元,完成率28.95%。快包专业毛利额完成279.41万,完成率达111.2%;国内特快专业毛利额完成409.64万,完成率达102.76%。

【邮务业务】 2022年,淮安区邮政运作“农家书屋图书编录+采购”综合营销项目,实现项目总收入62万元,利润率超50%;与区人社局合作,为区内各行业骨干人才发放爱影卡,每年实现爱影卡销售4万张,年收入达百万。2022年“919电商节”期间,淮安区国家级农民专业合作社——青耕田专业合作社的产品“鑫淮血糯米”成为全省第9个实现万单的项目。

【服务乡村振兴】 2022年,淮安区邮政成功打造全市唯一一个全国级的综合服务示范社,实现农产品销售额50万元、寄递收入12万、对分月均余额20万。完成4个邮储信用村建设工作,完成率100%。2022年,淮安区邮政投入225万元,对车桥、仇桥、河下网点进行装修改造,投入40万余元对农村支局基础设施进行维修更新。根据《淮安市县域商业体系建设实施方案》要求,整合自身优质资源,建成县级物流配送中心1个。

【普遍服务质量】 2022年,淮安区邮政未发生通信质量事故,普遍服务各项指标均达标,机要通信保持36年全红,未受到监管部门处罚。全年未发生11185有理由投诉,全年点均投诉率为0。全年综合满意度平均得分98.54,全市排名第一。

【寄递改革】 2022年,淮安区邮政落实寄递末端改革,提升农村快递市场占有率。在乡镇快包直投的基础上,对农村寄递市场开展全面摸排,因地制宜划分片区,由寄递事业部党支部牵头成立项目小组,实施推进农村标快内部承包制。白马湖片区实现标快同比翻番,6—11月份标快总收入达5.9万元,同比增长227.6%;古黄河片区10—11月份总收入达6911元,收入同比增加6525元。

(周海涛)

中国电信股份有限公司淮安市淮安区分公司

【概况】 2022年,中国电信股份有限公司淮安市淮安区分公司(以下简称“电信淮安区分公司”)贯彻新发展理念,以客户满意为目标,践行云改数转,推动融合升级,实现公司可持续健康发展。电信淮安区分公司获评2019—2021年度江苏省文明单位。

【能力建设】 2022年,电信淮安区分公司完成71个站点156台5G 2.1G设备、10个站点24台5G 3.5G设备、9个室分站点20.73套室分设备安装开通,完成城区重点场所5G覆盖及城区大部分居民区的5G覆盖。2022年,电信淮安区分公司获淮安分公司2022年无线网建设竞赛活动二等奖。

【经营发展】 2022年,电信淮安区分公司新增融合套餐6200部、宽带1.2万户、看家业务5500户。年末,行业版平台看家绑定数达4600户,星级村达76个。深耕服务教育行业,签约淮安中学5G智慧校园等项目。

【服务质量提升】 2022年,电信淮安区分公司继续以客户感知为抓手,逐项深度推进短板项目攻坚,实现客户满意度同业领先。坚持首问负责,对客户意见较为集中的资费套餐、网络覆盖、交付解释等问题予以攻坚。

加大形象宣传，围绕“好服务，更随心”等主题，从员工的身上发现服务闪光点，提高服务品牌影响力，推动客户满意度、服务口碑知晓率双提升。严格执行各项服务规范，强化服务检查和监督。建立疑难投诉升级处理及问责机制，保持投申诉全年可控，指标全市领先。

（张雪梅）

中国移动通信集团江苏有限公司淮安区分公司

【概况】 中国移动通信集团江苏有限公司淮安区分公司（以下简称“移动淮安区分公司”）负责中国移动在淮安区的电信综合基础网络设施建设，业务范围涵盖基础语音通信，政企集团、家庭互联网各类传输数据专线，行业及政企信息化、大数据、云计算、智慧城市、物联网等信息化服务。全年营业收入39905万元，较上年增长4.0%。

【信息化服务】 2022年，移动淮安区分公司共建设完成ICT信息化项目12个。持续深耕传统优势行业，中标智慧能源物联网监控管理系统。移动淮安区分公司改变DICT项目拓展思路，围绕本地龙头企业的5G智能化工厂标杆打造，提供弱电智能化项目及5G专网项目服务。成立专业服务团队，与公安网安大队、各派出所紧密协同，全年累计为22家酒店提供网络服务与网络安审服务。

【助力疫情防控】 2022年，移动淮安区分公司为淮安区镇街进行“全场景疫情病原体检测信息系统”培训，支撑保障核酸检测30余场，突击完成疫情隔离点4个酒店8路监控、200余智能门磁的安装。

【网络保障】 2022年，移动淮安区分公司面向手机客户、家庭宽带客户和政企客户，深耕5G覆盖、千兆宽带和集客覆盖业务。持续加大无线网络覆盖建设力度，开展4/5G基站建设，全年累计完成5G站点建设205个、高铁增补站点53个、新建站点26个。开展老旧小区高质量改造，改造老旧小区14个，整治面积10.54万平方米，完成共建共享机房整治14个。完成珠士街、和平小区、三中宿舍楼等通信线路乱牵乱挂现象整治以及苏嘴集镇、车桥集镇杆线入地整治工作。

（倪昌明）

中国联合网络通信有限公司淮安市淮安区分公司

【概况】 2022年，中国联合网络通信有限公司淮安市淮安区分公司（以下简称“中国联通淮安区分公司”）建成5G基站444座，5G网络实现城区、乡镇全覆盖，城区宽带网络达千兆。全年营业收入约3600万元，较2021年增长18.62%。有移动互联网用户约10.5万户，固定宽带约1.2万户。

【服务质量提升】 2022年，中国联通淮安区分公司坚持客户首问负责制，对不同需求的用户量身定制合适套餐业务。响应提速降费号召，5G新入网用户资费下降20%以上。组织服务人员进社区、乡镇义务宣传如何防范电信网络诈骗，拦截各类诈骗短信数万条。2022年，镇淮楼营业厅被省通信管理局指定为“防电信诈骗示范窗口”。进一步提升用户满意度，“诚信为本，用心服务”，全年未发生投诉升级现象。

（中国联通淮安区分公司）

电商物流

【概况】 2022年，淮安区电商物流产业蓬勃发展。淮安电子商务现代物流园实现开票50.4亿元、同比增长97.8%，纯入库税收5979.65万元，同比增长122.31%。盘古跨境电商正式运营。江苏淮安苏食肉品有限公司成功获评2022年省级重点物流企业。

【仓储供应链】 （参见《开放与合作·开发园区·淮安电子商务现代物流园》）

【快递快运】 （参见《开放与合作·开发园区·淮安电子商务现代物流园》）

【电子商务】 （参见《开放与合作·开发园区·淮安电子商务现代物流园》）

【江苏省农村物流达标县创建】 7月26日，江苏省交通运输厅发布第二批“农村物流达标县”名单，淮安区入列。淮安区根据《江苏省城乡物流服务一体化发展三年行动计划（2021—2023年）》和省农村物流达标县创建标准，升级改造农村客运站场，推进站场和配送车辆资源共享。坚持共建共享，融合交通、邮政、供销等资源优势，完善区镇村三级物流网络建设，实行农村物流、电商服务一体化，初步形成布局合理、城乡一体、服务便利的物流服务体系。

【农村电商发展】2022年，淮安区开展农民农产品网上销售、直播带货等培训，农村电商不断壮大。2022年，苏嘴农业园区通过网络直播带货等方式，实现苏嘴小西瓜网络销售120万元。漕运镇中太村120余名村民利用电商服务点销售虾蟹、芡实等本村特色农产品。博里镇三元村搭建电商平台销售富硒稻米，7月首场直播带货，上线一个多小时卖出60余单。

（区政府网站）

烟草专营

【概况】2022年，淮安区销售卷烟28651箱，较上年增长2.5%；实现销售额11.82亿元，较上年增长10.6%；实现税利3.3亿元，较上年增长8.8%；单条结构为164.96元/条，较上年增长7.9%。淮安区烟草专卖局《专销协同实现入网"加速度"》创新课题获全市三等奖。9名干部员工被市局（公司）授予"先进管理者""服务明星"称号。1人获纪念江苏烟草成立40周年书画摄影大赛三等奖，1人获省局"安全隐患随手拍"三等奖，2人获淮安烟草"弘扬周恩来精神 践行企业理念 做幸福淮烟人"主题宣贯活动征文比赛二等奖，1人获淮安烟草第十三届学术活动月学术论文三等奖。

【现代化终端建设】2022年，淮安区烟草专卖局（分公司）因地制宜推进农网终端建设，累计建成并运营加盟终端18户，其中富有乡村特色的农网加盟终端3户；推进并建成新现代终端103户、合作终端5户；全程做好"通"店铺跟踪维护，持续提升"通"客户运营质量，有5户客户入围全省TOP100。推广"金丝利零售学院"学习平台，制作上传"金丝利·家"平台精品视频4个，营销人员参与率100%，初级认证率100%，零售户参与率99.59%，初级认证率98.17%。

【卷烟规范经营】2022年，淮安区烟草专卖局（分公司）常态化开展"疑似代订"客户逐户核查，及时提醒相关客户。配合开展真烟外流治理，加大市场走访宣传力度，引导客户自觉抵制非法收购真品卷烟行为。推进信用体系建设，组织开展零售户信用承诺网签工作，签订覆盖率100%。严格执行《违法卷烟零售客户降低档级管理办法》，全年累计对55户进行66次降档降级处理。

【卷烟市场监管】2022年，淮安区烟草专卖局组织开展"百日会战""利剑9号"卷烟市场集中整治行动，卷烟市场经营秩序和消费环境持续优化。全年共查处涉烟违法案件331起，查获涉案卷烟652.7万支、案值539.9万元；上报国标网络案件1起，获市局通令嘉奖5次。协调公安、市监、邮管等部门，加强对道路运输、物流寄递、新型烟草制品等重点领域的防控和监管，累计查获物流寄递环节涉烟案件181起，数量34.19万支，案值43.15万元。推进"双随机、一公开"、APCD重点监管、信用监管相互结合、互为补充的新型监管机制，结合辖区市场实际和涉烟违法行为特点，适时开启"错时监管"模式，依托多员信息联动系统、后续监管预警系统，实现市场监管"无缝衔接"，全年累计处理预警信息9600条，处置信息反馈455条。聚焦大户治理，深入推进"攻坚100"专项行动，对排查出的20户重点违法违规大户实行"挂牌销号"管理，累计取缔5户重点违法违规大户。全年共审理涉烟案件319起，结案率99.37%，无一起案件逾期。

【许可证管理】2022年，淮安区烟草专卖局严格执行电子烟管理规章制度，引导符合条件的6户电子烟实体店办理许可证。做实做细许可证管理工作，全年依申请新办245份，变更39份，延续1273份，停业31份，恢复营业20份，歇业100份；依职权

表33　2022年淮安区烟草专卖局（分公司）获市级以上表彰一览表

单位	表彰内容	表彰单位
淮安区烟草专卖局（分公司）	江苏省文明单位	江苏省精神文明建设指导委员会
淮安区烟草专卖局（分公司）	淮安市文明单位	淮安市精神文明建设指导委员会

3月8日，淮安区烟草专卖局开展“弘扬周恩来总理精神 争当新时代优秀党员”主题党日活动　　（区烟草专卖局　供图）

责令停业整顿126份，审批注销211份，收回14份。截至年末共有持证户4885户（含6户电子烟零售户），较年初累计减少154户。

【客户服务】 2022年，淮安区烟草专卖局（分公司）开展终端线下赋能活动，累计为311名客户解决贷款资金约4800万元。组织“驻店营销”、品牌宣讲等活动，全方位指导客户提高卷烟经营能力水平。在全省开口营销比赛和最美店铺评选中，有4名客户获一等奖，4名客户获二等奖，2名客户获三等奖。推进非烟赋能“苏粮匠”项目，共布点748户，销售4684箱。

（王国义）

食盐专营

【概况】 2022年，淮安区盐业有限公司销售盐产品13000吨，其中，销售小包装食盐2800吨，大包装食盐1400吨，盐及化工产品近6000吨。全年销售收入近1300万元，实现利润近60万元。

【食盐市场管理】 2022年，淮安区盐业有限公司着力构建社会化食盐安全体系，推进全民食用碘盐工程实施，全年累计检查各类商超2789户、饭店酒店食堂2267家、农贸市场32次。做好碘缺乏病防治宣传工作，提高全区碘盐食用普及率，降低甲状腺肿大等碘缺乏病发病率，全年发放宣传材料2606份，悬挂食盐安全宣传横幅15条。2022年，淮安区碘盐覆盖率、碘盐合格率和合格碘盐食用率均在98%以上。

【规范服务】 2022年，淮安区盐业有限公司更新营销理念，正确处理食盐专营与优质服务的关系。按照国家食盐批发企业等级标准配全便民设施，把服务承诺、法律法规、盐的品种价格公布上墙。加快转型发展，推行直配直送，减少中间环节，降低成本。加强质量管理，强化网点服务意识，做好售后服务，发现破损及质量问题，及时上门解决。

（区盐业有限公司）

综 述

【概况】 截至2022年末,淮安区有银行机构18家、保险机构43家、证券公司营业部3家、地方非银行金融组织18家。金融行业缴纳税收达4.18亿元(包含征前减免1.04亿元)。截至2022年末,淮安区银行业各项存款余额729.46亿元,比年初增加75.08亿元,同比增长11.47%;各项贷款余额675.30亿元,比年初增加117.40亿元,同比增长21.04%。其中制造业贷款余额81.42亿元,比年初增加16.43亿元,同比增长25.28%。

【地方非银行金融组织设立】 2022年,淮安区新设立地方非银行金融组织3家,其中小额贷款公司2家、商业保理公司1家,新设立转贷公司1家。全区地方非银行金融组织累计为各类市场主体提供融资服务16.4亿元,同比增幅34.3%。

(吴德腾)

【金融支持实体经济发展】 2022年,中国人民银行淮安支行指导全区各银行机构围绕持续完善普惠金融服务、支持全面推进乡村振兴、引导优化建筑企业融资环境等方面,精准帮扶企业融资纾困,提高金融服务质效。2022年,全区实体经济贷款全年增幅29.16%,高于各项贷款增幅8.12个百分点;办理无还本续贷705笔、11.67亿元;新增首贷户415户、16.21亿元,同比分别增加190户、10.51亿元;新增制造业中长期贷款79笔、3.1亿元。推动银行机构降费让利惠企利民,提升贷款市场报价利率改革效能,加大向实体经济让利力度,促进企业综合融资成本稳中有降,全区小微企业贷款加权平均利率4.58%,较年初下降31个基点。引导银行业金融机构推广应用“苏创融”政银金融产品,加大对科技创新中小企业信贷支持力度,全年共为218家通过国家科技型中小企业评价的企业发放贷款9.34亿元。

【金融支持小微企业、个体工商户】 2022年,中国人民银行淮安支行通过调研座谈等方式了解全区个体工商户金融服务需求情况,整理收集超2.8万户个体工商户经营信息,推送给银行机构,要求各银行快速对接。针对个体工商户经营困难情况,组织开展“贷动小生意,服务大民生”专项活动。2022年,淮安区银行机构共走访个体工商户1.88万户,投放信贷资金1.27万户,同比增长16.7%,金额44.4亿元,同比增长32.29%,累计降低支付手续费564万元。联合银行机构走访有融资需求的市场主体,全年金融机构拜访企业1804户,新贷续贷128.04亿元。组织落实小微企业减税、增值税留抵退税和支付减费让利政策。全年办理小微企业退税6.61万笔,金额18.8亿元。

【金融支持粮食安全、乡村振兴】 2022年,中国人民银行淮安支行联合银行机构开展金融支持高标准农田建设及稻米、畜禽、西瓜、芡实、生态渔业、绿色蔬菜等辖区特色产业集群以及粮食仓储中心建设专题调研,推动“2(耕地、种子)+N〔粮食生产金融科技赋能类、高标准农田(池塘)建设类、种业振兴类、农业产业集群项目类、农民宅基地类、粮农零售业务平台类、惠农菜篮子类〕金融保障粮食安全工程”项目落实。2022年,辖区银行机构共发放高标准农田(池

9月8日，人民银行淮安支行联合相关金融机构赴车桥镇调研金融支持高标准农田建设情况　　（人民银行淮安支行　供图）

塘）建设贷款8.7亿元、特色产业集群建设贷款18.9亿元。扩大信用贷款发放范围，针对农业经济主体缺乏有效担保措施情况，引导金融机构、尤其是在乡村没有网点的金融机构加大信用贷款的发放力度，减少企业因抵押不足而影响获得信贷服务的情况。全年共发放信用贷款29.98亿元。引导金融机构加大对集中居住、周边环境整治、配套生活设施等项目信贷投入，支持美丽乡村建设。

【金融风险防范】 2022年，中国人民银行淮安支行开展央行金融机构评级工作，加强宏观审慎评估结果的运用，强化事前引导和事后约束，加大对法人金融机构支持"三农"、小微企业等信贷投向评估，按季开展央行金融机构评级工作并及时反馈评级结果和风险提示，督促法人金融机构审慎、稳健经营。开展存款保险全覆盖宣传，重点开展"送戏下乡"特色存保宣传。做好存款保险风险评级、费率管理、保费征收工作，维护广大储户利益。开展突发金融风险事件应急演练，检验金融突发风险事件应急预案的有效性，提升银行机构应对金融突发风险事件处置能力。

【金融生态建设】 2022年，淮安区召开全区金融生态县创建工作会议、全区金融稳定工作协调小组成员单位会议，专题研究部署推进金融生态县创建工作。开展金融投资者教育宣传、"征信修复"乱象专项治理等活动，营造良好的金融生态环境。淮安区金融生态县创建综合评估全省排名连续三年保持在40名之内，具备申报金融生态优秀县资格。

【金融服务】 2022年，中国人民银行淮安支行规范履行国库核算制度和流程，有效发挥国库职能，全年办理预算收入63.41万笔、163.53亿元，预算拨款0.91万笔、149.4亿元，个人所得税年度汇算清缴退税业务4.75万笔、0.18亿元。推进国债下乡工作，推动各承销银行在农村地区销售国债64笔、154万元，实现乡镇、承销国债银行农村网点国债销售"零突破"。优化支付结算管理服务水平，加强账户服务和风险防控工作，推进农村金融服务站提质增效，新建综合服务点1个，升级支付点2个。持续优化征信信息安全管理和服务，依法合规开展征信查询业务，全年办理个人征信查询24982笔、企业征信查询2027笔。严格把控征信查询风险，确保征信信息安全。持续推进现金服务提质增效，开展现金服务网格化管理，提供"零跑腿家常式"服务，全年鉴定残损币712张、37470元。

【外汇服务】 2022年，中国人民银行淮安支行优化外汇服务流程和手续，提高业务效率，缩短行政审批时间。全年办理资本项目行政许可业务11笔，其中网上办理4笔；经常项目行政

表34　**2022年中国人民银行淮安支行获市级以上表彰一览表**

姓名	受何种表彰	表彰单位
张劲松	中国人民银行优秀共青团员	共青团中国人民银行委员会
刘姝娴	江苏省第七届银行业金融机构现金服务知识与技能竞赛个人第二名	中国人民银行南京分行、江苏省总工会

许可业务企业名录登记23笔，网上办理率100%。加大外汇业务政策传导，开展企业汇率避险宣传，联合区商务局举办“企业汇率风险管理宣传县区银企行”活动，提升辖内企业汇率风险管理能力。进一步推进“放管服”改革，2家公司先后获批江苏省外汇管理局货物贸易外汇收支便利化试点业务。夯实国际收支基础工作，抓好国际收支间接申报核查，确保数据质量，全年核查国际收支间接申报8468笔、63856万美元。

（张凯进）

银行业

中国农业发展银行淮安市淮安区支行

【概况】 截至2022年末，中国农业发展银行淮安市淮安区支行（以下简称“农发行淮安区支行”）各项存款余额30.31亿元，较年初增加12.84亿元，日均存款余额达20.05亿元。各项贷款余额61.51亿元，比年初增加2.52亿元。按照贷款性质和种类划分，政策指令性贷款共7854.24万元，占贷款总额的1.28%，主要是省级储备粮贷款4659万元，市级储备贷款279万元，区级储备轮换贷款2916.24万元；政策指导性贷款共607273.27万元，占贷款总额的98.72%，其中：粮油政策指导性贷款44110.27万元，改善农村人居环境建设贷款61890万元，城乡一体化贷款208893万元，棚户区改造贷款236200万元，土地流转贷款55180万元，农业小企业贷款1000万元。年末，实现FTP利润达1.07亿元。全年未发生各类风险事故和案件，未出现不良贷款。

【粮食银行】 2022年，农发行淮安区支行以打造“粮食银行”为根基，全力服务国家粮食安全和重要农产品保障战略，充分发挥粮食收购资金供应主渠道作用。全年夏粮收购创历史新高，累计投放商品粮小麦贷款4.39亿元，收购小麦14.26万吨4.26亿元。全年销售小麦6.04万吨，出库金额1.8亿元。立足“两早”做好秋收投放准备工作。贷款早申请，提前了解企业仓容仓室情况，提早核定收购贷款需求，做好贷款申请准备工作；贷款早审批，提前落实尽职调查，撰写调查报告，争取贷款早日审批到位，切实做到“钱等粮”。全年投放秋收贷款2亿元。

6月15日，农发行淮安区支行开展“普及金融知识万里行”宣传活动
（农发行淮安区支行　供图）

【项目贷款】 2022年，农发行淮安区支行响应国务院运用政策性金融工具支持重大项目的决策部署，推进农发基础设施基金投放工作，支持基础设施领域项目3个，合计金额16.1亿元。紧抓城市更新项目窗口期，申报3个城市更新项目贷款25.1亿元，投放城市更新项目贷款7亿元。立足地方经济积极服务小微企业，新增小微企业贷款1户，全年投放小微企业贷款1000万元。

【风险管控】 2022年，农发行淮安区支行严格执行上级行全面风险管理和内控垂直管理要求，守住风险底线、安全底线。针对不同企业，采取“一企一策”制定风险预案，确保风险问题“早识别、早预警、早处置”。强化全周期管理。推动风险防控关口前移，确保业务发展合规、可持续。发挥前、中、后台三道防线作用，把好准入关、担保关、支付关、贷后管理关。践行合规文化，坚持合规为先、风险为要，构建不敢、不能、不想违规违法的合规氛围。

（叶秋玮）

中国工商银行股份有限公司淮安楚州支行

【概况】 截至2022年末，中国工商银行股份有限公司淮安楚州支行（以下简称“工行楚州支行”）一般性存款余额59.97亿元，比年初增长4.44亿元。其中：储蓄存款年末余额40.92亿元，比年初增加6.18亿元；公司存款余额13.85亿元，比年初增加9070万元；外币存款3005万美元，较年初增加1662万美元。2022年楚州支行各项贷款余额37.64亿元，比年初增加5.46亿元，同比增长61.54%。其中公司贷款余额10.95亿元，比年初增加1.17亿元；个人贷款余额24.68亿元，比年初增加2.31亿元。美元贷款余额22.2万美元，实现零的突破。

【资产业务】 2022年，工行楚州支行推进项目、法人业务营销。全年获批项目贷款5笔，金额10.64亿元，实现投放4笔，金额1.29亿元，达成中收510万元。年末有法人客户7户，较年初增加2户。为江苏康乃馨织造有限公司办理淮安分行首笔出口信用证福费廷业务，金额22.2万美元。全年办理票据贴现2.12亿元，创楚州支行票据贴现业务新高。推进普惠金融服务，助力小微企业发展，提升金融服务水平。截至年末，新增有贷户98户，普惠贷款时点余额48539万元，较年初新增15925万元；共有有贷户389户（其中法人155户，个人234户）。推进住房按揭贷款，全年按揭收单4.37亿元，计划完成率淮安市工行系统各支行第二；新增住房按揭贷款1.51亿元，列四行（淮安区中行、农行、工行、建行）第二。组建清收团队，实行电话催收、上门催收和法律诉讼相结合，推进资产质量管控工作。截至2022年末，个人贷款剪刀差余额670万元，超额完成市行702万元的计划；不良贷款余额2885.3万元，其中：个人不良贷款余额1096万元，完成市行1150万元的不良压降计划，不良率0.48%；公司不良贷款1笔，余额1789.3万元，于12月6日挂网拍卖。

【产品营销】 2022年，工行楚州支行新增e分期交易额、拓展e支付商户、活跃商户、工银信使、特色借记卡、信用卡闭环发卡量等指标位列淮安市工行系统各支行前列；新增保险期缴910.9万元，完成数和完成率均居淮安市工行系统各支行第二；完成三方绑卡38542张，完成数居淮安市工行系统各支行第二，完成率居淮安市工行系统各支行第三。全年开立数字人民币钱包609个，完成数居淮安市工行系统各支行第一；年末房贷期房办证率90.88%，居淮安市工行系统内各支行第二；发放军人优待证9652张，任务完成数和完成率均居淮安市工行系统内各支行第一。

【对公拓户】 2022年，工行楚州支行新开对公账户1066户，其中重大招商引资项目、体育类培训机构、科技类培训机构、商会、财政预算一体化改革零余额账户的开户工作效果显著。截至年末，楚州支行对公千万元以上客户21户。

【风险管控】 2022年，工行楚州支行坚持内控案防分析会制度，对存在的不合规行为要求限期整改到位。对员工异常行为、重点业务重点环节、网点安全保卫等方面进行日常排查。组织开展信用卡分期、消费贷、个人涉案账户等专项检查，引导员工树立底线、红线思维。

（何雨婷）

中国农业银行股份有限公司淮安楚州支行

【概况】 截至2022年末，中国农业银行股份有限公司淮安楚州支行（以下简称“农行淮安楚州支行”）本外币各项存款总量99.56亿元，全年净增13.16亿元，同比多增6.78亿元；各项贷款总量90.49亿元，净增27亿元，同比多增11.06亿元；存贷款总量、增量均居淮安区地方国有商业银行之首，贷款增量再创高。2022年，农行淮安楚州支行全市农行综合绩效考核中名列第一，在全省城区支行穿透式考核中居第一位，实现省市考核“双第一”历史性突破；在全省人均创利进步行中居第一位。农行淮安楚州支行党委被省分行党委授予“四好班子”称号。

【普惠金融】 2022年，农行淮安楚州支行加快普惠金融领域信贷投放，积极服务地方实体经济，支持小微企业、民营企业、个体工商户、经营性农户等实体发展。截至年末，普惠贷款总额17.24亿元，比年初净增4.23亿元，列系统首位。

【服务乡村振兴战略】 2022年，农行淮安楚州支行以农户贷款、制造业贷款投放为突破口带动

表35　**2022年中国农业银行股份有限公司淮安楚州支行获市级以上表彰一览表**

单位或个人	表彰内容	表彰单位
中国农业银行股份有限公司淮安楚州支行	人均创利进步行	中国农业银行股份有限公司江苏省分行
中国农业银行股份有限公司淮安楚州支行	先进集体	中国农业银行股份有限公司江苏省分行
中国农业银行股份有限公司淮安楚州支行	先进集体	中国农业银行股份有限公司淮安分行
王雪海	先进个人	中国农业银行股份有限公司淮安分行
嵇　飞	先进个人	中国农业银行股份有限公司淮安分行
徐振鹏	先进个人	中国农业银行股份有限公司淮安分行
陈　欢	先进个人	中国农业银行股份有限公司淮安分行
成　进	先进个人	中国农业银行股份有限公司淮安分行
王晓栋	先进个人	中国农业银行股份有限公司淮安分行
李　敏	先进个人	中国农业银行股份有限公司淮安分行
龚玉琢	先进个人	中国农业银行股份有限公司淮安分行
吴　婷	先进个人	中国农业银行股份有限公司淮安分行
靳海安	先进个人	中国农业银行股份有限公司淮安分行
叶广兵	十佳二级支行行长	中国农业银行股份有限公司淮安分行
仇　亮	十佳二级支行行长	中国农业银行股份有限公司淮安分行
张灵修	十佳客户经理	中国农业银行股份有限公司淮安分行
余欣莹	十佳客户经理	中国农业银行股份有限公司淮安分行
李　霞	十佳柜面经理	中国农业银行股份有限公司淮安分行
张　敏	十佳柜面经理	中国农业银行股份有限公司淮安分行
夏　霜	十佳运营管理人员	中国农业银行股份有限公司淮安分行
徐振鹏	十佳综合保障人员	中国农业银行股份有限公司淮安分行

农民增收致富，助推产业兴旺。截至年末，农户贷款余额7.57亿元，较年初增加2.05亿元；涉农贷款余额23.72亿元；制造业贷款余额9.79亿元，比年初增加2.99亿元。

【服务重大项目】 2022年，农行淮安楚州支行围绕基础设施、工业、物流、环保、民生、文旅、城市更新、现代农业等区域重点产业和城乡建设项目，全力向上争取，加强重大项目服务。围绕淮安区“2+2+N”产业体系，通过“一项目一方案一授权”工厂化批量化运作，优化担保方式，加强产品创新，争取优惠利率，服务支持重点产业发展。全年累计投放项目贷款21.49亿元，其中新获批项目贷款8个、授信金额合计37.68亿元，实现投放6个、投放金额13.66亿元。

【风险管控】 2022年，农行淮安楚州支行强化信用风险源头治理，严格规范信贷业务流程，加大不良资产清收与管控，确保不良占比控制在“笼子内”，年末贷款不良率较年初下降0.11个百分点。推进《员工行为守则》和禁止性规定学习教育活动，严格防范意识形态、声誉、失密泄密、消保投诉等领域的重大风险事件。规范产品销售行为，加强客户信息安全管理。

（甘淮国）

中国银行股份有限公司淮安楚州支行

【概况】 2022年，中国银行股份有限公司淮安楚州支行（以下简称“中行淮安楚州支行”）实现拨备前利润13572万元，营业净收入18419万元，中间业务净收入5133万元，年末在分行综合绩效考核排名全辖（全市中行系统各支行)第一。截至2022年末,本外币一般性存款时点余额60.1亿元,较年初新增10.45亿元;本外币一般性存款日均余额56.6亿元,较年初新增7.55亿元;本外币各项贷款余额68.72亿元,较年初新增20.49亿元。公司存款四行(淮安区中行、农行、工行、建行)份额占比26.49%,四行第一,公司贷款四行份额占比28.45%,四行第二;各项贷款增量四行第二,全辖第一,其中零售贷款增量四行第一、全辖第一。截至年底,全行不良贷款余额1163万元,较去年同期减少549万元,不良率0.18%,较去年同期下降0.2%,不良余额和不良率实现"双降"。大公司贷款新投放15.5亿元,国际结算业务取得结算量和结售汇量的贡献度双提升,跨境人民币结算量超年初结算量17倍。

【金融支持民生】 2022年,中行淮安楚州支行为区内提供5.5亿元城市更新项目授信支持、10亿元保障房项目授信支持;实现普惠金融户数新增168户,贷款余额新增3.25亿元,同比增长76.7%。累计为老年群体代发社保资金5.32亿元。推动各经营性支行先后成功创建"普惠金融特色网点""江苏银行业文明规范服务适老网点"。

【重点项目客户拓展】 2022年,中行淮安楚州支行做好与淮安区政府部门、帮办单位的对接工作,加大对重特大项目的营销力度和营销频次。2022年,中行淮安楚州支行中标淮安区财政社保资金6000万,先后中标淮安区财政预算单位零余额账户代理行资格、淮安区法院破产管理人账户代理行资格。2022年,淮安区首批实施预算单位受托支付改革的76家预算单位中,有35家预算单位的零余额账户选择在中行淮安楚州支行开户,市场份额占比达46%。

【服务能力提升】 2022年,中行淮安楚州支行分析地域经济产业结构、客群特点,坚持一户一策,一人一策。6月,中行淮安楚州支行取消传统的销售指标类考核,改为客户触达营销服务考核,以每月的有效触达客户数为考核指标,每月对100个以上客户进行有效沟通和触达,其中行长室陪同客户占比达50%。

【风险管控】 2022年,中行淮安楚州支行通过一把手讲合规、讲案例、讲党课,行务会、业务会等形式,传导规章制度要求,强化警示教育。根据年度内控案防检查计划,依托内外部检查系统,通过自上而下、自下而上相结合的检查方式,提升内控合规管理的精细化水平。

(张　雪)

中国建设银行股份有限公司淮安楚州支行

【概况】 截至2022年末,中国建设银行股份有限公司淮安楚州支行(以下简称"建行楚州支行")一般性存款余额50.64亿元,较年初新增11.24亿元,其中,个人存款余额28.82亿元,较年初新增5.2亿元;对公存款余额21.82亿元,较年初新增6.04亿元。各项贷款余额69.21亿元,较年初新增14亿元,四行(区中行、农行、工行、建行)同业新增占比20.88%。实现中间业务收入3220万元。全年实现拨备前利润1.8亿元。

【绿色信贷】 2022年,建行楚州支行围绕国家"碳达峰、碳中和"战略布署,加强绿色信贷投放力度,支持农村产业发展,助力乡村振兴,全年累计投放绿色信贷贷款4.88亿元。绿色信贷业务实现零的突破。

【战略业务】 2022年,建行楚州支行践行总行"三大战略"(普惠金融、住房租赁、金融科技)。普惠金融方面,全力支持民营和小微企业发展,全年新增普惠贷款2.06亿元,普惠贷款余额达7.15亿元,增速为40.42%,新增额及增速均列系统第二位。住房租赁方面,坚持房住不炒,完成二手房资金监管系统上线,投放住房租赁贷款2700万元。金融科技方面,大力发展云平台业务,全年累计完成悦生活交易额21964.8万元,完成云平台活跃商户19户,两项指标均位于系统第一位;深耕场景建设,通过搭建平台,先后为安佑饲料、苏盐井神第一分公司上线智慧食堂,为企业赋能减负。

表36　2022年中国建设银行股份有限公司淮安楚州支行获市级以上表彰一览表

姓名	表彰内容	表彰单位
王红菊	2022年全国金融五一劳动奖章	中国金融工会

【风险管控】 2022年，建行楚州支行坚持业务发展合规先行，组织全体员工学习总行下发的《中国建设银行员工合规手册（2022年版）》，开展全员内控合规暨廉洁从业知识竞赛活动。加强警示教育，严防职务犯罪，全员签订廉洁自律承诺书，建立重点关注人员台帐。开展业务风险排查和深化重点领域案件专项治理等活动，做好风险处置化解工作。

（李顺庆）

中国邮政储蓄银行股份有限公司淮安市淮安区支行

【概况】 截至2022年末，中国邮政储蓄银行股份有限公司淮安市淮安区支行（以下简称“邮储淮安区支行”）各项贷款余额40.78亿元，较年初净增4.19亿元；个人储蓄存款余额7.63亿元，较年初净增1.18亿元；公司存款余额10.03亿元，较年初净增2.83亿元；累计实现自营收入10902.17万元，实现净利润8377万元，均位列系统内县区支行第2名。

【资产业务】 截至2022年末，邮储淮安区支行个人经营性贷款余额10.15亿元，较年初净增1.71亿元；房贷余额18.17亿元；非房消费贷款余额3.43亿元，较年初净增0.3亿元；小企业贷款余额4.70亿元，较年初净增0.87亿元；贸易融资1亿元；批发贷1亿元，为2022年新增业务；票据直贴2.34亿元。

【风险管控】 2022年，邮储淮安区支行增设风险经理岗位，加强内控队伍建设。加强员工行为管理与监督，定期开展全行员工日常行为集中排查。进一步落实细化贷后管理要求，突出全流程管控，严守风险红线。强化及时移交不良贷款效率，提升清收保全工作精细化管理水平。截至年末，邮储淮安区支行不良贷款余额1527万元，整体不良率0.38%，较年初下降0.42个百分点。全年清降不良贷款2156万元，为历史最高。整体不良额和不良率均在上级行控制目标范围内，整体资产质量较高，发展风险可控。

（王　辉）

江苏银行股份有限公司淮安楚州支行

【概况】 截至2022年末，江苏银行股份有限公司淮安楚州支行（以下简称“江苏银行楚州支行”）各项存款余额45.59亿元，较年初增长1.31亿元；各项贷款余额26.59亿元，较年初减少0.11亿元。

【客户拓展】 2022年，江苏银行楚州支行加大营销力度以及大客户维护管理，做好产品推介和跟踪服务，拓宽存款来源，巩固扩大地区市场份额。保持与政府平台、园区、镇街等各方联系，召开银企对接会，拓宽获客渠道；逐户对接白名单客户，增

表37　2022年中国邮政储蓄银行股份有限公司淮安市淮安区支行获市级以上表彰一览表

单位（姓名）	表彰内容	表彰单位
中国邮政储蓄银行股份有限公司淮安市淮安区支行	执行人民银行政策A类机构	中国人民银行淮安支行
中国邮政储蓄银行股份有限公司淮安市淮安区支行	反假货币工作先进单位	中国人民银行淮安支行
中国邮政储蓄银行股份有限公司淮安市淮安区支行	双拥模范单位	江苏省双拥工作领导小组、江苏省退役军人事务厅、江苏省军区政治工作局
中国邮政储蓄银行股份有限公司淮安市淮安区支行	全省2022年不良资产处置春季劳动竞赛活动清收铁军奖	中国邮政储蓄银行股份有限公司江苏省分行
中国邮政储蓄银行股份有限公司淮安市淮安区支行营业部	2021—2022年全省个人金融业务跨年度竞赛最佳网点奖	中国邮政储蓄银行股份有限公司江苏省分行
中国邮政储蓄银行股份有限公司淮安市淮安区支行	优秀信息宣传单位	中国邮政储蓄银行股份有限公司淮安市分行
徐倩茹	淮安金融系统优秀共青团员	共青团淮安市委员会

加潜在授信项目。

【风险管控】2022年，江苏银行楚州支行加强内控安全管理，持续提升风险防控能力。树立合规经营理念，定期开展自查工作，及时整改问题，提升员工风险意识。严守政策底线，严把审批关口，严格贷后管理，完成资产质量控制任务。

（江苏银行楚州支行）

保险业

中国人民财产保险股份有限公司淮安市淮安支公司

【概况】2022年，中国人民财产保险股份有限公司淮安市淮安支公司（以下简称“人保财险淮安支公司”）实现保费收入1.87亿元，同比增长13.21%，全险种占淮安区市场份额41.47%。全年人保财险淮安支公司占淮安区车险市场份额45.25%，非车险市场份额36.2%。全年受理理赔案件23932件，案件处理率和结案率97.78%；支付赔款1.02亿元，其中未支付金额4765万元，同比减少9.43%。2022年，人保财险淮安支公司获“淮安区三八红旗集体”称号。

【服务举措】2022年，人保财险淮安支公司秉承“做有温度的人民保险”“人民保险服务人民”的理念，向客户提供多样化的快捷服务。95518服务专线电话提供24小时服务；人保财险微信公众号提供一键续保、微信理赔、微信道路救援等服务，让客户一键解决从投保到理赔问题，服务过程透明可视；人保e通和营销管理系统等多种组合出单模式满足客户对于不同险种的搭配需求；安排人伤调解员解决客户理赔难题，为客户提供高效、优质的服务。

【民生服务】2022年，人保财险淮安支公司在做好疫情防控的基础上加深政企互动。承保淮安区社会治安综合险、淮安区政策性农业保险、淮安区残疾人联合会轻度残疾人意外伤害保险、淮安区防返贫救助资金保险等民生项目，累计承保金额超20亿元，保险受众超20万人。提供包括自然灾害、畜牧疾病、意外伤害、意外医疗、意外住院津贴、重大疾病医疗、重疾住院津贴、返贫风险等多个风险保障。

（贾　宇）

中国人寿保险股份有限公司淮安市淮安区支公司

【概况】中国人寿保险股份有限公司淮安市淮安区支公司（以下简称“中国人寿淮安区支公司”）是中国人寿保险股份有限公司淮安分公司在淮安区的分支机构，有3个区部，15个职场，15个营销服务部，10余个驻村工作室。2022年，中国人寿淮安区支公司实现总保费0.82亿元，较上年减少4.04%；税收221.37万元。全年受理案件8743件，支付赔款3147.6万元，最大单笔赔案金额67.59万元，理赔结案时效2.07天，结案率97.24%。

【服务举措】2022年，中国人寿淮安区支公司为客户提供多样的服务举措。95519客户服务专线电话实行24小时服务；VIP客户俱乐部为高端客户持续提供个性化服务；提供工行、农行、中行、建行、招行、邮储银行、江苏银行的转账代扣代付服务。

【产品体系】2022年，中国人寿淮安区支公司产品涵盖普通寿险、分红保险、健康保险、意外伤害保险、养老保险等多个种类，计200个险种，为客户提供全方位的人身保险保障服务。其中专为满足客户健康保障要求设计开发的康悦百万医疗、国寿保短期、以及老年人保险、女性安康等政府惠民保险产品，具有保费低廉、保障适度、除外责任少、核保理赔手续简便等特点。

【民生服务】中国人寿淮安区支公司主动参与社会保障体系建设。受淮安区政府委托，承接辖区内居民大病医疗第三方监管与服务工作。2022年，累计给付大病医疗保险金8796万元，共计43655人次。提供下岗再就业岗位，全年787人与中国人寿淮安区支公司签订代理合同，合计获得佣金2857万元。

（中国人寿淮安区支公司）

开放与合作

招商引资

【概况】 2022年，淮安区新签约亿元以上项目90个、协议引资额364.39亿元，其中工业项目67个，服务业项目14个，农业项目9个；50亿元以上项目（市认定）2个（总投资60亿元的盐穴压气储能项目和总投资52亿元的芯声微二期项目）。

【招商举措】 2022年初，淮安区按照市重特大项目攻坚系列文件精神，结合实际，修订《2022年度招商引资考核激励办法》《2022年度外资考核激励办法》等年度考核办法，将目标任务分解到位，突出时间节点，逐项量化进度和指标。推动驻点招商工作，每日汇总各单位主要负责人、分管负责人和驻点人员在外招商情况，按照日、周的频次滚动通报各单位外出情况，每月形成月报。每周五组织在外招商人员视频例会，推进项目招引。2022年下半年，全区外出招商4900余人次，接待客商到淮安区考察320余批次。

【项目研判评审】 2022年，淮安区整合招商服务、生态环境、自然资源规划、行政审批等职能单位，建立在谈信息联合研判制度。每周对各单位申报的项目信息进行综合研判，对通过初步研判的信息，及时反馈引资单位跟进并报区挂钩领导推进。完善项目入园评审机制，保障入园项目质量，在前期初步研判的基础上，招商服务、发改、工信、行政审批、自然资源规划、生态环境、应急管理等职能单位对拟入园项目集中组织评审。全年完成4个批次、46个项目的入园评审。

（李　琦）

表38　淮安区商务局基层单位名录

单位名称	基层单位名称
淮安市淮安区商务局	淮安市淮安区商务综合执法大队
	淮安市对外贸易公司
	江苏省畜产进出口（集团）公司淮安地毯总厂

外经外贸

【概况】 2022年，淮安区外贸进出口总额为4.83亿美元，同比增长2.0%，全市排名第七。全年协议注册外资额30517.8万美元，同比下降73.6%；注册外资实际到账1.61亿美元，同口径增长9.59%，全市排名第一。完成对外直接投资额2724.9万美元，占年目标500万美元的544.8%，全市总量第二。

【省级外资研发中心认定】 2022年9月，为鼓励外商投资设立研发中心，积极开展技术创新，江苏省商务厅、江苏省财政厅、南京海关和国家税务总局江苏省税务局联合发布2022年第一批符合进口税收政策的外资研发中心名单。江苏施塔德电梯有限公司（研发中心）获江苏省符合进口税收政策的外资研发中心认定，享受进口税收政策，成为淮安区第一家省级外资研发中心。

（陈子璇）

开发园区

江苏淮安经济开发区

【概况】江苏淮安经济开发区，创建于2002年3月，2006年4月被批准为省级开发区。经过10多年的发展，开发区形成“一区多园（一个核心区，多个产业园区）”的空间布局。2022年，江苏淮安经济开发区（含1+N园区）实现开票销售414.26亿元，入库税金11.1亿元。其中规上工业开票销售252.7亿元、同比增长3.9%，规上工业入库税收8.4亿元、同比增长17%。实现亿元以上新开工工业投资额7亿元，亿元以上新竣工工业投资额39.4亿元；实际使用外资总额1.4亿美元，同比增长109%；外贸进出口总额4.4亿美元，同比增长0.9%。2022年，开票销售超70亿元企业1家（苏盐井神）、超20亿元企业2家（苏食肉品、跨航物流）、超10亿元企业5家（建华建材、双环齿轮、共创人造草坪、镇淮建设、海螺水泥）；入库税金超1亿元企业1家（苏盐井神）、2000万元到1亿元的企业8家（共创人造草坪、海螺水泥、跨航物流、汤始建华、国信燃气发电等）、1000万元到2000万元的企业12家（双环齿轮、文善电子、飞翔科技、建华建材、盛卓建筑等），企业阶梯式培育成果初步显现。2022年新增列统企业8家，其中工业列统企业3家（全稳农牧科技、长特科技、荣轩再生资源），服务业列统企业3家（远方供应链、天马电商、跨航物流），贸易业列统企业2家（宏信康新材料、锐佳环保）。

【深化改革】2022年，江苏淮安经济开发区成立坤淮公司。优化组织架构，对中层及以上岗位通过综合比选、统筹择优确定人选。将能招商、善招商、会招商的人员选拔到招商岗位。在全区抽选30名招商专班人员，组建7个招商专班，初步形成“专业化+专职化”的大招商格局。深化“放管服”改革，有序承接企业全生命周期审批事项相关权限，推进与工业企业相关的行政审批在江苏淮安经济开发区层面办理，方便群众办事创业。实质承接立项备案、城管、环保以及自然资源相关事项，直接审批或独立完成资料收集、初审、资料上报和反馈、推进审核等工作。

【招商引资】2022年，江苏淮安经济开发区聚焦“2+2+N”产业发展体系，重抓淮昆合作招商、驻点招商、顾问招商和以商引商，深耕长三角、珠三角重点区域，瞄准国际国内500强企业、母体专精特新小巨人企业的投资信息，及时甄别筛选研判，捕捉有价值项目信息51条。全年签约亿元以上工业项目29个，协议引资额334.43亿元，其中5亿元以上项目12个，50亿元以上项目2个，投资106亿元的修正集团淮安项目签约，实现淮安区百亿元项目零的突破。

【项目建设】2022年，江苏淮安经济开发区针对所有待建和在建项目，明确手续办理、项目建设、竣工验收时间节点，制定《江苏淮安经济开发区项目帮办推进工作机制》，落实项目流转机制、专题会办机制、项目预警机制、问题销号机制，帮助昆淮智创园、荣康PCB、润阳电子产业园等13宗项目地块完成挂牌工作。完成淮昆产业园境内2907亩地块文物评估与荣康PCB、哈思孚机械、新莱洁净等项目地块林地审批工作，保障裕庆金属、哈思孚机械、环欧智能传动等6个项目挂牌开工。全年开发区境内完成开工亿元以上项目23个、竣工亿元以上项目17个，其中开工工业项目18个、服务业项目2个、农业项目3个，竣工工业项目10个、服务业项目3个、农业项目4个。

【科技创新】2022年，江苏淮安经济开发区23家规上工业企业中13家申报研发费用，共计14763.8万元，高新技术产业产值占规上工业产值比重28.62%。全年园区国家级高新技术企业认定通过7家，科技型中小企业评价入库数36个，技术合同成交额1.01亿元，质押融资完成2000万元，甜蜜食品在江苏股权交易农业板挂牌。新招引高科技项目1个。永安制药获批省级研发中心，江苏飞特尔通信有限公司获批市级工程技术研究中心，“荣安智创孵化器”获批市级科创载体，“江苏达康智能装备产业园”通过市级科创载体绩效评估，“淮安区创客中心”通过市级众创空间绩效评估。淮安精密配件特色产业基地入选2022年国家火炬特色产业基地名单。

【基础设施建设】2022年，淮昆产业园实现路网通达，建成山阳大道、经十九路、东六路、经十八路、纬三路等主要干道和部分支道。投资约3000万元建设东一路2千米，开工1.5千米。广州路—老一支渠路段部分通车。建设污水管网8.2千米，涉及3个项目：总投资约700万元淮昆产业园工业污水管道工程，总长约5300米；总投资约150万元硕创电子项目工业污水管道工程，总长约1800米；总投资约300万元百斯特项目高铁以西广州路—东一路污水管道工程，总长约1100米。新建经十八路边沟工程，6月全线贯通。新建桥梁1座（椿树桥），完成桥板铺装，总投资约300万元，是2022年淮安区重点民生工程之一。

（杨　静）

淮安电子商务现代物流园

【概况】 淮安电子商务现代物流园成立于2012年，总规划面积5500亩，建成面积2000亩。2021年10月28日获省第一批、淮安市首家省级跨境电子商务产业园称号。截至2022年，园区形成电子商务、快递快运、仓储供应链等三大主导产业融合发展格局，先后获得国家电子商务示范基地、省重点物流基地、省现代服务业集聚区等13项省级以上荣誉。园区集聚各类企业160家，其中征地企业19家。2022年，淮安电子商务现代物流园实现开票50.40亿元、同比增长97.80%，纯入库税收5979.65万元，同比增长122.31%。

【快递快运】 2022年，淮安电子商务现代物流园有中通、圆通、申通、韵达、高德、德邦等国内知名快递快运企业6家，辐射苏北、鲁西南、皖北等全部区域，转运至长三角、环渤海及全国各重点城市。其中，中通、圆通、申通快递日运转量489万件，年运转量17.9亿件；中通快运年转运量78.5万吨。园区新签约中通快运、申通三期项目，其中中通快运项目投资约1.28亿元，租赁中通快递原一二期100亩土地约7万平方米的厂房，并新购约40亩土地，改扩建快运中心、仓储综合仓库等；申通三期项目投资5亿元，拟建设申通苏北区域结算运营管理中心、数字化分拨转运中心、供应链服务中心等。

【仓储供应链】 2022年，淮安电子商务现代物流园有利群、德邦、网营物联、松松科技、宝利丰、恒安、宏华、天天快仓储等现代仓储供应链企业8家，建设高标准库房34万平方米。吸引食品、宠物用品、美妆洗化等195家企业入驻设仓。新签约投资约1.2亿元的今乌食品仓储供应链项目，建设食品研发及生产销售、电子商务、智能仓储、冷链、仓储直播、结算中心、农产品种植基地等相关产业链。

【电子商务】 2022年，淮安电子商务现代物流园有电子商务企业42家，其中有威特、寒舟、天马、康乃馨、宜泰、互联网+等征地企业6家，全年销售约50亿元。盘古跨境电商项目落地，为跨境电商企业提供海外仓储、清关、退换货、产品维修等服务。

【新业态经济】 2022年，淮安电子商务现代物流园对接洽谈新业态企业34家，招引落户25家，其中江苏运联智运项目实现网络货运与大宗商品贸易融合发展。跨航物流在淮设立全国结算中心开展世界业务运营，2022年在淮新购货运车辆255台，实现开票20亿元，入库税收3020.45万元。华果网络文化科技通过直播，帮助本地企业实现销售跃升。

（马政彪）

江苏省国信集团淮安工业园

【概况】 江苏省国信集团淮安工业园（以下简称“国信淮安工业园”）于2011年挂牌成立，是江苏省内第一家由省属大型国有企业和地方政府合作共建的综合型工业园区。2011年被批准为江苏省南北共建园区，2013年被认定为“江苏省新能源汽车产业基地”。园区总规划面积10平方千米，启动区规划面积2.6平方千米。

【项目建设】 2022年，国信淮安工业园新签约项目1个，即总投资25550.41万元的天好大数据和云计算综合服务能力升级建设项目；新开工项目2个，即总投资1亿美元的润阳电子产业集聚平台项目和总投资25550.41万元的天好大数据和云计算综合服务能力升级建设项目；新竣工项目1个，即总投资1.2亿元的单、双面线路板和铝基板生产一期项目；完成注册外资到账944万美元。洽谈推进总投资6.9亿元的零奔洋光电项目、总投资31.6亿元的人民电器集团铜箔项目、总投资50亿元的10吉瓦晶华新能源高效光伏电池项目等重大项目。

【安置小区建设】 2022年，国信淮安工业园推进水岸新城安置小区工程建设。水岸新城安置小区二期二标段占地约2.18万平方米，建筑面积7.36万平方米，于11月底竣工交付，提供房源487套。

（周梦琦）

淮安施河现代教育装备产业园

【概况】2022年，淮安施河现代教育装备产业园拥有各类生产型企业115家，其中列统企业15家。拥有两个大类的产业群，即教育装备产业群、一二三产融合产业群，提供电教装备、实验室装备、动漫课件、数字化校园、人造草坪、儿童游乐设施、高铁航空餐、连锁餐饮供应等11大类2000多种产品，从业人员2.6万人，其中近5000名供销员遍布全国各地。形成以江苏共创、新起点等为龙头的体育装备产业集群，以快易典、乾坤科教等为龙头的智能教学装备产业集群，以奇乐娃、喜洋洋等为龙头的幼教装备产业集群，以百斯特集团为龙头的一二三产融合产业集群，产业集聚度达90%以上。2022年，园区教育装备产业完成工业投资12.16亿元，实现列统工业产值32.41亿元，规上工业应税开票21.83亿元、入库税金1.06亿元。全年开票销售突破亿元企业3家，入库税金超百万元企业10家，区入库税金50强企业7家。新培植列统企业7家，申报科技型中小企业32家，新增“智改数转”星级上云企业9家、专精特新企业2家。

【招商引资】2022年，淮安施河现代教育装备产业园搜集各类招商引资有价值信息30余条，新签约亿元以上项目2个，即投资5.2亿元的中瑞恒丰储能电站项目、投资1.06亿元的新奥天然气项目。

【项目建设】2022年，淮安施河现代教育装备产业园新开工亿元项目1个，即投资1.1亿元的百斯特农业产业化及农产平深加工项目；新竣工亿元项目5个，即投资1.1亿元的百斯特农业产业化及农产平深加工项目、投资20亿元的江苏百斯特食品智慧创享产业园项目、投资1.2亿元的施河镇文体综合服务中心项目、投资1.1亿元的施河镇教育体育装备产业创新孵化中心项目、投资1.1亿元的年产350万平方米绿色仿真植物项目。

（梁乾洲）

淮安市淮安区绿色建造产业园

【概况】淮安市淮安区绿色建造产业园原为淮安新材料产业园，成立于2014年，园区规划总面积21平方千米，其中工业用地15.58平方千米，下辖永济、张朱、姚桥三个行政村，常住人口1万余人。2021年3月，正式更名为淮安市淮安区绿色建造产业园。2022年，淮安市淮安区绿色建造产业园围绕“培育绿色建材百亿产业，打造绿色建造产业园百亿平台”双百亿目标开展各项工作。全年完成列统工业开票销售44.26亿元；列统工业入库税金1.19亿元；实现一般公共预算收入1.15亿元，其中上划数5774万元；培植列统企业4家。

【项目建设】2022年，淮安市淮安区绿色建造产业园新签约亿元以上项目4个，即总投资10亿元的淮安海螺绿色能源100兆瓦储能及配套设施项目、总投资10亿元的英利高效光伏组件智能制造项目、总投资6.2亿元的年产1万件装配式模具和年产10万吨装配式钢结构项目、总投资1.1亿元益和磷酸铁锂高端新材料项目；新竣工亿元项目2个，即总投资约2亿元的淮安海螺年产60万吨精品砂和60万方商品混凝土项目、总投资6亿元的发着新型超强薄壁架子管项目。

【基础设施建设】2022年，淮安市淮安区绿色建造产业园着力改善园区路网体系，高标准维修北环路，新铺设永济路北段。总投资5.5亿元的淮安港范集作业区码头完成完成设计招标、现场土地测绘。计划新建的4万吨/天污水处理厂项目完成立项。总投资4500万元1.5万亩高标准农田项目进入扫尾阶段。

（葛志玉）

表39　2022年淮安区绿色建造产业园概况一览表

村（居）委会名称	村组数/组	户数/户	人口/人	耕地/公顷
永济村	29	810	4065	705.47
姚桥村	23	620	2507	480
张朱村	11	399	1731	259.53

注：表中数据截至2022年12月31日

交通运输

综　述

【概况】 截至2022年底，淮安区公路总里程2330.002千米，公路网密度达每百平方千米160.468千米。按技术等级分：高速公路81.079千米，一级公路162.49千米，二级公路220.018千米，三级公路140.97千米，四级公路1725.445千米。按行政等级分：国道105.349千米，省道129.335千米，县道398.234千米、乡道967.12千米、村道729.964千米。境内铁路总里程98.5千米。高速铁路2条，其中连淮扬镇高铁25.6千米、徐宿淮盐高铁40.4千米；普通铁路1条，即新长铁路32.5千米。管辖航道502.21千米，其中等级航道103.51千米、等外级航道398.7千米。等级航道中三级航道1条，即淮河出海航道15.21千米；五级航道1条，即苏北灌溉总渠34.58千米；七级航道2条，分别为溪河41.8千米、浔运西线11.92千米。境内另有苏北航务管理处管辖的二级航道京杭运河35千米。全区拥有码头7个、泊位38个。

城乡公交一体化智慧调度中心　（纪星名　摄）

2022年，淮安区有长途客运班线46条，48辆中高级客运车辆，可直达省内各大城市及上海、杭州、宁波等城市。有城市公交线路21条，车辆294辆，均为新能源公交车辆；设置城市公交站点280多个，线路总长320千米。有城乡公交线路10条、镇村公交线路51条，有城乡客运班车162辆、镇村公交车辆65辆，线路总长945千米。

【运输经济】 2022年，淮安区完成公路客运量223万人次，周转量7920万人千米；完成公路货运量670万吨，周转量12.79亿吨千米；完成水路货运量1196万吨，周转量31.72亿吨千米；完成港口吞吐量1386万吨。促进城乡物流一体化发展，全区

表40　2022年淮安区交通运输局获市级以上表彰一览表

姓名	表彰内容	表彰单位
颜　飞	全省交通运输行业优秀党务工作者	江苏省交通运输行业党委

表41　淮安区交通运输系统基层单位名录

单位名称	基层单位名称
淮安市淮安区交通运输局	淮安市淮安区交通运输综合行政执法大队
	淮安市淮安区公路事业发展中心
	淮安市淮安区港航事业发展中心
	淮安市客总汽车运输有限公司
	淮安市淮安区安保汽车综合性能检测站
	淮安市淮安区港务管理处
	淮安市淮安区船舶制造有限公司（停产）

共有15个镇级物流服务站、326个村级物流服务点，创立“交邮融·惠新农”品牌，开发“供销e家+小步到家”社区电商平台，打造车桥西循环、朱桥北循环2条交邮融合示范线路，成功创建“江苏省农村物流达标县”。推进经营性国有资产集中统一管理工作，客总公司完成公司化改革。全年实现企业营收2904万元，其中客总公司完成营收2616万元，汽车检测站完成营收288万元。

【铁路建设】 2022年，淮安区保障推进铁路建设。推进宁淮城际铁路房屋搬迁和征地组卷工作，完成先导段施工；新长铁路仇博路道口改造竣工，完成20处道口平改立工程，综合管廊工程竣工验收。

【交通运输行业管理】 2022年，淮安区交通运输部门优化交通运输审批手续，动态调整行政权力174项，办理行政许可事项189件、异地审批证件432本。强化信用监管，对全区1841家道路运输经营者、7家港口经营企业信用等级进行评定，帮助失信主体修复信用信息155条。

【交通运输安全稳定】 2022年，淮安区开展农村道路交通安全专项整治行动，排查整改重点路口路段安全隐患57处、农路桥梁安全隐患21座。按月组织开展危化品运输、消防火灾、港口码头、客运站场、作业现场等专项检查，整改各类安全隐患221处，实现“风险可控、隐患清零、问题销号”，未发生道路、水上运输生产安全责任事故。开展“平安交通”系列创建活动，推进交通运输市域社会治理现代化建设试点工作，做好信访积案化解工作，全年共办理各类信访件3071件，办结率100%。

【交通运输新冠疫情防控】 2022年，淮安区交通运输部门牵头公安、卫健等部门，设立多个公路查验卡口、接驳点和水上防疫点，550余名执勤人员坚持24小时值守，累计查验车辆36万余辆次、39万余人次，劝返车辆3.7万辆次、4.5万人次，接驳车辆12万辆次。开展助企纾困服务，向开发区相关企业派出驻厂指导员，采取有效措施保障重点物资运输畅通。

（葛会渠　王盛兰）

公　路

【公路管理】 2022年，淮安区推进城乡公交一体化达标县区创建，10条城乡公交线路实行公司化和公交化运营，票价平均降低三分之一；完成所有乡镇151个智能站台（牌）制作安装工作。推进综合行政执法，查处

京沪高速公路平桥服务区　　（纪星名　摄）

道路运输违法违规行为346件，打击非法营运车辆80辆次；查处超限超载运输车辆491辆次、卸驳载货物9355吨。

【公路养护】 2022年，淮安区加强公路养护，完成328省道6千米大修工程、328省道与235省道局部病害集中维修工程；对辖区内国省干线公路30座桥梁桥下空间进行整治，清理约878立方米垃圾；完成8条县道公路小修保养和预防性养护。

【公路建设】 2022年，淮安区推进干线公路建设。348省道范集及白马湖段主体工程完工；264省道淮安区段全线开工建设；苏北灌溉总渠暨淮河入海水道特大桥进入上部结构施工阶段；京沪高速改扩建工程，基本完成房屋搬迁和杆线迁改工作，进入沥青上面层摊铺作业。推进农村公路建设。完成省批农村公路建设计划21千米，桥梁16座；改善农村公路交通出行条件，实施农村公路安全生命防护工程441千米，建成“美丽农村路”11千米、“平安放心路”15千米。开展重点工程前期工作，343国道淮安区段、233国道淮安绕城工程淮安区段工可审查通过。

（葛会渠　王盛兰）

水域巡航　（易　欣　摄）

航道　港口

【航道管理】 2022年，淮安区加强辖区水域巡航检查，检查船舶270余艘次，处置搁浅、碰撞事故40余起，查处违法违规行为150起。

【航道港口建设】 2022年，淮安区持续开展京杭运河淮安区段绿色现代航运建设工作，完成黄码大桥背水面绿化、汇行广场客船临时停靠码头和淮安船闸至宝应段沿岸生态修复工程。淮安港淮安港区上河作业区项目完成项目场地清表和整理、码头主体结构灌注桩和水泥搅拌桩施工以及码头主体浇筑基础垫层。完善港口码头防污抑尘设施，配置分类垃圾箱20组，安装港口粉尘在线监测设施8套，建成船舶生活污水和油污水接收设施19套、岸电设施19套。

（葛会渠　王盛兰）

综　述

【概况】2022年，淮安区实施城建重点项目37个，总投资159.5亿元。完成承恩大道节点环境提升、月湖周边环境整治等重点绿化工程，新建淮安医院北侧游园等城市小客厅10个，新增绿化面积20万平方米。完成百寿坊等10条后街背巷改造。

【征收安置】2022年，淮安区完成河下茶巷周边环境提升、府前路幼儿园、里运河东堤3号地、城区D级危房改造等6个地块745户21.48万平方米及淮河入海水道二期工程1285户19.1万平方米征收工作。完成杜康桥一期、金夏学府、文鼎佳苑、西城花园等8个安置小区5288套房屋的安置、结算工作。

【建筑工程扬尘治理】（参见《建筑业·建筑施工》）

（李　淮）

【住宅专项维修资金管理】2022年淮安区加大维修资金收缴力度，做到无漏户、按标准。全年归集住宅专项维修资金5171万元（其中电梯消防专项维修资金646万元）。规范住宅专项维修资金使用流程，做到制度化扎口把关，资金安全无风险。全年申请使用997万元，核减130万元，实际拨付867万元，核减率达15%以上。拨付资金重点用于小区电梯、道路、监控、屋面、外墙等公共设施设备、公共部位维修。

（陈小春）

表42　　淮安区住建系统基层单位名录

单位单位	基层单位名称
淮安市淮安区住房和城乡建设局	淮安市淮安区住房保障和房产管理中心
	淮安市淮安区房屋综合服务中心
	淮安市淮安区市政公用事业服务中心
	淮安市淮安区房屋征收服务中心
	淮安市淮安区园林绿化管理中心
	淮安市淮安区华光路灯管理有限公司
	淮安市淮安区建设工程质量检测中心
	淮安市淮安区清源排水有限公司
	淮安楚州住房贷款担保有限公司

城市规划

【总体规划】《淮安市城市总体规划（2009—2030）》分为市域、规划区、中心城区三个层次，淮安区属市域。淮安市城市发展目标定位为长江三角洲北部地区重要的中心城市、具有绿水生态特色的宜居城市，市域城市化水平到2020年达到60%，到2030年达到70%。《淮安市国民经济和社会发展第十四个五年规划和二〇三五年远景目标纲要》中提出，构建“1-2-10-20”的市域城镇空间结构体系。其中“1”是指淮安市主城区与洪泽区、涟水县2个副城。“2”是指盱眙、金湖2个县城城区，主要为本地区提供城市服务功能。“10”是指10个重点中心镇，

"20"是指20个片区中心镇。淮安区属淮安市主城区。《淮安市淮安区国民经济和社会发展第十四个五年规划和二〇三五年远景目标纲要》提出,围绕"绿色活力枢纽,魅力宜居古城"发展定位,建设中心城市核心区、江淮发展先行区、枢纽经济承载区、全域旅游示范区、文明和谐幸福区。围绕"东拓北融、西优南聚"的发展方向,统筹城区产业、居住和生态布局,形成"一城一枢纽,两带三片区"的空间格局。"一城",指文旅产业集聚城;"一枢纽",指高铁枢纽;"两带",指水运文化彰显带和城市品质拓展带;"三片区",指绿色产业发展片、城乡融合发展片、农工特色产业发展片。

【城镇空间结构体系规划】《淮安市淮安区国民经济和社会发展第十四个五年规划和二〇三五年远景目标纲要》提出,淮安区要构建"1-2-5-7"城镇空间结构体系。"1"是指中心城区,包括河下街道、淮城街道、山阳街道;"2"是指车桥、钦工两个重点中心镇;"5"是指五个片区中心镇,包括苏嘴镇、施河镇、漕运镇、石塘镇、范集镇;"7"是指七个城镇型社区,包括朱桥镇、平桥镇、复兴镇、博里镇、流均镇、顺河镇、白马湖农场。

【规划编制】 2022年,淮安区推进《淮安市淮安区国土空间分区规划(2021-2035年)》编制工作。面向2035年,坚持"生态优先,落实管控""全域统筹,城乡融合""以人为本,提升品质""节约集约,增存并举"规划原则,建设"绿色活力枢纽,魅力宜居古城",打造"建设全市展示'象征意义'的窗口"。11月,形成全套国土空间规划成果阶段性方案,并提交市自然资源和规划局。

【规划管理】(参见《生态环境·自然资源管理》)

(区政府网站)

城市更新

【市政工程】 2022年,淮安区实施城区市政道路及基础设施周边提质工程,城区市政道路修补及新建沥青路面20761.10平方米,改造及新建人行道5218.80平方米,完成砼路面维修247平方米,改造及新建侧平石2324.50米、施划标线2877.35平方米,新增护栏4881米,维修立柱226根。实施府前路污水管网工程。加强市政基础设施的巡查频次,重点加强市政道路、桥梁、地下管网等隐患排查、检测工作,对发现的安全隐患及时处理和修复,市政基础设施完好率98.78%。

【老旧小区改造】 2022年,淮安区投入7785万元完成漕运小区、紫金花苑、广电宿舍楼等37个老旧小区及单栋住宅楼综合改造,共116幢楼3566户,总改造面积33.96万平方米。

【路网体系建设】 2022年,淮安区改造关天培路等10条市政道路,打通杜康桥路等6条"断头路",海棠大道竣工通车;新旅片区入选城市更新省级试点。完善城市亮化智能控制系统,完成边寿民路(华西路-翔宇大道)、同心路(山阳大道-藏军洞路)、赵倚楼路、镇海路(经十路-经十一路)、刘伶台路(樱桃园-南环路)、交警大队门前支路、规划一路(经四路-经五路)、规划一路(经五路-经六路)路灯架设,合计架设路灯209杆252盏;完成全区范围内主次干道路灯维修956盏。城区道路亮灯率、设备完好率在98%以上。

【污水管网建设】 2022年,淮安区新建城区污水管网3.48千米。更换各类检查井、雨水井井盖292座,清理大小雨水井4112座。完成文锦城三期、杜康花苑一期等小区和华纯环保、文善电子等企业污水管道抽查验收,疏通城区污水配套主干道管网6千米和小区污水管网5千米。

(李　淮)

城市管理

【户外广告及立面治理】 2022年,淮安区开展户外广告、店招立面整治,累计拆除清理楼顶广告16处、楼身体广告74处、店牌店招16处、绿化带广告5处、一店多招55处。建立非法小广告治理长效机制,全年累计组织巡查3700余人次,发现非法小广告3000余处,上报市城市管理局非法小广告号码30余个。

【不文明养犬专项整治】 2022年,淮安区城管部门对辖区内不文明养犬行为进行集中整治197次,联合公安、市监、卫健委、农委、街道社区组成跨部门联合执法队伍进行集中整治5次。全年抓捕违规犬只491条,劝导教育不文明养犬行为915起,办理不文明养犬案件76起，处理上级或其他部门交办的市民反映强烈的不文明养犬案件46起。

【违法建设综合治理】 2022年，淮安区构建城管、社区、物业三位一体的违建治理联动机制。区城管部门拆除违法建设12处390余平方米，协助相关单位拆除违法建设约1200平方米，动员自拆厂房2000平方米。

【城区环境卫生管理】 2022年，淮安区城管部门加强85条城市道路418.35万平方米常规清扫保洁工作。主城区范围道路，做好机械化作业和人工清扫人机协同，实现凌晨3∶30至晚上10∶00不间断巡回保洁。外围道路利用小型电动保洁车与机械化作业协同，提高保洁效率。加强104座城管直管公共厕所管理，突出对沿街公厕、景点公厕、居民密集区公厕的管理力度，及时更换损坏洁具。及时处理无主商住楼化粪池的吸排工作，确保无漫溢现象，累计吸排粪便8800余车次，约1.99万吨。强化果壳箱、垃圾桶等环卫设施管理，安排专人对城区内870余个分类果壳箱和347个分类垃圾桶进行保洁管理，及时更新替换。全年更换果壳箱80余个、垃圾桶59个。

【城区农贸市场管理】 2022年，淮安区强化城区农贸市场周边整治，重点整治惠民公司所辖农贸市场内外墙体脏乱、摊点柜台外溢、乱堆乱放、占道经营、地面污水污渍等问题。全年出动管理人员2920人次，保洁人员1000人次，对各市场内外全方位消毒、清扫，清理垃圾约65余吨，清理摊位外溢1460余处、整治占道经营920余起，规范非机动车停放1100余辆。

【垃圾分类管理】 2022年，淮安区有序推进垃圾分类工作，规范垃圾分类收运流程，完善分类收运队伍及设施配套，满足全区分类小区、单位及公共场所的分类收运需求，打造14个“两定一撤（撤桶并点，定时、定点分类投放垃圾）”省级达标小区，完成2个乡镇垃圾分类试点建设。

【渣土与建筑装潢垃圾管理】 2022年，淮安区开展由市渣土处统一部署的渣土运输“净车密闭”百日整治行动。10家渣土企业签订运输保洁承诺责任状。全年，渣土管理部门会同交警部门联合执法8次，查处违规案件74起，处罚金额32400元。全区渣土运输车辆均免费安装车载卫星定位系统、安全警报系统、右侧盲区警报系统等，形成更全面的配套监管系统。制定“清洁家园”专项行动工作方案，对城区建筑装潢垃圾进行全面清理，排查城区现有土堆，下发公告责令行为单位、行为人限期整改。开展建筑垃圾处置“小散乱”企业专项整治，对“小散乱”企业按时间节点整改、销号，完成市城市管理局交办的7处小散乱企业整改工作。设置建筑垃圾调配场，集中消纳处置建筑装潢垃圾。

【城市管理民生实事项目】 2022年，淮安区持续推进智慧停车项目建设。加大《淮安市停车场管理条例》宣传力度，鼓励引导停车企业办理停车场报备手续，全年完成9家停车场3634个停车泊位报备手续。新增400个公共停车泊位。城管部门会同蘑菇单车企业进行现场勘查选址，新选定150处单车驿站建设点位，扩增共享单车投放总量，基本满足群众骑行需求。科学设立2处高标准疏导点，对水果和农副产品摊贩从源头上加以“疏导”。结合文明典范城市创建要求，打造镇淮楼东西路、韩信路、东西门大街三条示范街，打造北门大街、府前路、永怀路、镇淮楼东西路4条精品示范路，重点解决城区部分地段存在的脏乱差问题。

（区城管局）

公用事业

供 电

【概况】 2022年，国网淮安供电公司淮安供电营业部（以下简称“淮安供电营业部”）网供最高负荷63.26万千瓦时，同比下降4.01%；最高日供电量1241万千瓦时，同比增长17.08%。全年完成供电量26.84亿千瓦时，同比增长8.27%；售电量25.82亿千瓦时，同比增长9.73%。全社会用电量完成31.26亿千瓦时，同比增长13.79%。居民用电完成8.04亿千瓦时，同比增长16.48%；工业用电完成16.14亿千瓦时，同比增长9.42%。

【电网建设】 2022年，淮安供电营业部完成艾口–钦工110千伏线路改接古河变工程，完善渠北片电网结构，提高区域电网供电能力和供电可靠性；开工建设110千伏穿运（城西）输变电工程和110千伏城东变主变改扩建工程，提升城区电网供电能力和供电可靠性，为河西片区开发腾让空间。完成配网工程项目155个，投入资金1.05亿元。完成农网项目491个，投入资金3756.48万元，维修电杆582根，维修低压线路26.87千米，维修接户线11454户，维修配电箱183台，维修电缆分支箱68台。

【杆线迁移】2022年，淮安供电营业部配合实施政府杆线迁移项目22个。政府杆线迁移项目累计投资6150万元，其中涉及政府环境整治类4项、道路修建类11项、水利改造类2项、其他用户业务类7项。重点开展华西路杆线、运河南路杆线、南闸沿河观光带杆线等迁移工作。

【保供电工作】2022年，淮安供电营业部完成春节、国庆、高考、中考等重大时间节点和淮河入海水道二期工程建设开工仪式等重大活动的保供电工作共计34次，出动保电人员86人次，保电车68次。

【电网安全】2022年，淮安供电营业部开展春季暨迎峰度夏以及秋季安全大检查活动，开展"安全月"系列活动和反事故斗争、安全大检查、安全隐患排查、危险点分析预控等活动。落

表43　2022年淮安区全社会用电量情况一览表

行业名称	用电量累计/万千瓦时	用电量上年累计/万千瓦时	同比增长/%
全社会用电总计	312606	274712	13.79
A、全行业用电合计	232200	205680	12.89
第一产业	4148	3379	22.76
第二产业	165424	152029	8.81
第三产业	62628	50272	24.58
B、城乡居民生活用电合计	80406	69032	16.48
城镇居民	27967	24313	15.03
乡村居民	52439	44719	17.26
全行业用电分类	232200	205680	12.89
一、农、林、牧、渔业	10143	8391	20.88
二、工业	161408	147517	9.42
（一）采矿业	30926	11229	175.41
（二）制造业	100804	104003	−3.08
（三）电力、热力、燃气及水生产和供应业	29678	32285	−8.07
三、建筑业	4083	4559	−10.44
四、交通运输、仓储和邮政业	5450	3904	39.6
五、信息传输、软件和信息技术服务业	4092	3921	4.36
六、批发和零售业	12970	11663	11.21
七、住宿和餐饮业	3135	2913	7.62
八、金融业	550	531	3.58
九、房地产业	6902	6395	7.93
十、租赁和商务服务业	2462	2211	11.35
十一、公共服务及管理组织	21005	13675	53.6

4月8日，国网江苏电力（淮安大窑）共产党员服务队为滞留养蜂夫妻单独拉线供电　　（淮安供电营业部　供图）

实配电主动运维工作，对重复故障线路开展监察性巡视，对35座地下站房开展防汛检查。常态化开展红外测温、局放等带电检测，迎峰度夏期间累计完成检测3800余处，发现并整改缺陷32处；利用带电作业进行施工和消缺工作，完成带电作业消缺34处。联合区应急管理局修订《大面积停电反事故演习及预案》，开展应急培训及演练2次。

【供电服务提升】2022年，淮安供电营业部打通供电公司内网与政府政务平台数据通道，实现企业用电“一网通办”。推广网上国网e助手，多业务全流程线上管控，用户节省跑腿次数，提升用户的电力使用获得感。将企业接电外线工程纳入业扩配套工程实施，降低企业用户接电成本。2022年，淮安区累计投入高压业扩配套工程资金3136万元，全市范围内率先畅通业扩配套土建政府出资渠道。推进问题楼盘治理，完成学府壹号小区“临改正”工作，400多户居民用上“安心电”。

【电力营商环境优化】2022年，淮安供电营业部配合政府及企业重点项目实施，对所有在途高压业扩流程进行梳理，与用电客户、业扩工程施工单位沟通联系，帮助用户加快业扩流程进度。2022年，完成省级重大项目江苏百斯特食品科技有限公司业扩工程接电，完成德邦快递、金成机械等多个市级重大项目接电。淮安供电营业部连续3年获评区营商环境十佳单位。

（仲　猛）

供　气

【概况】2022年，淮安区天然气供应量达4500万立方米。全区有管道调压柜器数514个（调压柜238个，调压箱276个），阀门井数614个。全区有管道燃气用户13万余户，设置安全警示标识的管道长度602千米，标识完成率97%。

（淮安新奥燃气有限公司）

【燃气安全】（参见《公共安全·安全生产）

供　水

【概况】2022年，淮安区城区实现供水量3099.59万立方米，售水量2582.32万立方米，产销差率16.69%；管网压力综合合格率99.94%；水质综合合格率100%；维修管道2021处，维修及时率100%；铺设各类口径供水管道143千米，发展用户13623户。淮安自来水有限公司楚州分公司被江苏省放心消费创建办公室、江苏省市场监督局评为“江苏省放心消费创建示范单位”。

【漏损排查】2022年，淮安自来水有限公司楚州分公司每日对供水流量、供水压力进行统计分析，及时进行管网漏损预警提示；对重点地段、重点区域实行装表计量，对站前新村、紫金花苑、文锦城四期、杜康桥二期等5个小区安装考核总表17只，接入总公司SCADA系统，分析管网漏损情况，排查出重点漏损区域，有针对性地制定管网查漏计划进行检查。全年测出暗漏点259处，明漏点40处。结合城区后街背巷整治改造工程，调整管网结构，制定老管道切除流程，及时切除老管道。全年对胯下北街、百寿坊等78处老化管网进行更新改造，改造管网总长27.44千米。

【管网维修】2022年，淮安自来水有限公司楚州分公司发挥供水“110”和维修人员的应急抢修作用，供水“110”纳入总公司客服系统，实行24小时值班制，全天候服务。保证小漏不过夜、大漏及时修。全年共维修管道2021处，维修及时率达100%。

【水表管理】 2022年，淮安自来水有限公司楚州分公司坚持水表必查制度，每月线路必查，杜绝错抄、估抄和漏抄现象；对单位经营用户安装在室内的水表改造出户；对在线超声波流量仪和用水大户跟踪检查；加大对埋没、失灵、黑黄等故障水表的改装和周检工作，全年共拆换故障表414只，周检水表13362只；加强新户上线及时率管理，确保新户上线及时率达100%。

【优质服务】 2022年，淮安自来水有限公司楚州分公司优化工作流程，缩短工商企业给水申请受理、勘察设计、编制预算及安装施工时间，确保在规定时间内通水。关注网络舆情，确保网络舆情工作规范化、制度化，全年办理12345政府便民热线交办件354件，响应率、办结率、满意率均达100%。

【安全管理】 2022年，淮安自来水有限公司楚州分公司坚持安全发展理念，加强安全教育培训，提高全员安全意识。2022年开展各类安全培训13次571人次，做到安全培训全员全覆盖。重大节日、重大活动前，对城区重点区域消防栓进行检查维护，确保消防栓完好率、出水率达100%。全年组织各类安全检查37次，排查整改安全隐患2起。全年实现安全生产无事故。

（王长佳）

城市水利

【概况】 淮安区城区内部主要水系有新一支大沟、老渔滨河、新路圩河、文渠、新泗河、老泗河、新涧河、老涧河、运粮河等河道，以及新一支渠、耳洞干渠等。萧湖、勺湖、月湖、荷湖、桃花垠、西汪塘等6个湖泊与城市水系相互连通，形成完整的区域性排涝体系。涝水最终出路主要以排入淮河入海水道为主，局部涝水排入里运河、大运河。2022年，淮安区围绕“不淹不涝”城市建设，实施低洼受涝片区治理、防汛急办项目、大运河百里画廊项目、涉河涉水开发或城市建设地块水系调整、水污染防治等五大类29个项目，累计完成投资8000万元。

（周继红）

【城区低洼受涝片区治理】 2022年，淮安区落实《淮安区城区低洼受涝片区专项规划》，逐步解决城区排涝受阻，排涝压力大，局部低洼区涝水排水困难等问题。新开纬三河西延段及新建引水闸，新建纬三河穿楚州大道及梁红玉路涵洞、刘伶泵站引河穿华西路涵洞及纬三河综合整治景观提升工程，将卫生大厦片区涝水引入纬三河至新涧河。加强新涧河综合治理，新增五中沟排水通道，为樱桃园路片区拓宽排水通道。

【城市防汛】 （参见《公共安全·防汛防旱》）

【城市建设地块水系调整】 2022年，淮安区加强城市建设地块水系调整，新开淮昆台资智能制造产业园排水河道，实施淮安市快速路二期国际商城地块水系调整新路泵站改移，对淮安区清安河盐化厂段阻水危桥进行拆除。实施月湖周边环境整治及文渠南堤栏杆新建、新安小学周边环境提升项目月湖泵站管理房和矶心闸机房景观提升、沈坤路游园西侧生态河道建设及河道景观绿化等工程。

【城市河道水环境提升】 2022年，淮安区为改善入海水道北泓水环境，实施入海水道调度河潘柳村十八号桥至北窑头河段清淤疏浚工程、永济河生态活水工程。

（区政府网站）

【城市黑臭水体整治】 2022年，淮安区完成罗柳河、新路圩河、新路斗渠、头河、板跳河、城河、广济河、萧湖等黑臭水体及其关联水体整治。完成城西北路、北门大街、新华路等管网改造工程；基本完成智慧水务搭建工程，进入运营期。

【城市污水处理】 2022年，淮安区处理城市污水3064万吨，出水达标率均为100%。城市污水处理厂产生污泥安全规范处置率100%。开展污水处理提质增效工作，对市政道路、小区、城中村等处雨污管网进行改造，城区污水管网覆盖率、收集率、处理率得到有效提升。

（李　淮）

园林绿化

【概况】 2022年，淮安区以创建省级生态园林城市工作为主线，推动城市绿化扩面增绿、提档升级，初步形成以游园广场绿化为中心，道路绿化为骨架，居住区绿化、附属绿地绿化为依托的生态绿化格局。2022年，淮安区新增绿地面积20万平方米。截至2022年底，淮安区建成区绿化覆盖率达41.59%，绿地率达40.46%，人均公园绿地面积达到14.7平方米，公园绿地服务半径覆盖率达90%。

【园林绿化工程】 2022年，淮安区实施“增绿、补绿、建绿”三绿工程，贯彻“生态优先、绿地优先、开敞空间优先”规划原则，创新采用“公园+文化”“公园+体育”“公园+小型游乐设施”等方式，合理布置健身娱乐设施。2022年，实施河下茶巷文化广场、新淮安医院北侧游园、月湖东侧游园等游园广场建设工程，改造提升香樟园，对承恩大道节点、月湖周边等附属绿地进行环境整治，对杜康桥路西延、边寿民路（翔宇大道至华西路段）等新建道路进行绿化栽植，改善城市生态环境，提升城区绿化景观效果。

【绿化养护】 2022年，淮安区绿化工作坚持建管并重、规范管理，严格按照精细化养护标准进行常态化养护。应用节水技术，合理利用雨水、河湖水浇灌；加强城区绿化病虫害防治，做到早发现、早预防；对游园、绿地枯死缺失的苗木以及损坏的设施及时进行补植和维修；加强对古树名木的保护管理，对古树名木逐株拍照存档，建立古树名木档案，做好古树名木日常管护和复壮工作。探索将绿化养护工作推向市场方式，引入竞争机制，形成市场化养护与内部管理相结合的新型养护模式。

（胡鹤飞）

城市住宅小区物业管理

【概况】 2022年，淮安区城市住宅小区物业管理覆盖率100%，有物业管理公司39家，其中本地公司29家、外地公司10家。截至年末，淮安区有国家级无障碍社区1个、省级宜居示范居住区7个、市级“三星”级小区15个、省级红色物业示范点1个、省级示范物业2个、市级示范物业14个。2022年，淮安区加强住宅小区物业管理，改善住宅小区居住环境，提升业主满意度。开展住宅小区环境卫生、路面积水、绿化缺失、乱停乱放、乱搭乱建、乱拉乱挂、楼道杂物、消防通道、小广告等问题专项整治，发现并整改各类问题共78件。

【物业管理“红黑榜单”】 2022年，淮安区聘请第三方对全区住宅小区进行月度测评，制定“红黑榜单”，定期向社会公布。对长期处于排名倒数、服务质量差、业主投诉多的物业服务企业予以清退。全年清退物业服务企业2家。拆除小区内违章搭建约230平方米，处理毁绿种菜12起，清理杂物22车。开展饲养家禽家畜及不文明养犬等群众反映强烈问题集中整治，重点整治基础较差的安置小区、老旧小区。

【电动自行车管理】 2022年，淮安区着力解决群众电动自行车充电难题，全年新增384组智能充电桩；推广安装电动自行车进电梯智能控制系统，从源头消除电动自行车上楼充电安全隐患。

【物业服务信息公开】 2022年，淮安区全面落实物业服务信息公开制度。全区110个住宅小区公开物业服务及收费标准、公共收益、物业费收缴等方面信息。

【综合管理示范小区创建】 2022年，淮安区紫金花苑、漕运小区、农校教师公寓创建省级宜居居住区项目，中央补助资金和省级引导资金申请到位，小区养老中心改造项目建设基本完工。创建浙江绿升物业托管的新城市广场小区为省级示范物业管理项目，申报诚品、城果等4个小区为市级示范小区。

【住宅小区防汛】 2022年，淮安区加强住宅小区防汛工作。住宅小区物业均制定防汛预案，建立防汛应急抢险预备队伍，备足防汛抢险物资和器具。开展室外广告牌、太阳能等安全隐患排查整改工作。完成电梯井雨水防护和雨（污）水管道清淤疏通、化粪池清除、小区地下室等各类排水泵运行调试工作，保证雨污管道畅通无堵塞、泵房设施设备完好。

（陈小春）

乡村振兴

综　述

【概况】2022年，淮安区实施乡村振兴战略，加快实现农业农村现代化，推进农业升级、农村发展、农民增收。出台村集体增收三年行动方案，实施增收项目1719个，乡村振兴重点帮促村平均增收36.32万元。2022年，全区328个涉农村居村集体经营性收入17013.84万元，村平均约51.87万元，较上年增长16.54%；村集体经营性收入超过30万元的村居共251个，占比76.5%。

【机制保障】2022年，淮安区落实五级书记抓乡村振兴的责任要求，成立区乡村振兴重点工作攻坚指挥部，由区委、区政府主要领导担任指挥长。严格落实“周会办、月过堂、季观摩”工作推进机制，完善落实领导干部挂钩乡村振兴联系点制度，推动工作落地落细。发挥区委农办牵头抓总、统筹协调作用，建立实施乡村振兴战略联席会议制度，破解工作难点堵点。

【组织保障】2022年，淮安区加强“三农”干部的“培配管用”，交流调整4个镇街党政正职，调整镇街中层干部4批次225人，其中提拔7人、进一步使用60人。

【人才保障】2022年，淮安区组织专家20余人开展产学研对接活动10余次，推动稻米研究基地建设和特色产业发展。组建乡村振兴人才党支部4个，打造一批乡村振兴人才培养实训基地。

【财政及用地保障】2022年，淮安区财政支农力度只增不减，农林水支出预算数49701.63万元，占一般公共预算支出比重6.75%，均较2021年实现正增长。农业重大项目实行一事一议，优先报批，优先保障百斯特中餐工业标准化、粮食仓储基地等一批“三农”重大项目用地需求。

（区农业农村局）

乡村改革

【概况】2022年，淮安区第三轮省级农村改革试验任务通过省评估，入选省深改委《江苏省全面深化改革典型案例》和省农业农村厅、省财政厅《2011—2021年江苏省农村改革试验精选案例》。区农业农村局获评全国农村集体产权制度改革工作先进集体，成为全市唯一获得此荣誉的单位。淮安区被民政部确定为“深化乡村地名服务 点亮美好家园”试点地区。2022年，淮安区完成全市首宗农产品线上交易、首宗闲置宅基地和闲置农房使用权流转交易。统筹推进“小田变大田”改革试点、宅基地审批改革试点、“政经分离”改革试点、“村资镇管”管理运行模式探索等多项改革工作。推进“房地一体”农村不动产登记发证工作，“一码+”三维地籍试点项目通过省厅验收。

【农村三资管理】2022年，淮安区构建阳光监管，推进农村集体“三资”管理规范化。定期开展覆盖式检查，每季度对镇街“三资”监管工作进行现场督查。开展村级财务第三方评估核查工作，随机抽取部分村居展开评估工作，形成核查报告，针对核查出的问题交办整改；在全区范围内推广优秀财务管理经验。推行江苏省农村集体资产智慧监管平台试点工作。对镇村三资管理人员等130人开展业务培训，提升三资管理人员从业水平。

【农村集体产权制度改革】 2022年，淮安区持续推进农村产权制度改革，巩固产权制度改革发展成果。开展农村集体产权制度改革政经分离和村资镇管试点工作。开展村集体经济组织分红指导工作，首次实现9个村分红，惠及6787人，发放分红资金67.97万元。

【农村资产资源违规处置专项治理】 2022年，淮安区对农村集体办公用房、闲置庄台农房、土地整治后新增集体土地、支农项目形成的闲置资产资源等进行全面排摸清理。开展村集体资产追赃挽损工作，对淮安区328个村居资产资源处置情况进行梳理排查，提高资产资源处置透明度，保障村集体权益。

【农村产权交易】 2022年，淮安区新增农村集体产权交易3729笔，成交额4.03亿元，溢价1170万元，其中农村土地承包经营权成交472笔，成交额2.61亿元，溢价507万元。在2021年度全省农村产权交易市场监测评价中，淮安区在全省县区中排第12名、在全市排第2名。

（区农业农村局）

乡村建设

【概况】 2022年，淮安区聚焦打造美丽宜居乡村，深入推进乡村建设。7月，漕运镇李庄社区、石塘镇卫东社区和车桥镇西官渡社区创成省级特色田园乡村。11月，苏嘴镇大胡庄社区通过市级特色田园乡村验收。淮安区美丽宜居乡村建成率达91.16%。

【交通基础设施建设】 2022年，淮安区新改建农村公路21千米、农村桥梁16座以及农村公路安防工程441千米。淮安区获评“江苏省农村物流达标县”，创立具有统一物流LOGO的“交邮融·惠新农”品牌，打造2条交邮融合示范线路。推进城乡公交一体化达标县区创建，10条城乡公交线路均实行公司化和公交化运营。

【农村水利】 2022年，淮安区加快农村水利建设，完成洼地治理、灾后应急治理、年度农村生态河道工程建设任务，打造农村生态河道22条104千米。渠北灌区续建配套与现代化改造项目年度工程建设进度位于全省八个大型灌区第一位，完成率为67%。渠南灌区获评江苏省2022年度节水型灌区。

【人居环境改善】 2022年，淮安区开展村庄清洁行动，推动村庄面上清洁向屋内庭院、村庄周边拓展，提升农村人居环境质量。创建省级生态宜居美丽乡村示范村11个。完成农村户厕改造10100座，完成率180%。实施林集镇污水管网工程，新建乡镇污水管网21.1千米。新建农村生活污水治理设施17座，行政村覆盖率达34.7%。农村污水处理厂处理污水260万吨，出水达标率均为100%。农村污水处理厂产生污泥安全规范处置率达100%。农村生活垃圾收运处置体系实现自然村（组）全覆盖，新增农村生活垃圾分类省级试点乡镇2个。

【先导镇建设】 2022年，淮安区将施河镇列为乡村振兴先导镇。引导涉农政策资金优先支持先导镇建设，排定项目39个，总投资7.1亿元，推动镇村产业“补链、强链”、基础设施提档升级。设立“规划师下乡工作站”，增加施河城镇开发边界0.82平方千米，29个村居“多规合一”实用性村庄规划形成阶段性成果。探索实施集中连片农民住房条件改善，惠及群众378户。打造镇区居民“15分钟生活圈”。开展乡村公共空间治理行动，累计排查各类空间侵占问题2286处7748.24亩，全部整改收回，重新优化使用。打造集渔业养殖、生态观光、休闲旅游等为一体的农旅示范园，打造“稻鸭米”基地1200亩、水稻绿色高质高效示范片5000亩。通过空间治理行动，29个村居集体经济增收598.77万元，村平均增收约20.65万元。

（区农业农村局）

【农房改善与危房改造】 2022年，淮安区农房改善“两带三圈”格局基本形成（“两带”，即南北走向的233国道沿线带、东西走向的348省道沿线带；“三圈”，即渠北片区、渠南片区和大运河沿线片区三个项目圈），累计改善1150户。其中，完成1980年及以前建的老旧房屋改善407户，占农村房屋安全隐患排查整治信息平台中1980年及以前建的老旧房屋总数的8.65%；就地新建翻建113户（含D级危房改造26户）；改善低收入人群住房117户。农村254户D级危房解危工作完成销户。

在建农房改善项目16个，温馨花园一期、广州路小区二期、镇西社区、腾飞社区二期、大胡庄社区二期和康居雅苑一期、上河社区二期、丰范花园、富民佳苑和杜康桥路小区二期等12个项目竣工，建成房屋5360套。加强配套服务，完善已交付的24个社区周边公共基础设施以及配套产业，探索形成"集体领办、干群参与、有偿服务、共同管理"治理模式。

（区农房办）

【"四类人员"农村危房改造】2022年，淮安区对建档立卡贫困户、低保户、农村分散供养特困人员和贫困残疾人家庭"四类人员"的农村住房安全进行大排查。住建、公安、扶贫、民政、残联、不动产、市监、人社、公积金等部门对排查出的"四类人员"危房相关信息进行审核，并逐户鉴定。2022年，淮安区累计完成"四类人员"农村危房改造52户。

（李　淮）

乡村产业

【概况】2022年，淮安区粮食生产实现稳中有增，全年粮食产量突破98万吨。新增绿色农产品认证15个，其中全市2个水产品绿色食品认证均在淮安区。淮安区绿色优质农产品比重达85.97%，位列全市第一。3个镇获江苏省绿色优质农产品基地认定。申创省级绿优芡实基地1.46万亩，新增苏嘴西瓜省级绿优基地1.2万亩。完成国家农产品质量安全县区创建。苏嘴镇获评全国乡村特色产业十亿元镇。

【特色产业发展】2022年，淮安区制定稻米产业发展实施方案，实施"稻米品质提升、稻米企业培强、补链强链延链、稻米品牌提升"四大行动，以圣玉米业、鹏润米业、鼎丰米业等10家企业为订单主体，发展订单面积45000亩以上。投资868万元建成5000亩稻鳝综合种养示范区。新增稻虾综合种养4万亩和宜养水面小龙虾养殖3万亩，推广小龙虾繁养分离2.2万亩。

【园区基地建设】2022年，淮安区新建高标准农田11.15万亩，新增3个千亩特色规模基地，获批省级农作物品种展示评价基地1个，新增市级数字农业生产型基地、服务型基地各1个；新增7个省级示范农场、3个省级示范合作社。苏嘴镇现代农业产业园区获批建设省级现代农业产业高质量发展示范园。

【项目建设】2022年，淮安区聚焦农业农村重大项目质效提升，实施省重大项目12个，累计投资7.63亿元，其中农产品精深加工、新形态乡村产业、高技术农业"加新高"项目占比92%。新开工3000万~1亿元农业项目11个、亿元以上农业项目12个；新竣工3000万~1亿元农业项目11个、亿元以上农业项目9个。

（区农业农村局）

脱贫攻坚成果巩固

【概况】2022年，淮安区织牢乡村民生保障底线。对农村低保对象，实现存疑信息动态"清零"，做到应保尽保，应退尽退。低保、特困供养、建档立卡等困难群体12.03万人实现医保参保全覆盖。改造升级农村区域性养老服务中心3家。

【乡村振兴重点帮促村帮促】2022年，淮安区创新开展村集体经济收入保险，为202个乡村振兴重点帮促村"兜底"。2022

集"生态观光休闲采摘"为一体的苏嘴镇乡村度假园

（苏嘴镇　供图）

年，全区202个乡村振兴重点帮促村有142个村集体经济收入达30万以上，占比70%。

【脱贫人口小额信贷】 2022年，淮安区发放脱贫人口小额信贷3.12亿元，同比增长23.12%，总量全省第四、全市第一。

【乡村医疗卫生体系建设】 2022年，淮安区基本建成以淮安市淮安医院和淮安市楚州中医院两大龙头医院为核心的紧密型医共体集团和覆盖全区的医疗卫生服务体系。6家基层医疗机构达到“优质服务基层行”推荐标准，超全省平均水平。2022年，淮安区获评省级卫生镇1个、省级卫生村55个。

【乡村教体资源优化】 2022年，淮安区累计投入3155万元用于农村教体资源改善提升，获批省市内涵建设项目13个。优化乡村教育资源配置，试行“编随人走、岗随人动”的师资力量城乡交流机制，参与教师413人。

（区农业农村局）

乡村文化

【概况】 2022年，淮安区有镇街综合文化站16所，农家（社区）书屋330家，镇街淮安书房16家。全年累计投入资金52万元开展送戏下乡进社区108场。

（葛　蕾）

【镇街淮安书房提档升级】 2022年，淮安区依托镇街文化站、新时代文明实践所等场所资源，结合服务覆盖群体数量，重新规划提升淮安书房场所，将镇街淮安书房打造成对外免费、长时间开放、温馨舒适的沉浸式阅读新型公共文化服务空间。10月初，16个镇街淮安书房完成提档升级。

车桥镇淮安书房服务点　　（区委宣传部　供图）

（赵晓燕）

【特色田园乡村】 2022年，淮安区注重挖掘地域历史文化，保留村庄风貌肌理，创成省级特色田园乡村3个，全区省级特色田园乡村累计8个，全市第一。创成市级特色田园乡村4个，全区市级“特色田园乡村累计13个。创成省级传统保护村落1个，全区省级传统保护村落2个。6个镇（街道）、6个村（社区）被评为“第四批江苏省生态文明建设示范乡镇（街道）、村（社区）”。

（区农业农村局）

乡村治理

【概况】 2022年，淮安区持续优化基层社会管理服务，不断提升乡村治理效能。3个村入列新型农村社区治理服务省级示范点。举办全区村书记“振兴旗手”大讲堂，实施“振兴特岗千才计划”，持续深化基层干部“双专（专职化、专业化）”建设。深化乡村文明实践活动，获批省级文明镇4个、省级文明村11个。新建新型农村社区移风易俗公共服务场所7个。

【法治乡村建设】 2022年，淮安区强化法治护航乡村振兴，举办乡村法治宣传活动60余场次。乡村法律顾问配备率100%，调处各类矛盾纠纷5066件，调解成功率99%。

【网格化社会治理】 2022年，淮安区以网格化管理为基础，深入推进乡村“精网微格”工程。通过做细、做实微网格管理，提升基层社会治理的精细化水平。打造张兴社区等一批各具特色的网格治理示范点位。恩来社区治理模式入选全省乡村治理典型案例。

（区农业农村局）

综述

【概况】2022年，淮安区实现研发投入15.37亿元，同比增长49.1%；通过高新技术企业认定39家。截至2022年末，全区高新技术企业累计81家，同比增长35%；科技型中小企业评价入库308家，同比增长32.2%。2022年，高新技术产业产值占规上工业产值比重15.20%；技术合同成交额23亿元，同比增长155%；新竣工高科技工业项目通过认定3个，新招引高科技项目通过认定26个；外国高端人才和专业人才来华工作15人。江苏飞特尔通信有限公司获第十届“创业江苏”科技创业大赛总决赛成长企业组三等奖。

【向上争取】2022年，淮安区向上争取到位资金1667.48万元，其中省级700万元，市级967.48万元。成功组织申报省级乡村振兴项目6个，争取资金400万元，为农村产业兴旺、农产品质量效益提升等提供科技支撑。

【制度创新】2022年，淮安区完善科技创新政策体系，出台《强化科技支撑推动高质量发展的若干政策》（淮政发〔2022〕35号），确保国家、省、市鼓励科技创新的各项政策落实到位，奖励资金及时兑现。出台《淮安区创建国家创新型城市实施方案（2022–2023年）》（淮发〔2022〕16号），加强部门协调联动，激发科技引领活力，全面实施创新驱动发展战略。

【精准服务】2022年，淮安区组织4批工作人员实地走访66家企业，了解高新技术企业申报方面信息，收集企业人才技术方面的具体需求。组织3批15人次分赴13个镇（街道）摸排农业科技型企业、农业产业龙头企业、家庭农场等信息，宣传各项科技惠农、惠企、惠民政策，加快农业科技成果应用，推进乡村产业振兴。

（蔡宇彤）

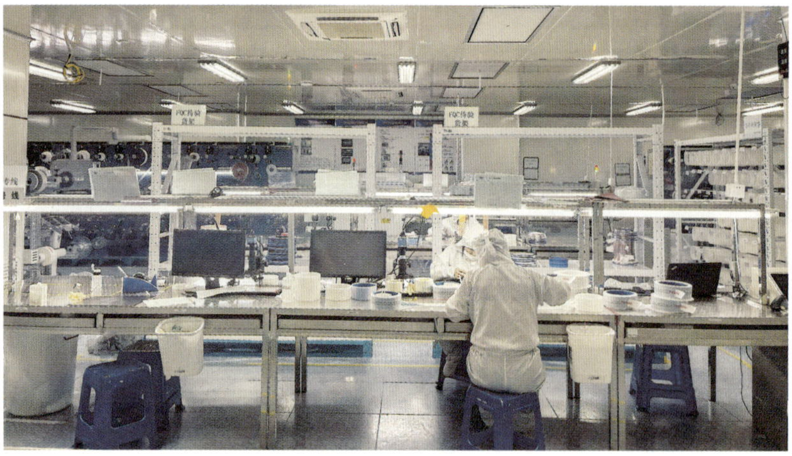

淮安市鸿富瀚科技有限公司千级无尘生产车间

（孙军 沈佳 摄）

工业科技

【科创平台建设】2022年，淮安区“淮安精密配件特色产业基地”获批国家火炬基地，实现淮安市近四年国家火炬基地评审零突破。10家申报单位获批市级工程技术研究中心。

表44 淮安区科技局基层单位名录

单位名称	基层单位名称
淮安市淮安区科学技术局	淮安市淮安区科技成果转化服务中心

【高企培育】 2022年，淮安区着力培育高新技术企业。加强“158”工程高新技术企业培育工作，优先扶持新材料、新能源、高端装备制造、生物医药、节能环保和新一代信息技术等高新技术产业，逐渐形成具有特色的高新技术产业群。

【产学研合作】 2022年，淮安区推动校地合作，引入电子科技大学、淮阴工学院等高校平台，开展科技人才技术合作，为区内企业创新和技术升级提供科技支撑。全年16家企业加入校企合作数据库，征集企业技术难题21项。企业与各高校院所签订产学研合作项目9个。10余家企业参加首届江苏产学研合作大会，在线上同高校专家有效洽谈，解决企业技术、人才方面需求，加速技术成果向实际应用方面转化。5家企业成果申报科技副总项目，22名人才申报科技类“533英才工程”项目，获批“拔尖”人才9名。

【科技拥军】 2022年，淮安区组织实地走访了解镇街、园区企业军需动员科技潜力及科研机构情况，促进相关企业开展军事需求科技研发活动。推荐退役军人创办企业（淮安市天顺高分子材料有限公司、江苏瑞皇新型建材有限公司）申报高新技术企业认定、科技型中小企业评价，宣传相关政策，挖掘企业潜力，帮助企业开展科技创新活动。

（蔡宇彤）

农业科技

【概况】 2022年，淮安区组织实地走访研发型农业企业，指导企业按政策要求梳理自主研发及自主实施的成果转化内容，获批省级乡村产业振兴成果示范应用类项目3项，向上争取资金300万元。强化跟踪服务，江苏永安制药有限公司成功申报省级工程技术研究中心。

（蔡宇彤）

【农业科技引领示范村试点建设】 2022年8月，淮安市农业农村局公布全市农业科技引领示范村建设试点名单，都梁村（蒲菜种植基地）入选。农业科技引领示范村建设，是围绕当地主导产业，开展关键农业技术攻关和推广应用，强化农业科技引领与支撑作用，促进产业转型升级，提高产业附加值，促进农业增效、农民增收。

（尹贵忠　张　波）

气象服务

【概况】 2022年，淮安区气象局着力提升气象探测、预报预警服务、防灾减灾能力，在城市防汛、服务“三农”等领域发挥气象作用。深化“雨润海棠”党建品牌创建，获评淮安市气象部门优秀党建品牌，入选江苏省气象部门党建品牌第二批重点培育项目。

【气象探测】 2022年，淮安区气象局完成淮安苏嘴国家气象观测站升级。12月31日20时，淮安区国家气象观测站升级为淮安区国家基本气象站；完成DSS1型雪深自动观测仪建设并投入业务运行。完成车桥、平桥、钦工3个新增区域自动气象站选址。淮安区加强对探测环境的保护，将“区域自动气象

8月21日夜间，淮安区气象局在白马湖农场作业点进行人工增雨作业　（乔前东　摄）

表45　**2022年淮安区气象局获市级以上表彰一览表**

单位（姓名）	表彰内容	表彰单位
淮安区气象局	淮安市气象部门“读书·崇德·兴廉”廉洁文化主题征文活动优秀组织奖	淮安市气象局、淮安市气象学会
郑　陶	淮安市气象部门“读书·崇德·兴廉”廉洁文化主题征文活动一等奖	淮安市气象局、淮安市气象学会
施仕国	淮安市气象部门“读书·崇德·兴廉”廉洁文化主题征文活动二等奖	淮安市气象局、淮安市气象学会
乔前东	淮安市气象部门“读书·崇德·兴廉”廉洁文化主题征文活动二等奖	淮安市气象局、淮安市气象学会
王腾飞	2022年淮安市气象行业职业技能竞赛个人全能第四名、“综合业务理论”单项第三名、“监测预警服务”单项第二名	淮安市气象局、中共淮安市委市级机关工作委员会、淮安市总工会、淮安市人力资源和社会保障局
王腾飞	淮安市“五一创新能手”	淮安市总工会
王腾飞	淮安市“气象综合业务标兵”	淮安市气象局
乔前东	2022年淮安市首届气象科普讲解比赛优秀奖	淮安市气象局、淮安市气象学会

站探测环境保护”纳入淮安区2022年度乡村振兴重点工作。

【气象预警服务】 2022年，淮安区气象局重点做好春种春播、夏收夏种、秋收秋种等重要农事和春运、植树节、中高考、“五一”“国庆”等重要时段气象保障服务，全年发布决策服务材料151期，发布各类预警信号65次。加入应急、农业保险、防汛抗旱指挥部等工作群组，拓宽气象服务渠道。加强气象为农服务，开展面向新型农业经营主体的“直通式”气象服务，覆盖全区大部分新型农业经营主体。

【气象防灾减灾】 2022年7–8月，淮安区高温干旱少雨。淮安区气象局抓住有利时机，开展人工影响天气作业2次，缓解旱情和用水压力。利用“3·23世界气象日”“5·12防灾减灾日”“10·13国际减灾日”等时间节点开展线上、线下气象防灾减灾科普宣传活动；与区应急管理局联合开展灾害信息员气象科普知识培训。落实气象灾害综合风险普查工作方案，完成年度风险普查工作。

【防雷监管】 2022年，淮安区气象局完善防雷安全监管体系和监管方式，加强执法队伍建设，提高执法人员履职能力。全年对43家监管对象开展执法检查，出具整改通知书4份。

（乔前东）

综 述

【概况】 2022年，淮安区有各类学校177所，其中普通高中4所；完全中学2所；初级中学29所；九年一贯制学校1所；小学62所，含教学点12所；中等职业学校2所；特校1所；体校1所；幼儿园75所。全年在校生131557人，其中特校193人、体校130人。全年在岗教职工10952人。在编教职工8093人，其中高中（含中职、特校）在编教职工1570人。周恩来红军小学“三重叠荡”打造课后服务新样态入选省教育厅第二批“双减”工作典型案例；“新安旅行团”的传奇故事被江苏省教育系统关工委评为社会主义核心价值观“精品教育项目”案例（2022年）二等奖。淮安区关天培小学慈幼爱心社“杏坛播爱”志愿服务行动获评淮安市第十届学雷锋志愿服务先进典型优秀志愿服务项目。新安小学少先队大队被授予2022年度“全国优秀少先队集体”称号。小学质量监测成绩继续位居全市前列；中考成绩保持全市领先；高考成绩取得突破，1人进入全省前100名，二本以上达线人数较上年增加438人。楚州中学获评市普通高中综合考评示范单位。淮安工业中专被省教育厅确定为优秀学校建设单位，2个专业被确定为省优质专业。

【贯彻重要回信精神】 2022年，淮安区构建“一核多点（一核，即新安旅行团历史纪念馆；多点，即周恩来纪念馆、周恩来故居、淮安府署、中国漕运博物馆、慈善文化教育馆等近30处思政教育资源）”青少年思政教育资源网，打造青少年思政教育“淮安范本”。“小好汉永远跟党走”思政云课堂入选省“展现‘强富美高’新江苏”建设成果展，楚州中学获评省“思政育人特色学校”。开展贯彻重要回信精神一周年活动，举行“贯彻回信精神 传承红色基因”汇报演出等活动，儿童剧《新安旅行团》入选文旅部“新时代现实题材创作工程”项目，是全国唯一入选文旅部“新时代舞台艺术优秀剧目展演”的儿童剧。常态化开展“新旅中队”创建活动，“新旅精神”列入第二届全国红色爱国主义教育高峰论坛主旨报告。全国少工委“红领巾爱学习”平台推出“学新旅”专题。

【双减一规范】 2022年，淮安区推进“增”与“减”同向发力，打造“双减（有效减轻义务教育阶段学生过重作业负担和校外培训负担）”“5+2+N（5指学校周一至周五5天，2指每天至少提供2小时课后服务，N指丰富多彩的课后服务课程）”课后特色服务模式，开展区校融合教研活动120余场。区教体局作为全省唯一县区代表在省校外培训机构治理暨暑假工作调度会上作经验介绍，治理范本被教育部《“双减”改革每日快报》推荐。淮安区“双减”成效突出，受邀参加全省“双减”一周年：区域义务教育优质均衡发展专题座谈研讨会并交流发言。推进“公”与“民”协调发展，原民办学校淮安曙光双语学校转为公办、吴承恩中学（初中部）停办，妥善安置教职员工，完成民办义务教育在校生占比5%以内目标任务。

【创新办学】 2022年，江苏省清江中学与淮安市范集中学完成“一帮一，共同赢”五年一周期合作办学，坚持以集团化办学形式持续巩固拓展合作办学成果。加大与名校合作力度，建设淮安新教育学校、淮安生物工程

表46　　2022年淮安区教育系统获市级以上表彰一览表

单位	表彰内容	表彰单位
淮安区教育体育局	江苏省首届中小学生实验操作大赛优秀组织奖	江苏省教育厅
淮安区教育体育局	全省学生资助绩效考核“优秀”等次	江苏省教育厅、江苏省财政厅
淮安区教育体育局关工委	“党的光辉照我心，童心喜迎二十大”主题征稿活动最佳组织奖	江苏省关工委办公室、江苏省教育系统关工委、关心下一代周报社
淮安区教育关工委	2022年主题教育读书征文活动优秀组织奖	江苏省教育系统关心下一代工作委员会
淮安区教育体育局	淮安市第十七届青少年科技创新大赛优秀组织奖	淮安市科协、淮安市教育局、淮安市科技局、共青团淮安市委
淮安区教育体育局	全市信访稳定工作先进集体	淮安市信访工作联席会议
淮安区教育体育局	全市首届中小学生实验操作大赛高中化学组团体一等奖	淮安市教育局
淮安区教育体育局	全市首届中小学生实验操作大赛初中生物组团体二等奖	淮安市教育局
淮安区教体局家长学校总校	淮安市教育系统先进家长学校总校	淮安市教育局
淮安区教育体育局	2022年度教育工作目标考评优胜单位	淮安市教育局
淮安区教育体育局	全市“七五”普法先进单位	中共淮安市委宣传部、淮安市法宣办、淮安市司法局
淮安区教育体育局	教育信息化先进单位	淮安市教育局

高等职业学校施河分校、金陵中学淮安分校等。工业中专“订单式”技工闭环培训受到企业欢迎。

【特色建设】 2022年，淮安区做优区级特色学校项目92个，获评市级德育基地学校38所、内涵项目41个、优秀育人案例52个，获评中华诗教先进单位11个、示范学校5所，获评省文明校园4所。“新时代好少年”获得国家级1人、省级1人、市级5人，创成“周恩来班”市级35个、区级60个，设计百斯特劳动教育基地现场实景课程38个，创建市艺术教育等特色学校10所。勺湖、车桥、溪河等中心小学少年宫合唱项目参与“爱就是力量”全国青少年宫合唱云展播活动。周恩来红军小学收到国家首批航天员回信。淮安市新安小学科创作品和周恩来红军中学机器人团队代表江苏省参加全国大赛。制定下发习惯养成教育品牌年实施意见，聚焦“校校有先进班级、班班有文明学生”建设目标，培育先进学校30所，初步建立长效机制学校达85.8%。组建学科研究共同体，建立网络集体备课室24个，专题备课研讨160余次，形成优质教学资源1200余节，兼职教研员蹲点100余次，完成省名师空中课堂直播录制。搭建智慧云平台“教科研”专栏，在研课题省级35个、市级159个，课题校园普及率达86.5%。淮安区教体局是全市教育单位中唯一使用网页平台管理课题研究工作的单位。

【均衡发展】 2022年，淮安区投入750万元将原楚州中学北校区改造为红军中学南校区育才路学部，成立淮安施河新教育学校，建立淮安生物工程高等职业学校施河分校。争取项目资金1.36亿元，推进金陵中学淮安分校、新安河西校区、楚州府幼儿园等重点工程建设。投入100

万元改造提升20所中小学共250间教室照明系统。新建特殊教育融合资源中心17所，获评省智慧校园合格校12所，城区标准化考点建设实现全覆盖。

【校园安全】2022年，淮安区59所学校升级安全设施设备，实现“校园哨兵”系统全覆盖，A级食堂比例达92%。开展安全隐患“见底清零”行动，排查整改问题346个，其中排查整改实验室及危化品安全管理问题61个。处置网络安全事件36起，建成市平安校园建设示范校7所、市消防安全标准化管理示范校2所。关天培小学上下学安全做法全市推广。加强家庭教育和学生心理健康教育，建立家警校联防机制，发现线索46例，干预学生心理危机13人。开展“女童保护”全覆盖专项行动，31人取得讲师证，实现“女童保护”授课全覆盖。组织高考等考试12场，参考人数达10万余人次，实现平安考试目标。不断优化校园疫情防控体系，保障学校正常运转。

【教师队伍建设】2022年，淮安区突出师德建设，开展“比师德、比作风、比担当、比奉献、争先进”主题教育实践活动，开展“身边的好老师”师德演讲、“劳模工匠进校园”专题宣讲活动，开展“依法执教，‘法’铸师魂”法治宣传“三个一”活动，参加省师德师风法律法规知识竞赛9922人，获评市“师德模范”3人。招聘新教师199人，引进“名校优生”23人，轮岗交流教师985人，公开选拔校（园）长后备人才30人，创建省名校长、名师、网络名师、乡村骨干教师工作室各1个，培育省职业教育“双师型”团队1个、市“四有好教师”团队2个，获市“模范教师”等称号21人。全年慰问教职工123人次。开展新教师启航、新任校（园）长及后备干部研修、21个学科培育站集中研训、信息技术应用能力提升培训等活动，参与人员1万余人次。开展“三名（名学校、名校长、名教师）培育工程”教科研培训60余场次，参训学员7000余人次。获批市教师发展示范基地校4所。打造名优团队，3人入选省“333人才工程”培养对象，2人获评省正高级教师；31人入选市第三期“533英才工程”，49人获评市第五批市“学科带头人”，42人获评市“优秀班主任”。江苏教育频道专题报道周恩来红军中学教师队伍建设情况。全年发放高层次人才奖励85.92万元。

（程楷博）

学前教育

【概况】2022年，淮安区共有幼儿园75所，其中省优园54所、市优园14所、合格园7所；较上年度减少3所，撤销淮安市茭陵中心幼儿园章集办班点，淮安市苏嘴中心幼儿园杨河办班点，淮安市车桥中心幼儿园张彭分园。按幼儿园类型分，幼儿园64所、乡镇中心幼儿园分园5所、中心幼儿园办班点6个；按办别分，公办幼儿园64所、集体办幼儿园1所，民办幼儿园10所。学前在校生19040人，在编教职工435人。

【幼儿园安全工作】2022年，淮安区加强幼儿园安全工作，保障幼儿人身安全，提升师生应对各类灾害事件的防范意识和自我保护能力。4月，石塘镇马甸中心幼儿园对全园师生进行消防安全知识教育专项培训，开展消防演练；林集中心幼儿园开展系列安全教育活动，普及安全知识和避灾自救技能。

（程楷博）

义务教育

【概况】2022年，淮安区共有小学50所，较上年度减少4所，撤销淮安市茭陵章集小学、淮安市博里东南小学、淮安市朱桥小闸小学、淮安市流均黄舍小学。另有教学点12个，较上年度减少6个，撤销淮安市苏嘴健仪教学点、淮安市茭陵金融希望教学点、淮安市博里水晶教学点、淮安市博里新荡教学点、淮安市平桥王沟教学点、淮安市建淮渠南教学点。小学在校生54813人，小学在编教职工3799人，小学生新生9852人，小学毕业生9338人。初级中学29所（教育部门办27所、民办2所），九年一贯制学校1所（民办1所），初中在校生27945人，初中在编教职工2289人，初中生新生9469人，初中毕业生9949人。

（程楷博）

【义务教育阶段招生工作】2022年，淮安区进一步规范义务教育阶段办学与招生行为，印发《2022年淮安区义务教育阶段学校招生工作意见》，保障适龄儿童接受义务教育的权利，促进公民办义务教育健康协调发展。坚持免试就近入学，实行公民办同招。各学校通过“淮安智慧校

表47　**2022年新安教育集团获市级以上表彰一览表**

单位（姓名）	表彰内容	表彰单位
淮安市新安小学	“我是美丽江苏小主人”主题教育实践活动优秀组织	共青团江苏省委、江苏省教育厅、江苏省生态环境厅、江苏省住房和城乡建设厅、江苏省农业农村厅、江苏省少工委
淮安市新安小学	江苏省文明校园	江苏省精神文明建设指导委员会
淮安市新安小学	淮安市周恩来班创建工作先进集体	中共淮安市委宣传部、共青团淮安市委、淮安市教育局、淮安市关工委、淮安市周恩来邓颖超研究会
皮　丽	2022江苏教师年度人物	江苏省教育厅、江苏省总工会
顾学让	淮安市最美教师	中共淮安市委宣传部、淮安市教育局
高美华	淮安市师德模范	淮安市教育局
罗丽丽	淮安市优秀教师	淮安市教育局
朱梦雪	淮安市优秀教师	淮安市教育局
朱梦雪	淮安市优秀班主任	淮安市教育局
沙　萍	淮安市优秀班主任	淮安市教育局
丁宏刚	淮安市优秀班主任	淮安市教育局

园”微信公众号招生平台同步招生，民办学校报名人数多于招生计划的，实行电脑随机派位录取。逐步削减民办学校招生计划，淮安曙光双语学校（九年一贯制）转为公办；淮安市吴承恩中学（初中部）停止办学；淮安外国语学校和文通中学继续民办，减少招生计划，各为690人。

（区政府网站）

【**淮安市新安小学**】2022年，淮安市新安小学坚持打造新旅传统弘扬高地和素质教育典范学校，探索新时代立德树人的“新安经验”。《新旅传统涵育新时代“小好汉”成长的实践探索》被省教育厅推荐参加国家级教学成果奖评选，《永远跟党走：新时代“小好汉”品格涵育行动》入选省中小学生品格提升项目。新安小学少先队大队获评全国优秀少先队集体、江苏省优秀少先队集体、江苏省“红领巾奖章”集体四星章。

5月30日上午，时任省委书记吴政隆走进学校重温习近平总书记重要回信精神，对学校红色育人工作表示肯定和赞许。5月30日晚，由淮安市新安小学与中国儿童艺术剧院合作排演的儿童剧《新安旅行团》在淮安大剧院成功首演。新旅历史纪念馆重新布展竣工。提升改造

表48　**新安教育集团基层单位名录**

单位名称	基层单位名称
新安教育集团	淮安市新安小学
	淮安市新安小学河西分校
	淮安市新安小学新区分校
	淮安市新安幼儿园
	淮安市盛世豪庭幼儿园
	淮安市运东幼儿园
	淮安市玖珑湾幼儿园
	淮安市公园幼儿园
	淮安市蓝惠幼儿园
	淮安市江淮景城幼儿园
	淮安市河西幼儿园
	淮安市富丽瑞锦苑幼儿园

后的新旅历史纪念馆育人功能更加完备，更好地为青少年思政教育提供实践平台。

（张树利）

【淮安外国语学校】 2022年，淮安外国语学校坚持以提升教学质量、作业设计质量、学生核心素养为目标，更新教学理念，推动教学改革深化，提升教研水平，引领教师专业成长。2022年，淮安外国语学校获评淮安市首届中小学（幼儿园）“广教研”示范校、淮安市“消防安全标准化管理示范学校”、“凤凰校园文学基地”“淮安市首届中小学生实验操作大赛优秀组织奖”等荣誉。35人在2022年江苏省“五四杯”微课评选和2022年淮安市论文、教学设计竞赛中获奖；21人在市、区实验操作和教学、课例、电脑绘画竞赛中获奖；49人在2022年度淮安区教学论文、教学设计评选中获奖，24人获一等奖。

2022年，淮安外国语学校全面贯彻落实“双减”政策，科学减负。把课堂作为提高教育质量的落脚点，深化智慧课堂，着力构筑理想课堂，让深度学习真正发生，让学生真有成长。以“四季八节”活动为载体，精心设计选修课程和社团活动。整合校内优质教师资源，聘请各领域专家、大学教授、非遗传承人担任选修课老师。以“风筝文化节”“龙舟文化节”“体育文化节”“攀岩文化节”“垂钓文化节”特色活动创新体育特色品牌，全面推进素质教育。上午开展30分钟“激情校园”大课间活动，春、夏、秋以韵律操为主，冬季以跑操、跳绳、体能训练为主；下午开展30分钟“阳光体育运动”，包括篮球、足球等超级联赛、攀岩比赛等，丰富学生课外生活。

（淮安外国语学校）

2月15日，淮安外国语学校开展元宵节赏花灯、猜灯谜、包汤圆、画糖画、吃糖人、庙会义卖等系列活动

（淮安外国语学校　供图）

高中教育

【概况】 2022年，淮安区共有普通高中4所，较上年增加1所；完全中学2所，较上年减少1所，吴承恩中学由完全中学变成高级中学。高中在校生18969人，较上年减少13人，高中新生6100人，较上年减少320人，高中毕业生5918人，较上年增加591人。

（程楷博）

【江苏省淮安中学】 2022年，江苏省淮安中学落实立德树人根本任务，推动中共二十大精神进课堂、进教材、进头脑。适应高考改革新形势以及国家对新型人才培养的要求，深入学习《中国高考报告（2023）》，践行新课标，透过真题回看教材，通过骨干示范、同课异构、研究沙龙等推动“融学课堂”全员

12月9日，淮安中学举行“一二·九”科技文化艺术节闭幕式

（淮安中学　供图）

验收。协办2022年“江苏省高中信息技术青年教师基本功大赛”“淮安市融合课堂大赛”等省、市竞赛活动。推进校园文化建设，开展校园“十佳歌手”比赛、教职工文艺汇演、高一大合唱比赛、歌舞器乐比赛、书法和绘画比赛、摄影比赛、科技创新比赛等形式多样、丰富多彩的校园活动。2022年，江苏省淮安中学获评2021—2022学年度普通高中综合考评优秀单位、2021—2022学年度全市“周恩来班”创建工作先进集体、淮安市“区域中小学德育一体化”项目基地学校。

（张开涵）

【淮安市楚州中学】 2022年，淮安市楚州中学以振兴县域高中为己任，推动学校高质量发展。继续实施“名校优生战略”。组织教师参加各级各类优课竞赛及“三名”培育工程等活动，开展“广教研”“同课异构”等研学活动，推动教师快速成长。招引名校毕业生11人。1人获评“正高级教师”，1人获评省先进个人，8人在市基本功大赛中获奖，16人受市、区表彰。2022年，淮安市楚州中学获评江苏省中小学思政育人特色学校、淮安市教师发展示范基地校、淮安市“中小学德育一体化”项目基地学校、江苏省文明校园、中国楹联教育基地。

2022年，淮安市楚州中学优化红色德育工作，持续开展“九戒九倡”（一戒仪表异类，倡语言文明；二戒校内骑车，倡交通守规；三戒使用手机，倡开展阅读；四戒考试作弊，倡诚信做人；五戒损耗破坏，倡爱护节俭；六戒校园早恋，倡正常交往；七戒课堂散漫，倡合作互教；八戒活动混乱，倡行为规范；九戒寻衅滋事，倡处事谦让）学生行为习惯养成教育。注重学生个性化发展，开设多种特色社团，挖掘学生潜能，满足学生多样化发展需求。淮安市楚州中学女子足球队夺得2022“省长杯”卡尔美江苏省青少年校园足球联赛高中组总决赛亚军。

2022年，淮安市楚州中学推进政府帮扶和社会救助工作落实见效。23名优秀大学生领取每人5000元助学资金。全年减免502名建档立卡学生学费，为640名家庭经济困难学生申报国家助学金，为5名本科贫困生申请办理省“圆梦助学金”，为95名本科、49名专科贫困学生申请办理区“育才兴教助学金”。全年资助贫困学生总额达336.32万元。2022年，淮安市楚州中学获评区“资助育人工作先进集体”。

（田　原）

职业教育

【概　况】 2022年，淮安区共有中等职业学校2所，在校生10467人（含农校3608人）。

（程楷博）

【淮安区开放大学　江苏省淮安工业中等专业学校】 淮安区开放大学、江苏省淮安工业中等专业学校是淮安区唯一一所公办中等职业学校，是江苏联合职业技术学院办学点，集开放本科与专科、高职与中职、学历教育与非学历培训于一体。占地320亩，建筑面积10万平方米，拥有2个省现代化专业群，建有12个校内实训基地，其中省示范性实训基地3个，系首批国家级重点职业学校、江苏省四星级中等职业学校、首批省高水平现代化职业学校、省现代化示范性职业学校。2022年，2个专业被认定为省优质专业；获省教学成果奖一等奖1项，并被推荐参加国家教学成果奖评审；获批立项国家级课题1项、省级课题8项。有在编教职工253人，其中，研究生学历（硕士学位）33人，在读博士1人，正高职称2人，高级职称80人，全国中职通识文化研究中心主任1人，省人民教育家培养对象1人，省特级教师2人，省中心教研组副组长3人，省名师工作室2个，省职教领军人才

淮安区开放大学广场　　（靖慧鹏　摄）

表49　2022年淮安区开放大学 江苏省淮安工业中等专业学校获市级以上表彰一览表

单位（姓名）	表彰内容	表彰单位
江苏省淮安工业中等专业学校	江苏省优秀中职校建设单位	江苏省教育厅
江苏省淮安工业中等专业学校	江苏省教科研工作先进集体	江苏省教育科学研究院
江苏省淮安工业中等专业学校“正·三品”教师团队	淮安市“四有”好教师团队	淮安市教育局
江苏省淮安工业中等专业学校	“中国银行杯”2022年市职业学校创新创业大赛优秀组织奖	淮安市人力资源和社会保障局
江苏省淮安工业中等专业学校	2022年中职学校高质量发展考核一等奖	淮安市教育局
江苏省淮安工业中等专业学校	2022年中职学校重大活动特别贡献奖	淮安市教育局
刘善彬	全国职业院校技能大赛教学能力三等奖	全国职业院校技能大赛组委会
朱虹静	全国职业院校技能大赛教学能力三等奖	全国职业院校技能大赛组委会
戴耀中	全国职业院校技能大赛教学能力三等奖	全国职业院校技能大赛组委会

1人，全国优秀教师1人，省、市级名师30余人。

2022年，引进北大优秀毕业生2名。多名教师在2022年全国职业院校技能大赛教学能力比赛、2022年江苏省职业院校教学能力比赛中获奖；牵头修订的中等职业教育课程改革国家规划新教材《语文》（第四版）（高等教育出版社出版）获“首届全国教材建设奖全国优秀教材（职业教育与继续教育类）”一等奖；获批省“双师型”名师工作室1个；师生参加淮安市职业学校技能大赛，获9个一等奖、11个二等奖、6个三等奖，30名选手入围省赛；在2022年江苏省职业院校技能大赛中获1金3银8铜；在2022年江苏省美发美容行业职业技能大赛中获3金3银1铜；学生参加省学业水平、普通话、计算机等级、会计电算化、CAD绘图、车工、智能网联汽车检测与运维“1+X”证书、商用车销售服务“1+X”证书、低压电工、网页制作员等考试，合格率再创新高。提升社会服务能力，组织第二届“味美淮安”厨艺大赛。全年共开展各类社会培训共计4719人次。组织“订单式”企业紧缺技工闭环培训1557人次，其中江苏双环齿轮有限公司数控车工高级技工培训62人，江苏共创人造草坪股份有限公司机械设备安装工中级技工培训53人，江苏新起点实业有限公司焊工、木工中级工培训35人。开展新型职业农民培训共计1264人次（158人）；退役士兵培训339人次。开展各类社区居民培训活动1559人次。

（靖慧鹏）

【淮安生物工程高等职业学校】 淮安生物工程高等职业学校（江苏联合职业技术学院淮安生物工程分院）是全国建校最早的农林学校之一，是淮宿连地区唯一一所农业类高等职业学校，坐落在江苏省淮安市淮安区湖心寺路18号，为淮安市政府直属事业单位。占地500.89亩，建筑面积16.44万平方米。2022年，淮安生物工程高等职业学校有教职员工329人，专任教师277人，具有研究生学历或硕士及以上学位153人。有五年制高职专任教师213人，具有研究生学历或硕士及以上学位134人。有高级职称教师75人，双师型教师135人。2022年，新招学生1237人，其中高职965人，中职272人；毕业学生949人，其中高职646人（就业人数596人，初次就业率91.98%），中职303人。新招学生与上年相比增加104人，其中高职增加144人，中职减少22人。

2022年，淮安生物工程高等职业学校立足涉农专业强根基，是淮安市涉农专业开设最全、设施设备最先进、专业教师存量最集中的农职校。立足专业优势抓教培，精准服务乡村振兴。开展托管式、菜单式、定制式高素质农民培训服务，助推农民由身份向职业转变。

2022年，淮安生物工程高等职业学校在全国职业院校技能大赛中获个人一等奖1个，在江苏省职业院校教学能力比赛中获一等奖4个、二等奖2个、三等奖4个。由学校教师主编的2部教材被评定为省“十四五”规划教材。2项2022年度省科技计划乡村振兴富民强村科技帮促项目、7项第五期江苏省职业教育教学改革研究课题、1项市社科联课题、1项市法学课题获得立项。

（淮安生物工程高等职业学校）

社会教育

9月18日，淮安区老年大学志愿者走进翔宇养老中心开展志愿服务（区老年大学 供图）

【淮安区老年大学】2022年，淮安区老年大学受新冠疫情反弹影响，春季开学一周停止线下授课，至秋季开学复课。全年开办30个专业、79个班，实行微信报名，报名学员达3359人次。推进老年教育向基层延伸，成立14个镇（街）分校，实现老年大学镇（街）分校全覆盖。坚持实施“银发生辉”工程，搭建老有所为平台，挂牌成立“志愿者服务中心”，志愿者服务队先后走进社区、乡村、景区、敬老院等单位场所，开展送文艺、送春联、送书画、送温暖、抗疫情等志愿服务活动60余场次。

2022年，淮安区老年大学举办“喜迎二十大 我心永向党”书画摄影展、“庆祝建党节 喜迎二十大”文艺演出和“同心庆七一 喜迎二十大”诗词朗诵会，承办由区委组织部、宣传部主办的“欢歌二十大 奋进新征程”庆祝中共二十大胜利闭幕文艺演出。龙光诗社分别与恩来社区、河下诗词协会联合举办“喜迎二十大，弘扬社会主义核心价值观”诗词朗诵会。2022年，淮安区老年大学获全国老年大学棋牌运动掼蛋大赛“优秀组织奖”、全国老年大学“家乡推介短视频”大赛“最佳组织奖”、2023年全国老年大学线上春节联欢会“人气组织奖”，班级团体和个人获各类奖项55个。

（王颍淮）

【淮安区老年大学分校成立】2022年11月，淮安区在各镇街成立区老年大学分校，扩大老年教育覆盖面和资源供给，完善老年教育网络，更好地满足老年人的精神文化需求。

（区政府网站）

公共文化设施

【概况】 2022年，淮安区有国有博物馆、文化馆、公共图书馆各1家，有纪念馆2家。有镇街综合文化站16所，农家（社区）书屋330家，镇街淮安书房16家，城区淮安书房2家。遂园书舍和海棠书屋2家公共文化空间入选省级“最美公共文化空间”。

（葛　蕾）

【镇街淮安书房提档升级】 2022年，淮安区依托镇街文化站、新时代文明实践所等场所资源，结合服务覆盖群体数量，重新规划提升淮安书房场所，将镇街淮安书房打造成对外免费、长时间开放、温馨舒适的沉浸式阅读新型公共文化服务空间。10月初，16个镇街淮安书房完成提档升级。

【淮安区图书馆】 建于1978年12月，馆舍面积1750平方米，占地2.76亩。现有藏书38万多册。年购新书6000册以上，年平均接待外借和内阅读者约12万人次。1998年至2004年连续多年被评为省文明图书馆。1994年、1999年、2004年、2009年连续四次通过国家文化部二级公共图书馆等级评估验收，2013年升格为国家一级公共图书馆。馆藏古籍2万余册，拓片近300余件，已鉴定的善本书（“善本书”指的是元代及元代以前刻印或抄写的图书）40种233册，入选江苏省珍贵古籍名录28部431册。2014年，淮安区图书馆被江苏省古籍保护中心评选成为江苏省古籍收藏单位。淮安区图书馆设有成人外借室、少儿外借室、报刊阅览室、古籍室、资料室、数字图书馆等对外窗口。

【淮安区文化馆】 淮安区文化馆是国家一级文化馆，现有馆舍面积约3500平方米，在职人员17人，设馆长室、办公室、文

表50　　2022年淮安区文化广电和旅游局获市级以上表彰一览表

单位（姓名）	表彰内容	表彰单位
淮安区文化广电和旅游局	“喜迎党的二十大 风清气正新征程”——2022全国廉政农民画优秀作品云展优秀组织奖	中国农民画研究会、中共射阳县委员会
淮安区文化广电和旅游局	江苏省境外卫星电视传播秩序专项整治工作成绩突出单位	江苏省广播电视局
淮安区图书馆遂园书舍自助图书馆	2022年度江苏省“最美公共文化空间”	江苏省文旅厅、江苏省发改委
淮安区图书馆海棠书屋自助图书馆	2022年度江苏省“最美公共文化空间”	江苏省文旅厅、江苏省发改委

续表50

单位（姓名）	表彰内容	表彰单位
淮安市楚州博物馆	江苏省文明单位	江苏省精神文明建设指导委员会
淮安区文化广电和旅游局	全市打击法境外电视网络接收软件（设备）和卫星地面接收设施专项整治行动先进单位	淮安市文广旅游局、淮安市公安局
潘　宇	最美基层干部	中共江苏省委宣传部
夏　颖	全市打击非法境外电视网络接收软件（设备）和卫星地面接收设施专项整治行动先进个人	淮安市文广旅游局、淮安市公安局
刘其霖	第三届淮安市文化市场综合执法岗位练兵技能现场竞赛个人一等奖	淮安市文广旅游局、中共淮安市委宣传部、淮安市司法局、淮安市总工会、共青团淮安市委、淮安市妇联
阙楚慧	第三届淮安市文化市场综合执法岗位练兵技能现场竞赛个人一等奖	淮安市文广旅游局、中共淮安市委宣传部、淮安市司法局、淮安市总工会、共青团淮安市委、淮安市妇联
郝中楠	第三届淮安市文化市场综合执法岗位练兵技能现场竞赛个人一等奖	淮安市文广旅游局、中共淮安市委宣传部、淮安市司法局、淮安市总工会、共青团淮安市委、淮安市妇联
淮安市心恋网吧古末口店	2022年淮安市“绿色网吧”四星级上网服务场所	淮安市文广旅游局

艺部、美摄部、服务部、非遗保护中心，馆内设有展厅300平方米，排练厅约550平方米，常年开展群众文化活动，免费开展音乐、舞蹈、书法、美术等艺术辅导。每年组织或承办各类大型文化活动百余场，其中“幸福淮安”“我们的节日”系列活动等成为淮安区家喻户晓的群众文化活动品牌。

博里镇生态休闲农场　　（区文广旅游局　供图）

【淮安市楚州博物馆】 成立于1984年10月28日。1986年，邻接周恩来故居新建120平方米的文物库房，1998年在此基础上扩建博物馆大楼，建筑面积2200平方米，展厅面积500平方米。2008年在淮安古城中心漕运总督部院遗址北侧新建中国漕运博物馆，地面建筑为仿漕运总督部院大观楼，展厅位于地下，约6200平方米。博物馆设馆长室、办公室、征集考古部、陈列部、保管部、文化服务部、宣教部、保卫科。馆藏文物48032件，其中一级文物28件，二级文物49件，三级文物303件。淮安市楚州博物馆主要职能是考古调查、文物征集、鉴定、修复、研究、陈列、保管等。

（赵晓燕）

表51 淮安区文化广电和旅游局基层单位名录

单位名称	基层单位名称
淮安市淮安区文化广电和旅游局	淮安市淮安区文化馆
	淮安市楚州博物馆
	淮安市淮安区图书馆
	淮安市淮安区电影公司
	淮安市淮剧二团
	淮安市淮安区文化服务中心
	淮安市淮安区旅游事业服务中心

群众文化

【文化惠民】 2022年，淮安区开展纪念周总理诞辰124周年系列纪念活动；开展"我们的节日"系列活动；开展"我们的中国梦"——文化进万家、"幸福淮安""迎百年党庆 颂盛世华章"等系列公益文化活动；开展"淮安优秀美术、书法作品、文物精品图片巡展"活动。累计投入资金52万元开展送戏下乡进社区108场。全年累计开展各类公益文化活动3410场次。

【演艺进景区】 2022年，淮安区推进演艺进景区工作，在漕运博物馆、淮安府署、沈坤状元府、吴承恩故居等景区景点开展群众文化活动（含线上）50场次，参与文化活动群众超10万人次。在万丰大戏台开展"我们的节日""庆元旦 迎新年广场文艺演出""幸福淮安 欢欢喜喜过大年""文化惠民 淮剧专场"及"周末喜相逢 万丰看大戏"等淮剧专场演出活动。

（赵晓燕）

万丰大戏楼演出现场　（区文广旅游局　供图）

书香城市建设

【概况】 2022年，淮安区践行"为中华之崛起而读书"的阅读理念，推进新时代书香淮安区建设工作，获评江苏省书香城市建设示范区。

【阅读阵地建设】 2022年，淮安区以优质的阅读空间和阅读阵地，丰富城乡居民的阅读文化体验。吴承恩故居书房、淮安书房小镇客厅、16个镇街书房相继建成投入使用；建成海棠书苑、遂园书舍、月季小筑等12个阅读新空间；引进社会资本建设尚庐书院、上河下文化中心。建成11所中小学校园书店，区新华书店升级改造并获评2022年度江苏最美书店；338个村居农家书屋完成数字阅读设施改造，实现与区图书馆通借通还。

【主题阅读活动】 2022年，淮安区以周恩来读书节为统领，主题阅读活动总量达1000余场。全区征订发行党的二十大报告单行本、党章单行本、党的二十大文件汇编、党的二十大报告辅导读本12.8万册，总量全市领先。开展党的二十大精神共学共读、农家书屋万场主题阅读活动、农民读书节、全民阅读春风行动、省市读书节重点阅读活动，承办江苏读书节"传红色诵经典"文化校园行活动启动仪式，举办第十二届江苏书展分展场活动。"翔宇论坛"成为全区党员干部重要阅读学习活动，"传承恩来精神 牢记初心使命"主题阅读活动成为全区"书香机关"重要阅读活动品牌，"弘扬古城文化 深化全民阅读"诗词诵读活动获2022年江苏省公益阅读推广活动认证扶持，“开展绘本教育成就美好未来”绘本主题阅读活动，惠及全区近1.9万名幼儿。连续三年举办青少年红色故事大宣讲活动，被江苏省全民阅读促进会列入本年度全省“五十佳”候选项目。

【公共阅读服务】 2022年，淮安区坚持以读者为中心，以党员干部、儿童和青少年及农村居民为重点阅读群体，开展公共阅读服务。借助翔宇论坛、海棠悦读、淮安书房、农家书屋等平台，及时向各类阅读人群推介主题出版物。组织各类正版图书捐赠150余万元，其中向乡村幼儿园捐赠绘本读物10余万元。持续提高农家书屋数字化建设水平，注册用户达1.5万人。组织全区20多个社会阅读组织、近千名阅读推广人服务乡村社区。组织评选首批书香建设示范镇街村居活动，推选出恩来星小记者等16个优秀阅读组织、40余名优秀阅读推广（领读）人、100余户书香家庭等全民阅读推广典型。

（葛　蕾）

文化遗产保护

【文物修缮与保护】 2022年，淮安区完成勺湖草堂、河下三官殿市级文物保护单位修缮工程，推进矶心闸周边景观工程、吴鞠通中医馆院落整治提升工程和天恒王府南宋水工遗址地下博物馆土建工程。完善300余处文保单位及文物点档案，完成第八批省级以上文保单位两线修改工作，完成可移动珍遗文物备案复核以及革命历史类纪念设施和爱国主义教育基地核查梳理工作。

【文物藏品利用】 2022年，淮安区加强文物藏品活化利用，利用国际博物馆日、文化和自然遗产日多次组织开展流动博物馆进广场活动。线上和线下开展“喜迎二十大 建功新时代”淮安区物质文化遗产展活动，参与群众近5000人。

（赵晓燕）

【区级非物质文化遗产名录】 2022年6月，淮安区公布第四批区级非物质文化遗产名录，共18项。其中，传统音乐类2项，即平桥社鼓、古琴艺术；传统体育、游艺与杂技类1项，即车桥小谣；传统美术类4项，即剪纸、周学良糖画、木雕、根雕；传统技艺类8项，即蒲编、香包制作技艺、文楼烫面蒸饺制作技艺、淮扬米糕制作技艺、李家百叶制作技艺、金缸脐制作技艺、照片修底着色技艺、传统修脚术；传统医药类3项，即赵氏关节止痛膏、下关王氏口疮散制作技艺、蔡氏中医传统敷贴技术。

（区政府网站）

【非遗传承与保护】 2022年，淮安区组织收集整理楚州十番锣鼓、南闸民歌资料；组织非遗项目开展线上展览，参加“我们的节日——春节”非遗购物节，下基层到景区、社区、乡镇展示展演。推进南闸民歌、博里农民画、车桥剪纸、仇桥杂技传承传播，开展线上线下展示活动。开展南闸民歌项目培训以及淮剧项目乡村展演活动。建设提升国家级非遗项目十番锣鼓传承基地，开展传承培训活动。

（赵晓燕）

南闸民歌展演　　（区文广旅游局　供图）

文化创作

【概况】 2022年，淮安区推进文化创作，文化事业不断发展。创作抗疫视频《人来人往的春天里》，创作《抗疫新歌》进校园；组织复排《赠塔》《大堂羞母》《孟姜女过关》等多个淮剧经典折子戏。淮安区籍女作家季玉长篇小说《源乡》出版。油画作品《等待启航》入选“相约扬州2022·江苏省小幅油画作品展”。报告文学《天路淮军》、长篇小说《大胡庄·1941》2部作品被评为2021年度“淮安文化奖”优秀作品,长篇小说《天路淮军》入选“鲁迅文学奖”参选作品。纪录片《千年漕运》、歌曲《新时代的好少年》被评选为2021年度“淮安文化奖”入选作品。图书《中国少年》入选中宣部2022年主题出版重点出版物选题、中国作家协会2022年度定点深入生活项目并被《中国新闻出版广电报》评选为2022年上半年优秀少儿图书,获得江苏省第十二届精神文明建设“五个一工程”优秀作品奖。淮安区作协主席于兆文创作的长篇报告文学《新安旅行团》获得第五届(南钢)江苏报告文学奖。与爱乐男声合唱团合力打造教育公益项目,在淮安市关天培小学成立“爱乐合唱天培童声”合唱团,把优质艺术教育带给留守儿童。

(祁　宏)

9月11日,第三届吴承恩长篇小说奖颁奖典礼在淮安区举行

(区文联　供图)

【儿童剧《新安旅行团》首演】 5月30日,是习近平总书记给新安小学少先队员的重要回信一周年。5月30日晚,由中国儿童艺术剧院与中共淮安市委共同打造的现实题材儿童剧《新安旅行团》在淮安大剧院完成首场演出。国家文旅部党组成员、副部长卢映川书面致辞,请中国儿童艺术剧院院长冯俐代读。省委常委、宣传部部长张爱军参加活动并致辞。该剧以当下的新安小学为背景,讲述了校园戏剧社中,孩子们在辅导员老师的带领下排演一部名叫《新安旅行团》的话剧。当代的老师用回溯历史的视角,带领着孩子们探寻当年新安旅行团的故事,体会当年孩子们的成长历程。全国和江苏新时代好少年代表,淮安市各小学师生代表,新安小学师生代表特别是六(8)中队的少先队员以及参演小演员的家长等600人现场观看首演。儿童舞台剧《新安旅行团》列入国家文旅部“新时代现实题材创作工程”重点项目、2022年度江苏省重大题材文艺创作重点项目、江苏艺术基金理事会资助项目,获2022江苏紫金文化奖“优秀剧目奖”,是全国唯一一部入选“新时代舞台艺术优秀剧目展演”的儿童剧。

【第三届吴承恩长篇小说奖颁奖典礼】 9月11日,第三届吴承恩长篇小说奖颁奖典礼在淮安区举行。作家张平的《生死守护》、邓一光的《人,或所有的士兵》、胡学文的《有生》、王晋康的《宇宙晶卵》、蒋韵的《你好,安娜》以及淮安籍本土作家于兆文的《大胡庄1941》、魏嘉陵的《特别党产》共7部长篇小说获奖。吴承恩长篇小说奖由淮安区于2016年设立并主办,《人民文学》杂志社和江苏省作家协会为学术支持单位。2017年12月在北京中国现代文学馆举办首届颁奖典礼。第三届吴承恩长篇小说奖于2021年6月起面向海内外征稿,共有来自全国26个省(自治区、直辖市)的作家与文学爱好者投稿,共征集作品近300部。

《淮安区报》

文化产业

【概况】 2022年,淮安区共有规模以上文化企业69家,当年新增4家,在库重点培育文化企业15家。施河镇乐享产业融合示范园、里运河文化长廊四行系统提升等2个项目入选省“十四五”时期文化及相关产业重点项目清单,5家企业入选淮安市瞪羚文化企业、雏鹰文化企业、小巨人文化企业榜单。其中文化龙头企业江苏共创人造草坪股份有限公司产品行销全球,市场占有率超15%。在新一届江苏淮安市文化产业协会换届选举中,江苏共创人造草坪股份有限公司副总经理陈金桂当选协会副会长,楚韵文化旅游(集团)有限公司、奇乐娃实业有限公司、喜洋洋科教设备有限公司等4家企业被推选为理事单位。

【文化产业项目】2022年6月，“文化赋能 产业兴淮”2022淮安文化产业嘉年华活动中，河下古镇文化商业街提升改造、里运河文创游园、中企太宝生态农业旅游观光示范园等5个亿元以上项目集中签约。

【大运河百里画廊建设】2022年，淮安区在全市率先成立大运河百里画廊建设工作领导小组、大运河规划建设管理办公室，在省市首创大运河百里画廊专题工作简报，建立健全工作例会机制、数据直报机制、项目通报机制、质量跟踪机制等四项机制。整合利用大运河百里画廊文化资源，分批次向里运河慢行系统二期导入区作协创研基地、爱乐民族乐团、运河文化馆等文化资源。淮安区以大运河“百里画廊”红色旅游融合发展带试点为主题入选全国红色旅游融合发展试点单位。新安旅行团纪念公园建成开放。公园占地64亩，项目总投资1.26亿元，以新安旅行团历史纪念馆为核心区，建成新旅雕塑广场、运动场、古城墙遗址展示步道、户外体验区等功能区域，成为运河百里画廊的重要节点景区。河下古镇文化商业街改造提升等省市重大项目建设及投资进度超序时，位列全市第一方阵。

（祁　宏）

【淮安楚韵文化旅游（集团）有限公司】淮安楚韵文化旅游（集团）有限公司（以下简称“楚韵文旅公司”）为淮安市宏信国有资产投资管理有限公司下属子公司。楚韵文旅公司管理运营国有资产21.9万平方米，主要包括景区（点）13.8万平方米、商业用房7.6万平方米、民房0.5万平方米。2022年，楚韵文旅公司营业收入1406万元，其中门票收入382万元、讲解费21万元、停车费57万元、租金189万元、文创二销379万元、财政政策资金378万元；总支出3892万元，其中日常支出约2364万元、工程支出1255万元、宣传活动支出273万元。全年接待游客约82万人次（含免费景区）。

（单娇娇）

文化市场监管

【概况】2022年，淮安区文化市场有网吧21家，歌舞娱乐场所18家，游戏游艺室5家，电影院5家，出版物经营单位241家，旅行社8家。加强文化市场监管，常态化做好艺术类培训班日常管理工作，提升四星级绿色网吧1家。区文化市场综合执法大队先后获全市文化市场综合执法工作目标考核第二名、第三届全市文化市场综合执法岗位技能竞赛团体一等奖。

【监管执法规范】2022年，淮安区制定出台《淮安区文广旅游领域涉企行政处罚“三张清单”》，规范文广旅市场监管执法行为。按照“大数据+指挥中心+综合执法队伍”综合执法模式，将全区网吧接入互联网监控平台，实时进行线上监控巡查。

【文化市场执法】2022年，淮安区共出动执法人员2899人次，检查出版物及印刷企业300余家次，检查旅行社、网吧、歌舞娱乐、艺术品经营场所等686家次，收缴侵权盗版出版物187册，非法音像制品89张，取缔流动摊点2处。推进“双随机一公开”执法检查，实行城乡联动、部门互动、错时执法，先后开展县区间交叉执法检查工作4次，多部门联合执法检查7次，共办结案件27件，结案率100%，无一起行政复议和行政诉讼案件。开展非法销售、安装和使用卫星地面接收设施集中检查，收缴、拆除一批非法卫星地面接收设施，保证广播电视意识形态安全。开展“扫黄打非”专项斗争，实行无缝隙、全天候、全时段线上线下综合监管，净化出版物市场。

（赵晓燕）

融媒体

【概况】2022年，淮安区融媒体中心履行主流媒体职能，守正创新，做大做强主流舆论阵地。“恩来星”小记者系列专题片《百里画廊运河情》获全省社科联系统工作创新案例；《美文阅读》栏目获江苏省广播电视局最佳栏目奖。2022年，淮安区融媒体中心实现营收700余万元，获评淮安市文化科技卫生“三下乡”先进集体。

【新闻宣传】2022年，淮安区融媒体中心围绕中共二十大、习近平总书记重要回信精神主

表52　淮安区融媒体中心基层单位名录

单位名称	基层单位名称
淮安市淮安区融媒体中心	淮安市淮安区广播电视信息中心

题，开展“喜迎二十大 走进先行村”等全媒体新闻采访行动，开设《奋进新征程 建功新时代》等10余个专栏专题，共推出相关稿件600余篇。成立以青年党员、团员为主的“海棠红”宣传服务队，围绕“四大工程”等重大主题，推出重点稿件800余篇。与区委营商办联合开设《作风建设进行时》专栏。全年在市级以上主流媒体用稿400余条，其中中央电视台用稿5条、学习强国用稿78篇，用稿量居全市前列。

【融媒传播】 2022年，淮安区融媒体中心聚力打造“淮安区发布”品牌，推出“主播说”栏目，开展有奖阅读等互动活动，全年生产原创融媒产品200余个，其中浏览量10万以上400余条、浏览量100万以上30多条，单条最高浏览量超过1700万。短视频《小西瓜的一生》省内全网推送。新媒体平台用户数、粉丝数、浏览量均取得新突破，综合指标位居全市前列。

（朱 飞）

文史资料研究

【概况】 2022年，淮安区文史资料研究中心编写文史书籍《淮安盐商》，参与编写文史书籍《新安旅行团》。全年编写淮安大运河百里画廊、淮安历代书法与绘画艺术研究、守疆护土英雄谱、淮安历代对外交往等专题《文史淮安》专刊4期。组织特邀文史委员开展淮安区西南城墙及西门“庆成门”保护与有机更新调研。9月，《淮安简史：1911—1949》获2022年度全省史志作品质量评定“史类”优秀成果奖，市第十六届哲学社会科学优秀成果三等奖。

【“文史淮安”抖音号】 2022年，淮安区文史资料研究中心开设“文史淮安”抖音号，累计发布作品16期，获得点赞1.6万次。

【文史宣讲】 2022年，淮安区文史资料研究中心开展文史宣讲活动，赴市图书馆、区文广旅游局、周恩来红军小学、关天培社区等单位讲授淮安文史知识。

（叶占鳌）

档 案

【概况】 2022年，淮安区档案馆馆藏档案资料114.79万卷（册、件），其中档案186个全宗74.92万卷、37.57万件，资料2.3万册，排架总长度3212.4米，属国家县级一类综合档案馆。

【档案资源建设】 2022年，淮安区档案馆贯彻落实国家档案局8号、9号、13号令，开展各类档案接收进馆工作。全年接收23个全宗文书档案、人事档案、实物档案、专业档案和声像档案等多种门类档案23个，共计10.95万卷、24.5万件，接收资料2400册，完成档案资料的清点、电子目录与实体档案的校核、登记、排列上架工作。

【档案开发利用】 2022年，淮安区档案馆简化档案利用手续，优化查档流程，提供异地查档服务。接入国家档案查询利用服务平台，首次实现档案查询利用服务全国一网通办。加大与各地档案馆合作力度，深化拓展民生档案“异地查档、跨馆服务”工作。通过“民生档案便民服务平台”、邮政快递等方式实现长三角地区民生档案异地查档。2022年，淮安区档案馆接待查档6325人次，其中接待上海、南京、常州、苏州、镇江等地市民异地查档89人次，提供利用档案、资料共计1.2万余件。

【档案数字化】 2022年，淮安区档案馆完成近400万页档案的规范化整理和数字化扫描工作。

【档案宣传】 2022年，淮安区档案馆通过举办展览、学术讲座等方式，开展档案宣传工作。6月9日第十五个“6·9”国际档案日，围绕“喜迎二十大、档案颂辉煌”活动主题，联合市档案局、市档案馆、区档案局等单位在淮安区漕运总督府遗址前举办“红色档案征集成果展”，现场展出馆藏珍品周恩来总理写给王汝祥的信、非遗档案车桥剪纸等。以“档案牵手剪纸、传承非遗文化”为主题，邀请淮安区车桥镇非物质文化遗产传承人到区档案馆开展剪纸教学活动并征集相关剪纸作品。以“如何保管利用好民生档案”为专题，与区教体局、文广旅游局、卫健委、民政局、自然资源和规划局、漕运镇、车桥镇等部门开展座谈。宣传贯彻《建设项目档案管理规范》，制作《推动项目档案建设，助力经济社会发展》微课视频，提高建设项目档案规范化管理水平。

【档案安全建设】 2022年，淮安区档案馆健全档案安全保密

表53　　2022年淮安区档案馆获市级以上表彰一览表

单位	表彰内容	表彰单位
淮安区档案馆	江苏省档案宣传工作先进单位三等奖	江苏省档案馆

责任体系，完善安全风险管控机制。强化消防培训和应急演练，开展经常性和专项性安全隐患排查。做好档案库房消防系统、恒温恒湿系统运行维护和馆库环境监控、馆藏档案温湿度测记、虫霉防治等工作，夯实“人防、物防、技防”安全基础，确保档案实体和信息安全。

【档案规范化建设】 2022年，淮安区档案馆开展国家综合档案馆业务建设评价工作。11月24日，淮安区档案馆首批通过国家综合示范档案馆验收。启动江苏省机关团体企业事业单位档案工作检查评价，对区烟草专卖局等6家单位开展档案工作检查评价，其中区烟草专卖局通过江苏省规范档案室验收。为省道德模范人物陈新宽、王贤忠建立家庭档案，授牌“家庭档案示范户”。

【依法治档工作】 2022年，淮安区推进依法治档工作，对档案执法队伍实行动态化管理。定期对区级机关、镇街开展档案行政执法检查，开展到期档案移交进馆专项检查。

（万　洁）

党　史

【党史编研】 2022年，中共淮安区党史工委推进《中国共产党淮安市淮安区历史》第三卷编写工作。成立编写工作小组，对编写工作进行分工。做好《中国共产党在淮安区》画册编写工作，截至年底，完成新中国成立前部分初稿编写任务。

【党史宣传】 2022年，中共淮安区党史工委开展党史宣讲进社区活动，普及党史知识，发挥党史资政育人作用。在《淮安党史研究》上刊载学史力行系列文章；淮安区作协副主席施向平创作的长篇纪实小说《横沟纪事》出版发行；区党史工委原主任刘国章的《新四军与新安旅行团》获得2020–2021年度全省党史部门党史优秀成果论文类二等奖。

【党史资料征集】 2022年，中共淮安区党史工委完成市委党史工办资料征集任务，按时报送肖禹一家、淮安建都、大运河红色文化等相关资料；做好归档资料管理工作，完成1000余件红色档案电子扫描转化工作。

（张广阳）

地方志

【概况】 2022年，淮安区地方志办公室搜集、整理地方志文献和资料，推动方志理论研究，开展地方综合年鉴编纂工作，推进镇村志编纂工作。12月，《淮安区年鉴（2022）》出版发行。组织参加全省方志系统喜迎党的二十大演讲活动，1人获市二等奖。

【年鉴编纂】 2022年，淮安区地方志办公室立足提高《淮安区年鉴》质量，精心组稿，反复审读，确保年鉴资料准确、权威。着力提高图片质量，丰富年鉴内容。11月，《淮安区年鉴（2022）》经过组稿、初编、统稿、排版、审校等环节，签字付印。完成《江苏年鉴》《淮安年鉴》中淮安区有关内容的撰稿任务。

【《淮安方志丛书》点校本】 2022年，淮安区地方志办公室与淮安区历史文化研究会合作编辑出版的《淮安方志丛书》点校本完成审校。12月，《淮安方志丛书》点校本签字付印。

【方志“六进”活动】 2022年，淮安区地方志办公室坚持“修志为用”原则，继续开展方志文化“六进（进机关、进农村、进社区、进校园、进企业、进军营）”活动。深入机关单位、全民阅读书屋，开展“送条例、兴文化、促发展”《江苏省地方志工作条例》宣传活动。向区新城商务中心机关事业单位发放条例，介绍有关条款内容，宣传方志文化。向全民阅读书屋赠送条例、年鉴、志书，在醒目位置展示条例，扩大条例影响力。

（马慕颖）

卫生健康

综　述

【概况】 2022年，淮安区有26个医疗卫生单位，其中区直医疗卫生单位7家、基层医疗机构16家、民营医疗机构3家。漕运镇中心卫生院创成省农村区域医疗卫生中心。全区卫生系统人员编制数为2567人，在职在编2195人；专业技术人员4599人，拥有高级职称912人，中级职称1181人，初级职称2310人；在职（在读）博士研究生学历8人，硕士研究生学历102人，本科学历2699人，大专学历1580人，中专及以下学历902人。2022年，淮安区公开招录96名卫技人员，招聘4名“三支一扶”医务人员到偏远基层工作，签订农村定向免费培养医学生24人。落实18项医疗安全核心制度和改善医疗服务行动计划40项具体措施，二级以上医院完成门急诊电子病历改造，淮安市淮安医院、淮安市楚州中医院全面应用电子病历系统。

【新冠疫情防控】（参见《特载·新冠疫情防控》）

【医药卫生体制改革】 2022年，淮安区加快区域医共体一体化建设进程，推动龙头医院医疗骨干服务基层。选派70余名专家成员到基层设立“淮上名医”工作室。落实龙头医院“人财物事”管理责任，加快“五大中心（区域影像中心、消毒供应中心、医学检查检验中心、远程会诊中心、远程心电中心）”建设进度，全面实行同质化管理。全面实施国家基本药物制度，规范药品集中招标采购，确保基层医院全部配备使用、公立医院按规定要求配备使用基本药物；健全短缺药品报告和储备制度。

【医疗卫生服务能力建设】 2022年，淮安区投入600余万元全面完成漕运镇中心卫生院的内外改造，对照二级综合医院标准对医院的科室设置重新进行调整和规范，建成省农村区域医疗卫生中心。淮安市淮安医院老院区门急诊楼和内科病房楼总计近13100平方米业务用房移交区皮肤病防治院用于建设新院区，并增挂淮城街道社区卫生服

表54　**2022年淮安区卫生系统获市级以上表彰一览表**

单位	表彰内容	表彰单位
顺河镇卫生院	2021年“优质服务基层行”活动中表现突出、成效显著机构	国家卫生健康委办公厅、国家中医药局办公室
施河镇卫生院	江苏省文明单位	江苏省精神文明建设指导委员会
淮安区疾控中心	2022年度卫生科普先进集体	江苏省健康教育协会
淮安区疾控中心	江苏省第七届“万步有约”激励大赛先进单位二等奖	江苏省预防医学会

表55　2022年淮安区卫生系统基层单位名录

单位名称	基层单位名称
淮安市淮安区卫生健康委员会	淮安市淮安区石塘镇卫生院
	淮安市淮安区平桥镇卫生院
	淮安市淮安区钦工镇中心卫生院
	淮安市淮安区范集镇卫生院
	淮安市淮安区朱桥镇卫生院
	淮安市淮安区车桥镇中心卫生院
	淮安市淮安区流均镇卫生院
	淮安市淮安区博里镇卫生院
	淮安市淮安区苏嘴镇中心卫生院
	淮安市淮安区顺河镇卫生院
	淮安市淮安区山阳社区卫生服务中心
	淮安市淮安区施河镇卫生院
	淮安市淮安区漕运镇中心卫生院
	淮安市淮安区复兴镇卫生院
	淮安市淮安区河下社区卫生服务中心
	淮安市淮安区山阳街道城东社区卫生服务中心
	淮安市淮安区卫生监督所
	淮安市淮安区疾病预防控制中心
	淮安市淮安医院
	淮安市楚州中医院
	淮安市淮安区皮肤病防治院
	淮安市淮安区妇幼保健院
	淮安市淮安区爱国卫生服务中心

务中心牌子，区皮防院原有业务用房移交河下街道社区卫生服务中心用于建设河西分中心，填补淮城街道和河西片区医疗卫生服务空白。新增2家社区医院，4家甲级村卫生室。7家卫生院达到优质服务基层行“推荐标准”。

【公共卫生服务】 2022年，淮安区全面落实基本公卫服务项目，人均基本公卫补助93元，高血压、糖尿病、严重精神障碍患者规范管理率分别为73.62%、72.59%和96.77%。开展健康促进工作，建设省级健康促进区，组织参加江苏省第七届“万步有约”健步激励大赛。探索实行家庭医生点单式、电子化签约，全区总人群签约率41.73%、重点人群签约率70.67%，特殊人群应签尽签。

【中医药特色服务】 2022年，淮安区开展中医药文化进社区、进机关、进学校巡讲4场次。组织专家组对12家基层医疗卫生机构中医馆开展评价评定，7家单位通过三级、4家单位通过四级、1家单位通过五级标准中医馆初评。

【老龄健康管理】 （参见《社会事务·老龄事务》）

【卫生信息化建设】 2022年，淮安区完成基层医院信息系统整合和医保接口的升级改造，建成家庭医生签约和区域临检信息系统；推进互联网医院和区域影像中心建设，“健康淮安区APP”初步具备家庭医生签约、预约挂号、健康档案查询等功能。

（周　璐）

计生服务

【概况】 2022年，淮安区办理生育服务证明3568例，出生人口性别比为106.95∶100；新增计生奖扶5109例，累计35126例；发放33053例计生奖扶对象计生奖励扶助金3800万元，发放646户计生困难家庭慰问金105.16万元。

【生育服务】 2022年，淮安区开展生育健康重点指标定期督查，镇（街道）按照10天一次的频率统计报送早孕建卡率、产后访视率、新生儿访视率等重点指标；完成农村孕产妇增补叶酸以及消除艾滋病、梅毒和乙肝母婴传播等项目任务。避孕节育知情选择率达100%，术后随访服务率达90%以上，避孕药具不良反应监测全覆盖。

（周　璐）

爱国卫生运动

【概况】2022年，淮安区以基层卫生创建为主线，开展健康教育和健康促进、病媒生物防制、控烟等工作。全年建成省级卫生镇2个、省级卫生村45个、市级卫生村73个。1个省卫生镇，20个省卫生村，2个市卫生镇，1个市卫生村通过省、市卫生镇、卫生村复审。开展健康细胞工程建设，建成省健康村（社区）3个，市健康单位3家。

【基层卫生创建】2022年，淮安区以农村人居环境整治行动及全国文明典范城市建设为抓手，强化农村环境卫生综合治理，对重点部位、易反弹点位进行跟踪督导，强化常态长效。平桥镇、车桥镇建成省卫生镇，钦工镇通过省卫生镇复审，复兴镇、顺河镇通过市卫生镇复审。

【病媒生物防制】2022年，淮安区镇（街道）和有关部门均建立完善病媒生物监测体系，落实监测人员、监测经费，按照监测要求加强病媒生物防制技术指导，开展全方位病媒生物监测。将病媒生物防制与新冠疫情防控工作相结合，充分利用广播、标语、宣传材料等多种形式，广泛宣传病媒生物防制工作的重要性、必要性。发挥村（社区）网络作用，向村（社区）发放统一购买的灭鼠、灭蚊蝇药物，统一投放时间，集中消杀，提高病媒生物防制效果，有效降低病媒生物密度，预防和减少病媒传播疾病的发生和蔓延。

【健康教育与健康促进】2022年，淮安区以"文明健康 绿色环保"为主题，开展爱国卫生月和健康教育宣传月活动。加大对新冠疫情防控知识的宣传。爱国卫生月期间，各镇街、各部门对环境卫生热点、难点问题，开展"清洁家园"专项行动，取得显著成效。有序推进健康素养监测工作，开展居民健康监测、成人烟草流行监测等调查研究项目。组织健康知识讲座进社区、进企业、进单位、进镇街活动，全年累计开展2229次，累计受众人数99203人。

【控烟工作】2022年，淮安区深入开展控烟工作。在5月31日世界无烟日开展主题为"烟草威胁环境"的广场宣传活动，发放控烟宣传手册5000余份。加强公共场所控烟工作监督管理，控制医院、学校、会议室等公共场所吸烟行为，提倡养成良好的卫生习惯和健康、文明、科学的生活方式。组织参与第六届"健康江苏·我为控烟发声"公益接力活动。结合国家卫生城市复审、全国文明典范城市建设，持续推进无烟党政机关建设。41家区级机关单位创建市级无烟机关。

（余汶泽）

卫生监督

【概况】2022年，淮安区落实"不见面"审批要求，受理发放公共场所卫生许可证446户，发放放射诊疗许可证3户。加大卫生监督力度，实施行政处罚53起，其中一般程序立案查处违反卫生法律法规案件23起，处罚金额38万余元。开展生活饮用水、医疗废弃物、消毒餐饮具、环境卫生等在线监测和监督工作，运用信息技术提升监管效能。开展打击非法行医专项整治行动，完成国家和省"双随机"监督抽检任务。强化职业健康监管，检查用人单位122户次，发现各类问题313条，要求按期整改，对拒不整改单位实施行政处罚。

【"双随机、一公开"监管】2022年，淮安区共领受国家"双随机"执行单数128个、省级双随机抽检91个（职业卫生90个、医疗机构1个）。国家和省级监督完成率均为100%；双随机监督抽查案件数28起，全市最高。按照"谁检查、谁录入、谁公开"的原则，及时将抽查结果通过省卫生监督平台和市场监管平台及官方网站依法向社会公开。扩大结果运用，"双随机"监管和综合监管、信用监管联动，对发现相关问题、线索进行通报、协查，加大违法行为打击力度。

【打击非法行医专项整治行动】2022年，淮安区共查处医疗市场案件18起，其中无证行医4起，非医师行医1起，超范围使用抗菌药物1起，使用非卫生技术人员4起，使用未取得处方权的医师开具处方3起，超范围执业1起，处方医师未按规定签名1起，未及时运送、回收医疗废物2起，未按规定填写保管病历1起，没收药品、器械400余件，没收违法所得2.07万元，罚款金额28.28万元。

（周　璐）

疾病预防控制

【概况】 2022年，淮安区落实重大疾病控制规划及重点传染病监测措施，全区无甲类传染病发生。落实免疫规划要求，全区累计接种各类免疫规划疫苗11.97万针（剂）次，接种率95%以上。开展重点癌症免费筛查与早诊早治，全区人群性筛查1100例，机会性筛查7824例。参与多个省市慢性病管理研究科研专项，完成健康素养跟踪监测工作。

【万步健走】 2022年，淮安区连续第七年参加江苏省“万步有约”职业人群健步激励大赛，推进“健走激励”慢性病干预模式，养成“日行万步，科学健走”的健康生活习惯，达到预防慢性病、促进健康的目的。组建21支健走队，涉及17个单位304人。全区总万步率90.86%，239人万步率达90%以上，其中103人万步率达100%，65人获满分1000分积分。在全省总成绩中排名第2位。淮安区获第七届“万步有约”健走激励大赛“全国优秀健走示范区”“省内优秀健走示范区”称号，区疾控中心获全国优秀健走组织单位奖、省级先进单位二等奖。

（周　璐）

医疗机构

【概况】 2022年，淮安区有26个医疗卫生单位，其中区直医疗卫生单位7家，分别为淮安市淮安医院、淮安市楚州中医院、区妇幼保健院、区皮肤病防治院、区卫生监督所、区疾病预防控制中心和区爱卫服务中心；基层医疗机构16家，其中13家卫生院和3家社区卫生服务中心；民营医疗机构3家，分别是淮安曙光医院、淮安楚州新区医院和淮安淮城城中医院。淮安市肿瘤医院（淮安市淮安医院）是三级专科医院。全区二级医院总数6所。淮安市楚州中医院于2013年被省中医药局确认为“二级甲等”中医医院，区妇幼保健院于2020年创成“二级甲等”妇幼保健院。

（周　璐）

【淮安市淮安医院】 2022年，淮安市淮安医院门急诊总人次606844人次（不含新冠检测人次），同比增长10.88%；出院45375人次，同比增长16.17%。病床使用率81.1%，平均住院日8.4天，病床周转次数34.1次，治愈好转率97.6%，入院3日确诊率100%，病房危重病人抢救成功率79.75%，入出院诊断符合率100%，手术前后诊断符合率100%。完成收入6.93亿元，同比增长13.82%。2022年，淮安市淮安医院被市文明办、市委营商办评为“文明典范服务窗口”，2项PDCA项目获“江苏省品管圈大赛”三等奖。

医疗质量　2022年，淮安市淮安医院质控病历28次，覆盖35个临床科室，完成病历质控2165份，检查运行病历885份、归档病案1280份。推进临床路径工作，科室及时更新、制定临床路径病种路径表单，合理控制平均住院时间、医疗费用，规范临床诊疗行为，全年共入径4340例，入径后完成率68.2%，入组率29.86%。全年完成日间手术2634台次，同比增加1173台次。合理控制药耗占比。根据科室特点量身制定各科室药耗比目标值，将医院总的药耗比控制在45%以下。

医保管理　2022年，淮安市淮安医院继续实施医保DIP付费方式改革，加强行为监管，保障患者利益。实行DIP平台问题修正负责制，全方位跟踪。全年合计审核41660例，修正2565例，申报特例单议38例，对违规行为进行绩效考核兑现57例。加强“目录外项目”专项管理，规范、约束医生在诊疗过程中不合理行为，严格控制目录外项目使用。门诊特定病种合理诊疗实行专人、专柜、专病种管理。全年办理门特审批3223人次，服务19064人次，人均费用7329.93元，全年费用同比增长31.86%。

人才队伍建设　2022年，淮安市淮安医院引进硕士研究生7名，院内培养在读博士1名、在读硕士13名。有博士学位13人，硕士学位107人。推进学科建设，加强对重点专科的培育及扶持力度，将普外科、内分泌科、介入科、肿瘤科四个市级重点专科列入省级重点专科培育对象，检验科、泌尿外科、眼科、消化内科、放疗科、大影像科、骨科7个科室列为市级临床重点专科重点培养对象。全年在省级以上学术期刊发表专业论文152篇，其中SCI论文27篇，取得实用新型专利13项。

（丁雨琦）

【淮安市楚州中医院】 2022年，淮安市楚州中医院医疗总收入20950万元，同比增长6.23%；门急诊人次174051人，同比上升15.38%；住院人次16330人，同比上升6.48%；出院病人手术总数3664人次，其中三四级手术占比41.21%；药占比29.7%，同比持平；百元耗材占比17.53%，同比上升1.3%；门诊患者次均费用430.60元，同比下降7.2%；住院患者次均费用7508.12元，同比上升1.6%，平均住院日7.72天，同比下降0.52天。全年累计派出1985人次医护人员参与区域核酸采集与检测，完成350万人次区域核酸检测任务；发挥中医药抗疫独特优势，累计为全区隔离点提供中药预防方剂15710人份。

医疗质量　2022年，淮安市楚州中医院强化医疗质量督查和考核，细化量化质控措施和质控内容，每月开展病历质量、合理用药、合理检查、医疗核心制度等内容的检查考核工作。强化业务技能培训与考核。9月，举办全院急救技能竞赛活动，提高全院医务人员急诊急救能力。强化手术安全管理，重新制定和完善手术相关科室围手术期患者处置流程，加强医务人员相关技术资质管理。

诊疗能力　2022年，淮安市楚州中医院核心技术开展在质量和数量上明显提升。外科完善成人腹股沟疝腔镜下修补术（TAPP）操作流程，全年完成TAPP手术112例，胸腔镜下肺癌根治10例，全腔镜下食管癌根治术16例，前列腺电切术25例，经皮肾镜及输尿管镜钬激光碎石25例，腹腔镜下肾癌根治2例，腹腔镜下半尿路切除术、肾上腺肿瘤切除术各1例。骨科完成高龄骨质疏松性胸腰椎骨折微创椎体成形手术201例，高龄股骨粗隆间骨折PFNA手术133例，脊柱后路手术8例，髋膝关节置换手术201例。脑病科开展股动脉全脑血管造影术43例，开展了4.5小时内急性脑梗死静脉溶栓术36例，第三代TNK静脉溶栓10例；心病科开展冠脉造影398例，其中PCI168例，永久起搏16例，临时起搏13例，ICD手术1例。

中医特色　2022年，淮安市楚州中医院推动中医药服务能力建设，强化中医理论知识和实践技能培训与考核。3月起，组织临床科室开展“读经典、学经典、背经典”学习活动。举办两期中医适宜技术培训班，覆盖医院所有中医类别医师。开展院企合作，探索中药制剂研制，与江苏承开中药公司合作，共同推进院内中药制剂的落地与转化。开展山阳名医传承工作室建设。6月，市名中医骆稚平、胡启梅工作室被市卫健委批准为淮安市山阳名医传承工作室。开展中医药文化宣传活动。全年开展进社区、进机关、进学校中医药文化巡讲8场次、线上讲座5场次。2022年，淮安市楚州中医院门诊中药处方占比62.92%，同比上升6.5%，门诊中药饮片处方占比32%，同比上升5.2%，门诊中医药饮片使用率28.86%，同比上升7.9%。住院中药饮片使用率75.13%，同比上升12%。以中医为主治疗的出院患者比例17.13%，同比上升4.34%。中药饮片收入占比13.06%，同比持平。

（闫　岩）

【淮安区妇幼保健院】 淮安区妇幼保健院建筑面积1.56万平方米，设置床位150张，实际开放100张。全院职工总数237人，卫技人员占76%，高级职称29人，中级职称47人，初级职称105人。建成区级重点专科4个，分别为产科、妇科、儿童保健科和产后康复科。2022年，淮安区妇幼保健院医疗服务总收入5437万元，其中医疗服务收入3822万元，医疗服务中药品收入649万元，药占比17%。门急诊9.8万人次，住院1822人次，平均住院日5天。淮安区妇幼保健院无孕产妇死亡发生。

新技术运用　淮安区妇幼保健院在全区首家开展孕妇N-T检查。N-T检查是对胎儿大排畸筛查的第一步，能排除早期胚胎发育的染色体疾病。淮安区妇幼保健院与中国妇女发展基金会合作，开展导乐分娩项目、超早期宫颈癌筛查项目、互联网+远程母婴监护系统项目、妇科无创ATP治疗中心项目等4个项目。

（张　丽）

【淮安区皮肤病防治院】 2022年，淮安区皮肤病防治院持续推进医疗服务改革，在优质服务管理、医务人员合法执业、院感管理、安全生产、药事、财务等方面强化规范化管理。

院感管理　2022年，淮安区皮肤病防治院重点督查供应室器械清洗、干燥、灭菌程序及灭菌器械的合格率。每日专人对全院公共场所进行消杀，强化卫生洗手、各类器械用后清洗、消毒及个人防护。多次培训全员医务人员穿脱隔离衣流程，对一线人员进行一对一培训指导、模拟演练和现场考核。

人才队伍建设　2022年，淮安区皮肤病防治院引进1名专业技术人员，安排3名业务骨干到江苏省人民医院、中国中医科学院江苏分院进修。并邀请无锡市第二人民医院专家教授到院开展医美业务培训10余次。

（郭玉红）

体育

综述

【概况】2022年，淮安区加强体育工作，保障在校学生体育活动时间，大力发展竞技体育，持续打造淮安掼蛋、淮安秧歌广场舞等淮安区特色体育健身品牌。截至2022年底，淮安区经常参加体育健身人口达总人口44.6%。2022年，淮安区新增体育场地面积120万平方米，人均体育场地面积4.02平方米，超省市目标0.22平方米，增幅全市第一。淮安市楚州中学女子足球队夺得2022“省长杯”卡尔美江苏省青少年校园足球联赛高中组总决赛亚军。淮安区总工会代表队获市首届职工运动会职工乒乓球团体赛县区组第一名。区卫生健康委、教育体育局获市“健康淮安—给你骨力”健骨操比赛优秀组织奖。

【体育产业】2022年，淮安区体育产业发展态势良好。江苏共创人造草坪股份有限公司等体育产业企业4个项目获省级体育产业发展专项资金补助；“江苏共创人造草坪股份有限公司”入选第二批省先进制造业和现代服务业深度融合试点单位名录。3家单位通过江苏省体育产业基地（2023–2025年度）复核认定，其中淮安施河现代教育装备产业园通过特色类体育产业基地复核认定，江苏共创人造草坪股份有限公司和江苏新起点实业有限公司通过体育产业示范单位复核认定。

（叶　娟）

公共体育设施

【概况】2022年，淮安区增加公共体育设施有效供给，新建高品质游园10个、体育公园2个、健身步道20千米，新建一批基层体育健身设施，基本满足人民群众体育健身需求。全区万人拥有晨晚练健身点9个。2022年，淮安区黄码大桥体育公园入选2021年度淮安市“最美体育公园”名单。

【公共体育健身设施管理】2022年，淮安区对基层公共体育健身设施进行普查，对其中破损严重的101套健身器材进行更换和安装。

（叶　娟）

学校体育

【概况】2022年，淮安区加强学校体育工作，配齐配足配强体育教师，开齐开足开优体育与健康课。按学期开展体育教学教研专项督导，实现学校全覆盖。体育教学在年度体育工作专项考核中占比提高到35%。

【阳光体育运动】2022年，淮安区提倡阳光体育运动，保证学生每天至少有1小时体育锻炼时间。开展“阳光体育大课间”评比展示活动。中小学校结合区域传统，立足学校特色，开展跳绳、踢毽子、轮滑、鬼步舞、独轮车杂技、篮球操、足球操等20余种形式多样的课间活动。

【体育课后延时服务】2022年，淮安区将体育活动纳入课后延时服务内容。在体育项目选择上尊重学生意愿、兴趣爱好，推出“自助餐”，赋予学生自主选择权。

【体育俱乐部建设】2022年，淮安区深化体教融合，围绕“生生有项目、生生有团队、生生爱运动”目标，推进中小学校体育俱乐部建设。部分体育特色学校专门成立足球班、篮球班、体育综合班，探索特色班和俱乐部“双轮驱动”体教融合新路径。城区学校近10个体育俱乐部与社会体育俱乐部互动交流，开展跆拳道、武术、轮滑等项目比赛，促进学校体育俱乐部体育水平有效提升。

【青少年竞赛机制】 2022年，淮安区完善青少年竞赛机制。以省、市、区三级青少年阳光体育系列赛为重点，完善乒乓球、篮球、足球、田径“四大联赛”机制，形成以校际校内单项比赛和俱乐部联赛互为补充的竞赛体系。2022年，“四大联赛”覆盖全区中小学校，直接参与比赛人数近3200人。

【青少年体育“5621计划”】 2022年，淮安区统筹推进省青少年体育“5621计划”（即每个县、市、区至少推动5个运动项目，每个项目至少布局6所小学、2所初中、1所高中）。布点的乒乓球、篮球、足球、田径、跆拳道、攀岩、游泳、举重、羽毛球、摔跤、曲棍球等11个体育项目，均通过组别科学设置，建立梯队衔接的人才选拔制度，壮大体育后备人才队伍。

（张国儒）

群众体育

【概况】 截至2022年底，淮安区在民政部门注册登记体育社团30个、民办非企业组织10个；在体育部门登记备案的体育健身团队720个，实现全区城乡体育社团组织全覆盖。2022年，淮安区新建体育社团1个，2个体育社团晋升3A级。8月，区老年人体育协会获评省“群众体育先进单位”，区马拉松协会入选淮安市“十佳体育社团”名单。

【群众体育赛事】 2022年，淮安区举办淮安区第8届“体彩杯”篮球联赛、淮安区第10届足球联赛、淮安区第2届气排球联谊赛、淮安区第8届“恩来杯”中国象棋公开赛、淮安区第八届“体彩杯”掼蛋王总决赛暨漕运掼蛋邀请赛、淮安区第4届“体彩杯”广场舞大赛、淮安区第28届“淮安枢纽杯”职工乒乓球比赛等区级群众体育赛事23期。4市28支代表队参加淮安区第2届气排球联谊赛，4省150名掼蛋高手参加淮安区第八届“体彩杯”掼蛋王总决赛暨漕运掼蛋邀请赛。

【全民健身】 2022年，淮安区万人拥有社会体育指导员41人，位于全省前列，有健身志愿者2200人。举办三级社会体育指导员培训班15期，举办健身大讲堂业务培训16场，29人获二级社会体育指导员资格，320余人获三级社会体育指导员资格。2022年，淮安区开展庆元旦全民健身展示活动、第27届春节系列体育活动周、“8·8”全民健身日健身大联动、2022全国“行走大运河”全民健身健步走等区级500人以上规模全民健身活动12次，开展500人以下规模全民健身活动210项次（含各体育社团举办）。连续六年实现省老体节淮安区镇街分会场启动仪式全覆盖；举办“淮安掼蛋高水平发展交流研讨会”。

（叶　娟）

竞技体育

【概况】 2022年，淮安区成功举办2022年“恩来杯”江苏省青少年学校跆拳道发展推广联赛（淮安区赛）暨淮安区第四届“跆协杯”跆拳道锦标赛、2022“我爱足球”中国民间争霸赛（江苏赛区）江苏省“足协杯”省级分区赛（淮安赛区）、淮安市青少年体育攀岩联赛、淮安市青少年跑酷联赛、淮安市青少年趣味田径联赛等市级以上体育赛事9期。

【体育人才输送】 2022年，淮安区青少年业余体校向省、市优秀运动队输送人才20人，获江苏省第二十届运动会组织委员会“县（市、区）人才输送奖”。

【淮安区青少年业余体校】 2022年，淮安区青少年业余体校开设足球、篮球、手球、田径及赛艇等5个训练项目，常年在训人数180人。参加江苏省第二十届运动会，以市队区办形式参加男子手球甲、乙、丙组，女子足球甲组，男子篮球甲组比赛，以联合组队形式参加帆船、乒乓球、赛艇、田径项目的比赛，以市队校办形式参加少儿体适能、女子足球、10年组攀岩比赛，共为淮安市体育代表团争得金牌7枚。

（叶　娟）

就业与社会保障

综　述

【概况】 2022年，淮安区推进参保扩面，强化基金管理，优化经办服务，不断提升社会保障水平。以放管服改革为抓手，打造“便民人社”服务品牌，综合柜员制改革案例获江苏省人社厅全省推广。施河镇创成省级首批就业富民乡村振兴基地。区人社局3人获全市“人社知识通”称号，2人代表省人社厅参加人社窗口单位业务技能练兵比武全国赛。

【企业退休职工免费体检】 2022年，淮安区开展企业退休职工免费健康体检工作。1.55万名企业退休职工完成体检。

【“法律讲堂”进企业】 2022年，淮安区开展“法律讲堂”进企业活动。针对疫情之下劳动关系领域多发性争议纠纷，围绕维权难点、焦点、痛点，精选典型案例，通过以案说法，向劳动者和用人单位宣讲劳动人事法律法规，服务企业，维护劳动者合法权益，建设和谐劳动关系。

（徐美玉）

表56　淮安区人社局基层单位名录

单位名称	基层单位名称
淮安市淮安区人力资源和社会保障局	淮安市淮安区社会保险基金管理中心
	淮安市淮安区劳动就业管理中心
	淮安市淮安区劳动保障监察大队
	淮安市淮安区劳动人事争议仲裁院
	淮安市淮安区人才服务中心

1月，淮安区人社局组织企业走进镇街举办城乡联动招聘会
（区人社局　供图）

劳动就业

【概况】 2022年，淮安区城镇新增就业6315人，城镇失业人员再就业5764人，城乡就业困难人员再就业2240人，城镇登记失业率控制在4%以内。全区农民工累计转移就业36.11万人，新增转移就业6940人。支持成功自主创业3672人，引领大学生创业167人，扶持农村劳动力自主创业3271人。举办各类线上线下招聘会102场，提供就业岗位11725个，达成用工意向11240人。

【就业创业培训】2022年，淮安区开展创业培训3221人次，组织城乡劳动者职业技能培训6076人次，新生代农民工职业技能培训3022人次。

【就业创业支持】2022年，淮安区累计为13802名灵活就业人员发放社保补贴5534.02万元；为5家用人单位吸纳就业困难人员发放社保补贴9.59万元；对8家小微企业吸纳高校毕业生发放社保补贴6.34万元。设立富民创业贷款担保基金1000万元，为741名创业者申领创业贷款1.24亿元，发放创业担保贷款贴息358万元；为多家中小微企业发放普惠性就业金融服务产品"苏岗贷"1.15亿元。为76家企业发放以工代训补贴90.01万元，惠及903名职工；开展岗前培训、线上培训920人次，发放补贴15.72万元。

【人事管理】2022年，淮安区完成事业单位公开招聘工作，审批完成高级岗位聘任227人，中级岗位聘任395人，初级岗位聘任421人，其它类岗位聘任121人。开展事业单位管理岗10级晋9级工作，57名管理人员实现晋升。

【人才服务】（参见《中共淮安市淮安区委员会·人才工作》）

【劳动关系处理】2022年，淮安区人社部门组织劳动保障专职监察员日常巡查用人单位300户，办理12333、12345政府便民热线等涉及欠薪类信访件1470件；接收全国根治欠薪平台交办案件351件，办结344件，案件办结率98%。通过协调等非立案方式处理欠薪线索115条，涉及920名农民工工资1000余万元；受理欠薪类投诉举报463件，涉及800名农民工工资590余万元，案件办结率100%。劳动仲裁委立案受理案件350件，结案352件，案件结案率99.7%，其中调解方式结案217件，终局裁决24件，撤诉案件64件，仲裁案件终结率70%。劳动仲裁管理信息系统按期运行率100%，劳动人事争议调解成功率62.3%。

（徐美玉）

社会保险

【概况】2022年，淮安区企业职工养老保险参保人数9.77万人，覆盖率达98%；城乡居民基本养老保险参保人数32.96万人，养老金按时足额发放；失业保险参保人数6.8万人；工伤保险参保人数8.98万人。充分发挥失业保险保障就业功能，发放失业补助金6078人次568.12万元；发放失业职工失业保险金7640人次1251.52万元，缴纳失业期间基本医疗保险费330.51万元。保障被征地农民权益，发放被征地农民养老补助金7866人次7685.36万元。

【特殊困难群体保费代缴】2022年，淮安区为13425名特殊困难群体代缴城乡居民基本养老保险保费，保障特殊困难群体享受城乡居民基本养老保险基础养老金。

【社保基金管理】2022年，淮安区强化社会保险基金管理，保障社保基金平稳运行。持续深化"321"社保基金监督工作机制，即"每月汇总分析财务报表、基金支出、疑点数据3类数据；每2月对经办机构进行现场检查；每年开展1次社保基金警示教育活动。2022年，区人社部门开展内外部控制检查。稽核部门内部检查业务资料2551份，检查社保转移人数222人、领取待遇人数2322人；外部稽核参保单位38户，稽核参保人数4086人，稽核发现少漏报基数334.29万元，整改并补交社保费96.37万元。

（徐美玉）

医疗保障

【概况】2022年，淮安区基本医保参保总人数97.40万人，参保率达98.5%以上，其中居民医保参保人数84.13万人，职工医保参保人数13.27万人。"江苏医惠保1号"累计参保人数77198人，参保人数全市第一。全区有医保定点医疗机构49家，其中定点医院24家，定点个体卫生所25家；医保定点零售药店208家。2022年，淮安区职工和居民医保政策范围内住院医疗费用基金支付比例分别达88.14%和75.69%，大病保险政策范围内报销比例达60%以上。2022年，淮安区医保基金监管指标综合排名全市第一，淮安区医疗保障局获评全市医疗保障工作"先进集体"。

【医保基金结算】2022年，淮安区坚持"以收定支、收支平衡、略有结余"的医保基金管理基本原则；完善"总额控制、动态调整、按月预付、年终考评"的医保基金付费方式；结合县域内紧密型医共体支付方式改革试点，推进医共体支付方式落实。配合市医保局加快推进DIP国家试点工作，完善DIP医保结算平台，按时上传医保结算清单，持续开展国家医保平台脏数据处理，首次实现全市按DIP决算。从清单入组质控、辅助目录设置和运用、智能监管融合、绩效系数浮动、集采调价联动等方面进行全流程全信息系统闭环设置与管控，实现DIP经办提质增效。2022年职工医保平均结算率达94.53%，城乡居民医保平均结算率达96.63%。

【医保基金监管】2022年，淮安区开展打击"三假（假病人、假病情、假票据）"专项整治，实现年度现场检查、医保经办机构日常稽核、年度专项检查三个"全覆盖"。开辟医保基金监管新渠道，全市率先建立司法审判与医保基金监管行政执法协作机制。整合设立医保基金稽核办公室，全年向公安部门移送"三假"案件8起，处理定点医药机构257家，追回或拒付医保基金本金、违约金以及行政处罚合计2313.54万元，主动曝光典型案例261例，完成行政处罚案件53件，认定一般失信50例。

【药品和医疗服务价格管理】2022年，淮安区参加11个批次国家组织、5个批次省组织的药品集中采购；参加2个批次国家组织、7个批次省组织、1次"苏盐宿徐通淮"六市耗材联盟医用耗材集中采购，为患者减轻医药负担约6000余万元，落实国家组织第二、第三、第四批药品集中采购结余留用资金349.71万元。按时完成2022年到期的六批国家组织药品集中采购任务。落实中医类价格调整政策，对中医类诊疗服务四大类26个常用项目的价格进行调整，调整幅度在10%-20%之间，实行不同类医院同一价格标准；分两次对临床诊疗类3个类别184个医疗服务项目价格进行调整。严格新增医疗服务项目和价格的管理报备，严格按照《淮安市医疗服务项目价格目录清单（2022版）》规定的医疗服务价格执行，实行目录清单式收费。

【医保扶贫救助】2022年，淮安区为12.01万名困难群众办理城乡居民医保参保，安排财政代缴4086.26万元，确保最低生活保障家庭成员、重点优抚对象等困难群众应保尽保；医疗救助资金支出4634.52万元，救助困难群众23.24万人次。实行医疗救助对象住院医疗费用托底保障制度，医疗救助对象在区域内住院个人自付费用，控制在政策范围内住院费用的10%以内，困难群体医保待遇实现"两降低两提高"，即符合条件的困难群众在住院时，住院医疗费用起付标准降低50%，报销比例在原有比例基础上提高5%；大病起付标准比普通参保患者降低50%，各报销段报销比例比普通参保患者提高5%，有效减轻困难群众负担。

【医保便民服务】2022年，淮安区继续推进"15分钟医保服务圈"建设，累计完成1个省级、7个市级和8个区级医保服务站示范点以及338个村居医保服务点建设，建设达标率100%，实现镇（街）全覆盖，打通医保便民服务"最后一公里"。全面推进基层医保"就近办""规范办""贴心办"，拓展服务内涵，通过"恩来先锋岗"，开展帮办代办、预约办理、上门服务等特色服务。

（张善用）

住房保障

【概况】2022年，淮安区城镇棚户区改造新开工8694套（户），基本建成6484套（户），分别完成省、市目标任务的133.75%、154.38%；保障性租赁住房新开工182套（间），完成省目标任务的606.66%。公租房租赁补贴新增43户，共发放201户，40.26万元。公租房实物配租新增21套，年末，公租房实物配租538套。2022年，淮安区共争取中央和省级各类保障性安居工程补助资金1.04亿元。

【住房保障服务提升】2022年，淮安区推出住房保障"1234"服务机制（即群众来办一件事，两个方面重点抓，内部流转三审核，回头四看重落实），推进群众服务、落实情况、审核把关和制度执行"四个到位"。将住房保障社区基层服务窗口增至8个，实现"让数据多跑路，使群众少跑腿"。开发使用"公租房信息管理系统"，利用区财政局、区不动产中心等部门信息，结合社区走访，定期对住房保障在保家庭的收入、房产、车辆等信息进行比对，实现信息查询"一码通"，确保阳光操作。出台《关于调整2022年度淮安区住房保障标准的通知》文件，降低保障门槛，简化申请流程，将新市民、青年人和公交司机、环卫工人、乡镇教育工作者、乡镇医务工作者等基层公共服务类从业人员纳入保障，基本实现"应保尽保"。

【定向商品房建设】2022年，淮安区推进政府定向商品房建设。全年在建12个政府定向商品房，建筑面积225.18万平方米；全年交付杜康花苑一期、二期，站前新村南区、北区等6个小区，交付商品房7196套。

【商品房去库存】2022年，淮安区多措并举加快房地产去库存，帮助房地产企业度过困难时期。全面调整棚户区改造拆迁政策，逐步由"实物置换"向"货币补偿"转变，逐步停止安置房建设；加快新安小学河西校区、金陵中学淮安分校、山阳路幼儿园等7所学校、幼儿园建设；适时出台"房票政策"。全年消化商品房库存367套46034平方米。房地产销售形势在全市处于领先位置。

【安置矛盾化解】2022年，淮安区着力化解历史遗留安置矛盾。签订水岸新城二期二标段149户分流协议，基本完成荷湖五号地122户分流任务，国际商城南侧地块、惠和园安置小区地块分流进入扫尾阶段，重大历史遗留安置矛盾基本化解完毕。

（宋誓杰）

【住房公积金管理】2022年，淮安区住房公积金归集97238万元，同比增长0.96%，净增加928万元，期末归集余额24.17亿元。新增缴存职工5721人，其中新增开户单位137个2240人，新增月缴存额148.94万元。住房公积金提取118856笔72192万元，提取率74.24%，其中柜面提取5054笔，提取离柜率95.95%。向594户家庭发放住房公积金贷款26572万元，同比下降24.04%。期末贷款余额17.31亿元，个贷比率71.62%。期末贷款逾期率为0，期末申请法院执行贷款1笔。

公积金归集　2022年，淮安区619个单位44318人调整住房公积金缴存基数，基数调整面达91%，新增月缴存额349.95万元。年初，淮安市住房公积金管理中心淮安分中心（以下简称"淮安区住房公积金管理中心"）排查缴存基数低于3800元的单位共计296家13709人，下发《整改缴存基数通知书》107份。督促缴存基数低于最低下限的部分企业整改，经督促176个单位11815名缴存职工调整缴存基数，新增月缴存额62.7万元。对欠缴3个月以上单位下发《催缴通知书》81份。31个单位补缴公积金2320万元。通过社保信息比对，确定辖区内100人以上未建制8家单位和已建制缺口百人以上6家单位，50人至99人未建制47家单位作为住房公积金扩面重点单位。全年新增100人以上建制单位9家1324人，50至99人未建制的47家单位中14家单位建制缴存。

公积金执法　2022年，淮安区住房公积金管理中心开展"双随机"执法检查2次，实地检查12家企业，与区市场监督局联合开展差异化非现场执法检查21家单位，对"不办理住房公积金的抽查事项"作出明确整改要求。对多次下发《催建通知书》仍拒不办理缴存登记和账户设立手续的16家单位依法开展行政执法，建制结案11个。

风险防控　2022年，淮安区住房公积金管理中心防范骗提骗贷。严格核查制度，按月核查先提后退情况，逐笔核查异地购房信息81笔，加大同一住房多次交易、虚假证明材料骗提和贷前挂靠代缴、贷后停缴住房公积金的核查力度，驳回线上2笔虚假材料提取，发现并上报8笔二手房提取后转售情况，未发现其他挂靠代缴、贷后停缴现象。每季度开展按揭合作楼盘跟踪检查，未发现按揭合作企业有商品房买卖纠纷案件；强化权证清收，寄发履约通知书3份、履约提醒函20份，应办理权证1168份，办理到位967份，到位率82.79%。

亲民服务　2022年，淮安区住房公积金管理中心持续推进公积金业务跨省通办和长三角一网通办，设立专窗受理跨省通办事项12笔、长三角一网通办事项46笔、异地转移接续956笔。优化服务流程，开展贷款全程一次办，80户借款人在窗口一次性完成全部贷款手续。强化部门联动，实现贷款撤押免申办。抵押权注销登记由淮安区住房公积金管理中心单方申请并代为办理，全年开展结清贷款免跑撤押服务421笔。

助企纾困　2022年，淮安区住房公积金管理中心落实助企纾困政策，为12家企业办理住房公积金降低缴存比例业务，涉及缴存职工1151人，为企业减少住房公积金支出333万元；为1家企业办理住房公积金缓缴手续，缓缴金额2.85万元。扩大按揭合作楼盘覆盖面，探索线下终端前移服务，前移贷款受理窗口至楼盘售楼部，10户购房人在售楼部就近申请公积金贷款。

（刘永峰）

收入与消费

居民收入

【概况】 2022年，淮安区居民收入稳定增长。全年全区居民人均可支配收入32030.81元，较上年增加1793.83元，增长5.9%。按常住地分，城镇居民人均可支配收入40032.44元，较上年增加1884.47元，增长4.9%；农村居民人均可支配收入23813.49元，较上年增加1545.62元，增长6.9%。按收入构成看，工资性收入19779.02元为主要收入，占全部收入的60.1%；转移性净收入增长最快，较上年增长7.7%。

（区统计局）

【劳动就业】（参见《就业与社会保障·劳动就业》）

【兜底保障】 截至2022年底，淮安区有最低生活保障对象9663户17942人，全年累计发放城乡低保救助金1.11亿元；有特困人员供养5641户5642人，全年累计发放特困人员供养金5927.81万元；有享受困难残疾人生活补贴和重度残疾人护理补贴“两项补贴”的残疾人10694人，全年累计发放残疾人两项补贴6582.4万元；有困境儿童1264人（包括20名孤儿），全年累计发放困境儿童基本生活费1814.09万元。2022年，淮安区为12.01万名困难群众办理城乡居民医保参保，财政代缴4086.26万元；实行医疗救助对象住院医疗费用托底保障制度；医疗救助资金支出4634.52万元，救助困难群众23.24万人次。

（陈震宇　张善用）

表57　　2022年淮安区全体居民家庭收入情况一览表

计量单位：元/人

项目名称	2022年	2021年	同比±%
家庭总收入	33611.26	32253.05	4.2
#可支配收入	32030.81	30236.98	5.9
一、工资性收入	19779.02	18700.81	5.8
1.工资	18111.25	17132.51	5.7
2.实物福利	809.75	758.48	6.8
3.其他	858.02	809.82	6.0
二、经营性收入	6904.55	6567.45	5.1
1.第一产业经营净收入	2479.43	2330.11	6.4

续表57

项目名称	2022年	2021年	同比±%
2.第二产业经营净收入	369.97	345.71	7.0
3.第三产业经营净收入	4055.15	3891.63	4.2
三、财产性收入	1625.16	1511.41	7.5
1.利息净收入	84.94	79.85	6.4
2.红利收入	8.16	7.65	6.7
3.转让承包土地经营权租金净收入	178.27	159.03	12.1
4.出租房屋财产性收入	714.67	659.45	8.4
5.房屋虚拟租金	639.12	605.43	5.6
四、转移性净收入	3722.08	3457.31	7.7

居民消费

【概况】 2022年，淮安区居民人均消费支出19754元，较上年增加962.76元，增长5.1%。按常住地分，城镇居民人均消费支出23181.56元，较上年增加543.26元，增长2.4%；农村居民人均可支配收入16234.41元，较上年增加1318.11元，增长8.8%。按消费支出构成看，交通通信类增速第一，较上年增长9.9%；食品消费支出比重略有下降，恩格尔系数为30.2%。

【社会消费品零售】 2022年，淮安区消费品市场稳健发展。全年实现社会消费品零售总额251.97亿元，同比下降0.8%，其中限额以上社会消费品零售总额为23.06亿元，同比下降1.8%。

（区统计局）

【批零住餐业】 2022年，淮安区批发企业销售额324.74亿元，同比增长9.8%，全市排名第一；零售业销售额217.99亿元，同比增长5.4%，全市排名第二；住宿业经营额7.15亿元，同比增长1.2%，全市排名第六；餐饮业营业额49.54亿元，同比增长4%，全市排名第二。全年批零住餐业贸易额总额599亿元，同比增长7.6%，增速排名全市第一。2022年，淮安区新增批零住餐列统企业54个（含大个体2个），其中批发类22个、零售类14个、住宿类3个、餐饮类15个。

（陈子璇）

【放心消费】 2022年，淮安区推进放心消费创建活动。全区省级放心消费创建单位9家、市级放心消费创建单位27家。4家单位获得江苏省放心消费创建示范单位认定。建立完善《淮安区7日无理由退换货名录库》，84家书面承诺线下七日无理由退货的经营户纳入名录库。开展放心消费宣传，与百度公司合作，将辖区98家经营户在百度地图中标注“放心消费在淮安”或“无理由退换货承诺单位”。选取苏嘴镇沙吉村开展美丽乡村放心消费创建试点。畅通投诉举报渠道，全年累计接收投诉举报咨询5462件，均及时答复、交办处理。

（杨　明）

表58　2022年淮安区全体居民家庭支出情况一览表

计量单位：元/人

项目名称	2022年	2021年	同比±%
家庭总支出	31362.09	30162.26	4.0
一、消费支出	19754.00	18791.24	5.1

续表58

项目名称	2022年	2021年	同比±%
1.食品烟酒	5966.05	5717.61	4.3
2.衣着	1192.27	1145.99	4.0
3.居住	4031.16	3864.99	4.3
4.生活用品及服务	1766.88	1626.62	8.6
5.交通通信	2002.76	1822.24	9.9
6.教育文化娱乐	3196.64	3096.81	3.2
7.医疗保健	1091.06	1044.89	4.4
8.其他用品和服务	507.18	472.08	7.4
二、生产经营费用支出	1614.29	1564.56	3.2
1.第一产业经营费用支出	1245.66	1209.42	3.0
2.第二产业经营费用支出	341.99	329.94	3.7
3.第三产业经营费用支出	26.64	25.20	5.7
三、财产性支出	154.70	149.78	3.3
四、转移性支出	800.52	772.04	3.7
1.个人所得税	7.36	7.10	3.6
2.社会保障支出	547.10	526.07	4.0
3.赡养支出	160.17	154.39	3.7
4.其他转移性支出	85.89	84.49	1.7
五、部分商业保险支出	46.84	46.12	1.6
六、购置资产及非经常性转移支出	3423.61	3343.85	2.4
七、借贷性支出	5568.13	5494.68	1.3

表59　**2022年淮安区全体居民家庭人均食品消费量一览表**

计量单位：千克

项目名称	2022年	2021年	同比±%
一、粮食消费量	168.14	167.83	0.2
（一）谷物消费量	154.01	153.80	0.1
#1.小麦	22.48	22.22	1.2
2.稻谷	127.87	127.51	0.3
（二）薯类消费量	0.50	0.49	1.2
#红薯	0.18	0.17	2.2

续表59

项目名称	2022年	2021年	同比±%
（三）豆类消费量	13.64	13.54	0.7
1.大豆	1.09	1.08	0.1
2.其他豆类	12.55	12.46	0.7
二、油脂类消费量	14.57	14.54	0.2
（一）植物油	13.48	13.46	0.2
（二）动物油	1.09	1.09	0.5
三、蔬菜及菜制品消费量	133.35	132.21	0.9
（一）鲜菜	129.34	128.22	0.9
（二）干菜及菜制品	1.31	1.30	0.4
（三）鲜菌	2.56	2.55	0.5
（四）干菌及菌制品	0.14	0.14	0.5
四、肉类	37.17	36.80	1.0
（一）猪肉	28.83	28.61	0.8
（二）牛肉	2.45	2.40	2.2
（三）羊肉	0.88	0.85	2.8
（四）其他肉类及制品	5.01	4.95	1.3
五、禽类	9.31	9.13	2.0
六、水产品	12.51	12.28	1.9
七、蛋类及蛋制品	10.86	10.63	2.1
八、奶和奶制品	15.46	15.34	0.8
九、干鲜瓜果类	29.71	29.29	1.4
十、糖果糕点类	5.95	5.98	−0.5
十一、饮料	0.21	0.20	1.2
十二、烟叶消费量	35.89	35.83	0.2
十三、酒	10.62	10.56	0.6
（一）白酒	4.85	4.81	0.8
（二）啤酒	5.72	5.70	0.3
（三）果酒	0.05	0.05	−2.3

社会事务

人口家庭

【人口概况】（参见《区情概览·区划人口》）

【户籍管理】 2022年，淮安区深化户籍管理“放管服”改革，提升户政服务便利化水平。推进有无违法犯罪记录证明开具、户籍类证明开具、工作调动户口迁移、大中专院校录取学生户口迁移、大中专学生毕业户口迁移、夫妻投靠户口迁移、父母投靠子女户口迁移等7个事项“省内通办”“跨省通办”，推进新生儿入户、首次申领居民身份证2个事项在长三角地区跨区域通办。在“新生儿出生一件事”“收养一件事”“军人退役一件事”服务基础上，开通“人才落户一件事”服务，全年办理主项变更576人次。

【收养管理】 2022年，淮安区办理收养登记5例，登记合格率100%。

【贫困人口认定】 截至2022年底，淮安区认定低保边缘家庭2198户7357人；支出型困难家庭236户921人；最低生活保障对象9663户17942人；特困人员供养5641户5642人；享受困难残疾人生活补贴和重度残疾人护理补贴“两项补贴”残疾人10694人；困境儿童1264人（包括20名孤儿）。

【城乡低保】 截至2022年底，淮安区累计发放城乡低保救助金1.11亿元，全年新增361户664人、退出2306户3721人。

【社会救助】 2022年，淮安区发放残疾人两项补贴6582.4万元、困境儿童基本生活费1814.09万元、特困人员供养金5927.81万元；临时救助困难群众4669人次，发放救助金412.26万元；救助流浪乞讨及过境受困人员304人次，涉及救助金额157.8万元。2022年，淮安区市级高质量跨越发展考核指标困难群众服务保障覆盖率位于全市第一等次。

【婚姻登记】 2022年，淮安区婚姻登记服务中心共办理婚姻登记8563对（结婚登记5294对、离婚登记1400对、补发登记1869对），登记合格率100%。淮安区婚姻登记服务中心在农历七夕举办“文明新婚俗，相伴你我行”主题活动，倡导婚俗改革，树立文明新风。

【殡葬管理】 2022年，淮安区火化遗体9666具，火化率100%。

表60　　淮安区民政局基层单位名录

单位名称	基层单位名称
淮安市淮安区民政局	淮安市淮安区社会福利院
	淮安市淮安区福利彩票发行中心
	淮安市淮安区救助管理站
	淮安市淮安区紫藤园公墓管理所
	淮安市淮安区殡仪馆
	淮安市淮安区社会福利厂
	淮安市淮安区婚姻登记服务中心

继续实施惠民殡葬，惠及群众8723人次，减免基本殡葬费用836.58万元。依据“依法行政、属地管理，移风易俗、文明办丧，节约用地、保护生态，统筹规划、规范管理”原则，全年平迁坟墓0.78万座，建立卧式碑0.52万座。

（陈震宇）

【家庭文明建设】 2022年，淮安区妇联线上推出“启明灯”家庭教育公益课程，创新开设家庭教育“一法一条例（《中华人民共和国家庭教育促进法》《江苏省家庭教育促进条例》）”流动课堂。开展“三全（社区全域、父母全程、家庭全类型）”社区家庭教育提质扩面工作，新增集成社区螺蛳街村、穿运村两个示范点；利用重要节点开展亲子阅读、志愿服务等活动100余场次。开展“创建清廉家庭，共筑廉洁家风”弘扬清廉家风主题宣传教育活动，以家庭文明滋养社会文明。揭晓2021年度区级家庭评选结果，评选淮安区“最美家庭”164户、“五好家庭”61户。成功推荐省级最美家庭4户，省级五好家庭1户，江苏省“共话成长共育新人”家校社协同行动典型案例1个，市级最美家庭10户、五好家庭5户。

（顾秀云）

妇女儿童事务

【概况】 2022年，淮安区有妇女451197人，0–18岁儿童177965名。全区有托幼机构54所，卫生保健合格率达98.15%；全区有卫生保健教师99人，均通过市级卫生保健培训取得上岗证。2022年，淮安区发生孕产妇死亡1例；新生儿死亡率0.67‰，婴儿死亡率1.34‰，5岁以下儿童死亡率控制在5‰以下；出生缺陷发生率控制在4‰以下，严重多发致残的出生缺陷发生率逐步下降；妇女儿童常见病、多发病，以及艾滋病、梅毒等重大传染病得到控制。全年完成产前筛查2901人，宫颈癌筛查28553人、乳腺癌筛查28638人，新生儿疾病筛查2973人。推进“新生儿出生一件事”一体化服务新模式。巩固提升妇幼健康服务能力，举办国家妇幼基本和重大公共卫生服务项目培训20次，培训1020人次。

【母婴服务】 2022年，淮安区从事母婴保健技术服务的机构和人员持证执业率100%；爱婴医院合格率100%；孕产妇系统管理率稳定在90%以上；孕产妇住院分娩率100%；免费孕前优生健康检查目标人群覆盖率100%；婚前医学检查率稳定在95%以上；新生儿三种疾病筛查（先天性甲状腺功能低下、苯丙酮尿症以及听力筛查）全覆盖；孕产妇艾滋病、梅毒和乙肝检测率达95%以上，感染艾滋病、梅毒的孕产妇所生儿童采取预防母婴传播干预措施比例均达95%以上，乙肝感染孕产妇所生儿童采取预防母婴传播干预措施比例达95%以上，高母婴传播风险乙肝感染孕产妇抗病毒治疗率达90%以上。2022年，淮安区在各类公共场所建成标准化母婴设施55处，建设面积636平方米；在淮安市淮安医院、区妇幼保健院、河下街道公共服务中心等3个单位新增4个移动母婴室。“新爱婴托儿所”“熊之乐”两家托育机构建成市级普惠托育园。

【出生缺陷综合防治】 2022年，淮安区产前筛查率98.67%；新生儿疾病筛查率99.97%；目标人群叶酸服用率96.48%；先天性心脏病筛查率100%，阳性转诊率100%。

【妇女儿童健康服务】 2022年，淮安区7岁以下儿童保健管理率达98%以上；妇女常见病筛查率达85%以上；妇女宫颈癌和乳腺癌的早诊早治率逐年提高。

（周　璐　张　丽）

【困境儿童保障】 2022年，淮安区有享受困境儿童基本生活费儿童1264人，其中孤儿20人、父母监护缺失儿童313人、父母无力履行监护职责儿童164人、重残重病儿童767人。全年为困境儿童发放基本生活费1814.09万元。

【妇女儿童权益】 2022年，淮安区镇（街道）、村（社区）妇联干部、巾帼志愿者等开展妇女儿童权益问题专项排查工作，对排查发现的特殊困境家庭动态跟踪，开展关爱帮扶工作。区妇联联合公检法司深入基层开展“美好生活·民法典相伴”“喜迎二十大，同心护未来”“禁毒宣传进万家”等主题宣传活动。开展《江苏省反家庭暴力条例》《江苏省妇女权益保障条例》《民法典》等普法工作，现场进行普法宣传、答疑解惑。区妇联联合区教体局、检察院开展“女童保护”小学阶段全覆盖行动，惠及全区55959名学生。邀请市妇女儿童心理健康服务公益联盟讲师，深入河下街道螺蛳街村、穿运村开展“暑期儿童心理健康微课堂”活动。举办基层妇联干部维权能力提升以及家事调解员培训班。

【妇儿民生实事】 2022年，淮安区面向困境妇女儿童家庭，在政府兜底保障的基础上，开展“一户一策”精准微关爱服务。面向困难家庭，区妇联联合女性社会组织提供送岗位、送温暖服务。区妇联联合区教体局举办“喜迎二十大 筑梦向未来”绘本阅读行动推广人培训会活动，结合暑期等重要节点开展“少年儿童心向党 用心用情伴成长”等各类主题社会实践活动12场。全年为382名单亲贫困母亲发放救助金38.2万元。

【妇女创业就业】 2022年，淮安区妇联发掘淮安区南湾土地股份专业合作社等“双学双比（学文化、学技术，比成绩、比贡献）”优质阵地2个，为留守妇女创业就业提供更多资源。推荐流均镇都梁村为“美丽家园”省级示范点，引领农村妇女共建美丽乡村。揭晓2021年淮安区巾帼文明名单，推荐获评市级巾帼建功标兵3人，市级巾帼文明岗3家，推荐省级巾帼文明岗2家、省级巾帼建功标兵1人。区妇联与区人社局联合开展线上“春风送岗”女性专场招聘会1场，发布企业招工信息34条。

（顾秀云）

老龄事务

【老龄人口概况】 2022年，淮安区有60周岁以上老年人口近25.9万，约占总人口的21.5%。有高龄、失能（伤残）、贫困、失独特殊困难家庭、空巢（独居、农村留守）等老年人约4.3万人，其中，80岁以上的高龄老年人3.07万人，贫困和低收入老年人1.15万人，失独困难家庭老年人679人，独居、农村留守老年人538人。

【老龄政策法规建设】 2022年，淮安区出台《关于促进养老托育服务高质量发展的实施意见》《淮安区基本养老服务指导性目录清单》和《淮安区养老护理员特色岗位津贴实施细则》，促进老龄事业健康发展。

【老龄宜居环境建设】 2022年，淮安区坚持以居家养老为基础、社区服务为依托、机构养老为补充，加快构建机构养老与居家养老相结合、福利养老与产业养老相结合，投资渠道多元化、管理服务标准化、服务队伍专业化、服务方式多样化，覆盖城乡可持续发展的社会养老服务体系。投入108万元为360户特殊困难老年家庭开展适老化改造。

（陈震宇）

【老龄健康管理】 2022年，淮安区推进老年人疫苗接种，稳步提高接种率；组织开展老年病专家基层行和老年健康大讲堂活动，为居家老年人提供医疗保健、康复护理、健康咨询、精神慰藉等服务；为6749名老年人开展运用智能技术专项普及培训；为110314人次65岁及以上老年人开展健康管理服务；建成4个老年友好型社区。

（周　璐）

【养老服务】 2022年，淮安区为5.8万名老年人购买居家养老服务，占老年人口总数比例为23.26%；为3.15万名80周岁以上老年人发放尊老金2050.04万元。年末，淮安区拥有养老床位4679张（其中护理型床位3150张），护理型床位数占养老床位数比例达67.32%。

【养老机构建设】 2022年，淮安区有养老机构35家，其中公办养老机构24家、民办养老机构11家。投入120万元在养老机构安装高清摄像头106个，提升对养老服务机构的监管能力。

【居家养老服务中心建设】 2022年，淮安区投入107万元新改建11家标准化居家养老服务中心。截至年末，全区338个城乡社区有居家养老服务中心338家，其中标准化居家养老服务中心173家。

（陈震宇）

残疾人事务

【概况】 截至2022年底，淮安区有持证残疾人20108人，其中视力残疾2122人，听力残疾1700人，言语残疾144人，肢体残疾12054人，智力残疾2428人，精神残疾1660人，多重残疾3198人，约占全区总人口4.8%。根据全国第二次残疾人抽样调查结果推算，淮安区有各类疑似残疾人63861人。2022年，淮安区发放残疾人两项补贴6582.4万元。

【《残疾人证》办理】 2022年，淮安区优化《残疾人证》办理流程，创新办证方式，从“面对面”到“键对键”，“纸间办”到“指尖办”。建立残疾人证电子档案系统，做到“一人一档”。在“跨省通办”残疾人证办理迁移事项中，做到立等可查、立等可取。推广办理《残疾人证》个人网上申请，实现无纸化“秒批”。率先实现异地评残事项“跨省通办”，由原来的本周内受理调整为当日受理，当日审核，当日制证，及时结项。全年组织486名残疾人参加集中评定8次，为17人提供上门评残服务。

【残疾儿童康复救助】 2022年，淮安区残疾人联合会印发《关于0~14岁残疾儿童基本康复项目工作意见》，对残疾儿童康复救助的救助对象、救助标准、申请流程、康复转介等作明确要求。全年完成残疾儿童康复救助347名（其中0~6岁312名，7~14岁35名）。

【重残居家服务】 2022年，淮安区通过购买第三方服务，以“线上平台+线下服务”的形式，为全区1352名低收入重度残疾人提供家政照料、生活服务、康复医疗、辅助性就业等居家照护服务14278人次。其中，家政照料8196人次，生活服务2016人次，康复服务360人次，心里辅导3267人次，辅助性就业439人次。

【辅助器具共享服务】 2022年，淮安区整合公共服务资源，在海棠园、吴承恩故居入口路边建设两个辅助器具共享服务点（内设手动轮椅、腋拐及助行器等物资），为残疾人提供就近特需服务。

【残疾人之家】 2022年，淮安区印发《淮安区“残疾人之家”提升三年行动实施方案》，对24个残疾人之家的发展定位、服务水平、保障能力、社会影响进行优化提升，推动“残疾人之家”由“建”转向“建、营、管”，提升“残疾人之家”服务内涵。推动村级“工作站”服务能力提升，打造“残疾人30分钟服务圈”。11月底，淮安区18个残疾人之家正常运营。

【无障碍示范社区、家庭项目】 2022年，淮安区投入30万元与市残联共建市政府民生实事无障碍示范社区项目，在上河社区设立无障碍缓坡、盲道、扶手以及无障碍停车位，增加一个无障碍公交站台和无障碍设施导览图标牌。投入20余万元为淮安区80户困难残疾人家庭实施无障碍改造。

【残疾人就业创业】 2022年，淮安区利用“残疾人之家”服务平台，举办7期农村实用技术培训班，参加培训残疾人174人。联系圆通快递、福兴祥物流、江苏贸易网络科技公司、永辉超市、中通物流、苏食公司6家企业，开展残疾人专场招聘会4次，参加现场招聘会170余人，达成就业意向15人。全年帮助842名残疾人实现稳定性就业。

（韩　鑫）

退役军人事务

【概况】 2022年，淮安区退役军人服务保障水平、重点信访事项攻坚化解率两项指标位列全市高质量发展考核指标第一，双拥工作指标位列全市第二，综合排名全市第一。经省委、省政府、省军区评定，淮安区获江苏省第十二届双拥模范区命名。在省退役军人事务厅主办、省书法院承办的“戎耀今生”首届江苏省退役军人书画大赛中，刘鸿阳作品《母亲的记忆》获绘画二等奖。

【服务保障】 2022年，淮安区深化退役军人服务保障体系建设，建成一批“示范型”“精品型”“标杆型”基层退役军人服务站。开展“五有（有机构、有编制、有人员、有经费、有保

6月8日，淮安区召开2022年符合政府安排工作条件退役士兵暨退出消防员欢迎仪式暨见面会　（陶建军　摄）

表61　2022年淮安区退役军人事务局获市级以上表彰一览表

单位（姓名）	表彰内容	表彰单位
淮安区退役军人事务局	淮安市退役军人基层服务机构“岗位练兵”优秀组织奖	淮安市退役军人事务局
蔡国婷	2022年度全省退役军人事务系统岗位练兵比武决赛二等奖	江苏省退役军人事务厅、江苏省总工会
李晓红	江苏最美拥军人物（提名）	江苏省退役军人事务厅
姚　娟	淮安市退役军人基层服务机构2022年度“岗位练兵”知识竞赛一等奖	淮安市退役军人事务局
尹晓亭	淮安市退役军人基层服务机构2022年度“岗位练兵”知识竞赛二等奖	淮安市退役军人事务局
贾云采	淮安市退役军人基层服务机构2022年度“岗位练兵”知识竞赛二等奖	淮安市退役军人事务局
柏飞翔	2022年全市基层服务中心站服务标兵	淮安市退役军人事务局

表62　淮安区退役军人事务局基层单位名录

单位名称	基层单位名称
淮安市淮安区退役军人事务局	淮安市淮安区退役军人服务中心
	淮安市楚州烈士陵园管理所
	淮安市淮安区军队离退休干部休养所
	淮安市淮安区关天培祠管理所

障）”全覆盖回头看，全区“一中心两站〔区退役军人服务中心，镇（街道）退役军人服务站、村（社区）退役军人服务站〕”严格按照“五有”要求落实到位。全区16个镇（街道）服务站、338个村（社区）服务站全面提档升级。5个镇（街道）服务站、4个村（社区）服务站通过市级“五星”验收。投入近20万元，对苏嘴镇大胡村、施河镇崔河村、山阳街道南湾村和复兴镇朱庄村退役军人服务站进行示范改造。

【双拥工作】（参见《军事·双拥工作》）

【优待证申领】　截至2022年底，淮安区完成优待证申领31584人，完成率99.46%。4月2日，山阳街道被确定为省级退役军人优待证试点单位；6月17日，全省退役军人事务重点工作推进会召开，胡广杰副省长出席会议，会上副区长钟马就优待证申领工作作经验介绍。

【就业安置】　2022年，淮安区实施“直通车”安置，向符合要求的转业干部提供镇街人武、公安等专门岗位。2022年，19名符合政府安排工作的退役士兵和3名转业干部得到安置，安置率、满意率均达100%。结合乡村振兴主题，围绕村“两委”干部配备，举办淮安区退役军人乡村振兴“兴村专干”培训班，100名退役军人参加为期10天的特色培训。

（金云祥）

民族宗教事务

【概况】　2022年，淮安区有宗教活动场所122个，其中佛教19个、道教3个、伊斯兰教1个、基督教99个，共有信徒2.1万人。全区有34个少数民族，户籍少数民族人口2700余人，流动少数民族人口800余人。

【民族团结】　2022年，淮安区持续开展民族团结“七进（进机关、进企业、进社区、进乡村、进学校、进连队、进宗教活动场所）”工作。淮城街道勺湖小学、石塘镇卫东村、流均镇头桥村创成全市首批“红石榴家园”。淮香源食品有限公司被评为淮安市第一批“红石榴就业行动”实施企业。淮城街道勺湖社区“民族驿站”被表彰为全市民族工作精品项目。发挥少数民族法律援助站作用，为在淮少数民族群众解决困难5起，上门为10余名行走不便的少数民族老人采集核酸。8个民族省区在淮务工人员达141人。

【宗教团体和场所规范化建设】 2022年，淮安区宗教界开展爱党爱国爱社会主义“三爱”主题教育实践活动。制定出台《关于加强全区宗教团体和场所规范化建设的实施意见》文件。开展信教群众实名登记、宗教活动场所和宗教团体组织架构、宗教教职人员情况等数据搜集工作，宗教基础数据库建设工作完成数据收集整理。开展和谐宗教场所创建和国旗国歌、宪法和法律法规、社会主义核心价值观、中华优秀传统文化、反邪教宣传、民生服务进宗教活动场所“六进”提质增效活动，创成5个市级和谐宗教活动场所和10个市级“六进”提质增效场所。

【非法宗教出版物整治】 2022年，淮安区民宗局对全区122处宗教场所进行排查，共收缴非法宗教出版物700余本。

【宗教场所安全整治】 2022年，淮安区开展宗教场所安全整治工作。召开宗教领域安全工作专题会议，下发《关于开展全区宗教领域安全生产大检查工作的通知》《淮安区民宗局2022年安全生产工作要点》文件，全面开展宗教领域安全大检查。制定《关于开展2022年全区宗教领域“安全生产月”活动的通知》，6月22日至24日，组织镇街统战委员、民宗专干、宗教团体主要负责人、宗教场所负责人、安全员开展“安全生产月”宣传系列活动，通过反邪教宣讲、宗教政策法规宣讲、《安全生产法》宣讲、消防知识讲座、消防演练等相关形式，进一步提高宗教领域安全意识。开展燃气、消防、既有房屋鉴定、电动车规范充电等专项行动，交办整改涉及8个宗教场所的13处安全隐患。

（张辰龙）

社会组织管理

【概况】 2022年，淮安区加强社会组织管理，推动社会组织在维护市场经济秩序、参与社会治理、提供公共服务等方面发挥作用。在18个村（社区）实施社会组织参与社区治理项目，社会组织在社区服务、培育社区文化、化解矛盾纠纷等方面提供专业服务。打击整治非法社会组织，促进社会组织健康有序发展。

【社会组织登记】 2022年，淮安区新登记社会团体5家、民办非企业单位8家。年末，淮安区有登记在册社会组织共1464个，其中社会团体705家、民办非企业单位759家。

【社会组织注销】 2022年，淮安区加大对不按时参加年检及长期不按章程开展活动的“僵尸社会组织”清理力度。全年注销社会组织15家。

【社会组织年检】 2022年，淮安区做好2021年度社会组织年检工作。通过购买服务，协助部分电脑操作水平差、自主申报能力弱的社会组织进行年检。截至2022年底，完成社会团体年检392家、民办非企业单位年检366家。

【社会组织监管】 2022年，淮安区民政部门加强社会组织日常监督检查，开展双随机检查2次，检查社会组织35家；开展部门联合检查2次，检查社会组织7家。开展校外培训机构运行情况回头看1次，检查校外培训机构1家。开展“我为企业减负担”专项行动，进一步规范行业协会商会收费。

（陈震宇）

区划地名管理

【概况】 截至2022年底，淮安区有13个镇，3个街道，1个园区，338个村（居）。2022年，淮安区开展地名普查成果转化、历史地名保护、平安边界创建、不规范地名清理整顿等工作。6月，大胡庄（大胡庄战斗纪念地）、横沟村（横沟寺农民武装暴动纪念地）入选江苏省第二批100个红色地名；9月，淮安区被民政部确定为“深化乡村地名服务 点亮美好家园”试点地区（全省4个县区入列，苏中苏北唯一）。

【平安边界创建】 2022年，淮安区配合清江浦区完成清江浦区—淮安区行政区域界线联检工作。与周边县区开展平安边界创建工作交流，签订平安边界创建协议书。

【地名管理】 2022年，淮安区围绕使用不规范地名以及新旧地名混用等问题，排查城区各类道路标志牌，处理问题标志牌288处。深入挖掘历史文化内涵，完成海棠大道、芝龄路等6条道路命名、更名。完成海棠大道地名保护标志设置。评定9个重要地名列入全区首批地名文化遗产并发文公布。

【地名公共服务】2022年，淮安区持续做好国家地名信息库数据更新完善工作，完成8590条数据完善和更新；《淮安区地名录》出版。全年为群众提供门牌查询服务100余次。

【乡村地名试点】2022年，淮安区印发《淮安区“深化乡村地名服务 点亮美好家园”试点工作方案》，在施河镇、车桥镇开展先行先试工作。成立试点工作专班，落实专项工作经费60万元。推进镇级地名规划编制工作。开展乡村地名采集上图工作。基本完成全区范围内点状未标注地名采集，累计采集上图未标注地名约2800条，国家地名数据库审核处理587条。开展乡村地名命名设标工作。梳理排查有地无名85处，完成7个镇47条道路命名，完成20余万户乡村居民二维码门牌安装，制作试点镇增设的第一批34个道路标志牌。开展乡村特色资源宣传推广。收集乡村地名文化资源线索约100条，完成百度百科词条两批共86条；开展乡村地名故事有奖征集活动，征集乡村地名故事近100个；通过抖音、微博、小红书等媒体投放宣传内容12条；印刷宣传折页1000张、海报500份，制作展板2套，在施河镇开展线下宣传活动1次。开展乡村地名信息服务应用工作。探索搭建乡村地名管理平台，完成地名标志二维码管理系统初步开发。

（陈震宇）

彩票发行管理

【福利彩票发行】2022年，淮安区福利彩票累计销售4535万元，销售总量连续19年排名全市（县区）第一，为区级财政筹集彩票公益金500余万元。9月，淮安区福利彩票发行中心1人在“全国快乐8游戏销售技能擂台赛”中被中国福利彩票发行管理中心表彰为“全国优秀市场管理员”，淮安区福利彩票发行中心在“全省福彩系统百日竞赛”活动中被江苏省福利彩票发行中心表彰为“先进集体”。

（陈震宇）

【福利彩票公益金】2022年，淮安区收到中央及省级彩票公益金共182.64万元，当年使用166.64万元，结余16万元。其中，中央福彩公益金157.04万元，当年使用150.04万元；省级彩票公益金25.6万元，当年使用16.6万元。主要用于未成年人保护工作站建设，明天计划项目实施，“福彩圆梦”孤儿助学工程，精神障碍患者康复，政府购买居家上门服务、特殊困难老年人家庭居家适老化改造、养老护理员培训等项目。

（区政府网站）

【体育彩票发行】2022年，淮安区体育彩票累计销售1.12亿元，再次突破亿元大关，较上年净增3592.57万元。淮安区教育体育局获评江苏省2022年度体育彩票销售工作成绩突出单位

【体彩促销】2022年，淮安区体彩中心加强体育彩票促销工作。一是做好各销售站点疫情常态化防控工作，为群众打造一个安全、健康、有序的购彩环境。二是对各销售站点工作人员进行业务知识、营销技巧培训。三是利用节假日组织各站点在街头、广场举办即开大卖场，集中销售。四是开展宣传工作，及时宣传新玩法，举办体彩冠名活动。先后举办“体彩杯”篮球联赛、足球联赛、广场舞大赛等大型文体活动20余次，每周举行“体彩杯”“掼蛋免费周周赛”活动。

（叶　娟）

【体育彩票公益金】2022年，淮安区体育彩票公益金本级留用70.25万元。用于群众体育支出132.76万元，占总数的52.21%，其中，用于资助或组织开展全民健身活动64万元；用于竞技体育支出120万元，占总数的47.2%，其中用于举办承办竞技体育费用8.65万元。

（区政府网站）

环境质量

【大气环境】 2022年，淮安区$PM_{2.5}$浓度34微克/立方米，同比改善8.1%，改善幅度位居全市第一；空气质量优良天数比率达81.4%。

【水环境】 2022年，淮安区水环境质量显著提升。

地表水 纳入"十四五"国家地表水环境质量考核的1个国考断面年均水质达标，达到《地表水环境质量标准》（GB 3838—2002）Ⅱ类标准。纳入江苏省"十四五"水环境质量目标考核的11个省考断面，年均水质均在Ⅳ类标准以上，其中达到或好于Ⅲ类标准的断面有11个，优Ⅲ比例为100%，达标率100%，绝对值排名全市第一。

饮用水源 2022年，淮安区里运河三堡水源地水质达到《地表水环境质量标准》（GB 3838—2002）Ⅲ类水质标准要求。

【土壤环境】 2022年，淮安区土壤环境质量总体较好，土壤环境质量监测点位污染物含量均未超过《土壤环境质量 农用地土壤污染风险管控标准（试行）》（GB 15618—2018）风险筛选值。主要河流及湖泊底质总体环境较好，全部满足低风险农用地标准。

【声环境】 2022年，淮安区各功能区中，1类区的昼间和4a类区的夜间声环境质量较2021年有明显下降，其余区域的声环境质量均较2021年有所改善。全区道路交通噪声等效声级均值为65.2分贝，道路交通噪声强度等级为"一级"，道路交通声环境质量为"好"。城市区域环境噪声平均等效声级为56.4分贝，城市区域环境噪声总体水平等级为"三级"，城市区域声环境质量为"一般"。

【固体废弃物】 2022年，淮安区固体废物平台系统新增小微收集企业开户69家，危废全生命周期监管系统内新开户12家。产废单位危险固体废物期末贮存量14吨。

（王一清）

水资源保护利用

【概况】 2022年，淮安区全面实现区域统筹供水的典型做法获登水利部"农村饮水红榜"。

表63 2022年淮安区地表水国省考断面水质监测与评价结果一览表

序号	断面名称	断面性质	2022目标	2022平均水质
1	总渠苏嘴	国考	Ⅱ	Ⅱ
2	板闸	省考	Ⅲ	Ⅲ
3	渠北闸	省考	Ⅲ	Ⅱ
4	平桥	省考	Ⅲ	Ⅱ

续表63

序号	断面名称	断面性质	2022目标	2022平均水质
5	黄码大桥	省考	Ⅲ	Ⅱ
6	杨湾腰闸	省考	Ⅲ	Ⅲ
7	排水渠北泓苏嘴	省考	Ⅳ	Ⅲ
8	幸福大桥	省考	Ⅲ	Ⅱ
9	中心桥	省考	Ⅲ	Ⅲ
10	新河大桥	省考	Ⅲ	Ⅲ
11	堂子巷大桥	省考	Ⅲ	Ⅱ
12	排水渠南泓苏嘴	省考	Ⅳ	Ⅲ

渠南灌区获评江苏省2022年度节水型灌区。渠南、渠北、运西三个灌区获评国家节水型灌区。市区公共供水非居民用水超定额超计划“两超”用水加价管理工作位列全市第一。

【水资源管理】 2022年，淮安区开展水法规宣传，累计制作节水宣传牌1000余块，宣传海报500张，散发宣传资料及画册3000余份。2022年，淮安区创成省级节水型单位1个，省级节水型小区1个，完成16家省级节水型载体复检。全年封填自备水井3眼，跟踪做好10眼观测井地下水位月监测。加强饮用水水源地长效管理，保护水源地安全。对里运河三堡水源地和白马湖南闸水源地开展日常巡查管理，驱赶三堡水源地一级保护区停留船舶10余次，清除东干渠捕鱼设施6处，清除一级保护区住人集装箱1间。

【水利工程】 2022年，淮安区完成水利建设总投资6.23亿元。开工建设国家重点工程淮河入海水道二期工程。做好涉河建设项目行政许可审批监管工作，完成市防汛防旱指挥部办公室重点河湖信息监测工程、绿色航运汇行广场停靠点、大运河漕运镇入口处牌坊等7个项目审批。对运东电站、头闸电站等3座小水电站开展安全运行检查。

【城乡供水】 2022年，淮安区完成投资1.02亿元的白马湖水厂二期扩建工程，将日供水能力由原来的5万吨/天提升至13万吨/天；完成总投资2.38亿元的区域供水二期清水管网互通工程并投入运行，新建城东供水增压泵站1座；完成总投资1500万元的农村供水保障工程，实现水厂取水双水源，提升农村供水自动化水平与应急处置能力，区域供水入户率达100%，在全市率先实现城乡供水“同源、同网、同质、同服务”目标。2013–2016年，淮安区投资15亿元实施区域供水一期工程，完成新建白马湖水厂1座，供水规模5万吨/天，建设一级管网296千米，二级管网687千米，三级管网8808千米，建设一、二级增压泵站23座，安装入户水表24万余只，农村受益人口97.03万人。

（周继红）

【污水处理】 2022年，淮安区处理污水约3324万吨，出水达标率100%。城乡污水处理厂累计产生含水率约80%污泥约

表64　淮安区水利系统基层单位名录

单位名称	基层单位名称
淮安市淮安区水利局	淮安市淮安区水政监察大队
	淮安市淮安区茭陵抽水站
	淮安市淮安区城市排涝泵站管理所
	淮安市淮安区河道湖泊管理所
	淮安市淮安区渠南水利管理所
	淮安市淮安区渠北水利管理所
	淮安市淮安区运西水利管理所
	淮安市淮安区运东电站管理所

续表64

单位名称	基层单位名称
淮安市淮安区水利局	淮安市淮安区水利工程养护中心
	淮安市淮安区二堡船闸管理所
	淮安市淮安区城区防洪排涝服务所
	淮安市淮安区农村供水公司
	淮安市淮安区节约用水管理服务中心
	淮安市淮安区水利物资器材站
	淮安市淮安区河下街道水利站
	淮安市淮安区山阳街道水利站
	淮安市淮安区平桥镇水利站
	淮安市淮安区石塘镇水利站
	淮安市淮安区朱桥镇水利站
	淮安市淮安区施河镇水利站
	淮安市淮安区车桥镇水利站
	淮安市淮安区流均镇水利站
	淮安市淮安区博里镇水利站
	淮安市淮安区复兴镇水利站
	淮安市淮安区苏嘴镇水利站
	淮安市淮安区钦工镇水利站
	淮安市淮安区顺河镇水利站
	淮安市淮安区漕运镇水利站
	淮安市淮安区范集镇水利站

7月30日，淮河入海水道二期工程开工动员会以视频形式在水利部和南京、淮安、盐城同步举行。图为淮安会场

（省灌溉总渠管理处　供图）

25019吨左右，安全规范处置率100%。新建城区污水管网3.48千米，乡镇污水管网21.1千米。城乡污水管网覆盖率、收集率、处理率不断提升。

（李　淮）

河湖管理

【河湖概况】 淮安区地处淮河下游，素有“洪水走廊”之称，东临里下河湖荡，南沿白马湖，北依古黄河。境内有京杭大运河、里运河、古黄河、苏北灌溉总渠、淮河入海水道、运西河-新河6条流域性河道贯穿东西南北，京杭大运河和苏北灌溉总渠将淮安区分隔为渠南、渠北、运西三个自然片。经过治理，淮安区建成流域性河道189.2千米，有省骨干河道17条339.7千米、其他主要河道15条237千米，有重要灌溉渠道21条289千米。2022年，淮安区建设农村生态河道22条104千米，位居全市之首。实施茭陵抽水站本体及管理区提升工程和周围环境综合整治工程，推进茭陵抽水站创建国家级水管单位工作。二堡船闸创成省精细化管理工程。

【河道执法】 2022年，淮安区累计出动水行政执法管理人员900余人次，共查处水事违法案14起，拆违面积280余平方米；清除违章种植612亩；清除施工坝埂3处260余米；清除南水北调运西河渔罾、渔簖2处。

【河湖长巡河履职】 2022年，淮安区开展区级河湖长巡河144次，下达交办单56份，全部整改完成。镇街级河湖长巡河3159

次，累计交办问题184件，全部整改到位。编制《淮安区2022年幸福河湖建设实施方案》，通过市级复核验收。整改完成水利部进驻式暗访检查问题4件、碍洪突出问题4件、信访问题2件、市交办问题10件。

（周继红）

【北泓流域环境综合治理】 2022年，淮安区开展国家山水工程项目试点。组织申报淮安区北泓流域环境综合治理工程，获中央财政及省财政补助资金5332万元。完成投资5159.56万元，完成河道岸堤修复195.77千米。淮安区北泓流域环境综合治理工程计划投资约2亿元，针对北泓流域部分河道淤积，水系连通性差，河道内及岸边生态系统功能退化，湿地面积减少，生态系统净化能力差，生态系统服务功能下降等问题，通过基于自然的解决方案，运用人工湿地、清淤、驳岸及绿化等工程措施，进行北泓流域水生态环境修复，改善湿地水质，提高生物多样性，提升河道连通性和水质净化能力，促进北泓流域生态系统健康和生态服务功能的持续改善，主要工程内容包括湿地恢复工程和河道整治工程。

【湿地生态修复】 2022年，淮安区开展湿地生态修复，实施绿草荡湿地保护小区项目，面积2535亩。

（徐云飞）

【江苏省灌溉总渠管理处 江苏省淮河入海水道工程管理处】 2022年，江苏省灌溉总渠管理处暨淮河入海水道工程管理处，严格执行省防指中心调度指令，完成年度调水任务。淮安一站开展工程垂直位移精密监测，高良涧闸持续开展流量率定与同步实测精准调度，海口闸安全监测研究及精密监测项目实施完成投入运行。申报淮安枢纽数字孪生项目，列入19项省级数字孪生流域与工程先行先试项目清单。深化建成针对水泵主机组多参数、预防性监控的淮阴站泵站健康管理系统。编制完成以淮安站变电所为例的水利行业智能变电所建设标准。2022年，江苏省灌溉总渠管理处获中国职工技术协会年度职工技术创新成果奖1项，江苏省技术进步奖1项，实用新型专利18项。全年完成省财政批复下达维修养护项目62个，累计完成经费2743.62万元。

防汛防旱　加强防汛防旱及工程维护与管理。淮安站全年开机178天，抽水36.7亿立方米，最大抽水流量每秒335立方米；淮阴站（一、三站）开机156天，抽水19.9亿立方米，最大抽水流量每秒258立方米，淮安站、淮阴站年度抽水量分别突破或接近历史极值33.6亿立方米（1999年）、19.97亿立方米（2011年）。灌溉总渠渠首共泄

表65　江苏省灌溉总渠管理处、江苏省淮河入海水道工程管理处基层单位名录

单位名称	基层单位名称
江苏省灌溉总渠管理处	江苏省灌溉总渠管理处水文站
	江苏省灌溉总渠管理处维修养护中心
	江苏省淮安抽水站变电所管理所
	江苏省淮安抽水一站管理所
	江苏省淮安抽水二站管理所
	江苏省淮安抽水三站管理所
	江苏省运西分水闸管理所
	江苏省高良涧闸管理所
	江苏省淮阴抽水站管理所
	江苏省运东闸管理所
	江苏省阜宁腰闸管理所
	江苏省通榆河总渠立交管理所
	江苏省六垛闸管理所
	江苏省南运西闸管理所
	江苏省北运西闸管理所
江苏省淮河入海水道工程管理处	江苏省淮河入海水道二河新闸工程管理所
	江苏省淮河入海水道大运河立交工程管理所
	江苏省淮河入海水道淮阜控制工程管理所
	江苏省淮河入海水道滨海枢纽工程管理所
	江苏省淮河入海水道海口闸管理所

水39亿立方米；六垛南闸泄洪9.5亿立方米；南、北运西闸分别引水供调138天、149天，共引水约16亿立方米；入海水道海口枢纽排水超13亿立方米。

巡查检查 常态开展湖泊网格化管理，创新开展河道段格化管理，累计开展河湖巡查检查79次，专项检查22次，湖泊网格化巡查380次，巡查总里程达2800千米。完成961个碍洪问题点的排查复核工作。

（陆 洋）

土地资源保护

【耕地保护】 2022年，淮安区全面履行耕地保护责任，强化基本农田保护长效机制。建立并完善耕地和基本农田保护网络，建立耕地和基本农田保护台帐。严格落实项目建设占用耕地、永久基本农田"占一补一"制度，实现全区耕地、永久基本农田保护面积不减少、质量不降低。2022年，淮安区完成耕地后备资源调查数据库更新工作，新建高标准农田11.15万亩，新建面积和累计面积均列全市前列。开展"项目验收终结年"活动，"十二五"以来淮安区省市投资13个高标准基本农田项目均完成验收。

【"三区三线"划定】 2022年，淮安区推进以"三区三线（三区指生态空间、农业空间、城镇三种类型国土空间；三线分别对应生态空间、农业空间、城镇空间划定的生态保护红线、永久基本农田和城镇开发边界三条控制线）"划定为核心的国土空间规划编制工作。编制成果通过自然资源部审定，划定确定113.78平方千米的城镇开发边界，包括107.87平方千米集中建设区和5.91平方千米弹性发展区，划定耕地保护目标任务123.22万亩、永久基本农田保护面积104.08万亩，划定生态保护红线17.86平方千米。划定后，城镇开发边界范围增加26.44平方千米，耕地保护目标任务减少1.18万亩，永久基本农田保护面积增加0.35万亩，生态红线面积保持不变。

【土地综合整治】 2022，淮安区推进农村土地综合整治，实施耕地占补平衡项目18个900亩、城乡建设用地增减挂钩复垦项目336个1876亩（含白马湖60亩）。

【节约集约用地】 2022年，淮安区开展镇街、园区闲置低效厂房用地摸排工作，共摸排园区闲置低效厂房用地62宗1427亩、厂房171337平方米，收储9宗约158亩；排查非园区闲置低效厂房用地23宗330亩，盘活利用5宗约44亩。淮安区荣安智创园"盘存增容"节地模式入选省自然资源厅《工业用地节地模式（技术）先进典型案例》全省推广。

【建设用地管理】 2022年，淮安区对不符合土地利用总体规划和城市控制性规划的、未安排用地计划未纳入土地成片征收的、项目招引没有实质进展的、独立选址的国家交通能源港口等项目进行核减，核定用地项目70宗，总面积4963.38亩，其中住宅用地项目7宗692.3亩、功能性配套用地项目14宗338.87亩、工矿仓储用地项目35宗3250.2亩、基础设施用地项目14宗682.01亩。

（徐云飞）

环境综合治理与监管

【概况】 2022年，淮安区新建17座农村生活污水治理设施，农村生活污水治理率达34.7%；创成江苏省第四批生态文明建设示范区，实现全区镇（街道）生态文明建设规划实施率、创成率两个100%。

【节能减排】 2022年，淮安区工业燃料消耗量总量较2021年减少28.881万吨标准煤。其中，天然气消耗量减少2.1742亿立方米，煤炭和燃料油消耗量有所减少，焦炭消耗量持平，其他燃料消耗量有所增加。

【大气污染防治】 2022年，淮安区印发《淮安区国控站点精细化长效管控实施方案》，深入开展国控站点（环境空气质量国控自动监测站点）"48+12"专项攻坚行动，完成17家重点企业VOCs清洁原料替代、41家500平方米以上饭店餐饮油烟在线监测设备安装、86家商户和作坊散煤取缔、93项年度重点治气工程以及717辆国三及以下排放标准柴油货车淘汰，空气环境质量持续改善。淮安区国控站点优良天数比例达81.9%，同比提升0.5个百分点，改善幅度居全市6个国控站点首位。

【水污染防治】 2022年，淮安区印发实施《生态碧水三年行动方案》，聚力开展"污水处理、生态活水、生态湿地、幸福河湖

表66　　2022年淮安区工业燃料消耗情况一览表

燃料种类	统计量	2022年	2021年	2022年较2021年增减量
煤炭	消耗量（万t标煤）	83.2156	83.5387	−0.3231
	占比（%）	84.09	65.35	18.74
燃料油（不含车船用）	消耗量（万t，不含车船用）	0.002	0.0022	−0.0002
	折标煤量（万t标煤）	0.0029	0.0031	−0.0002
	占比（%）	0	0	0
焦炭	消耗量（万t）	6	6	0
	折标煤量（万t标煤）	5.8284	5.8284	0
	占比（%）	5.89	4.56	1.33
天然气	消耗量（亿m^3）	0.51	2.6842	−2.1742
	折标煤量（万t标煤）	0.6193	32.5941	−31.9748
	占比（%）	0.63	25.5	−24.87
其他燃料	消耗量（万t标煤）	9.2941	5.8769	3.4172
	占比（%）	9.39	4.6	4.79
合计	消耗量（万t标煤）	98.9603	127.8413	−28.881

和绿色产业”5大行动，系统编排实施污水治理提质增效、低洼受涝片区治理、生态湿地保护等22个工程项目。聚焦重点区域水环境整治，编制杨湾腰闸断面、渔滨河流域水质达标方案，实施汛期水质保障提升驻点帮扶走河及排涝泵站、涵闸拦蓄污水整治专项行动，推进农业面源污染治理、涉水企业监管、黑臭水体治理等工作，完成2460个入河排污口排查。全区在用饮用水水源地水质稳定达标。

【土壤污染防治】 2022年，淮安区推进土壤污染防治以及土壤审计交办问题整改，动态更新土壤污染重点监管单位名单，健全污染地块再开发利用联动监管机制，持续开展8个高风险地块以及43个“一住两公（住宅用地、公共管理与公共服务用地）”地块土壤污染状况调查、22个污水集中处理设施周边土壤及地下水监测、33家关闭退出化工企业现场核查，土壤环境质量总体保持稳定。2022年，4个变更为“一住两公”地块土壤污染状况调查报告通过评审，重点建设用地安全利用率达100%。

【危险废物污染防治】 2022年，淮安区编制印发《淮安区“无废城市”攻坚方案》，开展危（固）废专项整治，严厉打击危废非法转移、倾倒、利用和处置等违法行为。整改危废安全问题22个，查处涉及危（固）废案件2起、处罚金额20万元。推广危废全生命周期监管平台，完成危险废物动态管理系统产废量申报451吨，转移446吨，危险废物期末库存量14吨。加强对定点医院、集中隔离点等重点场所

表67　　2022年淮安市淮安生态环境局获市级以上表彰一览表

姓名	表彰内容	表彰单位
范厚洪	江苏省污染防治攻坚战先进个人	江苏省生态环境厅
唐亚梅	全省生态环境系统最美家庭	江苏省生态环境厅
王一清	淮安市“健康达人”	淮安市卫生健康委员会

表68 淮安市淮安生态环境局基层单位名录

单位名称	基层单位名称
淮安市淮安生态环境局	淮安市淮安生态环境综合行政执法局
	淮安市淮安环境监测监控站

执法检查，做好涉疫医疗废物、废水等处置工作，累计收集处置涉疫医废5401吨，实现“日产日清”。

【环境监管执法】 2022年，淮安区生态环境部门严格依照法定权限和程序开展执法，全面落实行政执法公示、执法全过程记录、重大执法决定法制审核制度，分阶段组织开展水、气、排污许可证、污染源自动监控、涉疫医废处置、建材行业专项排查整治等专项执法检查，常态化开展涉VOCs企业及餐饮油烟夜查巡查，全年下达处罚决定104件，罚款金额778万元。强化环保信用体系建设，对22家重点排污单位实行“绿蓝黄红黑”五色信用分级管理。推行环评机构“红黄榜”制度，对1家环评编制机构实施黄牌警告。

【环保审批】 2022年，淮安区生态环境部门严格落实“三线一单”（生态保护红线、环境质量底线、资源利用上线和生态环境准入清单）管控要求，从源头上把好环境准入门槛，先后审批环境影响评价报告书5个、环境影响评价报告表55个。优化环评审批服务，落实“并联审+容缺办”服务机制，保障江苏永安制药、康乃馨羽绒制品等重大项目推进。

【环境要素保障】 2022年，淮安区强化环境要素保障，开展“盘总量、算减量、腾容量”工作。通过摸排“十四五”减排余量、组织开展排污权交易、编排实施污染物减排项目等方式手段，进一步优化排污总量配置，促进总量资源高效集约使用。

【环境基础设施建设】 2022年，淮安区围绕城镇污水处理、农村生活污水治理、生活垃圾收运处置等方面，编排实施生态环境基础设施重点工程项目18个。苏嘴污水处理厂、淮安区污泥处置中心等项目建成投运，累计新增城镇污水处理能力0.05万吨/日。完成17座农村生活污水治理设施、3座分布式污水治理设施建设，农村生活污水治理行政村覆盖率达34.7%，实现全区176座农村污水治理设施远程互联。推进全区186家排污单位自行监测数据联网，提升污染源在线监测能力。

（王一清）

自然资源管理

【概况】 2022年，淮安区加强自然资源管理与保护，强化不动产服务，推进《淮安市淮安区国土空间分区规划（2021–2035年）》编制工作。淮安市恩来干部学院周边地段城市设计获自然资源部2022年度国土空间规划优秀案例。

【土地资源管理】（参见《生态环境·土地资源保护》）

【矿产资源管理】 2022年，淮安区加强矿产资源日常监督管理，开展安全生产隐患点大排查。开展汛期地质灾害防治，推进张兴矿区下地盐穴储气库项目建设，推动淮安区富硒土地详查工作，建设流均富硒种植示范田。张兴矿区获省级绿色矿山授牌。

【林业资源管理】（参见《农业·林业》）

【水资源管理】（参见《生态环境·水资源保护》）

【向上争取】 2022年，淮安区完成预支空间规模指标落地上图方案编制，争取预借流量空间1098亩，拓展主城区、绿色建造产业园、施河镇等规划空间；申

表69 2022年淮安市自然资源和规划局淮安分局获市级以上表彰一览表

姓名	表彰内容	表彰单位
陈轶东	优秀党务工作者	江苏省自然资源厅党组
王建纲	先进工作者	江苏省人力资源和社会保障厅、江苏省自然资源厅
王建纲	拔尖人才	中共淮安市委人才办

请争取1000亩村庄规划专项流量空间用于乡村振兴，涉及11个镇（街）30个项目；争取城乡建设用地增减挂钩结余指标交易1200亩，获得资金10.54亿元；平桥镇等一镇三村获市级耕地保护激励，奖励资金260万元。申请争取市政府授权区政府行使工业用地供应管理权限，承接工业用地批准、挂牌方案批准、土地挂牌公告市级审批权限下放。

表70　淮安市自然资源和规划局淮安分局系统基层单位名录

单位名称	基层单位名称
淮安市自然资源和规划局淮安分局	淮安市自然资源和规划局车桥中心所
	淮安市自然资源和规划局施河中心所
	淮安市自然资源和规划局朱桥中心所
	淮安市自然资源和规划局漕运中心所
	淮安市自然资源和规划局钦工中心所
	淮安市自然资源和规划局淮城中心所
	淮安市自然资源和规划局石塘中心所
	淮安市自然资源和规划局苏嘴中心所

【规划管理】2022年，淮安区严格规划实施管理，编制镇村布局调整方案，20个“多规合一”的实用性村庄规划通过批复。调整完成16个项目地块控规。将可用林地纳入国土空间规划统筹布局，编制林地保护利用规划。从严把关工程规划，核发工程许可768本，审定建设项目建筑规划方案31个，规划核实建设项目44个，完成6个重特大工业项目规划设计方案模拟审批。做好地下管线规划安全管理，对新奥燃气等9个单位地下管线管廊的专项规划、技术规范、安全距离等方面进行安全排查。完成13处历史建筑物公示告知、挂牌保护，河下古镇历史文化街区茶巷与竹巷西街提升改造建设工程获省级奖励补助资金1360万元。

【资源要素保障】2022年，淮安区自然资源管理部门编制城乡建设用地增减挂钩实施规划4批，为城市游园、芯声微二期、三一重工等12个项目安排挂钩指标780亩、国家新增用地计划99亩；组织用地报批16个批次，其中独立选址及国家批次3个、挂钩批次13个，保障淮昆产业园南园区污水处理厂等重点项目24个；编制2022年第一批土地征收成片开发方案，总面积5081.1亩，拟征收土地面积833.8亩，获省自然资源厅批准。全年备案财建养猪场等设施农业用地项目9个450亩；组织供应各类建设用地15宗950.6亩，土地出让金14.49亿元；完成“双信地”（双信，即政企互信+企业诚信）4宗379亩。做好淮昆产业园片区永久使用林地和淮河入海水道二期工程先导段使用林地审批工作，保障重大项目建设。

【资源调查监测】2022年，淮安区组织2021年度国土变更调查，举证1.6万个图斑，涉及变化图斑3.7万个，通过省自然资源厅检查；完成2022年度淮安区林草湿调查监测。公布淮安区第三次国土调查数据，更新淮安区政区图、城区地图。开展16个镇（街道）农村集体土地所有权更新工作。

【不动产服务】2022年，淮安区推进“房地一体”农村不动产登记发证工作，收集资料16.9万宗，三级确认16.2万宗，公示16.2万宗，登簿16.1万宗，打印证书15万本，颁发不动产权证14.6万本，整理农房发证档案6万卷。提升不动产服务效能，常态化开展“一次收费，后台分账”服务，设置“办不成事”反映窗口。应用淮安市不动产登记信息管理基础平台，完成办件量2.3万件，发放林权不动产证书9本。常态化开展“交房即发证”工作，惠及4365户。

【自然资源执法监督】2022年，淮安区召开全面从严加强耕地保护和土地执法监察工作会议，推动全区卫片执法检查、违法用地综合整治三年行动、土地例行督察等发现的各项违法违规用地问题整改。全年共查处案件18宗，其中非法占地案件15宗，林业案件2宗，规划案件1宗，催缴罚款122.7万元，补种树木150株。

【自然资源法治建设】2022年，淮安区自然资源管理部门建立法律助理制度，发挥法律顾问参谋助手作用。完成司法部门“三书一函（监察建议书、司法建议书、检察建议书和公安机关提示建议函）”办理，完成依申请信息公开39例，办理行政诉讼16件，胜诉率100%。

（徐云飞）

应急管理

【概况】2022年，淮安区完善应急管理体系，强化灾害防范，提高防灾减灾救灾应急处置能力。推进应急管理综合行政执法改革，加快构建权责一致、权威高效的应急管理行政执法体制。建立灾害信息员AB角，录入全国应急信息员管理系统。全区有AB角灾害信息员750人。

【应急指挥中心建设】2022年，淮安区按照省市要求推进标准化应急指挥中心建设，建成指挥大厅、会商室、视频会议室及综合值班室，配备专用会议终端、移动布控球、便携式应急指挥箱等指挥设备，无人机2架以及各类应急装备，基本实现综合研判、协同会商、应急决策、指挥调度等功能。严格执行区级值班值守规定，做到各项信息应报尽报。编发《淮安区气象工作提示单》，及时发布自然灾害和事故灾难预警信息。

【应急预案体系建设】2022年，淮安区推进应急预案修编。召开全区应急预案体系建设推进会，加强对镇街、部门安全生产应急预案编制工作的指导和督查，纳入政府总体应急预案，将预案编制工作延伸到生产经营单位，应急预案体系基本实现“全覆盖”。截至2022年底，修编区级总体预案1个、专项预案20个、部门预案20个，企业预案备案198个。2022年，淮安区累计开展各级各类应急预案演练245场，演练层次齐、人员多、科目全、实战性强。

5月12日，防灾减灾宣传讲座走进夹城社区

（区防震减灾服务中心　供图）

【应急体系基础建设】2022年，淮安区加强应急体系基础建设。开展应急管理装备调查，摸清应急救援基本装备、力量，建立相关信息资料。加强对应急预案演练的评估总结，针对演练中暴露出来的问题，总结经验教训，修改完善应急预案和管理机制。从全市相关行业和部门中聘请专家组成区安全生产专家组。充分发挥专家在突发事件中的信息研判、决策咨询、专业救援、应急抢险、事件评估等方面作用，为处置突发事件提供意见和建议。

【救灾物资应急储备管理】2022年，淮安区制定和完善《淮安区救灾物资应急储备管理制度》，推进救灾物资储备管理工作标准化，确保救灾物资储备安全、调拨高效、回收到位、保障有力。坚持“统一规划、统一采购、统一调拨、统一管理”原则，根据实际需要，每年安排32万元专项资金采购应急物资。每年安排政府专项资金32.43万元用于城乡住房保险，提升城乡居民房屋抵御灾害的能力和灾后恢复重建的能力。2022年，城乡居民房屋保险赔付354户，理赔金额17万余元。

【应急响应】 2022年，淮安区先后遭受“7·23”大风、“梅花”台风和高温干旱等自然灾害，全区有274人受灾，直接经济损失60万元。区应急指挥中心通知镇街立即启动应急响应，连夜摸排受灾情况，及时做好受灾人员医疗救治和转移安置工作。迅速启动农业保险理赔和房屋保险理赔工作，保障受灾群众正常的生产生活不受影响。受灾群众在当地政府组织下开展自救工作，大部分损坏房屋完成修缮，社会生产生活平稳有序。

【防灾减灾宣传】 2022年，淮安区开展防灾减灾宣传活动。5月12日，以“减轻灾害风险，守护美好家园”为主题在淮城街道夹城社区举行防灾减灾知识宣传暨应急综合演练活动。在全区各小区灯箱科普地震逃生、避险等方面知识，在《淮安区新闻联播》《淮安区报》、微信公众号等媒体宣传防灾减灾知识。推进综合减灾示范社区创建。2022年，河下街道镇海村和淮城街道夹城社区申报综合减灾示范社区，其中镇海村通过市应急局审查验收。围绕“早预警、早行动”主题，在河下街道镇海村开展国际减灾日宣传活动，向社会公众普及各类灾害知识和防范应对基本技能。

【淮安区应急管理综合行政执法大队成立】 2022年，淮安区在全市率先出台《淮安市淮安区深化应急管理综合行政执法改革实施方案》，整合安全生产、应急抢险和防震减灾等方面的行政处罚、行政强制职能，成立淮安区应急管理综合行政执法大队。淮安区应急管理综合行政执法大队实行“局队合一”体制，明确为副科级，内设5个应急管理执法中队。执法中队配备执法车辆，分片派驻镇街(园区)，实现基层应急管理执法全覆盖。

(叶　飞)

防震减灾

【地震监测预报】 2022年，淮安区加强地震监测台站建设和管理，指定专人定期巡逻、检查、维护保养。配合省地震局监测中心做好地震监测仪器维修维护工作；开展各项数据的收集、整理、汇总、传输和上报工作，开展前兆观测工作。对出现问题的综合观测台站进行检修、调试、校测、调零、标定。每周例行检查台站。

【防震减灾宣传】 2022年，淮安区在“5·12”汶川地震、“7·28”唐山地震纪念日、国际减灾日等重点时段开展一系列防震减灾宣传科普活动。通过讲座、广场宣传、组织应急演练等多种方式宣传防震减灾科普、自救互救相关知识。全年举办防震减灾讲座2次，广场宣传5次，应急演练2次。

(陈　婕)

防汛防旱

【概况】 2022年，淮安区遭遇罕见气象干旱，降雨少，淮河干流接近断流，出梅后淮河流域同期遭遇晴热高温，超35℃高温持续时间和高温日数均创全区自1961年有气象记录以来历史。长期干旱少雨，导致农业用水矛盾突出。7月3日、8月19日淮安区分别启动抗旱Ⅳ级应急响应，加强用水调度，指导镇街抗旱自救，启用里下河水源调整工程，开展人工增雨，强化用水巡查工作，保障居民生活、工业、航运等用水。

【行洪隐患治理】 2022年，淮安区及时消除妨碍行洪问题隐患，对京沪高速扩宽、264省道分别跨苏北灌溉总渠、淮河入海水道大桥4处存在的施工钢便桥压缩河道行洪断面问题进行清理整治。

(周继红)

【城市防汛】 2022年，淮安区聚焦城市防汛，加强城市水环境整治。疏通排水出路，清淤十四中沟、入海水道调度河等河道4条，清淤疏浚华西路北侧红军中学至国道233段排水沟，整治五中沟华西路至永怀东路段护岸。实施大运河东侧水工建筑物景观提升、运东电站东侧环境整治及西侧码头货场环境提升工程，改善大运河水生态。

(区政府网站)

安全生产

【概况】2022年，淮安区开展安全生产专项整治三年行动（即三年大灶）、安全生产大检查、重点行业领域百日攻坚行动，生产安全事故起数和死亡人数持续“双下降”，未发生较大及以上事故，安全生产形势总体平稳向好。7月15日全国自建房安全专项整治工作部署视频会议上，淮安区《D级危房解危方案》获部际协调机制办公室通报表扬，在第6期《全国自建房安全专项整治工作简报》中获肯定推广。

（叶　飞　李　淮）

【安全生产责任落实】2022年，淮安区压紧压实安全责任，出台“区安委会主任双主任制”（区委书记、区长担任安委会双主任）、《区委常委会成员、区政府领导班子成员安全生产重点工作清单》等系列文件，细化党委政府安全生产职责。全区党政领导全面开展“四包一落实”（包分管领域和挂钩镇街安全生产工作、包重点企业安全生产工作、包重大危险源排查和重大隐患治理、包各级挂牌督办问题、督导交办问题闭环整改，全面落实安全生产责任），确保重点企业、重大隐患和上级巡查督导交办问题包保到人。全年区委常委会7次专题听取安全生产工作汇报，区政府常务会将安全生产列为“首要议题”，研究解决安全生产重点问题隐患。

【安全生产专项整治三年行动】2022年，淮安区出台《关于持续攻坚安全生产“三年大灶”实施意见》，明确全区26项重点工作任务清单、重点行业领域49项重点工作任务清单、镇街（园区）119项重点工作任务清单。推进市定淮安区23项重点工作任务，达序时进度。将国务院安委会“15条硬措施”细化分解为58项检查重点，开展安全生产大检查，共检查出隐患7177条，均完成整改，责令停产整顿18家，行政处罚165家次。

【突出安全生产风险管控】2022年，淮安区有效管控突出安全生产风险。开展安全生产百日攻坚行动，排查“厂中厂”企业1211家，发现隐患896个，整改848个；排查自建房等既有建筑34.8万栋，发现安全隐患建筑454栋（处），完成整治280栋（处），对其余房屋采取清人、清物、封房的措施。开展醇基燃料专项整治工作，制发《淮安区醇基燃料安全排查整治工作的通知》专题部署推进，共排查涉醇基燃料单位24家，全部取缔。强化电气焊等动火作业专项整治，对全区电气焊等动火作业情况进行全面梳理，排查出涉及电气焊等动火作业企业146家，从事电气焊等动火作业人员252人、个体户等非生产经营主体持证21人，停产停业整顿7家。开展冬季安全生产专项治理，根据《冬季安全生产专项治理行动方案》围绕9个行业领域43项整治重点开展排查整治。

【工贸领域安全】2022年，淮安区开展冶金等工贸企业专项整治。推进工业企业安全生产风险定期报告工作，1474家工业企业全部按期通过风险报告系统上报。开展全区较大以上风险“零报告”企业专项核查行动，全区500家风险“零报告”企业变更上报较大以上风险。立案查处风险报告相关违法行为32件，罚款近20万元。全覆盖执法检查全区29家粉尘涉爆企业，发现并整改隐患145条。

【有限空间作业安全】2022年，淮安区开展蔬菜腌制、皮革皮毛、羽绒加工、造纸印染及电镀等重点有限空间企业全面摸底排查，开展有限空间作业风险辨识和管控工作，严格落实有限空间作业审批制度，将有限空间作业执法重点事项作为必查项，共检查有限空间企业20家，发现并整改隐患45处。

【危化品安全】2022年，淮安区开展危化品排查整治专项行动，进行化工企业安全生产本质安全检查，邀请专家对蓝鹏肥业等4家化工企业开展“安全体检”，发现并整改隐患37条。编发《淮安区无储存危险化学品经营单位（商店类）守法经营告知书》和《淮安区无储存危险化学品经营单位（贸易类）守法经营告知书》，督促109户无储存经营企业开展自查自纠。严厉打击危化行业安全生产违法违规行为，开展危险化学品无储存经营企业专项行动，重点对油漆店等危化品无储存经营企业开展执法检查，累计开展执法检查与指导服务共130余次，立案52起，事前处罚47万余元，督促企业闭环整改各类安全隐患430余处。

（叶　飞）

【特种设备安全】2022年，淮安区加强特种设备安全监管，消除在用特种设备超期未检安全隐患。召开全区电梯维保单位

表71　　2022年淮安区应急管理局获市级以上表彰一览表

单位（姓名）	表彰内容	表彰单位
淮安区应急管理局	2022年度全省应急管理新闻宣传暨“学报用刊”先进单位	江苏省应急管理厅
淮安区应急管理局	2022年度全市安全生产精准执法工作先进集体	淮安市应急管理局
淮安区应急管理局	2022年度全市应急管理新闻宣传工作先进单位	淮安市应急管理局
韦立阳	2021年度安全生产工作先进个人	中共淮安市委、淮安市人民政府
张海鸣	2021年度安全生产工作先进个人	中共淮安市委、淮安市人民政府
张　顺	2022年全市安全生产执法比武岗位练兵竞赛活动先进个人	淮安市安全生产委员会办公室

电梯维保质量提升会议，开展业务指导，28家维保单位参加会议。借助智慧监管平台，对辖区4200余台电梯实施线上监管，对检验即将到期的电梯使用单位进行申报检验提醒和督促，及时更新电梯使用登记情况，保证在用电梯无超期未检。全年督促电梯使用单位29户及时申报，督促36户115台长期不使用电梯办理停用注销手续。多方协作处理安置小区电梯检验维保费用问题，解决9个安置小区286台电梯检验费用约计30万元。推广使用江苏省特种设备智慧服务系统和淮安市特种设备云平台，全区智慧监管登陆率100%，云平台企业开户率86%，辖区企业落实安全主体责任率30%，隐患整改完成率100%，常规监督检查完成率100%。江苏省淮安中学开展锅炉缺水应急演练，演练经验向全区其他锅炉使用单位推广。全区43锅炉使用单位、62户电梯使用单位开展应急演练。开展特种设备常规监督检查和专项检查，出动执法人员1169次，检查使用单位548户，检查各类设备628台，发现并整改安全隐患21起；立案查处11起，罚没金额23.6万元。

（杨　明）

【燃气安全】 2022年，淮安区开展瓶装燃气气瓶产权置换工作，建立气瓶可追溯体系。全年开展燃气安全检查99次，检查燃气经营企业14家，排查整治隐患328个，排查老旧小区69个，整改隐患403个，督促餐饮燃气商户自查2030家次。实施燃气安全管理行政处罚立案10起，行政处罚21万元。

（李　淮）

【交通安全】 2022年，淮安区开展道路交通事故“减量控大”工作，全年查处各类交通违法案件43.39万起，其中，查处货运车辆超载3210起（超载百吨王6起），查处工程运输车辆违法12350起，查处电动自行车交通违法8.9万余起，查处酒驾醉驾980起。强化重点车辆驾驶人管理，“两客一危（从事旅游的包车、三类以上班线客车和运输危险化学品、烟花爆竹、民用爆炸物品的道路专用车辆）”的检验率、报废率、违法处理率均为100%；重货的检验率、报废率，重点驾驶人的审验率、换证率均达99%以上。开展农村交通安全专项整治“冬安行动”，全区农村地区亡人交通事故数、死亡人数分别同比下降25.6%和26.08%。2022年全区境内未发生重大恶性交通事故，交通安全形势整体平稳可控。

（黄玉源）

【安全生产监管效能提升】 2022年，淮安区提升安全生产监管效能，推行《行政指导意见书》制度。对首次发现的企业安全生产轻微违法行为实施“轻微违法首违不罚”；同时提供跟踪指导、专家上门、技术帮助、法律咨询等多种服务，教育引导企业自觉遵守安全生产规定。2022年，区应急管理局共检查企业320家次，其中规上企业65家，发现并整改隐患1006处，对安全生产违法行为立案查处165起，其中“一案双罚”22起，共罚款270万元。

（叶　飞）

食品药品和医疗器械安全

【食品安全】 2022年，淮安区严控进口冷链食品进入。对进入淮安区的冷链食品“逢进必消”“逢进必检”，累计入库进口冷链食品1.5万吨。对全区19家涉及进口冷链食品生产经营单位强化监督检查，做到不漏一处、不留死角。指导生产经营单位严格运用“江苏冷链”“淮安冷链”报备、追溯。严肃查处进口冷链食品违法违规行为，立案查处违法案件11件，移交公安部门5件。开展食品安全“守查保（守底线、查隐患、保安全）”专项行动，检查食品生产经营主体9774户，检查覆盖率98.2%，排查并处置食品安全风险隐患39600个，处置率100%；开展校园食品安全守护行动，保障中高考等重大事项餐饮安全；开展对保健品市场、农贸市场、餐饮单位整治行动，禁止采购使用来源不明的肉制品及水产品。强化外卖骑手疫情防控，加强美团、饿了么等大型外卖平台监管。完成省、市下达的食品及食用农产品抽检任务，核查处置完成率100%。

【药品药械安全】 2022年，淮安区加强药品药械安全工作，现场检查药店167家，卫生室124家，卫生院16家次，疫情防控相关主体1476家次，疫苗配送接种单位21家次，医疗器械批发企业11家，隐形眼镜店10家，二级医疗机构3家。实现疫苗预防与接种单位、二三级医疗机构、三级监管的医疗器械批发企业药械监管全覆盖。医疗机构药械管理与零售药店的药械管理监管覆盖率30%以上。办理药店行政许可128件（新办11件，变更98件，换证14件，注销5件），办理医疗器械行政许可25件（新办13件，变更3件，换证4件，注销5件），办理医疗器械经营备案35件，取消医疗器械经营备案20件。

【药品药械化妆品不良反应数据监管】 2022年，淮安区精准监管药品药械化妆品不良反应数据。2022年，淮安区药品不良反应数据监测信息总数1806份，严重信息269份，新+严重信息667份，百万人口报告数2286份，新严占比14.89%；医疗器械不良事件信息总数587份，百万人口报告数743份，严重报告数59份，严重占比10.05%；化妆品不良反应信息总数226份，百万人口报告数286份，严重信息1份。

（杨　明）

农产品质量安全

【概况】 2022年，淮安区以创建国家农产品质量安全县为契机，强化农产品质量安全监管工作，农产品质量安全抽检合格率99%以上。扎实开展食用农产品“治违禁　控药残　促提升”三年行动，切实解决禁限用药物违法使用、常规农兽药残留超标等问题。开展规模主体入网监管行动，淮安区纳入规模监管的有效主体达2536家。加大绿色优质农产品建设力度，3个镇获江苏省绿色优质农产品基地认定，申创省级绿优芡实基地1.46万亩，新增苏嘴西瓜省级绿优基地1.2万亩。全区未发生重大农产品质量安全事件。

【农产品质量安全监管体系】 2022年，淮安区区、镇、村三级监管体系对农产品质量安全实行网格化监管。全区有农产品质量安全监（协）管人员近90人，利用监管App开展“智慧监管”。建成省五星级监管站1个、市四星级监管站4个、村级服务站点3个。镇街均配备流动监测车。建立农药经营监管名录，核发农药许可证413件，将农业投入品纳入“农产品质量安全+农业综合执法”平台管理。确定6个农资经营店作为高毒农药定点经营单位，做到定点经营、实名购买，杜绝高毒农药违法违规使用行为。

【农资打假】 2022，淮安区组织开展农资打假工作。全年出动执法人员712人次，检查门店共512次，查处案件7件，罚没款金额8.77万元。

【“瘦肉精”专项整治】 2022年，淮安区开展“瘦肉精”专项整治行动，保障畜产品质量安全。以肉羊、肉牛为重点，排查肉牛养殖场户16户，排查肉牛数量4056头次；排查肉羊养殖场户425户，排查肉羊72548只次。

【绿色优质农产品认证】 2022年，淮安区新增绿色农产品认证15个，其中水产品绿色食品认证2个。全区绿色优质农产品比重达85.97%，位列全市第一。

（区农业农村局）

【粮食质量安全】 2022年，淮安区粮食质量检验专门机构（淮安粮安粮油检测有限公司）开展日常出入库粮食质量检验，检验样本965份，合格率100%；开展年度库存粮食质量抽检，检验样本95份，合格率100%。在粮食科技周、世界粮食日、食品安全宣传周等重要时间节点，通过印发宣传手册、组织倡议签名活动、粮食质检机构开放日活动等形式，开展粮食质量安全宣传和节粮减损科普宣传活动。

（王誉熹）

6月14日，淮安区消防救援大队向群众宣传发放消防安全手册

（区消防救援大队　供图）

消防救援

【概况】2022年，淮安区消防救援大队在编消防救援人员31人，消防文员17人，政府专职队员68人，获全市消防救援队伍冬训体技能比武竞赛团体第一名，夏训体技能比武竞赛团体第一名，全年岗位练兵总成绩位列全市第一名。翔宇消防救援站被应急管理部表彰为全国119消防先进集体，被应急管理部消防救援局表彰为执勤训练先进单位。2022年，淮安区社会面火灾形势稳定。

【执勤备战】2022年，淮安区消防救援大队共接到报警1442起，出动车辆2005台次，出动警力11405人次，营救和疏散遇险群众63人，挽回和保护财产损失8000余万元。常态化开展实战拉动演练，全年组织开展实地"六熟悉（即熟悉责任区的交通道路、水源情况；熟悉责任区内重点单位的分类、数量及分布情况；熟悉责任区内主要灾害事故处置的对策及基本程序；熟悉责任区内重点单位建筑物使用及重点部位情况；熟悉重点单位内部的消防设施情况；熟悉重点单位的消防组织及其灭火救援任务分工情况）"143次，实地演练106次，制定预案137份。

【监督执法】2022年，淮安区消防救援大队深化消防执法改革，聚焦防范化解重大消防安全风险，完成各项防火监督检查任务。全年检查单位795家，整改单位火灾隐患867处，督促整改隐患875处，临时查封单位10家，罚款金额95.2万元，责令三停(停止施工、停止使用、停产停业)单位9家，拘留7人，3处重大火灾隐患完成整改销案。

【消防宣传】2022年,淮安区消防救援大队开展消防培训100余次，采取"请进来，走出去"方式邀请到队参观3.6万余人次。利用多种渠道及时发布火灾防范提醒及注意事项；出动消防宣传车走街串巷循环播放火灾警示片。全年发放各类宣传资料5万余份、发送短信提醒10万余条、出动宣传车宣传120余次。

（沈厚先）

表72　淮安区消防救援大队基层单位名录

单位名称	基层单位名称
淮安市淮安区消防救援大队	淮安市淮安区翔宇消防救援站
	淮安市淮安区淮城政府专职消防救援站
	淮安市淮安区季桥政府专职消防救援站
	淮安市淮安区施河政府专职消防救援站

街道　镇　农场

淮城街道

【概况】 淮城街道位于淮安区西北，西邻里运河，南邻苏北灌溉总渠，东与山阳街道交界，北与河下街道交界，身处地区两级主城区，区域面积23.3平方千米。街道下辖15个村（居），常住人口14.77万人。明、清两代在此设有“总督漕运部院”，开国总理周恩来，出生在淮城街道驸马巷。

2022年，淮城街道完成一般公共预算收入8082.3万元，其中上划数7819.1万元。全年实现工业总产值16.9亿元，同比增长11.2%；规上企业固定资产投资13.5亿元，同比增长16.5%；列统工业企业开票销售8.1亿元，列统工业入库税金2777.3万元；新增批零住餐列统企业11家，新增服务业列统企

表73　　2022年淮城街道概况一览表

村（居）委会名称	村组数/组	户数/户	人口/人	耕地/公顷
恩来社区	11	5225	18109	0
城南居	4	664	2272	0.8
勺湖居	4	1470	4117	1.1
楼东居	6	2336	6053	0
鱼市居	5	1830	5568	1.74
瞻岱居	5	2573	6851	0
六珠居	6	776	2247	0
环城居	2	2583	6474	0
夹城居	18	968	2741	0
闸口村	12	605	2237	9.16
下关村	12	11963	28164	0
城南村	9	1940	6208	3.3
运东村	10	617	3680	0
路东村	8	725	2467	5.3
闸北村	11	10533	34216	6

注：表中数据截至2022年12月31日

表74 **2022年淮城街道获市级以上表彰一览表**

单位（姓名）	表彰内容	表彰单位
淮城街道恩来社区	第六届“全国119消防先进集体”	应急管理部
淮城街道恩来社区	2022年度家庭健康促进行动试点单位	中国计划生育协会
淮城街道老年协会	2022年全国基层老年协会建设典型案例	中国老龄协会
淮城街道	第四批江苏省生态文明建设示范乡镇（街道）	江苏省生态环境厅
淮城街道	2021年度全省基层党员冬训工作示范乡（镇、街道）	中共江苏省委宣传部、中共江苏省委组织部
淮城街道恩来社区	江苏省优秀志愿服务社区	江苏省精神文明建设指导委员会办公室
淮城街道恩来社区退役军人服务站	2021年度江苏省红色精品退役军人服务站	江苏省退役军人事务厅
淮城街道恩来社区	2019—2021年度江苏省文明社区	江苏省精神文明建设指导委员会
淮城街道恩来社区博爱家园	2021年度优秀博爱家园	江苏省红十字会
淮城街道下关村	科技志愿服务点（社区或村）先进典型	江苏省科学技术协会
淮城街道闸口村	新型农村社区治理服务省级示范点建设单位	江苏省民政厅
淮城街道瞻岱社区	2019—2021年度江苏省文明社区	江苏省精神文明建设指导委员会
淮城街道下关村	淮安市“七五”普法基层依法治理创建活动先进单位	中共淮安市委宣传部、淮安市法治宣传教育领导小组办公室、淮安市司法局
淮城街道下关村协商议事室	淮安市“百优协商议事室”	政协淮安市委员会
淮城街道楼东社区	优秀志愿服务社区	淮安市文明办
淮城街道楼东社区	银牌红十字博爱家园	淮安市红十字会
淮城街道楼东社区	基层统计规范化项目单位	淮安市统计局

业1家。

【项目建设】 2022年，淮城街道新签约项目6个，分别是投资3000万元的承开中医药煎煮项目、投资1.1亿元的力傲包装技改项目、投资3亿元的新芯威半导体芯片生产项目、合作引进的投资3.5亿元的富仕佳新材料（一期）项目、投资2.1亿元的盘古跨境电商产业基地项目、投资10亿元年产3000台激光切割机及100万套商业道具项目。新竣工项目2个，分别是投资1.1亿元的飞翔总部产业园技改项目和投资3000万元的承开中医药煎煮项目。其中，富仕佳新材料、承开中药煎煮、力傲技改、盘古跨境电商等4个项目实现当年签约、当年开工。

【城市建设】 2022年，淮城街道提升城市精细化管理水平和城市建设品质，加快重点区域城市更新。全年整治河道环境10余处、清理各类杂物百余吨。改造35个老旧小区和14条后街背巷。完成海棠大道征地拆迁和月湖周边拆迁扫尾，跟踪服务荷湖5号地、萧湖旅游度假区等重要项目建设。全年解危宿舍楼、筒子楼46处，D级危房解危工作经验被住建部推广。探索老宅庭院更新，以点带面，以庭院“小美”聚合城市“大美”，全年完成庭院改造4户。

【社区治理】 2022年，淮城街道探索创新基层社区治理。恩来社区构建15分钟医保服务圈；瞻岱社区完成漕运小区、夯轮寺巷改造；下关村创建“精网微格”示范点；鱼市社区“情暖夕阳鱼亲为老”志愿服务项目在市新时代文明实践大赛中获三等奖；运东村探索邻里互助型社区治理新模式，被省民政厅表彰为江苏省“益智乐老”优秀案例。恩来社区“党建引领·温暖治理”被江苏省农业农村厅、江苏省乡村振兴局作为第二批全省乡村治理典型案例推介。

【社会保障】 2022年，淮城街道着力改善人民群众生产生活条件，办好民生实事。全年保障低保户414户、困境儿童89名，供养城市“三无”人员33人、农村“五保”人员7人。全年临时救助440户，累计发放救助金近20万元。推进城乡居民医保、城乡居民养老保险缴纳和被征地农民社保工作，确保应缴尽缴、应保尽保。

【安全环保】 2022年，淮城街道开展餐饮业燃气安全检查，共检查餐饮户777家、九小场所1484处，落实整改安全隐患459处。淮城街道获评全市安全生产工作先进集体。完成中央环保督办路东村驰骋驾校北侧废料填埋问题整改，关停淮东机械厂，取缔各类煤炉101个，散煤加工、销售点3个。

【精神文明建设】 2022年，淮城街道获评省级文明村居4个，市级文明村居5个。推进书香城市示范区建设，累计投入70余万元全面改造15个村居农家书屋，恩来社区农家书屋被评为全市示范书房。淮城街道鱼市社区巾帼蓓蕾志愿队获“淮安区巾帼文明岗”称号。

【党建工作】 2022年，淮城街道党工委发展预备党员19人、转正党员27人，撤销党支部2个、更名党支部1个，完成鱼市社区党群服务中心提档升级，完成“村村到、户户进、人人访”超10万人。新成立9家非公党支部、推动8家企业纳入联合党支部。摸排新业态新就业群体党员12人，设置“锋行汇”温馨驿站16处，配齐“锋行”指导员，引导新就业群体参与基层治理工作。实施“党建赋能打造‘精彩’商圈”书记党建项目，将万达商圈构筑为党建高地，实现党建助商、党建聚商、党建兴商新局面。以“温暖治理”“仁义下关”“闸口红舞台”“勺湖红石榴”等为代表的“一村一品”党建特色品牌逐步形成。开展中共二十大精神宣讲活动57场、主题宣传教育活动90余次，编排、巡演《礼赞二十大》等通俗理论作品10个。在新华日报、淮安日报等主流媒体上发表各类宣传报道308篇。

（胡加宇）

河下街道

【概况】 河下街道成立于2016年12月，位于淮安区西北隅，紧邻高铁淮安东站，京杭大运河、里运河穿境而过，新长铁路和京沪、徐淮盐等高速公路在境内交汇，是市、区两级的古城区、主城区、核心区。街道总面积24.6平方千米，常住人口11.2万人，下辖2个居委会、11个村委会。截至2022年底，河下街道党工委下辖54个党（总）支部，有党员1359人。

2022年，河下街道完成一般公共预算收入1.23亿元，其中上划数0.94亿元。实现规模以上工业总产值23.64亿元，同比增长3.06%；应税开票16.81亿元；入库税收3497.18万元；规上固定资产投资17.5亿元，同比增长26.7%。

【招商引资】 2022年，河下街道拜访淮安在外乡贤32人、走访制造业企业55家、科研机构4家，收集有效项目信息11条。全年新开工项目2个，分别是总投资2.5亿元的康乃馨高品质羽毛绒项目和总投资1.5亿元的康乃馨星级酒店用生态纺织品项目。

【城市建设】 2022年，河下街道着力改善、提升人居环境。累计完成623户、6.17万平方米惠和园、国际商城南侧（云河湾）安置房的分流、回购工作，完成西城花园三期、惠和园等324户拆迁户资金结算兑付工作。围绕茶巷周边环境整治、府前路幼儿园项目拆迁等市、区重点项目和重点工程，累计征收40户、3440平方米。投入人力3.2万人次，推进“大执法带动大长效”“大拆违、大清除、大扫尾”等整治行动，全年执法1792件，拆除违建14处；整治后街背巷乱堆乱放3000余处，清理垃圾6400吨。累计投入300余万元，对背街小巷、老旧小区、农贸市场及城乡结合部等重点区域垃圾桶破损、楼道照明失效、墙面污损等问题进行拉网式集中整治。

【社会事业】 2022年，河下街道健全医疗卫生服务体系，

“15分钟医保服务圈”建设工作高分通过验收。全年城乡居民医保年度续缴率100%，城乡居民基本养老保险年度续缴率98.2%。启动8个村居、17个项目、2777人被征地农民社会保障工作。持续推动政务服务便利化，全年共为群众办理服务事项5346件，其中代帮办事项852件，收到群众主动评价4000余个，好评率100%。新冠疫情防控坚持“人、物、环境”同防，卡口上报、大数据排查、社区自查、督查检查多管齐下，落实闭环管理。

【社会治理】 2022年，河下街道以市域社会治理现代化为切入点，从增强服务功能着手，建设村级党群服务中心。全年投入150万元新建和改扩建新路村、乌纱村、螺蛳街村3个党群服务中心。将街道原99个网格划分成474个微格，配备306名专兼职网格员，提升社会治理精细化、规范化、现代化水平。探索构建社区党组织领导下的居委会、业委会、物业服务企业等多方联动的“1+3+N”红色物业体系，从建立红色阵地、树立红色典型、建立公益组织、延伸便民服务等方面着手，打造河下街道西城花园小区“党建引领物业管理服务工作省级示范点”。深化“平安河下”建设，将“12345政务服务便民热线”、矛盾调解和信访化解等职能整合于街道社会治理指挥中心，强化平台调度功能，联动线下“有事好商量”协商议事室、“凉亭议事会”等问题处置机制，形成一体化闭环调度管理模式。开展社会矛盾大化解专项行动，全年处理12345工单7019件，调解各类纠纷276起，处理群众来信来访54件次，解决信访诉求26件，化解信访积案10个。

【安全生产】 2022年，河下街道制定街道安全生产重点工作清单，建立健全安全生产目标管理考核奖惩机制，落实安全告诫约谈制度，形成到边到底监管责任体系。全年组织召开安全生产专题工作会议12次；循环检查工贸企业422次，整改安全隐患252处。推进商机厂D级危房解危工作。开展餐饮场所燃气安全专项整治，更换安装辖区内584家餐饮场所燃气报警切断装置以及金属软管。2022年，河下街道未发生一起安全生产事故，镇海村通过全国防灾减灾示范村验收。

（杨雅雪）

表75 2022年河下街道概况一览表

村（居）委会名称	村组数/组	户数/户	人口/人	耕地/公顷
城郊居	9	2210	6638	0.37
河下居	12	3126	12957	0
河北村	13	953	3670	5.712
紫藤树村	4	1509	5344	4.303
新路村	8	3893	7104	24.8
螺蛳街村	9	3358	14979	1
镇海村	5	624	2462	15
公园村	12	612	2130	4.15
乌纱村	5	565	1892	0
华亭村	8	4020	13218	21.53
穿运村	9	1286	3875	24.758
红桥村	17	1059	4768	45.356
站前新村	5	886	4224	32

注：表中数据截至2022年12月31日

表76　**2022年河下街道获市级以上表彰一览表**

单位（姓名）	表彰内容	表彰单位
河下街道	2021年度全省基层党员冬训工作示范乡（镇、街道）	中共江苏省委宣传部、中共江苏省委组织部
河下街道暖心家园	2022年省级“暖心家园示范点”	江苏省卫生健康委员会、江苏省计划生育协会
河下街道西城花园	第二批党建引领物业管理服务工作省级示范点	中共江苏省委组织部、中共江苏省委非公有制企业和社会组织工作委员会、中共江苏省住房和城乡建设厅党组、中共江苏省住房和城乡建设行业委员会
河下街道新路村	第四批江苏省生态文明建设示范村（社区）	江苏省生态环境厅
河下街道华亭村	第四批江苏省生态文明建设示范村（社区）	江苏省生态环境厅
河下街道螺蛳街社区	2022年度全省“三区”侨务工作示范单位	中共江苏省委统战部
河下街道城郊社区	省级家门口创业就业示范点	江苏省妇女“双学双比”竞赛活动领导小组
河下街道穿运村	2022年全省新建“三全”示范社区	江苏省妇女联合会
河下街道螺蛳街村	2022年全省新建“三全”示范社区	江苏省妇女联合会
河下街道螺蛳街村华谊星河小区	2021年度省级节水型载体	江苏省水利厅、江苏省发展和改革委员会、江苏省交通运输厅、江苏省机关事务管理局、江苏省交通控股有限公司
河下街道穿运村	淮安市“七五”普法基层依法治理创建活动先进单位	中共淮安市委宣传部、淮安市法治宣传教育领导小组办公室、淮安市司法局
河下街道城郊社区淮安小书房	2022年全市优秀淮安小书房	中共淮安市委宣传部、淮安市新闻出版局、淮安市全民阅读活动领导小组办公室
河下街道螺蛳街村协商议事室	2021年度“百优协商议事室”	政协淮安市委员会
河下街道穿运村	市级城乡基层援法议事范例	中共淮安市委全面依法治市委员会办公室
河下街道穿运村	淮安市基层依法治理创建活动先进单位	淮安市司法局
张国鑫	全省“法律明白人”培育工作成绩突出个人	江苏省司法厅
陶殊家庭	2021年度淮安市文明典范庭院	淮安市文明办、淮安市妇女联合会、淮安市生态环境局、淮安市住房和城乡建设局、淮安市自然资源和规划局、淮安市农业农村局、淮安市爱卫办、淮安市水利局
邓长年	最美养老院院长	淮安市民政局

续表76

单位（姓名）	表彰内容	表彰单位
王　莹	优秀儿童工作者	淮安市民政局
施　雯	优秀城乡社区工作者	淮安市民政局
李　华	淮安市巾帼建功标兵	淮安市“巾帼建功”活动领导小组、淮安市妇女联合会
徐　宏	2021年度“百优召集人”	政协淮安市委员会
蔡耀辉	2021年度“百优参与群众”	政协淮安市委员会

山阳街道

【概况】 山阳街道位于淮安区主城区东侧，西接淮城街道、河下街道、淮安经济技术开发区徐杨街道、淮安生态文旅区高铁商务区，北与钦工镇、淮安经济技术开发区南马厂街道接壤，东邻顺河镇，南隔苏北灌溉总渠与石塘镇、朱桥镇、博里镇相望；235省道、237省道、京沪高速、连淮扬镇高铁穿境而过；广州路、承恩大道、翔宇大道把街道与市区相接。街道总面积达115.21平方千米，辖28个村，1个社区、2个居委会、1个国营原种场，常住人口22.8万人。街道党工委下辖直属78个党（总）支部，有党员2975人。

2022年，山阳街道完成一般公共预算收入9398.07万元，其中上划数5929.07万元。实现固定资产总投资13.24亿元。实现列统企业开票11.5亿元，同比增长6.5%；入库税金3010万元，同比增长19%。新增工业列统企业2户，累计开票超亿元企业2户。全年新增注册总部经济企业23家，实现税收2060万元。

【项目建设】 2022年，山阳街道新签约亿元以上项目3个，分别是投资1.1亿元的富伟技改项目，投资1500万美元的佰瑞出口自行车生产项目，投资1.1亿元的宏睿二期项目。新开工亿元以上项目1个，即投资1.1亿元的富伟技改项目。续建项目3个，其中投资10亿元以上项目2个，分别是计划占地约55亩、建筑总面积约4.8万平方米的萧湖旅游度假区项目和计划用地108亩、建筑面积70973平方米的翔宇文化交流中心项目。新竣工亿元以上项目1个，即合作引进的投资1.05亿元的好利蛙智能水产养殖项目。

【乡村振兴】 2022年，山阳街道村级集体经济经营性收入1395.53万元，村均46.52万元。全年新增市级示范家庭农场1家，即淮安区季桥镇孔家家庭农场，区级示范家庭农场3家，即淮安市淮安区黄赵明家庭农场、淮安市淮安区王伯珍家庭农场、淮安区席桥镇小香家庭农场。5月，山阳街道成为淮安市人民代表大会常务委员会基层立法联系点。山阳街道协商议事案例《巧用“灌溉”渠道抗旱保民生》被政协淮安市委员会表彰为2022年度“百优”协商议事案例。

【社会事业】 截至2022年底，山阳街道共有低保户435户957人，分散供养对象154人；空巢

9月30日，山阳街道小岗村举办“庆国庆 喜迎二十大”广场舞联欢会
（山阳街道　供图）

表77

2022年山阳街道概况一览表

村（居）委会名称	村组数/组	户数/户	人口/人	耕地/公顷
童嘴村	15	1226	4377	0
张巷村	15	1100	4158	66.82
高港村	10	773	3041	86.25
罗伶村	9	1289	4983	16.65
徐刘村	22	1095	4469	113.62
赵徐村	20	1094	4413	71.31
楚东村	25	1547	6456	452.11
南窑村	15	1994	6761	60.59
黄土桥村	18	1096	4459	41.48
季桥村	8	956	3400	198.21
颜刘村	10	469	1894	108.86
南湾村	8	540	1969	120.87
农中居	26	1751	6172	452.11
长流村	15	719	2698	167.54
干沟村	7	791	2995	129.77
小岗村	9	438	1801	138.80
孔周村	15	626	2482	100.08
椿树村	9	836	3374	156.20
车路村	8	688	2670	80.13
周杨村	7	619	2338	125.21
小湾村	11	602	2186	195
潘柳村	10	471	1962	251.1
大湾村	10	793	3021	248.95
朱黄村	10	669	2336	171.48
王口村	4	620	2192	184.52
原种场	4	324	1077	60.44
三里村	5	658	2282	114.58
席桥居	8	1092	3385	148.47
丁朱村	9	564	1865	106.95
谢荡村	5	494	1776	153.43
张蔡村	5	420	1561	60.74
关天培路社区	—	1093	2939	0

注：表中数据截至2022年12月31日

表78　　2022年山阳街道获市级以上表彰一览表

单位（姓名）	表彰内容	表彰单位
山阳街道	第四批"江苏省生态文明建设示范乡镇（街道）"	江苏省生态环保厅
山阳街道小岗村	第十五批"江苏省民主法治示范村"	中共江苏省委全面依法治省委员会办公室、江苏省司法厅、江苏省民政厅
山阳街道关天培路社区	第十五批"江苏省民主法治示范社区"	中共江苏省委全面依法治省委员会办公室、江苏省司法厅、江苏省民政厅
淮安区季桥镇孔家家庭农场	2022年市级示范家庭农场	淮安市农业农村局
山阳街道关天培社区协商议事室	2022年度"百优协商议事室"	政协淮安市委员会
山阳街道南湾村协商议事室	2022年度"百优协商议事室"	政协淮安市委员会
刘南山	2022年度"百优参与群众（乡贤）"	政协淮安市委员会
王　霞	2022年度淮安市"最美网格员"	中共淮安市委政法委员会
潘　全	2022年度淮安市"最美微网格联络员"	中共淮安市委政法委员会

独居老人13人；三类困境儿童（生活困难儿童、自身困境儿童、监护困境儿童）65人；留守儿童31人；特殊困难残疾人417人。全年新增低保户11户46人，退出低保户156户302人。全年共发放低保金1120万元、残疾人补贴426万元、困境儿童补贴160万元、80岁以上老人尊老金130万元。2022年，山阳街道有严重精神障碍患者204人，其中，纳入有奖监护19人，住院治疗10人，公安机关列管39人，享受低保等各种补助104人。新增居家养老中心1家，即席桥居高铁庄园居家养老中心。在综合网格的基础上，将原有61个网格划分为248个微网格，配备248名微网格员，明确微网格员"户户到、户户清"工作职责，让问题发现在微网格、任务落实在微网格、矛盾解决在微网格。完成"一折通"惠民资金上报发放工作，全年共涉及惠民补贴5项，涉及农户17011户，资金总额1476.4万元。全年开展文明实践、志愿服务、文艺演出等活动150余场，受众3万余人次。

【人居环境整治提升】2022年，山阳街道将文明城市创建与城市长效管理、农村人居环境整治等工作同步部署、同步推进、同步落实。在淮安市城市长效经营管理月度考评中，多次获全市B类街道第一，代表淮安区接受全国测评组小区问卷测评，取得较好成绩。全年完成7个村1097座户厕改造工作，通过市、区两级验收。

【安全生产】2022年，山阳街道针对辖区内95家工贸企业、10所学校、24家烟花爆竹经营户、17个小区、2家加油站建立全年安全管理工作计划、安全管理制度、应急预案等；完成街道范围内9700余栋既有建筑危房排查，对排查出的危房进行解危处置；完成800余户营业性自建房建筑安全隐患排查，逐户发放告知函，逐栋策划整改方案。

【党建工作】2022年，山阳街道以"喜迎二十大　奋进新征程"为主题开展主题宣讲45场、主题演出22场、送书3716份，覆盖党员群众3200余人。开展二十大精神学习宣讲、研讨活动8次。强化村居书记及后备干部培训，共组织专题培训5次、以会代训16次。调整不能胜任的基层党组织村干部2人，解决"棘手"问题20余个，全面完成软弱涣散村整顿转化。完成因行政机构合并产生的1个空壳党支部注销，补齐6个党组织支委缺额，新成立2家非公企业党支部。开展"村村到、户户进、人人访"走访工作，累计走访16747户59621人、解决问题124件。挂牌成立淮安区乡村振兴促进会山阳街道分会，年末有会员52人。

（山阳街道）

平桥镇

【概况】 平桥镇位于淮安区南端，素有淮安市“南大门”之称。南与扬州市宝应县接壤，西傍京杭大运河，东邻施河镇，北接石塘镇。平桥镇水陆交通发达，国道233和省道348在境内交叉，连淮扬镇高铁、宁淮城际高铁、京沪高速穿境而过。镇域面积81平方千米，下辖23个村（居），人口6.1万人。

2022年，平桥镇完成一般公共预算收入2.23亿元，其中上划数2800万元，在全区财政收入考核中列第一位。实现列统企业工业产值11.35亿元，列统开票销售9.35亿元，入库税收2079万元。全年开票销售过亿元企业2家，开票销售超5000万元企业4家。

【项目建设】 2022年，平桥镇新签约亿元以上项目1个，即总投资18.5亿元的井神300万吨制盐项目；新开工亿元以上项目1个，即投资2.55亿元的芭菲无菌冷灌项目（一期）；新竣工亿

表79　　2022年平桥镇概况一览表

村（居）委会名称	村组数/组	户数/户	人口/人	耕地/公顷
杨柳村	13	459	1796	127
平桥居	19	2015	5186	67
沈庄村	9	468	2063	102
东风村	13	585	2210	179
镇中村	30	898	4505	314
张庙村	15	510	2069	200
孟集村	19	687	2546	269
同兴村	16	486	2122	189
九洞村	15	495	1832	187
十洞村	16	613	2244	160
李前村	11	370	1780	132
王沟村	16	425	1669	203
兴福村	26	826	2885	248
陆桥村	19	603	2299	222
大后村	18	538	2131	185
上河居	26	969	3936	248
运河村	23	1058	3980	203
谭庄村	20	645	2450	174
杨集村	16	495	1987	153
赵王村	26	937	3447	271
岔溪村	26	780	3450	206
黄楼村	25	665	2470	228
前庄村	26	901	3115	213

注：表中数据截至2022年12月31日

表80　**2022年平桥镇获市级以上表彰一览表**

单位(姓名)	表彰内容	表彰单位
平桥镇	2022年省级地名文化遗产	江苏省民政厅
平桥镇	2022年江苏省卫生镇	江苏省爱国卫生运动委员会
平桥镇沈庄村	2021年江苏省卫生村	江苏省爱国卫生运动委员会
平桥镇张庙村	2021年江苏省卫生村	江苏省爱国卫生运动委员会
平桥镇九洞村	2021年江苏省卫生村	江苏省爱国卫生运动委员会
平桥镇陆桥村	2021年江苏省卫生村	江苏省爱国卫生运动委员会
平桥镇运河村	第四批江苏省生态文明建设示范村(社区)	江苏省生态环境厅
平桥镇	市级耕地保护激励单位	淮安市自然资源和规划局
平桥镇东圣寺	2021年度全市和谐宗教场所创建优胜单位	淮安市民族宗教事务局
平桥镇	2021年全市河长制工作先进集体	淮安市全面推行河长制工作领导小组
平桥镇九洞村	淮安市特色田园乡村	淮安市特色田园乡村建设工作领导小组办公室

元以上项目2个,即投资2.55亿元的芭菲无菌冷灌项目(一期)和投资1.1亿元的欣明再生新型材料项目。

【**平桥临港产业基地**】 2022年,平桥临港产业基地规划正式启动。总体规划占地约3200亩,西至大运河2千米退让线,东至G233,北至头闸南干渠,南至头溪河南侧1100米处。主要建设以盐加工为主导产业的综合性产业基地,重点推动盐加工、机械、储能等临港产业项目集聚,打造淮安区重要的盐加工基地和新型能源建设示范点。

【**村集体增收**】 2022年,平桥镇通过精准调研,摸排整改公共空间问题255个、集体资源侵占及不规范发包租赁问题15个。结合空间治理工作,着力盘活闲置、低效和被侵占的资产资源,发展农村集体经济。全年累计发放扶贫小额信贷710笔2127.7万元。全镇23个省、市、区重点帮促村,2022年累计实现集体收入630.06万元;10个村集体收入超30万元,其中2个村集体收入超50万元。

【**社会保障**】 截至2022年底,平桥镇有低保户652户1207人。镇农村五保供养服务中心有五保老人61人。2022年,平桥镇退役军人服务站办理退役军人优待证1544张。平桥镇残疾人综合服务中心,可容纳近50个残疾人就业和就餐,中心辅助性就业项目主要以出口玩具和电子加工类产品为主。

【**文化兴镇**】 2022年,平桥故事说唱团编排《运河画廊美如

平桥镇平桥社鼓表演　　(韩晓健　摄)

画》《二十大精神指航向》等一批通俗理论作品在村居巡回演出。6月，“平桥社鼓”获评区级非物质文化遗产。平桥镇是江苏省诗词之镇，镇诗词协会利用《平桥诗苑》微信公众号创作发表各类诗词。全年各级主流媒体用稿120余篇。

【党建工作】 2022年，平桥镇党委制定基层党组织建设集中整顿工作方案，完成96个党支部换届工作。粮油管理所党支部完成党建专项整改提升工作。对2021年评出的软弱涣散党组织前庄村党支部开展专项整顿，完成整改并销号。针对疫情防控、民政补助、发展党员等方面问题函询谈话14人次，问责6人次，立案13件，给予党内严重警告以下轻处分13人，政务立案6人，制发纪律检查建议2份。开展“村村到、户户进、人人访”活动，269名党员干部参与走访，搜集重要群众意见建议15条，制定为群众办实事项目31个，建立长效机制5项。

（徐成越）

石塘镇

【概况】 石塘镇位于京杭大运河与苏北灌溉总渠交汇处，是淮安区主城区的南大门。镇域面积69平方千米，下辖2个居委会、18个村委会，常住人口7.05万人。2022年，石塘镇完成一般公共预算收入5880万元，其中上划数5720万元；实现开票销售18亿元，列统工业入库税金4700万元；实现工业总产值

表81 2022年石塘镇概况一览表

村（居）委会名称	村组数/组	户数/户	人口/人	耕地/公顷
二堡村	32	1380	5149	241
马涵洞居	14	627	2283	141
发茂村	26	961	3468	201
乾益村	20	781	2933	157
卫东村	16	817	3118	215
祁大庄村	11	438	1750	143
郭湾村	20	812	3137	197
靖大庄居	31	1100	4623	269
十五里桥村	26	920	3835	237
建淮村	25	1313	6116	213
陈华村	11	531	2281	67
盖桥村	13	670	2753	91.6
许王村	24	889	3330	195
十里村	19	747	3051	182
邱家村	14	661	2570	115
鹅钱村	24	1104	4313	253
张兴村	12	493	1918	104
渠南村	22	1202	4779	169.2
彭阳村	21	894	3400	208
砖桥村	23	895	3387	187.2

注：表中数据截至2022年12月31日

表82 **2022年石塘镇获市级以上表彰一览表**

单位（姓名）	表彰内容	表彰单位
石塘镇	江苏省楹联文化镇	江苏省楹联研究会
石塘镇砖桥村	第四批江苏省生态文明建设示范村（社区）	江苏省生态环境厅
石塘镇马涵洞社区	江苏省第十五批省级“民主法治示范社区”	中共江苏省委全面依法治省委员会办公室、江苏省司法厅、江苏省民政厅
石塘镇砖桥村	江苏省第十六批省级“民主法治示范村”	中共江苏省委全面依法治省委员会办公室、江苏省司法厅、江苏省民政厅
石塘镇卫东新型农村社区	江苏省特色田园乡村（第九批次）	江苏省农村住房条件改善和特色田园乡村建设工作联席会议
石塘镇	淮安市2021年度信访工作先进镇街	淮安市信访工作联席会议
石塘镇	2021年度全国文明城市建设工作先进集体	中共淮安市委、淮安市人民政府
石塘镇社会治理指挥中心	2021年度全市社会治理工作先进集体	中共淮安市委、淮安市人民政府
李顺来	江苏好人	江苏省文明办
马志建	2021年全市河湖长制工作先进个人	淮安市全面推进河长制工作领导小组
徐万牛	2021年度全国文明城市建设工作先进个人	中共淮安市委、淮安市人民政府
许咪咪	2022年度网上信访工作标兵	淮安市信访工作联席会议
郭玉秀	2022年度淮安市“我们身边的好青年”	共青团淮安市委
戴　浩	2022年度淮安市“我们身边的好青年”	共青团淮安市委

26.4亿元，实际有效投资12亿元；新培植列统企业2户。

【项目建设】 2022年，石塘镇新签约亿元以上项目4个，其中工业项目2个，即投资1.05亿元的文盛电子T扣电感项目、投资1.6亿元的鸿洋钛业化纤钛白粉项目。新开工亿元以上项目3个，其中工业项目1个，即投资1.05亿元的文盛电子T扣电感项目。续建亿元以上项目1个，即投资30.8亿元的苏盐井神张兴储气库项目（一期）。新竣工亿元以上项目3个，其中工业项目2个，即投资1.05亿元的文盛电子T扣电感项目、投资1.05亿元的天鹰电工电磁线生产项目。

【乡村振兴】 2022年，石塘镇新签约开工亿元以上农业项目2个，即投资1.08亿元好米农业20万吨大米加工项目、投资1.1亿元的红洲米业10万吨大米加工项目；新竣工亿元以上农业项目1个，即投资1.08亿元好米农业20万吨大米加工项目，新竣工3000万元以上农业项目1个，即投资3000万元的皇晨家具二期项目。2022年，石塘镇实施富民强村帮促行动，发展村集体经济，20个村（居）集体经济收入均超18万元。深化“党建引领集成振兴”改革，重点推进张兴村农旅融合扶持村级集体项目以及祁大庄村、十五里桥村和马涵洞居“党建引领集成振兴”项目。申报江苏省水稻绿色高质高效示范片创建项目10700亩，项目区比非项目区单产提高5%以上。

【人居环境整治提升】 2022年，石塘镇保障“大运河百里画廊”建设，拆除淮江路加油站和粮库堆上房屋饭店2座。完成上级环保督察交办件26件，其中中央交办件3件。实施二分支渠

提档升级后的淮安市建淮中心幼儿园 （牛庆宝 摄）

4.1千米生态河道建设，通过省级验收。2022年，平桥镇创成省特色田园乡村1个、省级生态文明建设示范村1个。

【社会事业】 2022年，石塘镇建立健全防返贫监测机制，推进小额扶贫贷款发放。建立“三类人员（精神障碍患者、特殊困难群体、妇女儿童等社会弱势群体）”关爱联动机制，设立爱心服务卡，开展暖心走访行动，帮助解决困难问题29项，通过临时救助方式救助困难户65户2.64万元。举办慈善晚会，募集慈善基金64.38万元，上缴区慈善总会50万元。石塘镇是全市唯一慈善基金超百万元乡镇。

【社会治理】 2022年，石塘镇在全省率先启动退役军人优待证办理和退役军人建档立卡工作，完成率全区领先。石塘镇百姓理论说唱团和石塘镇幸福艺术团，全方位、多形式宣传关于退役军人的政策法规精神。2022年，石塘镇获评“市级社会治理工作先进集体”及“淮安市文明城市创建先进集体”。马涵洞社区获评“省民主法治示范社区”；张兴社区获评“省老年友好型社区”、省级侨务“进三区”工作示范单位；卫东社区创成省级红石榴家园。

【党建工作】 2022年，石塘镇开展“村村到、户户进、人人访”工作，209名党员干部摸排走访、协调解决群众反映的问题、困难118个。强化“头雁”队伍建设，新选配1名研究生学历村书记，储备村级后备干部24名。举办“石塘镇党建引领乡村产业振兴带头人创新创业培训班”，以张兴社区为试点，探索村干部直播带货助农新途径。摸排乡贤人才227人，成立石塘镇振兴发展促进会。推进市“乡村振兴人才党支部建设试点镇”建设，新发展人才党员5名；搭建人才结对帮带学习交流与实践锻炼平台，建设乡村振兴实训基地12个、乡村振兴知行驿站3个。

（戴菁菁）

朱桥镇

【概况】 朱桥镇位于淮安区东9千米处，苏北灌溉总渠南岸，西邻石塘镇，东与车桥、博里两镇接壤，南与施河镇交界，有6条国、省公路、水道和铁路（高铁）干线，纵横境内或沿边。1957年建乡，1988年撤乡建镇。镇域面积54平方千米，下辖12个行政村，1个居委会，总户数10830户、人口约5.1万人。

2022年，朱桥镇完成一般公共预算收入4227.12万元，其中上划数3251.12万元，综合排名位于全区前列。实现工业企业开票销售收入12.75亿元、利税5970万元，其中规上工业企业应税开票销售收入7.5亿元、入库税金2100万元。新培植工业列统企业2户。2022年，朱桥镇工业科技园区有工业企业56户。2022年，朱桥镇获评全市信访工作先进集体，获评全区综合考核二等奖、招商引资工作二等奖、工业经济综合目标二等奖、乡村振兴工作二等奖、农业招商引资二等奖、富民强村帮促工作先进集体、农房改善工作先进集体、信访工作先进集体、营商环境建设“十佳单位”、开放型经济工作先进单位和科技创新工作先进单位、党风廉政建设先进单位。

【项目建设】 2022年，朱桥镇共引进、新上工业项目8个。新签约亿元以上工业项目5个，即投资10亿元的集中式储能项目、投资3.5亿元的鸿翔瑞电子专用材料项目、投资2.7亿元的楚州储气库先导工程项目、投资1.1亿元的鼎镍变压器生产项目和投资1.1亿元的鸿富瀚电子辅件材料自动化生产线改造项目；新开工亿元以上工业项目3个，即投资1.5亿元的宏华冷链项目、投资1.2亿元的精密电子托

表83 2022年朱桥镇概况一览表

村（居）委会名称	村组数/个	户数/户	人口/人	耕地/公顷
朱桥居	19	905	4539	202
桃园村	13	444	2204	182
新华村	22	847	3589	251
洼圩村	16	689	3327	262
小闸村	40	1521	6512	424
闸南村	40	1393	6433	424
五里村	33	1254	5612	358
祁兴村	14	455	2380	136
蒋庄村	12	400	2381	100
周庄村	17	666	3238	165
孙杨村	17	658	3162	199
石塘村	24	978	4421	227
合兴村	19	620	3204	172

注：表中数据截至2022年12月31日

盘材料项目、投资1.1亿元的鸿富瀚电子辅件材料自动化生产线改造项目；新开工3000万元以上农产品加工目1个，即投资3300万元的明辉羽绒项目；新竣工亿元以上项目2个，即投资1.5亿元的宏华冷链项目和投资1.1亿元的鸿富瀚电子辅件材料自动化生产线改造项目。总投资58亿元的国家管网西气东输楚州储气库项目达成签约意向。

【乡村振兴】 2022年，朱桥镇新招引农产品加工项目3个即投资1.1亿元的亿隆羽绒项目、投资1亿元的润之味项目和投资3300万元的明辉羽绒项目；新招引高效设施农业项目3个，初步形成以芡实为主导产业，稻虾养殖和甲鱼养殖为依托的“一村一品”高效农业格局。全年13个村（居）集体经济收入均超30万元，其中有6个村超50万元。结合农房改善和美丽宜居乡村建设要求，修编镇村总体布局规划，提升镇村建设品味和质态。农房改善康居雅苑一期项目竣工交付，264户农户住进新房。投资900万元新建6000余平方米标准化厂房的富民壮村帮促项目竣工招租。

【生态环境】 2022年，朱桥镇秉持绿色发展理念，累计植树14300株，初步形成多层次、多品种、多色彩的镇村绿化格局。开展农村人居环境整治提升行动，在洼圩和孙杨等村实施农村生活污水处理设施建设项目。孙杨村创成省级生态宜居美丽乡村。

【民生保障】 2022年，朱桥镇完成投资240万元的老淮流路拓宽工程以及投资近2000万元的10个民生项目，实施土地复垦面积193.5亩。全年发放惠民补贴资金1072万元，累计补偿合作医疗资金540.42万元；办理退役军人优待证1120人。2022年，朱桥镇低保在保家庭429户805人，发放尊老金1204人，有五保户250人，其中分散供养234人，集中供养16人。

【社会治理】 2022年，朱桥镇做好常态化疫情防控，开展安全生产专项整治行动，对安全隐患零容忍，全年未发生一起较大安全事故。推进“平安朱桥”和“法治朱桥”建设，开展“八五”普法和常态化“扫黑除恶”斗争。全年累计化解各类矛盾217起。

【党建工作】 2022年，朱桥镇有6个村（社区）在全区村级党组织“百面红旗”评选活动中获得10面“红旗村”旗帜，新华村获"乡村振兴先行村"称号。成立村级财务核算中心，实施阳光监管，从源头上筑牢党员干部腐败"防火墙"。实施"聚集红色力量、温暖乡村治理"书记党建项目和村级年轻干部"提质选优工程"，对镇机关和村（居）干部进行全面调整优化。2022年，朱桥镇党员干部走访群众6840户18640人，为群众办理民生实事359件，兴办民生工程232个。

（卢佳永）

施河镇

【概况】 施河镇地处淮安、扬州、盐城三市交界，位于淮安区东南部，镇域面积105.8平方千米，人口7.2万人，镇区建成面积7平方千米，辖26个行政村、3个居委会，耕地面积8.2万亩，是全国知名的"教学具之乡"，素有"苏北小温州"之称。京沪高速、徐宿淮盐高速、348省道、264省道穿境而过。

2022年，施河镇完成一般公共预算收入18350万元，其中上划数8420万元。实现规上工业应税开票28.96亿元，入库税金1.18亿元。全年开票销售突破亿元企业5家，入库税金超百万元企业12家，区入库税金50强企业8家。

【项目建设】 2022年，施河镇招引总部经济公司24家。新签约亿元以上项目2个，即投资5.2亿元的中瑞恒丰储能电站项目和投资1.06亿元的新奥天然气项目；新开工亿元以上项目1个，即投资1.1亿元的农业产业化及农产品深加工项目；新竣工亿元以上项目3个，即投资1.1亿元的农业产业化及农产品深加工项目、投资20亿元的智慧创享产业园项目、投资1.1亿元的绿色仿真植物项目。2022年，江苏共创人造草坪有限公司入选江苏省首批现代服务业高质量发展领军企业。

【特色小镇建设】 2022年，施河镇智教乐享小镇累计完成投资35.99亿元，其中特色产业投资28亿元，占比77.8%。有创新创业平台15个，高新企业8个。全年接待考察、研学活动400余次，接待人数超万人。文体综合服务中心、教体装备产业孵化中心两个载体项目投入运营，小镇客厅、电影院、总部经济大楼、产学研合作中心等成为施河集镇新地标、对外招引新窗口。提档升级集镇人民路，人民路共创大道北延道路与348省道接通通车；建设生态河道4条16.7千米。

【现代农业】 2022年，施河镇打造传统制作特色项目，完成油坊、豆腐坊及其展示厅建设。建设工厂化育秧方棚；建设1.6万亩高标准农田，打造"小田变大田"试点；新增"稻鸭共养"连片种植养殖500亩，培育"稻鸭米"品牌。布局闲置零散用地试点栽植杞柳100亩，打造杞柳特色产业，推动"种植+加工+销售"一二三产深度融合。

【先导镇、先导村建设】 2022年，施河镇启动市级乡村振兴"三级先导（即坚持试点示范先行、聚焦聚力突破，建设空间布

表84 2022年施河镇概况一览表

村（居）委会名称	村组数/组	户数/户	人口/人	耕地/公顷
墩胡村	416	431	1903	120
郭庄村	16	501	1835	212.3
施庄村	24	726	2853	280
经堂村	25	840	3376	248.7
葛庄村	15	483	1875	166
孙李村	10	313	1184	87.2
三官居	22	1120	3854	208
大施河村	9	708	2936	239

续表84

村（居）委会名称	村组数/组	户数/户	人口/人	耕地/公顷
王桥村	20	826	3383	304.5
马北村	23	854	3372	464.5
戴西村	15	518	2002	163.7
杨桥村	16	540	1944	171.33
园区居	9	687	1985	0
双福村	11	643	2538	163.6
双溪村	22	616	2308	180.5
岔南村	24	869	3494	380
陆河居	20	771	3325	124.5
成灌村	10	531	2307	166.9
单里村	27	783	3215	319
崔河村	16	496	2073	145.6
侯庄村	14	505	2183	154
万新村	24	785	3081	194
戴孟村	22	665	2665	205.8
土楼村	11	310	1175	125.4
高坝桥村	15	466	1664	148.5
鲁赵村	27	803	3010	270
朱周村	15	416	1738	120.2
条龙村	10	554	2160	251.3
大车村	12	433	1679	139.5

注：表中数据截至2022年12月31日

局优、基础设施好、产业支撑强、生态环境美、治理水平高、融合程度深的先导区、先导镇、先导村）”工程，清理收回集体土地约7800亩，实现村集体经济增收598.77万元，村平均增收约20.65万元。“小田并大田”试点成功，“取土坑”升级改造成集垂钓、餐饮、观光于一体的“致富塘”。打造348省道300亩绿化带，新建小型污水设施3个，改厕3945座，打造省市级美丽乡村8个。

【民生事业】 2022年，施河镇推进新冠疫情防控、低保五保、扶贫帮困等工作，加快补齐民生短板，增强群众获得感、幸福感。淮安新教育学校正式运行，近百名学生回流就读；建设淮安生物工程高等职业学校施河分校，打造产业实训基地；改造施河卫生院内部设施，与市一院构建医联体；鲁成社区、红庄社区主体竣工；维修乡镇之间道路5条，新建桥梁2座。深化乡镇行政管理体制改革，提高政务服务水平，优化便民服务环境。

【党建工作】 2022年，施河镇持续巩固提升基层审批、服务、执法“三整合”改革工作，坚持党建引领，打造“红五星”优质服务品牌，将改革成果下沉到村级为民服务中心，做到党建阵地再提标、先锋队伍再提质、代办内容再拓展、办结制度再规范。合并施河、溪河派出所党支部，施河、溪河粮管所党支部，施河、溪河卫生院党支部；调整与党

表85 2022年施河镇获市级以上表彰一览表

单位	表彰内容	表彰单位
施河镇	诗词示范镇	中华诗词学会
施河镇	就业富民乡村振兴基地	江苏省人力资源和社会保障厅、江苏省乡村振兴局
施河镇卫生院	江苏省文明单位	江苏省精神文明建设指导委员会
施河镇退役军人服务站	2022年全省100个优秀退役军人服务中心（站）	江苏省退役军人事务厅办公室
施河镇人民来访接待中心	2022年度“人民满意窗口”	江苏省信访局
施河镇郭庄村	2022年江苏省卫生村	江苏省爱国卫生运动委员会
施河镇孙李村	2022年江苏省卫生村	江苏省爱国卫生运动委员会
施河镇王桥村	2022年江苏省卫生村	江苏省爱国卫生运动委员会
施河镇葛庄村	2022年江苏省卫生村	江苏省爱国卫生运动委员会
施河镇戴孟村	2022年江苏省卫生村	江苏省爱国卫生运动委员会
施河镇高坝桥村	2022年江苏省卫生村	江苏省爱国卫生运动委员会
江苏百斯特鲜食有限公司	江苏省农业产业化重点龙头企业	江苏省农业农村厅
淮安区明曙家庭农场	2022年省级示范家庭农场	江苏省农业农村厅
淮安区喜悦家庭农场	2022年省级示范家庭农场	江苏省农业农村厅
施河镇大施河土地股份专业合作社	2022年省级示范合作社	江苏省农业农村厅
施河镇崔河土地股份专业合作社	2022年市级示范合作社	淮安市农业农村局
施河镇双福村	2022年度乡村公共空间治理先进村（社区）	中共淮安市委农村工作领导小组

员群体或组织功能不相符的党支部名称70个；完成施河粮管所党支部换届选举工作。全年走访搜集群众意见建议38条，制定为群众办实事项目54个，交办发现问题23个，推动解决14个。

(施河镇)

车桥镇

【概况】 车桥镇位于淮安区渠南片区中心位置，西接朱桥镇，东连流均镇，北界博里镇，南邻施河镇，东南与扬州市宝应县西安丰镇大桥相通。境内徐宿淮盐高速公路设有出入口，徐宿淮盐高铁穿境而过，348省道、264省道在境内交汇。车桥战役烈士陵园为国家级抗战纪念设施。2013年车桥镇获批江苏省重点中心镇，2014年被确定为全国重点镇。镇域总面积122平方千米，辖28个行政村，5个居委会。年末户籍人口约10.18万人，常住人口约5.07万人。

2022年，车桥镇实现财政收入16736.77万元，同比下降14.84%；完成一般公共预算收入8678.41万元，同比下降14.05%，其中上划数2533.41万元，同比增长16.15%。全年财政总支出16405.73万元，同比下降7.97%；一般公共服务支出2907.17万元，同比下降18.97%。年末登记私营企业1224家，其中当年新增176家；个体工商户3306户，其中当年新增415户。年末有列统企业20户，其中当年新增5户。

表86

2022年车桥镇概况一览表

村（居）委会名称	村组数/组	户数/户	人口/人	耕地/公顷
车桥居	5	455	1031	0
光明居	10	1797	6143	239.23
桥头居	10	826	3329	213.34
泾口居	11	871	3329	189
蒋桥居	11	874	3498	240.33
光华村	21	816	3222	206
孙楼村	16	606	2440	154.46
万寿村	20	715	2980	203.87
车桥村	12	1281	4102	82.3
陈河村	13	537	2218	75.6
车南村	16	631	2870	180
三庄村	15	554	2210	233.73
车东村	20	766	3046	190
范六村	14	642	2817	190
丰年村	21	826	3036	236
张陈村	20	615	2805	200
吕舍村	12	786	3246	149.07
金城村	29	1043	4295	309
大兴村	16	652	2834	154.67
大东村	17	672	3016	187
受河村	15	654	2972	221.8
卢滩村	17	3038	702	360
沈艉村	28	926	3900	306
车北村	5	867	4447	25
蛇峰村	6	632	2348	229.84
官渡村	13	958	4312	367
泾东村	8	486	2016	160
姚河村	13	853	3552	265.4
桂卿村	10	829	3327	256.2
陈桥村	13	856	3651	301.4
花巷村	13	596	2449	157.7
高舍村	10	654	2755	159
宥城村	12	714	2979	201

注：表中数据截至2022年12月31日

表87　　2022年车桥镇获市级以上表彰一览表

单位（姓名）	表彰内容	表彰单位
车桥镇	第四批江苏省生态文明建设示范乡镇（街道）	江苏省生态环境厅
淮安市淮安区登峰农机专业合作社	第一批江苏省农业生产全程机械化智能化示范基地（粮食生产“无人化农场”）	江苏省农业农村厅
车桥镇万寿村	江苏省第十六批省级“民主法治示范村”	中共江苏省委全面依法治省委员会办公室、江苏省司法厅、江苏省民政厅
车桥镇大兴村	美丽家园省级示范点	江苏省妇女“双学双比”竞赛活动领导小组
车桥镇官渡村	江苏省特色田园乡村	江苏省特色田园乡村建设工作联席会议、江苏省住房和城乡建设厅
车桥镇万寿村	2022年淮安市卫生村	淮安市爱国卫生运动委员会
车桥镇车桥村	2022年淮安市卫生村	淮安市爱国卫生运动委员会
车桥镇车东村	2022年淮安市卫生村	淮安市爱国卫生运动委员会
车桥镇车北村	2022年淮安市卫生村	淮安市爱国卫生运动委员会
车桥镇桂卿村	2022年淮安市卫生村	淮安市爱国卫生运动委员会
车桥镇花巷村	2022年淮安市卫生村	淮安市爱国卫生运动委员会
周　芳	江苏好人	江苏省精神文明建设指导委员会办公室
周　芳	新时代淮安好人	淮安市精神文明建设指导委员会办公室
刘宝秀	新时代淮安好人	淮安市精神文明建设指导委员会办公室

【农业经济】 2022年，车桥镇新增高标准农田1.2万亩，累计达6.9万亩，年末耕地总面积10.5万亩，有效灌溉面积10.5万亩，节水灌溉面积4.8万亩。年末农业机械总动力8.9万千瓦。全年粮食产量12.08万吨。成立芡实产业研究所，新增芡实种植面积0.5万亩，芡实种植规模近3万亩。年末，生猪存栏9940头；全年生猪出栏205020头；禽蛋产量1726吨。全年水产品养殖面积7200亩，产量5150.7吨。新增市级、区级家庭农场、合作社8个，累计293个，其中种植业235个、畜牧业29个、渔业14个、种养结合15个。有国家级示范家庭农场合作社2个、省级示范家庭农场合作社8个、市级示范家庭农场合作社16个。

【工业经济】 2022年，车桥镇实现列统工业企业开票销售19.30亿元，同比增长61.66%，入库税收1907.93万元，同比增长42.48%。2022年，全镇实施工业项目5个，其中新建项目1个，即投资3200万元的悦汇欣羽绒生产及加工项目；增资扩股项目2个，即投资2000万元的胜途精密制造公司电动车架生产项目、投资3950万元的梦想城邦科技公司年产2700万个塑料气嘴扩建项目；技改项目2个，即投资4900万元的光明电器的塑料气嘴生产项目和投资625万元的祺顺油脂的生物质气化锅炉技术改造项目。

【村镇建设】 2022年，车桥镇围绕商贸古镇历史、红色文化资源，打造重点及特色镇，实施镇区片区风貌特色构建、特色标识系统构建、城镇界面构建等重点建设工程。8月5日，重点及特色镇项目通过省住建厅中期评估。吕舍社区、丰范花园2个农房改善项目，主体通过竣工验

车东社区　（马　骅　摄）

收。开展首批12个村居公共空间治理，推进人居环境整治提升行动，西官渡社区建成省级特色田园乡村，三庄村建成省级人居环境示范村，丰年村建成市级人居环境示范村。

【社会事业】 2022年，车桥镇有学校11所，其中高级中学1所，初级中学2所，完全小学4所，小学教育点1所，幼儿园3所。全镇有各类学校教师681人，各类学校在校学生5477人，其中高中生1594人，初中生799人，小学生2297人，幼儿787人。截至年末，车桥镇有各类卫生机构（含村居卫生室）36个，其中卫生院1所，病床155张；有卫生技术人员207人，其中执业药师、执业医师50人、执业助理医师17人、注册护士55人。1月，车南村、范六村、丰年村、张陈村、吕舍村、金城村、受河村、陈桥村、宥城村等9个村被命名为江苏省卫生村。创成淮安市卫生村6个。12月13日，车桥镇通过省级卫生镇验收。组建“学习宣传党的二十大精神”宣讲团，开展理论说唱宣讲；打造淮安书房车桥服务点，普及农家书屋；发展村居广场舞队伍，开展“强国复兴有我”文艺汇演活动。

【生态保护】 2022年，车桥镇建立健全生态环境保护体系，常态化开展秸秆禁烧禁抛和巡河行动。围绕排灌、防汛、生态等多功能需求，完成涧河北七支大沟、北八支大沟生态河道建设工程。全年处理生态环保平台交办问题129个。2022年，车桥镇获评省级生态文明建设示范镇。

【民生保障】 2022年，车桥镇对全镇12089个建档立卡低收入人口进行动态监测帮促；针对4个省定重点村居、5个市定重点村居、10个区定重点村居实施富民强村帮促行动，确保动态监测预警执行到位，分层分类帮促政策落实到位。截至年末，车桥镇脱贫巩固率100%。开展城乡低保动态调整工作，全年核销低保户129户360人、新增37户64人；年末，车桥镇共有低保户871户1715人，全年发放低保金1016.95万元。落实全民参保计划，城乡居民基本养老保险基础养老金提高到每人每月210元，参保率保持在90%以上。实施积极就业创业政策，新增城镇就业563人，实现再就业145人。

【淮安区（车桥）羽绒纺织产业园】 淮安区（车桥）羽绒纺织产业园规划总面积4920亩，计划总投资约42亿元，拟分两期建设。其中一期规划面积3150亩，总投资约26亿元，主要以羽绒生产为主，纺织生产为辅，羽绒生产同步建设水洗、分毛、污水处理以及羽绒制品生产设施，配套建设生产研发基地、产品集聚基地、服务管理基地等功能设施；二期规划面积1770亩，总投资约16亿元，主要以纺织生产、仓储物流为主，配套建设产品展示、商业流通等功能设施。11月27日，淮安区（车桥）羽绒纺织产业园一期范围内征地搬迁工作动员会在丰年村召开。年末，涉及丰年、范六、车东3个村303户征地搬迁工作进入扫尾阶段。

（周学佳　胡　凯）

流均镇

【概况】 流均镇地处里下河地区，三市（淮安市、盐城市、扬州市）四县（淮安区、阜宁县、建湖县、宝应县）交界处，下辖18个行政村（居），196个村民小组，户籍人口5.71万人，镇域面积88.6平方千米，粮田面积5.6万亩，水域面积6.8万亩。水产养殖和水生种植等是流均镇农业经济支柱产业。2022年，流均镇完成一般公共预算收入1.44亿元，其中上划数2386万元；实现规上工业应税开票销售5.1亿元、入库税金1460万元，分别同比增长41.66%、4.2%；新增服务业列统企业2个，贸易业列统企业3个，贸易大个体1个。2022年，流均镇获全区综合目标考核一等奖、招商引资考核二等奖、工业经济综合考核二等奖。

【项目建设】 2022年，流均镇新签约项目6个，其中亿元以上工业项目4个，分别是投资3.5亿元5G通信及汽车零部件加工项目、投资1.5亿元的电子连接器及金属加工项目、投资1.12亿元的年加工200万吨布匹和800万条毛巾整理项目、投资1亿元的大型液压破碎锤研发生产项目；亿元以上农业项目1个，即投资1.12亿元的产8万吨藕系列食品项目；3000万元以上农业项目1个，即投资3500万元的粮食产业园项目。实现当年签约当年开工。新竣工项目4个，分别是投资1亿元发着薄壁架子管项目、投资3500万元的粮食产业园项目、投资5000万元的生态养殖基地项目以及合作引进的投资3.5亿元的富仕佳年产3000万平方米高性能纤维制品和30000吨高性能纤维复合材料项目。

【现代农业】 2022年，流均镇新增高标准农田1.15万亩。调整养殖结构，新增藕虾共作面积3000亩、稻虾综合种养面积5155亩；培育新型农业经营主体1家，创成示范型经营主体17家。创成省级荷藕绿色防控示范项目和部级水稻绿色高质高效创建示范建设地；都梁村获批市农业科技引领示范村试点建设（蒲菜种植基地）。6300亩天然富硒地块列入中国地质学会第二批天然富硒地块认定名单。启动以富硒产业为龙头的规划建设和品牌建设工作。

【镇村建设】 2022年，流均镇新建泵站、涵闸5座、桥梁39座、硬化道路25.5千米；改善农民住房条件31户，完成“四类人

表88 2022年流均镇概况一览表

村（居）委会名称	村组数/组	户数/户	人口/人	耕地/公顷
流均居	17	2078	6586	249.82
前哨居	10	650	2587	151.06
溪河村	13	906	3854	257
马铺村	15	986	3892	268.89
都梁村	14	875	3544	257.9
双河村	9	660	2380	142.26
黄荡村	10	879	3536	302.87
沿河村	9	805	3059	199
沿荡村	8	656	2552	187
二桥村	12	765	3010	158.93
中桥村	13	882	3367	167.53
严百村	9	524	2492	221.5
永兴村	10	600	2652	124.86
头桥村	15	867	3651	120
中心村	12	758	3508	152.67
溪南村	8	652	2855	148.5
合心村	9	620	2750	136.53
渔业村	3	163	486	3.73

注：表中数据截至2022年12月31日

表89　　2022年流均镇获市级以上表彰一览表

单位（姓名）	受何种表彰	表彰单位
流均镇都梁村	2021年江苏省健康村	江苏省爱国卫生委员会办公室
流均镇二桥村	江苏省第十五批省级“民主法治示范村”	中共江苏省委全面依法治省委员会办公室、江苏省司法厅、江苏省民政厅
流均镇马铺村马铺	入选第六批江苏省传统村落名录	江苏省住房城乡建设厅
流均镇二桥村	2022年江苏省卫生村	江苏省爱国卫生委员会
流均镇永兴村	2022年江苏省卫生村	江苏省爱国卫生委员会
流均镇头桥村	2022年江苏省卫生村	江苏省爱国卫生委员会
流均镇中心村	江苏省文明村	江苏省精神文明建设指导委员会
流均镇永兴村	2021年淮安市卫生村	淮安市爱国卫生委员会
流均镇头桥村	2021年淮安市卫生村	淮安市爱国卫生委员会
流均镇中桥村	2021年淮安市卫生村	淮安市爱国卫生委员会
流均镇二桥村	2021年淮安市卫生村	淮安市爱国卫生委员会
刘孝耕	2021年蔬菜生产信息监测预警项目模范信息员	中国蔬菜协会
朱德敏	首届“苏米工匠”称号	江苏省农业技术推广协会、江苏省作物协会、江苏现代农业（水稻）产业技术体系集成创新中心

员（居住在危房中的建档立卡贫困户、低保户、农村分散供养特困人员和贫困残疾人家庭）”危房改造8户，建设“梦想小屋”7间，完成户厕改造549座，疏浚河道26条，建设生态河道3条，建成小型污水处理设施1座，二桥村、永兴村、头桥村创成省卫生村。

【民生事业】2022年，流均镇提升医疗服务能力，家庭医生签约服务19526人，为65岁以上老年人免费体检6100人次。截至2022年底，流均镇有低保户865户1439人；做好低保动态管理，全年取消低保户61户93人，新增低保户33户59人。全年慈善救助215人，大额救助26人，临时救助342人。全年新增就业335人，办理发放创业贴息贷款10人次、150万元。城乡居民基本养老保险覆盖率达99%。全面落实安全生产责任制，加强食品药品安全监管，完成106户D级危房解危任务。D级危房解危工作获市农村房屋安全专项整治工作联席会议办公室通报表扬。全年未发生重大安全事故。“红话筒传播好声音”文化惠民志愿服务项目获2022年度淮安市新时代文明实践志愿服

10月19日，党的二十大召开之际，流均镇党员干部在渔业村码头重温入党誓词（李萱瑢　摄）

务项目大赛二等奖。7人获评"淮安区好人",3人获评"新时代淮安好人"。

【党建工作】 2022年,流均镇坚持党建引领,凝聚发展力量,在苏南地区建立两个"流动党支部",引导流动党员离家不忘家、离乡不离党。开展"村村到、户户进、人人访"集中走访活动,收集问题120余条,均解决到位。探索实践"一村一品、一支部一特色"党建品牌建设,增强村居党组织书记抓党建工作能力。完成省委巡视下沉调研交办问题61条,监督发放救助金12万,追缴催缴租金26.66万元。学习宣传贯彻党的二十大精神,创作《说唱宣传二十大》等理论说唱作品。全年在市级以上主流媒体发稿39篇,《人欢鱼跃迎新年》被新华社采用。2022年度基层党员冬训工作获评市先进集体。

(尹贵忠 张 波)

博里镇

【概况】 博里镇地处淮安区东南、位于苏北灌溉总渠南,距城区38千米。镇域面积146.65平方千米,耕地11.7万亩,人口8.8万人,辖27个行政村、4个居委会,其中集镇面积3.6平方千米,全镇常住人口4.6万人。2022年,博里镇完成一般公共预算收入4515.55万元,其中上划数1561.85万元;实现列统开票销售收入73801万元,列统工业入库税金1610.62万元。2022年,博里镇获评江苏省垃圾分类示范镇。

【项目建设】 2022年,博里镇新签约亿元以上项目3个,分别是海达工程塑料有限公司投资1.08亿元的海达汽车尼龙配件生产二期项目、江苏春成木业有限公司投资1亿元的家具生产制造项目、苏谊纺织投资1亿元的技改项目。签约项目实现当年签约当年开工。在建亿元以上项目3个,其中投资5亿元的德邦智慧产业园项目完成部分验收。

【乡村振兴】 2022年,博里镇粮食播种面积11万亩,粮食产量11万吨。投资1950万元的6500亩高标准农田建设项目,年末完成总体进度82%;投资3800万的乡村振兴产业园项目,主体封顶。完成2万亩稻鳝综合种养现代产业园项目规划,规划新建辐射区5000亩,涉及三角墩、长沙、史桥等3个村。全年新增省级家庭农场1个,市级家庭农场4个,培训新型职业农民450人次。全年村集体经营收入超1300万元,村平均收入42.8万元,其中新民村、南头村收入突破100万元,马桥村、博里村等6个村收入超50万元。打造三元村"水墨博里"直播间,全年直播13次,5万余人次观看,线上销售额近50万元。

【镇村建设】 2022年,博里镇提升乡村环境治理水平,博里村创成省级生态宜居美丽乡村,长沙村完成市级生态宜居美丽乡村创建准备工作。完成王庄居、长沙村1358户户厕改造。完成5条河道生态河道建设29.18千米,完成扁担城村、孙庄村污水治理项目,水环境得到有效提升。投入70万新建新庄大沟桥,修缮南四支、南循环、中六支道路,仇博路道口正式通行。

【社会保障】 2022年,博里镇落实各项社会保障政策和帮扶措施。年末,博里镇有低保户882户1718人;集中供养五保户41人,分散供养五保户504人。全年新增低保户28户51人,取消不符合低保政策140户240人;新增五保户21人,取消五保户37人。全年临时救助595人次,发放救助金24.86万元;发放扶贫小额信贷1047笔2670万元;走访慰问困难退役军人及优抚对象77人,落实解困资金4.6万元。

【党建工作】 2022年,博里镇

表90 2022年博里镇概况一览表

村（居）委会名称	村组数/组	户数/户	人口/人	耕地/公顷
汴塘村	27	1185	3985	306.62
贺刘村	23	949	3322	287.63
三里荡村	12	475	1665	149.18
史桥村	23	960	3415	274.98

续表90

村（居）委会名称	村组数/组	户数/户	人口/人	耕地/公顷
长沙村	24	1015	3555	302.11
倪桥村	12	438	1657	352.98
高仇村	16	781	2824	418.15
仇桥居	11	907	3167	193.58
南徐村	15	687	2616	313.1
三门居	8	768	2213	137.56
晶墩村	10	639	2398	221.85
三角墩村	18	601	2069	344.59
水晶村	5	714	2564	242.95
南涧村	24	1114	3807	369.11
北涧村	22	974	3312	270.95
马桥村	8	648	2438	211.85
史荡村	20	954	3823	425.55
前荡村	22	895	3386	338.59
扁担城村	7	510	1959	200.51
博里村	19	840	3078	299.54
孙庄村	10	938	3540	325.65
滨南村	13	549	2049	226.99
三元村	14	1034	3491	334.79
陶舍村	8	326	1215	120.75
新民村	11	943	3375	350.89
南头村	30	993	3677	332.2
西岗村	22	785	2850	291.83
王安村	15	642	2316	206.57
陶桥村	13	605	2319	193.9
王庄居	20	1005	3607	245.77
新博居	14	654	2373	192.36

注：表中数据截至2022年12月31日

表91　　2022年博里镇获市级以上表彰一览表

姓名	表彰内容	表彰单位
赵丽丽	2021年度全市社会治理工作先进个人	中共淮安市委、淮安市人民政府

加强基层党组织建设，排查整顿32个党总支、93个党支部，对577名流动党员加强教育管理。全年新发展党员24人，转正35人。开展“村村到、户户进、人人访”集中走访活动，收集建议90条，解决民生实事124件。推进乡村振兴人才党支部建设，结对联系261名重点人才，打造博里画苑、仇桥稻鳝产业园2个人才实训基地，三元电商、水晶杂技等4个特色人才驿站。全年举办6场人才交流培训班。全年省级媒体用稿17篇，市区级媒体用稿34篇。

（李 辰）

复兴镇

【概况】 复兴镇地处两市（淮安市、盐城市）两区县（淮安区、阜宁县）交界处，北倚苏北灌溉总渠和328省道，新长铁路穿境而过，南、西邻博里镇，东邻盐城市阜宁县古河镇，是淮安区的东大门。境内主要河流有渔滨河、窑头河、小泗河，镇域面积64平方千米，其中耕地5.6万亩。下辖9个行政村、2个居委会，人口4.2万人。境内有革命烈士陵园1处，省级文物保护单位1处。2022年，复兴镇完成一般公共预算4531.11万元，其中上划数完成1035.11万元。新增贸易类列统企业2家。

【项目建设】 2022年，复兴镇新签约项目2个，分别是投资1.5亿元的铭朗精密金属制品项目和投资3500万元的生猪育肥农业项目。实现当年签约当年开工。新竣工亿元以上工业项目1个，即投资1.1亿元的淮安飞美电器项目。

【乡村振兴】 2022年，复兴镇强化新型农业经营主体培育，新增家庭农场2家，新增规模经营面积3600亩；申报创建区级示范家庭农场10家，创成市级以上示范家庭农场1家；创成市级示范合作社1家。2家新型农业主体成功申报绿色农产品认证。做好防汛防旱及小型水利工程维修养护工作。争取中央水利发展资金、省级农田维修养护资金、市级水价改革示范村奖补资金及区级防汛急办资金共计43.91万元，对东干渠生态护砌以及15座涵闸泵站进行维修或拆建。投入180万元新建渔滨河生态补水闸1座。全面落实河长制，镇、村两级河长累计巡河419次，交办并落实整改问题140个。实施大户带动，促进土地流转，全年流转土地2万亩，其中流转100亩以上大户57户，流转面积1.23万亩。全年完成农村集体“三资（资金、资产和资源）”管理平台产权交易62件1806万元。

【人居环境整治提升】 2022年，复兴镇开展镇村环境综合整治行动，重点推进朱庄村、大郭村农村人居环境整治提升示范村

表92 **2022年复兴镇概况一览表**

村（居）委会名称	村组数/组	户数/户	人口/人	耕地/公顷
田桥村	17	922	3853	336
城头村	20	1301	4962	335
大郭村	13	624	2720	234
任桥村	14	1270	4876	392
朱庄村	11	1035	4433	277
裴联村	9	673	2787	208
南季村	14	1073	4175	259
渔滨居	15	1190	4654	244
复兴居	12	715	2738	224
陈杨村	17	826	3424	498
大李村	15	822	3651	517

注：表中数据截至2022年12月31日

表93　　2022年复兴镇获市级以上表彰一览表

单位（姓名）	表彰内容	表彰单位
复兴镇大郭村	江苏省第十六批省级“民主法治示范村”	中共江苏省委全面依法治省委员会办公室、江苏省司法厅、江苏省民政厅
复兴镇复兴社区	江苏省第十六批省级“民主法治示范社区”	中共江苏省委全面依法治省委员会办公室、江苏省司法厅、江苏省民政厅
复兴镇任桥村	2022年江苏省卫生村	江苏省爱国卫生运动委员会
复兴镇南季村	2022年江苏省卫生村	江苏省爱国卫生运动委员会
复兴镇城头村	2022年淮安市卫生村	淮安市爱国卫生运动委员会
复兴镇裴联村	2022年淮安市卫生村	淮安市爱国卫生运动委员会
淮安杨陈土地股份专业合作社	2022年淮安市市级农民合作社示范社	淮安市农业农村局
复兴镇农产品质量安全监管站	四星级乡镇农产品质量安全监管站	淮安市农业农村局
复兴镇大叶基督教活动场所	2022年度全市和谐宗教活动场所创建优胜单位	淮安市民族宗教事务局
复兴镇大郭村协商议事室	2021年度“百优协商议事室”	政协淮安市委员会
王　宁	2022年全省100名优秀退役军人服务中心（站）主任（站长）	江苏省退役军人事务厅办公室
宋　强	2021年度“百优召集人”	政协淮安市委员会
宋　强	2022年度淮安市“最美微网格联络员”	中共淮安市委政法委员会
赵丽丽	2022年淮安市“淮上英才计划”533英才骨干人才培养对象	中共淮安市委人才工作领导小组办公室

打造。强化施工扬尘治理，严格查处渣土和物料运输车辆沿途抛洒行为26起。建立“防违治违”巡查制度，发现并依法拆除各类“违建”7处。全年改造户厕590座。

【社会事业】 2022年，复兴镇实施低保动态管理，全年新增低保12户22人，退出低保34户86人。截至2022年底，全镇有低保户397户831人。全年发放低保金480.71万元。对全镇35户重残人员家庭卫生间进行无障碍改造。全年走访慰问各类优抚对象、困难退役军人79人，申领发放退役军人优待证801人，“光荣之家”牌匾悬挂率100%。投入资金15.17万元对镇烈士陵园、散葬烈士墓翻新修缮。争取各类资金改善办学条件，硬件设施累计投入近155万元。全年建档立卡户劳动力培训72人。全年获评淮安市“最美家庭”1户、“淮安区好人”1人、“淮安区最美农民致富带头人”1人。大郭村申报省级“最美家园”示范点。

【综合治理】 2022年，复兴镇开展不稳定因素排查化解工作，化解重点信访案件4例，稳控4例。“12345”政府便民热线受理率100%、办结率100%、群众满意率98%以上。结合平安创建、文明创建和农房改善等工作，开展“三治融合”（三治，即自治、法治、德治）示范村创建。开展企业、饭店、重点场所液化气安全检查，液化气保险装置安装率100%。深入推进援法议事活动，复兴社区“多措并举开展‘援法议事’，大力提升社区治理法治化水平”经验做法获评第三批全市城乡基层援法议事范例。

【党建工作】 2022年，复兴镇组织840人次参加党建引领乡村产业振兴带头人培训班；组织132名党员干部开展“村村到、户户进、人人访”集中走访活

“忠勇朱庄”红色主题文化村　　（复兴镇　供图）

动。全年发展积极分子10人，新发展党员14人，转正党员15人。开展软弱涣散党组织整顿工作，重点完成粮管所支部整顿。丰富离退休支部活动形式，慰问建国前老党员、困难党员等20人。全年刊发宣传报道20余篇，其中省级以上媒体14篇。

（倪　伟）

苏嘴镇

【概况】 苏嘴镇地处两市（盐城市、淮安市）、三县区（阜宁县、涟水县、淮安区）交界，北接古淮河，南邻苏北灌溉总渠和淮河入海水道。镇域面积112平方千米，耕地7.5万亩，下辖21个行政村，1个居委会，人口7.43万人。全镇有党（总）支部46个，有党员2326人。2022年，苏嘴镇连续三年入选全国乡村特色产业十亿元镇。全年完成一般公共预算收入5378.86万元，其中上划数1641.86万元；实现工业列统企业开票销售5.14亿元，入库税收768.94万元；实现外资到账200万美元。华翔羽绒年开票销售超亿元。新培植列统工业企业2家。

【项目建设】 2022年度，苏嘴镇新签约亿元以上项目4个，即总投资1亿元的盛鼎年产8000吨纺织品项目、总投资1.1亿元的年产3万吨预制淮扬菜项目、总投资1.08亿元的继电器生产项目、总投资1.05亿元的成元自动化设备改造项目；新开工亿元以上项目3个，即总投资1亿元的盛鼎年产8000吨纺织品项目、总投资1.08亿元的继电器生产项目以及合作引进的总投资3.5亿元的富仕佳新材料（一期）项目；新竣工亿元以上项目2个，即盛鼎纺织项目、富仕佳新材料（一期）项目。新竣工3000万元农业二产项目1个，即总投资4100万元的润翔年产900吨羽绒项目。整合各类扶持资金360万元，新建标准化厂房4000平米；投资920万元翻新“两园（苏嘴镇工业集中园区和淮安区现代农业产业高质量发展示范园）”通联主干道3.2千米；累计帮助8家企业获批专项升级贷款4000余万元。

【乡村振兴】 2022年，苏嘴镇累计投资1500万元建设234县道以北高标准农田6000亩。启动省级现代农业示范园区创建工程，提档升级现代农业基础设施。投资1313万元新建1.07万平方米“运维一体化”玻璃温室展示大棚；投资250万元新建8000平方米现代育苗中心，年自主育苗量增加20%；投资350万元新建涉及苏家嘴、沙吉、建仪等村居共计610亩钢架大棚；投资380万元新建西瓜文化广场。8月，苏嘴镇现代农业产业园区入选2022年省级现代农业产业高质量发展示范园建设名单，奖补建设资金3000万元。苏嘴西瓜、甜瓜、草莓、芦笋等6类果蔬产品获国家绿色食品A级产品认证。编制以生猪、瓜菜为主导产业的“一心两带三片区”产业空间规划。依托西瓜党建联盟协作优势，成立乡村振兴人才党支部，辅以“乡贤人才地图绘制”“党建推广大使邀聘”举措，凝聚发挥乡贤合力。全市首创镇级农业发展公司，构建“镇级平台公司+村级集体合作社+大户+农户”的“1+22+N（1指镇属农业公司，22指22个村居合作社、N指个人大户）”订单农业销售模式，调动企业大户、农民散户、村集体等各类组织生产经营积极性。全域布局集体自营“小西瓜+”农业项目，引导村居自主领办集体合作社，合理扩大自主经营体量。镇村集体流转土地总面积约6500亩，自营作物达25种，农民人均可支配收入超2.7万元，吴码、东荡等11个村集体经济收入达50万元，其中苏家嘴、沙吉等6个村集体经济收入超百万元。11月

表94　**2022年苏嘴镇概况一览表**

村（居）委会名称	村组数/组	户数/户	人口/人	耕地/公顷
苏家嘴居	13	2017	7282	389.3
大桥村	10	1110	4349	391.4
汤衡村	10	1046	4201	374.6
衡河村	12	1178	4664	471.8
沙吉村	7	195	1912	276.9
建仪村	7	796	3070	299
一心村	8	840	3222	195.9
马逻村	11	1264	4772	424.8
吴码村	5	499	1824	170.2
北季村	8	1010	3857	402.4
龚营村	7	532	2084	240.3
章洼村	5	324	1338	86.3
章桥村	7	652	2458	168.6
章集村	10	972	3744	334.9
黄庄村	10	1120	4377	377.9
东荡村	8	420	1671	150.9
高荡村	10	849	3433	331.6
联合村	5	386	1554	174.8
邵葛村	10	945	3866	301.3
果园村	11	558	2317	202.1
芰陵村	8	1101	4163	262.1
大胡村	9	1073	4206	250.2

注：表中数据截至2022年12月31日

2日，苏嘴镇“党建引领产业振兴”分红大会召开，共计发放分红金190余万元，江苏公共新闻频道全程跟踪报道。

【苏嘴小西瓜】 2022年，苏嘴小西瓜实现江苏省西（甜）瓜品牌品鉴“金奖”和“瓜王”称号三连冠。6月，由省联社主办、淮安农商行承办的“大美江苏乡村行”第五十三场“将‘甜蜜’进行到底——品苏嘴西瓜、助乡村振兴”助农直播中，“苏梦6号”西瓜在直播间广受欢迎。6月17日，江苏食品学院党建直播间走进苏嘴，为苏嘴小西瓜代言推介，2小时线上销售额破8000元。

【社会保障】 2022年，苏嘴镇办理发放临时救助、慈善救助、慰问救助等各类救助资金35万余元，累计救助群众420余人次；募集元旦慈善捐赠50余万元；完成慈善捐赠“家电包”发放213台。强化低保动态管理，全年新增低保户35户60人，退出低保户109户150人；新增五保户19人。截至2022年底，苏嘴镇有低保户670户1280人；有五保户492人。

【镇村建设】 2022年，苏嘴镇向上争取资金900万元开展集镇综合整治工程，完成集镇辅道、人行道改造3.4千米，累计安

表95　　2022年苏嘴镇获市级以上表彰一览表

单位（姓名）	表彰内容	表彰单位
苏嘴镇（西瓜）	2022年全国乡村特色产业十亿元镇	农业农村部
苏嘴镇（西瓜）	2022年江苏省绿色优质农产品基地	江苏省农业农村厅
苏嘴镇	2021年度全市乡村振兴工作先进集体	中共淮安市委、淮安市人民政府
苏嘴镇社会治理指挥中心	2021年度全市社会治理工作先进集体	中共淮安市委、淮安市人民政府

装西瓜造型灯82盏，更新景观绿化3000余平方米；新建口袋公园1座。234县道苏嘴—钦工段23.5千米翻新工程完工。推进大胡二期农房改善项目扫尾工程，63套农户住房分房到户。累计投资3300万元实施渠北灌区改造一期、二期项目，新建板闸干渠生态护砌11.3千米、防汛道路9.9千米、农桥8座等。推进农村人居环境和路域环境整治，累计拆除主干道沿线破损建筑物24处，实施综合美化围挡1735米；完善农村生活垃圾集中处置体系，整改修建村居问题户厕276座。大胡村创成省级生态宜居示范村；大胡庄新型农村社区创成市第七批次特色田园乡村。沙吉村、联合村创成省级卫生村；大桥村、茭陵村等9个村创成市级卫生村。全面落实河长制，推进生态河道整治，根除二站引河、咸岔河、三支渠沿线“两违三乱（河湖违法圈圩、违法建设，乱占、乱建、乱排）”现象。投资150万元实施镇区污水处理厂提质扩容工程，投资290万元新建衡河、茭陵污水处理设施，覆盖群众280余户。整治羽绒企业污水排放问题，责令4家环保不达标企业关停整改；完成非禁养区内3家规模养殖场达标治理任务。

【党建工作】 2022年，苏嘴镇开展“下基层提能力、听民意解难题”主题党日活动，累计开展线上线下分散学习活动50余场次，集中学习264场次，累计参学近1.9万人次。联合翔宇研究院定点开设产业发展轮训班，开展高素质农民培训课堂4场；组织部分镇村干部前往先进地区交流学习5次。推进北季村软弱涣散村级党组织整顿工作，联合村党群服务中心落成。全年开展提醒谈话12人，查处违纪党员干部20人，问责6人，督促整改问题34项。苏嘴镇党建工作相关做法多次被学习强国、《新华日报》等媒体报道推广。

（凌文超）

苏嘴镇大胡二期农房改善项目　　（苏嘴镇　供图）

钦工镇

【概况】 钦工镇地处两区（淮安区、淮安经济技术开发区）一县（涟水县）交界，是淮安区北大门，235省道南北穿镇而过，是全国重点镇和中华诗词之乡。镇域面积99.8平方千米，辖21个村（居）和1个场圃，约1.57万户，7.44万人，耕地面积约7.7万亩。

2022年，钦工镇完成一般公共预算收入2881万元，其中上划数810万元；实现列统企业开票销售9.4亿元、入库税金

1150万元。新增工业列统企业1个、服务业列统企业1个、批零住餐列统企业3个。钦工镇获评2022年度全区综合考核先进集体三等奖。

【项目建设】 2022年，钦工镇新签约亿元以上农业项目1个，即总投资2.4亿元的厨余垃圾处置项目；新竣工亿元以上农业项目1个，即合作引进的总投资1.05亿元的好利蛙智能水产养殖项目。引进脆皮年糕生产等项目，工业集中区低能劣质项目陆续“腾笼换鸟”。

【乡村振兴】 2022年，钦工镇新培育区级家庭农场4家，新增市级示范家庭农场2家、省级示范家庭农场2家；新培育市级示范合作社1个。家庭农场电子记账模式推广运用率100%。新增农村产权交易额3571.6万元；新增农村产权线上交易3154.5万元。新增农村承包土地流转5479亩。新增高速插秧机数量8台；机插秧面积4.5万亩，特色农机化水平达68.5%。村集体经济收入4个村超50万元、10个村超30万元、7个村超18万元。全年发放脱贫小额贷款2882万元，村平均约137.24万元，发放金额全区第一。钦工镇垃圾分类工作、五里庄村户厕改造整村推进工作代表市、区两级接受省考核并受到表扬；东支村、甘姜

表96 2022年钦工镇概况一览表

村（居）委会名称	村组数/组	户数/户	人口/人	耕地/公顷
马堡村	16	723	3153	245
东支村	7	620	3152	298
士銮村	25	1038	5448	429
紫徐村	9	433	2274	200
韩赵村	14	778	3938	258
镇西村	17	878	3882	208
贯庄村	9	444	2028	170
横沟村	12	630	2926	236
钦工居	10	838	4204	114
五里庄村	5	262	1136	84
李码村	18	612	3217	279
高陈村	13	766	3105	282
宋集村	10	760	3738	260
谷尹村	25	1245	5410	342
冯王村	12	667	3512	190
条沿村	14	932	4216	318
甘姜村	9	556	2363	154
青莲岗村	29	1230	5679	389
三里墩村	15	480	2299	204
大董庄村	9	759	3341	234
后营村	9	526	2430	191
园艺场	6	668	2948	227

注：表中数据截至2022年12月31日

表97　　2022年钦工镇获市级以上表彰一览表

单位（姓名）	表彰内容	表彰单位
钦工镇钦工社区	江苏省第十五批省级“民主法治示范社区”	中共江苏省委全面依法治省办公室、江苏省司法厅、江苏省民政厅
钦工镇横沟村小后庄	淮安市第七批次特色田园乡村	淮安市特色田园乡村建设工作领导小组办公室
钦工镇钦工居委会协商议事室	2022年度“百优”协商议事室	政协淮安市委员会
淮安分局钦工派出所	2021年度全市公安机关基础工作“优秀派出所”	淮安市公安局
淮安市钦工中学	淮安市首届中小学生实验操作大赛优秀组织奖	淮安市教育局
淮安市钦工初级中学	淮安市“区域中小学德育一体化”项目基地学校	淮安市教育局
淮安市钦工中学	2021年度淮安市中小学心理健康教育特色学校	淮安市教育局
淮安市钦工中学家长学校	淮安市教育系统优秀家长学校	淮安市教育局
刘佩珩	“同心向党 强国有我”全省统战系统学习党的二十大精神青年党员演讲比赛三等奖	中共江苏省委统战部
谷　洲	江苏省乡村振兴先进个人	中共江苏省委、江苏省人民政府
刘佩珩	2022年“火红七月 同心向党”全市统一战线青年干部演讲比赛一等奖	中共淮安市委统战部

村通过省级、市级人居示范村创建考核验收。贾庄村获评2021年度市级耕地保护激励村，获20万元资金奖励。《宋集村：特色产业放异彩，走出乡村振兴路》《钦工镇：小小翠冠梨，甜蜜致富果》《钦工镇：瓜果迎来丰收季，四溢飘香赛蜜甜》等文章被学习强国江苏平台采用。

【社会治理】 2022年，钦工镇推进安全生产、生态环保、信访稳定三大攻坚行动，坚持“零容忍”，坚持巡查交办、督查整改，全年无人员死亡安全生产事故、无有影响的生态环保事件、无较大影响的集访群访问题，社会和谐稳定。《委员干群齐上阵 助企纾困解难题》案例获评市政协2022年度十佳“有事好商量”协商议事典型案例。

【党建工作】 2022年，钦工镇实施“绘制红色地图，领航乡村振兴”书记项目，通过培育特色品牌、织密服务网格、助推项目建设三项举措，绘制党建红色地图。推进软弱后进村党组织转化，开展党员信教排查，强化党员日常管理，纯洁党员队伍。严格执行“八项规定”，持续推进反“四风”等专项整治，围绕“执纪不严、落实不力、大局缺失、把握失度”等突出问题，着力解决村居软、懒、散和机关“门难进、脸难看、事难办”现象。

（李爱才）

顺河镇

【概况】 顺河镇位于淮安区渠北片地区中心，东与苏嘴镇接壤，西与山阳街道毗邻，南傍淮河入海道、苏北灌溉总渠，北靠钦工镇。镇域面积77.68平方千米，耕地面积7.86万亩，辖15个行政村，1个居委会，户籍人口4.6万人，其中党员1379人。2022年，顺河镇完成财政总收入3079.29万元，完成一般公共预算收入1732.24万元，其中上划数487.24万元。

【项目建设】2022年，顺河镇新签约亿元以上项目3个，分别是投资1.5亿元的春晗机械生产加工项目、投资1.1亿元的美淮食品加工项目、投资1.2亿元的电力电子元器件制造项目。新开工亿元以上项目2个，总投资20亿元盛卓轻量化智能制造项目、总投资1.1亿元的美淮食品加工项目。美淮食品加工项目通过市重大项目开工验收。总投资2000万元的汀贝科技项目成功申报市“淮上英才”科技重点项目。江苏古顺河酒业有限公司与淮安区融媒体中心签订战略合作协议，共同探索企业品牌形象塑造、产品营销工作。

【乡村振兴】2022年，顺河镇稻麦两季轮作共13万亩，总产6.85万吨，同比增长8.73%。落实生猪稳产保供措施，完成出栏11万头，存栏5万头。推进农业供给侧结构调整，加快农业科技成果转化。引进农业公司投资1000万元发展瓜蒌种植项目，带动周边20余户农户就业。创成省级示范家庭农场1个。累计投入2250万元在大吉村、双井村、大蒋村、三合村、顺东村、顺河居等6个村居实施高标准农田项目，完成田间道路、涵闸、防渗渠、泵站等基础设施建设7500亩。顺河镇入选2022年省级耕地保护激励单位，获200万元资金奖励。

【镇村建设】2022年，顺河镇投入40万余元，完成双井村、大蒋村453座户厕改造；投入300余万元，铺设污水管网约2.6千米，建设2座小型生活污水处理设施。崔周村、何桥村、官路村、顺东村创成市级卫生村，三堡村、大蒋村创成省级卫生村；顺西村通过省级、市级生态宜居美丽示范村验收。通过市场化运作、土地出包等方式，引进花卉客商投资320万元沿席顺线打造“十里樱花长廊”风景带。

【社会事业】2022年，顺河镇累计投入资金33万元，建成“15分钟医保服务圈”。推进小额信贷续贷和阳光扶贫贷，全年累计办理247笔971.5万元。动

表98 **2022年顺河镇概况一览表**

村（居）委会名称	村组数/组	户数/户	人口/人	耕地/公顷
顺河居	6	335	1458	84
三堡村	11	714	2539	265
艾口村	9	519	2158	180
顺西村	12	680	3071	291
双墩村	12	654	2606	462
骆荡村	9	525	2179	240
崔周村	14	930	3989	462
何桥村	13	642	2680	234
官路村	26	1258	5296	462
顺东村	18	628	2594	214
延年村	13	520	2340	200
三合村	13	612	2582	224
双井村	14	698	2867	247
大吉村	13	520	2720	195.76
大蒋村	12	734	3036	241
徐荡村	16	926	3750	348

注：表中数据截至2022年12月31日

表99 2022年顺河镇获市级以上表彰一览表

单位	表彰内容	表彰单位
顺河镇	淮安市社会治理十佳镇	中共淮安市委政法委
顺河镇	2022年度信访工作先进镇街	淮安市信访工作联席会议

态核查认定低保对象，共核销低保户29户39人，新增29户50人，全年发放低保金539.19万元；截至2022年底，顺河镇有低保户447户845人。关爱优抚对象、特困退役军人，发放退役军人优待证1089人，累计走访慰问165人次、发放慰问金3万余元；投入6万元，完成23座烈士墓地修葺及周边绿化整治工作。

【党建工作】 2022年，顺河镇开展基层党组织专项整顿，推动软弱涣散党组织支口村整顿提升，完成58个基层党支部换届。投入300万元新建官路、延年两个村部阵地。开展"村村到、户户进、人人访"集中走访活动，收集问题建议45条，兴办民生实事115件，形成研判报告16篇。专题开展发展对象和入党积极分子培训班，发展党员8人，预备党员转正23人。开展农村党员违规违纪排查问题专项整顿，处理违纪违规党员5人次。持续推进村干部岗位管理专职化、能力素养专业化"双专"建设，全年累计清退村干部8人，新进3人；调整村党组织书记3人，新储备20余人。推广顺东村、三堡村"党建引领 集成振兴"项目成功经验，加强涉农资金统筹和农村改革政策集成，推行"支部+合作社"模式，向经济薄弱村选派"第一书记"，拓宽村集体经济增长路径，实现村集体、村民双增收。2022年，顺河镇10个村村集体经济收入超30万元。

（潘震云）

漕运镇

【概况】 漕运镇位于淮安区西南，东依京杭大运河，南濒白马湖，西与省属白马湖农场接壤，北隔苏北灌溉总渠与淮安城区相望。南水北调工程新河和农业灌溉重要河道温山河穿镇而过。镇域面积138.74平方千米，其中耕地面积11.8万亩，辖32个村委会，3个居委会，户籍户数2.23万户，人口8.84万人，常住人口4.21万人。2022年，漕运镇完成一般公共预算收入5002万元，其中上划数2401万元；实现列统企业开票销售4.96亿元、入库税金1000万元。

【项目建设】 2022年，漕运镇新签约、开工项目1个，即总投资1.1亿元的久华种子加工仓储项目；续建项目3个，即总投资15亿元的大运河浅铺河工文化传承交流中心项目、总投资2.1亿元的金成年产1000套全钢轮胎模具生产线项目、总投资1.2亿元的弢创年产1000万只布绒玩具项目；新竣工项目2个，即

表100 2022年漕运镇概况一览表

村（居）委会名称	村组数/组	户数/户	人口/人	耕地/公顷
严庄村	18	873	3423	204
祁庄村	19	727	3122	232.16
陈庄村	15	610	2656	294.48
花元村	12	523	1981	129.8
新庄村	10	354	1415	118.6
盛庄村	16	710	2750	133
沙庄村	11	526	2465	85
沙口村	7	749	3524	59.86

续表100

村（居）委会名称	村组数/组	户数/户	人口/人	耕地/公顷
韩码村	5	394	1730	90.01
西合兴村	10	706	3255	184
周湾村	8	402	1864	94
大陶村	9	699	2896	192
沙滩村	13	562	2450	144.76
柏庄村	9	425	1778	286.14
新河头居	22	826	4862	396.4
中太村	25	903	3840	370
新太村	11	806	3794	294.13
林南村	22	810	3280	218.66
戴湾村	23	873	3273	363.64
泾河村	22	868	3856	333.13
戴庄村	12	436	1778	168.86
新兴村	27	826	3359	435
姚庄村	23	709	3060	288.28
渔民村	3	166	508	0
平河村	6	420	1692	201.2
袁庄村	12	402	1726	198
后管圩村	6	402	1730	158.73
联盟村	14	402	1672	118.6
双沟村	6	376	1656	188.7
利民村	8	560	2472	280
跃进村	14	428	1758	213.3
小李庄村	8	464	2165	251
滕码村	12	395	1876	267.71
林集居	8	572	2480	202.68
谢庄居	6	517	2252	205

注：表中数据截至2022年12月31日

总投资3500万元滨湖现代渔业精品园项目、总投资1.3亿元的光刻机用紫外级光学系统构件及红外测温窗口产品生产项目。

【特色农业】 2022年，漕运镇加强农业特色化、产业化、科技化建设。打造省绿色优质水生蔬菜基地1万亩，涉中太、新太、

表101 2022年漕运镇获市级以上表彰一览表

单位（姓名）	表彰内容	表彰单位
漕运镇泾河村	第四批江苏省生态文明建设示范村（社区）	江苏省生态环境厅
漕运镇盛庄村	江苏省第十六批省级“民主法治示范村”	中共江苏省委全面依法治省委员会办公室、江苏省司法厅、江苏省民政厅
漕运镇渔民村	江苏省第十六批省级“民主法治示范村”	中共江苏省委全面依法治省委员会办公室、江苏省司法厅、江苏省民政厅
赵成林	全市代理家长工作“先进个人”	中共淮安市委老干部局、淮安市关心下一代工作委员会
李舒龙	全市共青团工作“先进工作者”	共青团淮安市委
李舒龙	全市“小青淮”夏令营活动“优秀工作者”	共青团淮安市委

戴湾、林南、泾河5个村；实施水稻高产项目创建1万亩，涉姚庄、新河头、新太、戴湾4个村；推进池塘生态化改造项目2400亩，涉新河头、平河两个村；投入245万元实施现代化渔业精品园基础设施提档升级项目1.2万亩，其中核心区达6600亩；争取农业产业富民项目资金280余万元，实施稻虾共作项目7000亩。

【耕地保护】2022年，漕运镇实施高标准农田建设项目2.1万亩，涉及林集、谢庄、跃进等11个村(居)。通过旧房屋拆迁宅基地复垦、低洼地废荒地改造以及废弃渔场改良等措施，全镇16个村实施城乡建设用地增减挂钩项目166.51亩，3个村实施耕地占补平衡项目475亩。

【农房改善】2022年，漕运镇加快沙口小区、李庄新村、谢庄小区后续配套设施建设、功能完善和住户分配工作。李庄新村、沙口小区先后交付农户入住；占地面积49亩容纳住户390户的谢庄小区主体工程完工。

【低保工作】截至2022年底，漕运镇共有低保户759户1337人，全年发放低保金816.95万元；加强低保动态管理，全年新增低保户21户34人，取消不合规低保户393户548人。

【人居环境整治提升】2022年，漕运镇加强污染防治和生态环境保护。完善污水管网网络，建成林平河高标准污水管网6.5千米；建成日处理30吨小型污水处理设施2座；提升日处理25吨小型污水处理设施1座。全面疏通镇区原有污水管网及窨井，沿线居民生活污水全部收集至污水管网。开展大气污染专项检查10余次，处理大气污染投诉8起，对“散乱污”企业实施断电1家。后管圩村、滕码村、陈庄村、花元村、新庄村、周湾村创成2022年江苏省卫生村；双沟村、跃进村、小李庄村、渔民村、新太村、祁庄村、盛庄村、沙庄村、大陶村、沙滩村创成2022年淮安市卫生村。

【党建工作】2022年，漕运镇发展党员20人，其中女性11名，本科及以上文化程度6人，党员年龄、学历结构实现“双提升”。开展“村村到、户户进、人人访”集中走访活动，共上门走访20504户87609人，搜集群众意见建议121条，制定为群众办实事项目10个，发现并交办问题65个，推动解决62个。打造林集地下交通站、新河头烈士纪念地2个红色思政教育基地，组织党员干部主动打卡学习400余人次。完成135个党支部换届工作，新建1个党总支，改建3个党支部，撤销1个党支部。推进乡村振兴好书记成长计划，搭建“红色沙龙”党建平台，推进基层党建“一村一品”项目建设，打造乡村振兴人才培养实训基地，建立完善村(居)党组织书记后备干部人才库。全年开展党风廉政教育12次，受教育人数达1000人次，主动约谈120人次。

（张爱国　李舒龙）

范集镇

【概况】2022年，范集镇地处淮安区西南角，北起实联大道，南至白马湖，东与省属国营白马湖农场相邻，西和淮安工业园区张码办事处接壤，镇域面积44平方千米，辖3个行政村、1个居委会，户籍人口1.15万人，集镇居住人口约2万人（张码办事处、绿色建造产业园等附近60%人口在该镇集镇居住），耕地面积2.69万亩。2022年，范集镇完成一般公共预算收入742.5万元，其中上划数742.5万元；实现村级集体经济收入295.8万元，农民人均纯收入1.84万元。

【招商引资】 2022年，范集镇新签约亿元以上项目1个，即投资1亿元的中企太宝生态农业旅游观光示范园项目；洽谈推进项目2个，即苏州岭纬智能科技有限公司岭纬激光雷达项目、南通江海电容器股份有限公司高端电解铝电容器电极箔项目。

【乡村振兴】 2022年，范集镇发展高效农业，推广稻麦高产新品种，占耕地面积98%以上。推广麦田机开沟技术，机开沟面积达100%。全年发放农业支持保护补贴24442.42亩293.31万元，发放实际种粮农民一次性补贴两季43266.3亩126.34万元。严格监管农资经营户及生产经营主体，全年巡查检查100次以上。完成农产品速测任务4800批次，完成农产品质量追溯平台入网主体任务71个，对入网主体开展督查巡查，覆盖率100%。投资2775万元涉及永陆村、闸西村，建设面积1.5万亩的高标准农田建设项目竣工投入使用，6月通过市级验收。

【人居环境整治提升】 2022年，范集镇结合夏季农业生产特点，以村庄、集中居住点、道路、沟渠河塘、田间等为重点，开展夏季“百日攻坚”环境整治行动。开展美丽庭院示范户评选工作，大问村创成美丽庭院省级示范村。

【民生保障】 2022年，范集镇加强低保动态管理，新增低保户6户12人，取消退保户6户11人；截至年末有低保户76户158人。全年五保户新增4人，死亡1人，取消1人；截至年末有五保户40人，其中集中供养8人，分散供养32人。开展“5·15”国际家庭日和“5·29”计生协会会员活动日宣传服务活动；全年排查核实和发放农村计生家庭奖扶163人，计划生育特别扶助2户3人，城镇非从业人员一次性奖励3人。建设“医保15分钟服务圈”，建成镇级医保服务站1个、村级医保服务点2个。全面完成退役军人及符合优抚条件381人建档立卡工作，完成退役军人优待证办理、发放工作。

【安全生产】 2022年，范集镇张贴“九小场所（小学校或幼儿园、小医院、小商店、小餐饮场所、小旅馆、小歌舞娱乐场所、小网吧、小美容洗浴场所、小生产加工企业）”消防安全标识牌188家；开展消防安全巡查和宣传463次，发现并整改隐患311处。开展危房排查，49户D级危房户、107户C级危房户均挂警示牌、拉警戒线，清人清物。加强村级食品安全工作，有专人负责，有专用办公设备，有宣传阵地。重视道路安全，投入近5万元定期维修保养永济路、腾飞路等路段。

【平安建设】 2022年，范集镇强化基层调解组织建设，受理各类纠纷33件，调解解决纠纷31件，调处率94%。做好信访工作，全年接访45次123人；上级交办信访件15件，处理化解13件，信访形势稳定。开展严重精神障碍患者服务管理排查整治专项行动，排查出精神障碍患者53人。严重肇事肇祸精神障碍患者落实包村领导、村干部、民警、村医、患者

表102 **2022年范集镇概况一览表**

村（居）委会名称	村组数/组	户数/户	人口/人	耕地/公顷
范集居	30	805	3822	393.9
永陆村	34	779	3159	479.6
闸西村	28	669	2878	392
大问村	17	397	1645	330.3

注：表中数据截至2022年12月31日

监护人“五位一体”的包保责任，预防精神病人肇事肇祸案件发生。

【党建工作】2022年，范集镇有4个党总支、28个党支部，有党员740人。新发展党员9人。开展习近平新时代中国特色社会主义思想宣讲20余次，开展“强国复兴有我”群众性主题宣传教育活动6场。开展“我为群众办实事”“村村到、户户进、人人访”等实践走访活动。范集居委会探索“党建+网格化”集镇管理路径，形成“集镇+社区”融合治理共同体新模式。全年新招录3名公益性岗位人员、1名“两新”组织（新经济组织和新社会组织）党建专员，累计储备后备人才力量12人。8名村级后备干部进入村“两委”队伍。

（徐　晶）

白马湖农场

【概况】白马湖农场地处淮安市淮安区西南郊，是以发展农业为主的国有二级独立核算企业。全场土地总面积10万亩，其中耕地面积5万亩，下辖7个农业生产单位（含外拓基地）、2个二三产单位（畜水中心、林业站）、1个社区管理委员会、1个敬老院。总人口15713人，其中职工7168人。

2022年，白马湖农场实现社会总产值15.53亿元，国内生产总值5.56亿元；国有及国有控股企业实现营业收入1.58亿元，实现利润2438.93万元；全年完成国有固定资产投资8693.69万元（其中：农场公司8452.3万元、分公司241.39万元）；职工年均收入5.75万元，人均收入3.14万元。

【项目建设】2022年，白马湖农场盘活存量土地资源。200亩增减挂钩土地指标成功交易，交易额1.76亿元，到账资金1.24亿元；利用348省道和宁淮铁路拆迁新增实施土地增减挂钩项目60亩。总投资3000万元的制种大县项目完工，通过初验；续建项目完成实施方案编制，通过省种子站评审。垦区首次获批的总投资2.15亿元的省级现代农业产业高质量发展示范园项目落户白马湖农场，完成建设方案编制。总投资2473万元的十排沟提升改造工程（二期）、农贸市场、农桥改造、林苗基地设施装备、接待中心进排水改造工程、联栋大棚升级改造等8个社会事业项目和4个固定资产投资项目全部完成。完成国土空间规划“三区三线”编制工作，

表103　2022年白马湖农场概况一览表

村（居）委会名称	村组数/组	户数/户	人口/人	耕地/公顷
王庄居	5	496	2290	394.73
于庄居	3	142	471	293.33
滕庄居	3	230	889	266.67
邵集居	3	249	757	266.67
三庄居	5	456	1629	266.7
前进居	5	739	2105	188.3
林西居	3	179	620	224.6
张徐居	3	151	499	325.33
六支居	3	200	747	313
孙谢居	3	174	572	406
健康居	4	717	2280	0
裕源居	4	745	2854	0

注：表中数据截至2022年12月31日

争取建设用地空间规划指标近690亩；利用征地拆迁后形成的零星地块，挖掘后备土地资源210亩。

【农业生产】 2022年，白马湖农场实现粮食总产0.59亿千克（含外拓基地），实现农产品销售额5006万元。小麦平均单产532千克，较上年度增产56千克，增长11.8%；水稻平均单产588千克。全年筛选种植高产稳产小麦品种23个、水稻品种20个，向大华种业提供优质种子4420万千克，种子转化率超90%以上。设施西瓜种植2300余亩。全面推广无人机撒肥、“浸种催芽、原墒出苗”，配套“反旋带状+导航播种”技术；推广水稻微喷育秧技术；示范水稻栽后封闭化除草技术。2022年，白马湖农场对1018.2亩大田进行股份制改革。

【林业养殖业】 2022年，白马湖农场更新造林170亩，栽植杨树雄株、榉树等各类苗木5500余株，高标准种植树状染井吉野和飞寒樱樱花2300余株。“不飘絮杨树雄株高效复合经营”项目通过省级验收并入选国家级项目库。合作种植光叶榉10万株，建成苏北最大储备基地。全年生产各类绿化工程及家庭园艺用花30余万盆，创收40余万元。发展林下经济40余亩，套种石蒜、黄杨等花卉50余万株。完成机械对外作业服务、绿化工程施工等收入200余万元，全年累计完成综合营收630余万元。投资160余万元，新建及改造渔场道路，疏浚清理沟系，对二、三渔场近1500亩池塘养殖尾水进行改造处理，推动水产养殖绿色发展。优化调整养殖结构，套养南美白对虾400亩、甲鱼30亩，主养黄颡鱼近20亩。全年生产各类水产品2000余吨，总产值1357万元，实现效益635万元。2022年，白马湖农场收回合同到期塘口95亩。

【人居环境整治提升】 2022年，白马湖农场落实提升“门前五包”，改善沿街“脏乱差”现象，定期清除主河道恶性水生植物。加大主干道散埋乱葬整治力度。争取9万元补助资金，对引河、二渔场墓园墓穴进行修缮维护。推广种养结合绿色生态养殖模式，提高畜禽粪污治理效果。

【社区管理】 2022年，白马湖农场推进网格化社会治理工作，不定期组织网格员进村入户开展“平安创建”“法治宣传”“扫黑除恶”等宣传普法、巡查走访活动。全年共上报淮安区信息3758条，走访特殊人群769次；提供法律援助免费咨询超300人次。全年社会治安综合保险投保490户，投保金额11.34万元，理赔案件109件，理赔金额12.8万元。全年受理各类民间纠纷252件，调解成功率99%。白马湖农场社区管理委员会获评2022年度江苏农垦“农场社区工作先进单位”。

【民生保障】 2022年，白马湖农场累计发放困难救助、帮扶、福利补贴、补助资金共250.47万元。春节送温暖活动慰问救助困难职工群众1692人，共41.81万元；“夏送清凉”活动，发放一线职工消暑降温用品4.53万元；利用互助基金救助患有大病等困难职工群众466人75.79万元，临时救助各类困难职工群众20.5万元；为困难职工生活、住房、就学、就医等发放常态化帮扶资金92.14万元。“99公益日”活动筹集善款1.5万元。为单亲特困母亲和困境儿童申请帮扶资金1万元；为37名严重精神障碍患者争取地方政府以奖代补护理补助和监护补贴13.2万元。

【党建工作】 2022年，白马湖农场加强思想政治建设，举办党政干部理论学习班1期，邀请专家学者举办专题讲座5场，完成调研报告20篇。学习贯彻中共二十大精神，发放学习辅导读物1382册、开设学习专栏版面43块。推动33个基层党支部党建工作常态化、制度化、规范化。18支志愿服务队常态化开展志愿服务活动。

（张　妍）

先进人物

全国五一劳动奖章获得者

朱玉庭　男，江苏双环齿轮有限公司生技科长。2022年被中华全国总工会授予全国五一劳动奖章。

2014年底，朱玉庭进入江苏双环齿轮有限公司工作。作为江苏双环齿轮有限公司新一代复合型科技人才，成功开发多个千万至亿级重大项目，主导的技改项目累计为公司创造直接经济效益超1500万元。以他为核心的"朱玉庭创新工作室"为公司培养出5个高级技师、9个中级技师、20个调试工程师。朱玉庭曾获市劳动模范、省劳动模范、省五一劳动奖章等荣誉称号。

（区总工会）

中国好人榜

潘　宇　男，1963年生，民进会员，淮安区博里镇文化站农民画兼职辅导员。入选2022年一季度"中国好人榜"（敬业奉献类）。

潘宇从事农民画创作40年，创作1400余幅农民画精品，其中获得全国金奖4次，银奖、铜奖、佳作奖、优秀奖等368次，蝉联江苏省农民美术书法大赛第三届至第八届一等奖。致力于将农民画与刺绣相结合，促进农民画艺术成果转化，实现"非遗变现"，改善村民物质生活和精神生活。疫情期间，组织农民画作者拿起画笔，以艺战"疫"，创作大量共抗疫情的农民画作品。潘宇创作的公益画《疫情防控不误农时》被《人民日报》海外版刊登。曾获"全国先进工作者""全国十佳农民画家""江苏省劳动模范""江苏好人""江苏省工匠""江苏省群众文化先进个人""江苏省文艺之星"等荣誉称号。

（区委宣传部）

全国"新时代好少年"

杨路然　女，汉族，2010年1月生，少先队员，江苏省淮安市新安小学六年级学生。2022年获全国"新时代好少年"称号。

2021年，杨路然在"学党史 学新旅"活动中，被新安旅行团团员"救国有我"的精神打动，萌生了给习近平总书记写信的念头，在得到辅导员老师和身边同学的支持后，她认真手写了信件。习近平总书记回信后，她怀着激动的心情向全校少先队员发出倡议，要用心领会习近平总书记的回信精神。在学习习近平总书记重要回信精神座谈会上，她分享了学回信、学新安旅行团事迹的感悟体会。她带领队员们参与《一群小好汉》音乐剧演出16场，宣讲新安旅行团故事30余场，用行动践行"请党放心 强国有我"的铮铮誓言。2022年5月，获"新时代江苏好少年"称号。

（中国文明网）

江苏省五一劳动奖章获得者

孔令福　男，江苏共创人造草坪股份有限公司副经理。2022年被江苏省总工会授予江苏省五一劳动奖章。

孔令福主导了淮安共创工业园工厂设备安

装、调试、完善等工作。越南工厂建设初期，他克服生活习惯、语言障碍、文化差异、恶劣环境等问题，到越南厂区指导新设备安装工作。重视技术人才队伍建设，引进和培养多名技术骨干。坚持技术改进创新。创新形成超市草流水线工作模式，主导开发出对应的流水线自动化设备，减轻了工人劳动强度，提高了工作效率。参与7#胶线开发工作，为越南工厂胶线选型提供了保障，单台流水线节约资金约150万元。

（区总工会）

江苏“最美退役军人”

陈新宽 男，1981年3月生，中共党员，淮安区翔宇消防救援站站长助理。2022年7月，中共江苏省委宣传部授予陈新宽江苏“最美退役军人”荣誉称号。

陈新宽先后参与处置2005年“3·29”京沪高速淮安段液氯泄露事故、2008年“5·12”四川汶川抗震救灾、2016年“4·22”靖江德桥爆炸火灾事故、2018年山东寿光抗洪抢险、2019年“3·21”盐城响水化工爆炸事故以及2020年转战三地抗洪抢险、2021年增援河南抗洪抢险救灾和新冠疫情处置等各类救援行动万余次。5次荣立个人二等功，9次荣立个人三等功，曾获公安消防部队抗震救灾先进个人、公安消防部队优秀共产党员、全国消防救援队伍改革转制教育整训先进个人、全国119消防先进个人、中国好人等荣誉称号。2021年11月，被应急管理部表彰为“全国应急管理系统先进工作者”。

（区委宣传部）

江苏省文明职工

陈新宽 2022年4月，中共江苏省委宣传部、江苏省文明办、江苏省总工会授予陈新宽“江苏省文明职工”称号。

具体事迹见《人物 荣誉·先进人物·江苏“最美退役军人”》。

朱玉庭 2022年4月，中共江苏省委宣传部、江苏省文明办、江苏省总工会授予朱玉庭“江苏省文明职工”称号。

具体事迹见《人物 荣誉·先进人物·全国五一劳动奖章获得者》

（区总工会）

江苏好人榜

杜秀兰 女，1954年8月生，淮安区漕运镇新兴村村民。2022年1月，入选“江苏好人榜”（孝老爱亲类）。

杜秀兰哥哥杜明洲3岁时双眼失明。杜秀兰20岁时，她的父母相继去世，她便主动承担起照顾哥哥的重任。杜秀兰患有心脏病，但她依旧坚持照顾好哥哥的一日三餐。哥哥生病时，她主动把哥哥送到医院精心照顾，不嫌脏、不嫌烦，从不抱怨。杜秀兰40余年如一日照顾失明哥哥，以柔弱的身躯坚强撑起一个困难家庭。

李顺来 男，1953年6月生，淮安区石塘镇百姓理论说唱团团长。2022年3月，入选“江苏好人榜”（助人为乐类）。

近15年来，在清苦的基层理论宣讲工作中，李顺来编写各类理论宣讲节目100余个。自费2万余元购买服装道具和音响设备，以花船、二人转、快板书、舞蹈等群众喜闻乐见的表演形式，宣传党的最新理论、各项惠民政策、法律法规等。每年组织到村居、企事业单位演出100余场次，观众累计2万余人次。李顺来被群众亲切地称为“草根艺人”。2015年10月，李顺来被中宣部表彰为“基层理论宣讲先进个人”。

周芳 女，1977年5月生，淮安区车桥镇官渡村党总支委员、村妇联主任。2022年10月，入选“江苏好人榜”（见义勇为类）。

2022年3月9日深夜，从疫情防控卡口值守换班刚到家的周芳，突然听到“救人、有人落水啦”的呼救声。她迅速推开家门直奔出事地点，连衣服、鞋子都没来得及脱，一头跳入河中，用手托起落水者向岸边拖拉，由于落水者拼命挣扎，周芳几次施救都没有成功。于是，她从身后抱住落水者，用尽全身力气朝岸边游去。在随后赶来的热心村民协助下，终于将落水者救上岸。

（区委宣传部）

新时代江苏好少年

杨路然 女，2010年1月生，淮安市新安小学六（8）班学生，班级中队长。2022年5月，获“新时代江苏好少年”称号。

具体事迹见《人物　荣誉·先进人物·全国“新时代好少年”》

傅格非　男，2008年2月出生，淮安外国语学校初三（6）班学生。2022年12月，获“新时代江苏好少年”称号。

4岁开始练习乒乓球，是淮安乒乓球队的主力队员，先后在全国少儿乒乓球男子团体赛，省第十九届、二十届运动会青少年部乒乓球比赛中取得荣誉。认真刻苦，训练和学习两不误，三年级开始每天放学后独自参加训练，回家后迅速进入学习状态，成绩一直名列班级前茅，每年都被评为“翔宇鸾娃”“三好学生”“优秀学生干部”等。爱好广泛，喜欢音乐、旅游，多次参加马拉松活动。热心环保，坚持随身携带垃圾包，积极参与各类环保公益活动，宣传绿色低碳的生活理念。

（江苏文明网）

新时代淮安好人榜

尹　辉　男，1989年3月生，中共党员，博里镇水晶村村民，水晶村村委委员、博里镇蓝精灵网格爱心服务队理事长。入选2022年第一批“新时代淮安好人”（敬业奉献类）。

自2018年担任村级网格员以来，尹辉悉心工作，认真负责，把网格管理与网格服务有机融合，在小网格里展现服务大情怀。他牵头成立首支由网格员组成的“蓝精灵网格爱心服务队”，先后开展扶贫帮困、治安维稳、法律援助、心理疏导等爱心服务273场次，服务群众6000余人次。曾获中央政法委月度“平安之星”、省委政法委“双胜利平安卫士”“江苏省最美网格员”“淮安市最美网格员”“淮安市政法英模”“淮安市青年岗位能手”、淮安区“十大杰出青年”等荣誉称号。

刘宝秀　女，1974年生，淮安区车桥镇陈河村村民。入选2022年第一批“新时代淮安好人”（孝老爱亲类）。

2009年，刘宝秀的残疾丈夫汪金元患病去世，留下了他与前妻的女儿汪笑笑，与刘宝秀的孩子汪欢欢。她对汪笑笑视同己出，悉心照料两个孩子的学习和生活。小叔子身有残疾外出打工，妻子智障。她主动承担起照顾弟妹和小侄子日常生活的责任。她农忙时耕种4亩责任田，平常操持家务照顾3个孩子和弟妹的生活起居，闲时还外出打零工补贴家用。刘宝秀用她善良的行动、柔弱的双肩撑起两个家庭的希望。

高正祥　男，1970年5月生，中共党员，淮安区环境卫生管理处公厕管理所所长。入选2022年第二批“新时代淮安好人”（敬业奉献类）。

自疫情发生后，高正祥充分发挥一名共产党员的先锋模范作用，严格要求自己，认真履职尽责，主动放弃休息时间，带领同事用脚步丈量着疫情防控战场，逆行在街头巷尾。在做好全区百余个公厕消杀工作的同时，还每天独自完成十余个隔离酒店化粪池的消杀工作。3年来城区隔离点污水取样监测各项指标均在正常标准范围内。他默默奉献，为抗击疫情工作作出自己的贡献。

冷士华　男，1978年1月生，中共党员，流均镇合心村党支部书记。入选2022年第二批“新时代淮安好人”（敬业奉献类）。

冷士华在合心村开展“红色代办”服务，成立由他担任组长、村里党员干部为主体的“红色代办员”队伍。梳理在外人员信息1000多条，建立在外人员微信群，通过“一对一帮扶”“红色代办便民热线”等方式，解决疫情期间在外村民的急难愁盼问题。

周　芳　入选2022年第三批“新时代淮安好人”（见义勇为类）。

具体事迹见《人物　荣誉·先进人物·江苏好人榜》

杨小华　女，1983年12月生，淮安区平桥镇陆桥村村民。入选2022年第三批“新时代淮安好人”（孝老爱亲类）。

公公早逝，丈夫外出打工，从嫁入夫家第一天起，杨小华就担负起照顾智障婆婆的重担。婆婆患精神分裂症，发作时打人骂人，她默默承受。婆婆背上生疮，她天天上药擦拭。平时为婆婆更换衣服，每天哄着吃药。为防止婆婆走失，她为婆婆买来定位手表，还将手机号码写在婆婆衣服上。她待婆婆如同亲生母亲一样无微不至，这一照顾就是17个年头。她常说“婆婆也是妈，我应该用亲生儿女般的感情去对待她。”

汤小云、黄小芳　汤小云，男，1970年生；黄小芳，女，1975年生。夫妻二人为淮安区流均镇溪河村村民。入选2022年第四批“新时代淮安好人”(诚实守信类)。

汤小云和妻子都是残疾人,他们身残志坚,勇敢地向命运挑战。他们创办“心连心百货超市”,坚持诚实守信经营,价格公道,不卖假货,生意红火。一次,妻子不小心收到一张50元假币,汤小云发现后,当场就把假币烧掉了,他说:“自己吃点儿亏没什么,但我不能再拿这张假币去坑害别人。”他们经常在超市旁摆放自家做的大饼,供来不及吃饭的打工者食用,不收一分钱。“免费大饼”成为人们津津乐道的佳话。2021年,黄小芳还承包一个小池塘搞鱼虾养殖,靠出售水产品贴补家用。夫妻俩凭着诚实劳动用残疾的身躯展现健全的人生。

刘正专 男,1982年生,淮安区苏嘴镇吴码村七组村民。入选2022年第五批“新时代淮安好人”(孝老爱亲类)。

为照顾患病截肢生活不能自理的妻子,刘正专辞去在扬州一家私企年收入10多万元的工作,购买一辆面包车回乡搞个体营运。妻子怕拖累丈夫,提出离婚,他耐心地对妻子说:“我们结婚时就承诺不离不弃、相守一生的,我怎能丢下你呢?”16年来,照料妻子的衣食住行是他每天的“必修课”。外出搞营运,他的车辆副驾驶座一直是妻子的专座。人们看在眼里,赞在心里,都夸赞他们是一对感情深厚的患难夫妻。

刘金云 男,1970年生,中共党员,淮安区顺河镇居民,淮安区邮政钦工支局投递员。入选2022年第五批“新时代淮安好人”(爱岗敬业类)。

刘金云在邮政工作岗位上32年来行程28万余千米,投递报刊信件200余万件,多年的孝老爱亲行为汇聚成一条爱心邮路。在投递邮路上,他关爱孤寡老人,持续6年为家住钦工镇上的徐杨才送去关心与温暖。关爱留守儿童,走进校园开展“送给父母一封信”活动。关爱老年客户,多年来不厌其烦地接送腿脚不便的老年客户办理业务。

赵丽丽 女,1982年3月生,淮安市复兴中心幼儿园园长。入选2022年第六批“新时代淮安好人”(敬业奉献类)。

赵丽丽为了农村孩子和留守儿童,安心扎根农村、扎根基层20余年。她把青春和无私的爱奉献给了她热爱的学前教育和美术事业。她坚持和带动十数名幼儿园教师放弃无数个节假日,免费教近300名孩子学画画。她热心公益,累计捐款20余万元。

张玉淮 男,1986年生,淮安区苏嘴镇苏家嘴居委会村民。入选2022年第六批“新时代淮安好人”(孝老爱亲类)。

面对患病导致偏瘫没有自理能力的母亲,大学毕业后可以在省城谋得一份称心如意的工作的张玉淮毅然选择辞职回乡服侍母亲。多年来,他把主要精力用在护理母亲上,精心照料母亲生活起居,帮助母亲做康复按摩,做腿部和手部的拉伸锻炼,经常带母亲去医院复检治疗。如今母亲可以拄着拐杖在院子里走动。张玉淮用自己有力的臂膀扛起了家庭的责任,为母亲筑起家的堡垒。

淮安区好人榜

江　彬 男,1991年3月生,退役军人,淮安区淮城街道城南村员额干部。在没有硝烟的战“疫”中,他主动请战,冲在“疫”线。“敲门行动”,不厌其烦;居家监测管理,细致入微;疫情宣传,加班加点。面对不慎落水的驾驶三轮车老人,他奋力施救;面对身患重病生活困难的村民,他主动帮助解决实际问题。他用实际行动展示青年担当,彰显军人本色。他被授予区“新长征突击手”称号,被评为区退役军人事务工作先进个人、街道疫情防控先进个人。

沈海轮 男,1956年5月生,退休教师,淮安区淮城街道恩来社区居民。疫情防控中,作为周恩来崇高品质理论宣讲团团长,他组织成立防疫志愿宣传引导组,运用小演唱、小视频、抖音号等方式,宣传疫情防控规定要求;作为社区老兵服务队队长,他组织成立老兵突击队,分班次值守小区大门,协助社区开展“敲门行动”,为居家隔离人员送去生活物资;作为党员楼栋长,他逐户排查来淮返淮人员,做好居家楼栋内重点人员居家监测服务工作。

徐荣梅 女,1982年3月生,淮安区河下街道镇海村党总支书记。从事社区工作近20年,她始终用心用情做好基层工作。面对常住人口近

1.5万人的村情实际，她团结带领党员干部加强社区网格管理，做好民生实事，解决居民实际困难。特别是在疫情防控中，她组织党员干部、社区志愿者关停重点公共场所，排查来淮返淮人员，宣传疫情防控政策和知识，做好居家隔离人员服务工作，帮助解决困难群众因疫情带来的实际问题，用实际行动打好疫情防控阻击战，展现一名社区党组织书记的风采。

钱　坤　男，1990年5月生，淮安区施河镇经济发展和建设局科员。疫情防控三年来，他始终奋战在“疫”线。作为政府驻企指导员，他协助企业做好疫情排查、核酸检测和复工复产工作。施河生产贸易企业多、运输车辆多，他总结出“提前报备、到厂核对、消毒封车、全流程监管、离淮跟踪定位”车辆进出全程闭环管理模式，保证企业生产经营。对外地来淮车辆在全程监管的同时，主动帮助司机解决就餐、用水、生活补给等困难。他尽心尽职的工作，得到企业的认可、领导的肯定和社会的好评。

包　安　男，1990年6月生，淮安区流均镇卫生院医疗组长。2022年2月，面对日趋严峻的疫情形势，他响应号召，主动请战，驰援苏州。在苏州姑苏区的核酸检测点，他和同伴轮班开展核酸检测工作，连续奋战半个多月，随后他又踏上驰援上海的列车。在上海的两个多月时间里，他先后转战长宁、宝山等区，开展核酸检测工作。每天12个小时、800多人的核酸检测工作量，他常常浑身湿透、满脸印痕，心力交瘁。但他用执着和坚守展现周总理家乡人同心抗疫的无私情怀。

张桂彪　男，1977年10月生，淮安区博里镇南头村党总支书记。他致力发展村集体经济，流转土地，发展集体经营合作社，招引客商建立甲鱼养殖基地，2021年村集体增收35万元；他着力兴办民生实事，先后建成居家养老服务中心和文化活动室，兴办村级图书馆，整修村庄道路和建筑，改善人居环境；他带领干群全力做好疫情防控工作，加强重点地区回淮人员的排查，落实“5包1”联防责任，发挥党群志愿者的作用，注重疫情防控政策和知识的宣传，保证疫情防控措施的落地落实。

史国坚　男，1972年7月生，淮安区应急管理局党委委员、副局长。他连续两年被抽调负责集中隔离医学观察点工作。隔离点是疫情防控工作的主战场之一，他从进出把关、人员调配到后勤保障、安全管理、报表数据统计等方面时时跟进，确保整个过程没有疏漏。他成立人文关怀组、创建“隔离互助”微信群，每天与隔离人员谈心谈话，为隔离人员解读疫情防控相关政策规定，帮助解决实际困难，确保“隔离不隔爱，隔离不隔心”。

刘　勇　男，1970年4月生，淮安区漕运镇小李庄村村民。二十多年前，母亲患糖尿病引发帕金森病，作为兄妹四人中的老大，刘勇主动担负起服侍的重任。三年前，父亲查出前列腺癌，刘勇辞去工作，专职陪护父亲。2021年5月，父亲又检查出鼻癌，刘勇只身带着父亲到南京进行治疗。近几年来，为帮父母治病，刘勇先后用去三十余万元，却没有向弟弟妹妹要一分钱。刘勇多年如一日，照料重病父母，用自己的善良和坚守，向世人诠释新时代孝道。

杨小华　具体事迹见《人物 荣誉·先进人物·新时代淮安好人榜》

张明楼　男，1940年9月生，退休教师，淮安区朱桥镇闸南村村民。作为一位82岁的高龄退休教师，回乡居住10多年来，他主动请缨担任文明实践永久志愿者，义务宣讲理论120余场次，先后为80余名“留守儿童”免费开办“留守课堂”。他热心公益事业，2006年以来，多方为闸南村安装“组组通”路灯、修缮拓宽村组道路、植树造林、疫情防控等募集善款20余万元，自己捐款3万多元。他情系家乡，奉献余热，用实际行动彰显了一位老教师、老党员的家国情怀。

周　芳　具体事迹见《人物 荣誉·先进人物·江苏好人榜》

赵永全　男，1970年9月生，淮安区复兴镇任桥村汤刘片负责人。部队服役，入伍第二年就光荣入党，并破格提升为班长。他所在的班曾获集体三等功一次，个人多次获得嘉奖。退役回乡，他保持军人本色，热心基层工作，关心困难群体。他曾深夜冒着倾盆大雨将屋破漏雨的残疾老人背到安全住处，为建档立卡户找到稳定的工作，帮助病灾户办理低保和大病救助手续。他用自己的行动，展示农村基层干部和退役军人的风采。

高玉侠　女，1978年7月生，淮安区农产品质量安全监管办公室负责人。从业19年来，她勤奋努力，刻苦钻研，逐步成为全区农产品质量安全监管的行家里手。她敢于向不法行为亮剑，严格查处违规违法行为，将农产品质量安全风险消灭在萌芽状态，保障广大群众“舌尖上”的安全。她以创建为抓手，着力提升农产品质量安全监管能力和水平。在她努力下，2019年淮安区创成江苏省首批农产品质量安全县，2021年淮安区获得国家农产品质量安全县创建资格和创建40万亩全国绿色食品原料（水稻）标准化生产基地资格。

芮东俊　男，1966年4月生，淮安区法院速裁庭庭长。他作风过硬、业务精湛、勇于担当。他筹备建立淮安区人民法院根治欠薪联动机制工作站，高效快捷处置20多批次涉及拖欠农民工工资群体性纠纷案件。其中通过法院速裁庭快速、高效审理并执行到位达8批次，累计为800余名农民工追回工资1200万元，案件审理、执行平均用时不足5日，实际执行兑付比率达100%。2021年他审结案件429件，成为全院个人结案数最多的员额法官，为全区社会和谐稳定作出了自己的贡献。

陶　柏　男，1974年5月生，中共党员，淮安区淮城街道为民服务中心主任。参加工作30年来，他始终扎根基层一线，工作勤奋上进、踏实肯干，积极为群众解难事办实事。负责街道为民服务中心工作以来，用心用情，不断创新服务模式，大力推行帮办代办服务，全力推进“一门办”“一网办”，实现“一窗受理、一窗通办”，为民服务的质量和效能不断提升。中心连续3年被区政府评为“政务服务先进单位”，他个人连续3年被区政府评为“窗口服务先进个人”。

韩梦婷　女，1996年10月生，中共党员，淮安区钦工镇党政办副主任、宋集村党总支副书记。作为省委选调生，三年来，她用高涨的激情对待工作，注重素质和能力提升，负责的工作年年被区考评为第一等次。她积极传承红色精神，主动担任横沟寺农民武装暴动纪念地的红色讲解员，为区内外参观团队义务讲解近百次。她积极参与志愿服务活动，经常身穿红马甲，头戴小红帽，参加公益直播、扶贫助困、文明创建、疫情防控等，累计参加各项志愿活动超百次，服务近万人次。

吕　强　男，1970年10月生，中共党员，淮安区安全生产监察大队党支部书记、大队长。从业13年来，他履职尽责，始终绷紧安全这根弦。日常工作积极宣传安全法规，精准开展安全执法，严格督促整改安全隐患。他不断总结实践经验，探索出一套“234”工作模式，蹚出一条“党建+执法”新路子，为新时代安全生产工作“加码赋能”，为全区安全生产工作持续向好作出了贡献。他多次获得江苏省安全生产执法工作先进个人、淮安区先进生产工作者等荣誉，先后被区政府记三等功一次、嘉奖一次。

万　松　男，1996年11月生，淮安区翔宇消防救援站战斗二班副班长。在抢险救援岗位上，他勤学苦练、勇敢顽强，从一名新兵很快地蜕变成业务娴熟的技术能手。他处处以身作则，在消防救援岗位上发挥着骨干带头作用，参与处置2021年河南抗洪防汛等多起抢险救援任务。在辖区重大火灾的扑救中表现英勇，经受住血与火、生与死的考验，用青春和热血，忠诚地履行着人民消防为人民的宗旨和使命。因工作出色，他获得省级嘉奖一次，被支队表彰为2021年度优秀消防员。

杨　培　男，1994年3月生，淮安区顺河镇三合村团支部书记。近三年的疫情防控，杨培在“疫”线中经受考验，得到磨炼。作为年经的村干部，面对疫情来袭，他无惧被病毒感染的风险，入户排查，坚持家家到，逐户敲门登记信息，宣传疫情防控政策，劝导非必要不离淮、不返淮。对大数据筛查人员，他主动上门核实，及时带人进行核酸检测，落实重点人员居家管控措施。每一轮区域核酸检测，他都与村干部精心组织，逐户联系，每场核酸检测下来，作为登记员的他满脸都是印记，满身都是汗水。他用自己的实际行动展露青春芳华。

周建林　男，1970年2月生，淮安区朱桥镇石塘村党总支书记。2020年初，带着回报家乡富裕一方的雄心壮志，他放弃年薪40余万的企业高管岗位，回乡担任村党总支书记。他积极发挥人脉资源优势，带领全村干群以商引商、精准招商，先后招引4家有实力的企业，积极引进总部经济，每年为财政贡献税收达110万元。2021年村集体经济收入突破130万元。该村由2016年省定经济薄弱村，一跃成为全镇经济强村。该村先后获评“江苏省卫生村”“江苏省农村物流样板村”“淮安区红旗村”。

袁得生 男，1980年4月生，中共党员，淮安区流均镇德胜科技公司负责人。他身残志坚，凭借熟练的计算机技术，创办电脑服务部，生意红火。他没有小富即安，随后又创办一个快递站点和一家洗浴中心。创业有成的他致富思源，富而思进，积极参加志愿服务，投身公益事业，为残疾人提供免费洗澡和快递上门服务。每年的慈善一日捐活动他都积极参与。他连续三年拖着残疾的身躯参加疫情防控卡口值勤。

胡春梅 女，1967年5月生，退休幼师。在幼儿教育岗位上，她35年如一日，培养一批又一批的孩子。退休后她主动接受平桥镇关工委的聘请，担任位置偏僻的陆桥村校外辅导站辅导老师，承担起全村留守儿童“代理家长”的责任。针对留守儿童群体缺少关爱、精神寂寞、学业无人辅导等实际问题，她经常组织留守儿童开展课外活动，如讲故事、辅导功课和个别谈心等，让这些孩子不再孤单，对学习有兴趣。留守儿童都称胡春梅是他们的“爱心奶奶”。

葛爱梅 女，1979年9月生，中共党员，淮安市新安小学幼儿园老师。在新安小学幼儿园，她是个师生和家长都夸赞的才女，琴棋书画样样拿得出手，还精通茶道。在淮安区“三老”调解工作室，葛爱梅作为一名志愿者，2014年以来，多次利用节假日时间参加赡养纠纷调解。她经常用自己细心照料公婆的亲身经历，晓之以理，动之以情，先后多次让当事人心服口服，主动承担赡养义务，也多次让来时哭哭啼啼的老年人破涕为笑欢喜而归。热心家庭纠纷调解的她被老年人称为调解工作室的“好媳妇”。

黄德福 男，1956年9月生，中共党员，退休职工，淮安区淮城街道瞻岱社区居民。2016年从企业退休后，退而不休，参加区老年大学的书法、朗诵、演讲、黄梅戏等课程学习，丰富老年生活，并把学到的技艺，投入到为社区服务中去。发挥老党员带头作用，积极参加各类志愿者服务活动。他主动担任全国文明城市创建督导员，协助社区做好环境卫生工作。主动参加疫情防控小区值守并带头捐款捐物。他还经常带领志愿者深入社区开展扶贫济困、关爱孤寡老人活动，为建设和谐社会增力添彩。

刘正专 具体事迹见《人物 荣誉·先进人物·新时代淮安好人榜》

陈小燕 女，1980年5月生，淮安市楚州中学教师。她是个好女儿，父亲食道癌复发转移，作为独生女，多次往返南京和淮安，悉心照料；她也是个好儿媳，婆婆患肠癌，她第一时间带婆婆到南京医治，在她的精心呵护下，婆婆身体恢复较好；她还是个好警嫂，爱人警务繁忙，经常加班，很难顾及家庭，她默默支持爱人工作，尽心操持家务，孝敬公婆，教育子女；她更是个好老师，克服困难，处理好生活与工作的关系，教学上兢兢业业，勤勉踏实，多次获评区优秀班主任和优秀教师。

汤小云 具体事迹见《人物 荣誉·先进人物·新时代淮安好人榜》

赵丽丽 具体事迹见《人物 荣誉·先进人物·新时代淮安好人榜》

刘从芬 刘从平 姐妹俩是顺河镇顺河居委会村民。哥哥刘从林患有先天性小儿麻痹症生活不能自理，刘从芬和二姐刘从平自初中毕业后就承担起照顾瘫痪哥哥的责任。姐妹俩轮流喂饭喂药、端水倒尿、缝补浆洗，悉心照料哥哥的饮食起居。姐妹俩23年如一日，心甘情愿，无怨无悔。

杨炳权 男，1969年7月生，家住淮城街道城南社区，淮安区盲人协会主席。他虽然视力残疾，但身残志坚，热爱生活，办过加工厂，开过按摩店，自主创业向命运挑战；他关爱他人，热心公益，社会责任感强，积极策划组织90余场公益活动；他举办盲人电脑、按摩培训班，让盲人朋友掌握一门技艺自食其力，他用自己的行动展现生活强者的形象。他的事迹多次被省市媒体报道，曾获江苏省“自强模范”、淮安区最具爱心慈善人士及最具爱心慈善行为等荣誉。

朱德敏 男，1965年10月生，淮安区流均镇人，江苏鼎丰米业有限公司董事长。作为农民，他对脚下的土地有着很深的感情和憧憬。1988年，他租赁75亩土地，在全镇率先搞起土地规模经营。2007年，他在全镇成立第一家水稻专业合作社，2013年牵头成立江苏鼎丰米业有限公司，实行“公司+基地+农户+合作社”经营模式，先后带动1260户增收350万元。他勇担社会责任，累计扶贫助困、支持疫情防控资金超过20万元。曾获2021年度“全国粮食生产先进个人”。

李　丽 女，1982年11月生，淮安区淮城街道恩来社区居民。她原本有个幸福的家庭，夫妻恩爱。2002年丈夫赵正飞因一氧化碳中毒瘫痪，失去生活自理能力。为照料丈夫和撑起家庭，她辞去工作，面对不能言语和动弹的丈夫，每天为丈夫洗脸擦身、端水喂饭，清理大小便。丈夫癫痫病发作时，神经完全失控，不停地咬她、踢她、抓她头发，她都默默承受。20多年来，她忍受常人无法承受的痛苦与煎熬，每天尽心服侍丈夫，用自己全部的爱点亮生命的希望。

韩洁璇 女，1993年8月生，中共党员，淮安区范集镇卫生院预防保健医生。疫情三年，韩洁璇始终冲在疫情防控第一线，经常顶风冒雨深入村庄、农户、企业、商铺和边远的养殖塘口，逐户逐人开展流调及健康监测工作。2022年疫情期间，她主动参加抗疫医疗队，在近两个月的时间内，她先后奔赴苏州，驰援连云港，转战常州，再赴上海，出色完成组织交给她的战斗任务。她不辞辛劳地奉献，诠释着一名白衣天使的使命和一名共产党员的担当。

张玉淮 具体事迹见《人物 荣誉·先进人物·新时代淮安好人榜》

张桂英 女，1943年1月生，淮安区山阳街道椿树村村民。孙女李红颖一出生就被诊断为脑瘫。为让儿子儿媳安心在外打工挣钱维持生计、给孙女看病，她主动承担起了照顾孙女的责任。23年来，她为孙女端水喂饭、洗头洗澡擦身体、翻身、清理大小便，与孙女聊天，带孙女晒太阳，尽心尽力照顾孙女。如今，张桂英老人已经80高龄了，依然坚强守护在孙女身边。老人说：“我不知道还能照顾她多久，但在有生之年，我便不会放弃她。”

邱春凤 女，1957年10月生，淮安区平桥镇平桥居委会老龄委主任。担任村妇联主任期间，她尽职尽力，努力为群众做实事办好事，深得群众的好评。退休后担任居委会老龄委主任，她发挥自己的光和热，积极帮助老年群体排忧解难，是老年人的贴心人。担任平桥镇理论说唱团团长，带领说唱团成员自编自演说唱节目，宣传党的方针政策和家乡的发展变化，顶严寒、冒酷暑，下基层演出60多场次，观众达3万余人次，被老百姓称为“热心大姐”。

高宝军 男，1974年12月生，淮安区朱桥镇合兴村党总支书记。2016年初，他放弃了在张家港年收入40余万元的创业产业，带着壮村富民、反哺家乡的雄心壮志，回村带领干群大力发展小龙虾、芡实、葡萄、家畜家禽等特色养殖种植业，流转土地壮大家庭农场，发展规模化经营；招引羽绒、木材加工、再生资源利用等企业4家。个人先后无偿为集体垫资近40万元，村集体经济收入由几万元，增加到2021年的65.8万元。合兴村也由经济薄弱村一跃成为全镇的经济强村。

谢在东 男，1974年11月生，中共党员，家住白马湖农场裕源居委会。作为一名普通的农村公交车司机，他工作细心，技术过硬，乐业敬业。从业10多年来，创造零事故、零投诉、零违章的安全记录。他立足岗位，热心服务，利用居民微信群，每天发送发车班次信息，便利居民出行。在出车中遇到乘客遗忘手机、行李箱、钱包等东西时，他都会想方设法地联系到失主，拾金不昧、助人为乐的事例在他身上不胜枚举。他多次获得“岗位标兵”“先进个人”等荣誉称号。

何伏东 男，1975年10月生，淮安市祥顺物业服务有限公司总经理。2016年底，何伏东被任命为河下街道物业管理负责人。当时街道的各个小区是由社会物业分散管理，普遍存在环境脏、乱、差，违建严重等问题。何伏东对每个小区进行拉网式排查，积极向上争取资金，对老化设施进行技改投入。公司先后在文府佳苑、国际商城、萧湖人家、河下小区、华厦小区、古运小区投入五十余万元，安装和补充了摄像系统，补植了花草树木，小区面貌焕然一新，赢得业主的一致赞誉。

刘兰芳 女，1981年11月生，中共党员，淮安区世纪爱心志愿服务队志愿者。五年来，她资助7名困境儿童，成为孩子们念念不忘的“爱心妈妈”；她关爱孤寡老人，经常组织志愿者到敬老院打扫卫生，带去生活用品，陪老人拉家常，被孤寡老人们亲切的称为“好闺女”；每到端午节和中秋节，她都和志愿者到康教幼儿园，与智障儿童一起包粽子、做月饼，让孩子们感受到社会的温暖。她还多次参与“花艺进特校”活动，教残疾孩子插花技艺。2020年，她被市委市政府表彰为优秀志愿者。

黄宗儒 男，1943年9月生，中共党员，淮安区流均镇马铺村村民。2004年退休后，他积极奉献余热，在村里办起全镇第一所校外教育辅导站。10余年来，全村有500多名留守儿童接受了他的校外辅导，辅导站连续多年被评为淮安市优秀校外教育辅导站。他发挥自己的专长，组建马铺村“夕阳红”文艺宣传队，自费上万元购置服装和道具，自编自演上百个文艺节目在全镇巡回演出，深受广大村民的喜爱和欢迎。

刘 松 男，1986年12月生，淮安区河下街道螺蛳街村村民。作为一名社区志愿者，面对新冠疫情，三年来，他不要报酬、不计得失，勇当疫情防控的“宣传员”和“战斗员”，带上防疫记录本，拿起测温枪，奋战在社区防控一线，协助村里做好疫情网格化防控工作。面对困难群体，他主动伸出援手，为一户特困家庭资助学费和生活费2万余元。他带领爱心人士关爱留守儿童，为社区困难家庭、孤寡老人捐款捐物，帮助他们解决实际困难。

朱留加 男，46岁，中共党员，中龙护嘉集团有限公司董事长。作为一名创业有成的企业家，他勇担社会责任，关心困难群体，积极捐资助学，先后帮助30多位贫困学子完成学业。作为一名乡贤，他心系家乡发展，累计捐资50多万元，支持家乡公益事业，投资千万元在家乡开办工厂，投资380万元建农家乐，为家乡困难家庭提供就业岗位。作为区人大代表，他积极参加“千百万扶贫济困大行动”活动，先后捐款捐物20万元，累计帮扶困难群众40多人次。他用自己的行动展现民营企业家的担当。

张 黎 男，1982年生，淮安区淮城街道瞻岱社区党总支书记。面对纷繁复杂的社区工作，他以“市民需求”为导向，竭力做好社区治理，倾力抓好疫情防控，努力构建一方平安。三年来，张黎用2万余条微信，4000余个答复，让居民的600余件操心事、烦心事、揪心事得以圆满解决。社区安全生产和防违治违工作连续三年实现零事故、零违章，连续三年实现重复信访零发生，受到上级组织的肯定和社区居民的好评，展现了新时代社区干部勤勉为民的榜样力量。

徐卫东 男，1969年6月生，淮安区平桥镇东风村卫生室室长。作为一名乡村医生，从业37年来，他始终把守护村民的健康作为首要职责，工作勤恳踏实，任劳任怨。治病疗伤，随喊随到；预防保健，进家入户；疫情防控，冲在一线。他是全体村民的“家庭医生”，定期为病困村民上门随访，经常通过健康体检、日间照料、健康讲座等形式，为村民普及健康知识，提供医疗服务。他用自己的行动践行着乡村医生的责任担当。2020年，徐卫东获评“淮安市优秀乡村医生”。

蔡 敏 女，1993年4月生，中共党员，淮安市楚州中医院肺病科护士长。疫情三年，她临危不惧，勇于担当，始终坚守在疫情防控一线。2020年疫情蔓延，她主动报名，成为进入楚州中医院隔离病房的第一梯队队员，在医院隔离病房坚守95天。三年来，蔡敏前后进入酒店集中隔离医学观察点八次，在隔离点工作时间累计达240多天，服务隔离人员1200人。2022年4月，蔡敏带领淮安区80余名医护人员驰援上海，连续奋战14天，每天8小时不间断地开展核酸采集，圆满完成任务。

吕明珠 女，淮安市周恩来红军小学音乐教师。从教25年来，她始终坚持“服务人民教育事业”的准则，主动参与红色文化传承的教学活动，让红色故事、红色歌舞、红色书籍成为孩子们的“营养餐”。参与编排的原创经典节目《梦中的周爷爷》《梦想与希望》《红领巾传承新时代》分别推上了央视的舞台，走进了悉尼歌剧院。她曾多次下乡支教，悉心关爱留守儿童，对学生学习上尽心尽力辅导，生活上无微不至关怀，深受学生和家长的好评。

周学银　女，1971年9月生，淮安区钦工镇条沿村村民。婚后不久，婆婆李成英腰椎发生病变，无法行走，丈夫忙于开车搭客送货，很少在家，照料瘫痪婆婆的担子就落在她的肩上。从此，早上给婆婆梳头、洗脸、倒马桶，晚上帮助洗脚、擦身，成了周学银每天的“必修课”。婆婆消化不好，她将食物切得细细的，再煮得软软的喂给老人。23年来，周学银悉心服侍婆婆，很少离开，连回邻村的娘家都来去匆匆。左邻右舍都夸她是个比女儿还孝顺的好儿媳。

丁桂英　女，1962年生，淮安区淮城街道恩来社区居民。2014年夏天，丈夫高血压引起脑梗塞瘫痪失去自理能力，她每天拉着丈夫锻炼，并进行针灸、按摩等康复理疗。2017年秋天，丈夫摔了一跤，花费40余万元却医治无效成了植物人。为延长丈夫生命，她早上用镊子夹住棉花团蘸盐水为他清理口腔，一日三餐用针管从鼻饲管打流食、碎药片，维系他的生活与健康。在照料丈夫的同时，丁桂英还要打临工维持生活。有人劝她放弃，丁桂英却坚定地说：“我是他的生命支柱，他是我的精神寄托，我会陪着丈夫一步一步地走下去。”

杨秀英　女，1947年8月生，平桥镇九洞村村民。30年前，小儿子因一场怪病导致瘫痪，让原本幸福的四口之家顿时跌入谷底。30年来，这位朴实的农家妇女，每天为儿子端屎倒尿，擦洗身子，按摩四肢，翻动身体，经常四处寻医问药找偏方，希望能把儿子的病治好。30年间，杨秀英由壮年到老年，身子骨也没有过去硬朗了，但照顾瘫痪儿子的精神一直不减。2021年，杨秀英获评淮安区“最美母亲”。

郜焕于　张兆花　郜焕于，男，1966年11月生。张兆花，女，1967年5月生。均为流均镇溪河村村民。2022年12月9日上午约10点，夫妻俩在镇上的农业银行调零钱。郜焕于递进7张百元大钞，柜员递出一袋成捆的十元纸币。他未细看，提上钱袋便开车回家。路上，妻子张兆花发现银行给了他们7000元，多出了6300元。夫妻俩立即开车掉头，返回农行还回多给的钱。有人说，6300元大概能抵他们家2个月的收入，多给的钱不要，真傻。面对到手的不当获利，郜焕于夫妻选择了主动退还，诚实守信，难能可贵！

韩　帅　男，1989年10月生，中共党员，漕运镇跃进村委会财务会计。2022年5月25日上午9时许，一辆装有数吨木材的大货车停靠在京沪高速石塘出入口处接受疫情检测，不料车厢内突然冒起滚滚浓烟，并伴有火苗蹿出，情况非常危急。漕运镇石塘卡口驻点人员韩帅发现火情，立即以百米冲刺的速度奔向着火车辆，边跑边大声呼叫救援，抓起灭火器对准火源进行喷射，火势很快得到有效控制。由于救火及时有效，交通管控措施到位，现场没有发生人员伤亡。

（区委宣传部）

集体荣誉

全国红色旅游融合发展试点单位

12月23日，文化和旅游部办公厅公布全国红色旅游融合发展试点单位名单，淮安区以大运河“百里画廊”红色旅游融合发展带试点为主题成功入选。文化和旅游部在全国共遴选10家红色旅游融合发展试点单位，淮安区是全省唯一上榜的城市。

红色旅游融合发展试点，旨在通过打造红色旅游融合发展先行区，解决长期困扰红色旅游发展的瓶颈问题，推动红色旅游成为弘扬红色文化的重要载体、爱国主义教育的重要手段、革命老区经济转型升级重要推力和乡村振兴重要引领产业。

全国市辖区旅游发展潜力百佳区

7月，全国市辖区旅游研究课题组及北京华夏佰强旅游咨询中心在北京联合发布第三届全国市辖区旅游研究成果《全国市辖区旅游研究报告2022》暨“2022年全国市辖区旅游综合实力百强区”“2022年全国市辖区旅游发展潜力百佳区”

名单。淮安区上榜“2022年全国市辖区旅游发展潜力百佳区”名单第81位。

全国市辖区旅游发展潜力百佳区主要考察中国大陆地区977个市辖区的城市旅游资源潜力、旅游市场潜力、旅游开发效益、社会经济支撑条件4个方面22项指标。得分靠前的100个区即为“2022年全国市辖区旅游发展潜力百佳区”。江苏省共上榜10家。

《淮安区报》

江苏省生态文明建设示范区

1月25日，江苏省生态环境厅公布第四批省级生态文明建设示范县（市、区）、乡镇（街道）、村（社区）名单。淮安区被命名为第四批江苏省生态文明建设示范区。全省9个县（市、区）获命名。

淮安区漕运镇、范集镇、车桥镇、顺河镇、淮城街道、山阳街道被命名为第四批江苏省生态文明建设示范乡镇（街道）。河下街道华亭村、范集镇大间村、石塘镇砖桥村、河下街道新路村、平桥镇运河村、漕运镇泾河村被命名为第四批江苏省生态文明建设示范村（社区）。获命名乡镇（街道）、村（社区）数量均居全市第一。

（陈国红）

江苏省健康促进区

3月4日，江苏省卫生健康委员会办公室印发《关于确认2020–2021年度健康促进县（区）评估结果的通知》，淮安区通过评估，被确认为江苏省健康促进区。

淮安区以城乡环境综合治理为抓手，开展垃圾乱堆乱放整治、老旧小区改造、农村卫生户厕建设等工作。建成区生活垃圾无害化处理率和农村生活垃圾集中处理率均达100%，农村卫生户厕普及率达99.9%。拓展城市绿地，建设以体育馆为点、健康步道为线的全区健身大环境。探索体育场馆免费开放新模式。保障中小学校按要求开齐开足体育课。淮安区经常参加体育健身人口达总人口44.6%。普及健康知识，培育健身休闲产业，促进老年健康，提升医疗卫生服务水平，完善全民医保制度，保障食品安全。开展形式多样的健康促进活动，提高居民健康素养水平。

（区政府网站）

江苏省双拥模范区

7月29日，中共江苏省委办公厅印发《中共江苏省委 江苏省人民政府 江苏省军区关于命名江苏省第十二届双拥模范城（县、区）的决定》。淮安区被命名为江苏省第十二届双拥模范区。淮安区实现省双拥模范区“九连冠”。

淮安区完善双拥工作组织领导、目标责任、日常运行、督查督办等机制；推行军地互办实事解难题、军地结对共建增团结，夯实双拥工作基础。开展宣传教育，着力营造双拥工作氛围，落实优抚安置政策。开展最美双拥人物、最美军嫂推选等一系列活动，丰富新时代双拥工作内涵。

《淮安区报》

江苏省农村物流达标县

7月26日，江苏省交通运输厅发布第二批“农村物流达标县”名单，共10家，淮安区入列。

淮安区根据《江苏省城乡物流服务一体化发展三年行动计划（2021—2023年）》和省农村物流达标县创建标准，升级改造农村客运站场，推进站场和配送车辆资源共享。坚持共建共享，融合交通、邮政、供销等资源优势，完善区镇村三级物流网络建设，实行农村物流、电商服务一体化，初步形成布局合理、城乡一体、服务便利的物流服务体系。

（区政府网站）

长三角高铁旅游小城

12月18日，“第二批长三角高铁旅游小城”评选结果在杭州发布，淮安区入选。“第二批长三角高铁旅游小城”遴选活动，由江苏省文化和旅游厅牵头，联合上海、浙江、安徽两省一市文旅部门，依托高铁网络和站点开展。结合网友投票结果和专家评审意见，根据《长三角高铁旅游小城评分标准》，共评选出30个长三角高铁旅游小城。江苏省共入选9家。

（微讯江苏）

领导干部名录

(2022年1月—12月)

中共淮安市淮安区委员会

书　记　张　笑(5月止)　颜　复(5月任)
副书记　颜　复(5月止)　邓　萌(6月任)
　　　　王　锐(2月止)　王　星(2月任)
　　　　王元武(挂职,6月止)
　　　　张　进(挂职,6月任)
　　　　郭玉振(挂职,9月任)
常　委　朱书文　祁素娟　袁安宝　吴洪刚
　　　　夏开封(10月止)　彭　凯
　　　　戴向峰(2月止)　毛善德
　　　　俞向林(10月任)　朱　亚(2月任)

淮安市淮安区人大常委会

主　任　蒋必海(1月止)　胡启新(1月任)
党组书记　胡启新
副主任　颜廷飞(1月止)　仇庆国(1月止)
　　　　葛　明(1月任)　谈效艳
　　　　李晓旭(1月任)　刘宏彬
党组副书记　葛　明
党组成员　颜廷飞(7月止)　仇庆国(7月止)
　　　　刘宏彬　李晓旭　孙学友

淮安市淮安区人民政府

区长、党组书记　颜　复(6月止)
代区长　邓　萌(6月任)
党组书记　邓　萌(7月任)
常务副区长、党组副书记　朱书文
副区长　黄沛江(援疆)　李晓旭(1月止)
　　　　汪　磊　王成伟　陈祖敏　印　祺
　　　　钟　马　项宏波(挂职,12月止)
　　　　吴力人(挂职)　闻夕刚(挂职,10月止)
　　　　朱　赤(1月任)　郭玉振(挂职,9月任)
党组成员　彭　凯(7月止)　黄沛江(援疆)
　　　　汪　磊　王成伟　印　祺
　　　　项宏波(挂职,12月止)　朱　赤
　　　　钟　马(7月任)

政协淮安市淮安区委员会

党组书记、主席　关晓卫
党组副书记　彭　凯　高　超
副主席　葛　明（1月止）　高　超（1月任）
　　　　马世良　汤荣平　嵇　栩（1月任）
　　　　徐向阳（1月任）
党组成员　徐向阳
三级调研员　吴雪瑞
四级调研员　戴红星

中共淮安市淮安区纪律检查委员会 淮安市淮安区监察委员会

中共淮安市淮安区纪律检查委员会

书　记　袁安宝
副书记　王桂民（7月任常务副书记，11月止）
　　　　刘　超（2月任）
常　委　孔得吉　李志浩　郑振宇（挂职）
　　　　吉耀春　张　磊

淮安市淮安区监察委员会

主　任　袁安宝
副主任　刘　超（4月任）　王桂民（11月止）
委　员　刘　超（4月止）　孔得吉　吉耀春
　　　　沈　宇　童　心（8月任）

中共淮安市淮安区委员会工作部门及直属单位

区委办公室

主　任　潘　伟
副主任　张振宇　祁高峰
区外事接待服务中心主任　陆丽萍
区委机要局副局长　邱祥俊
区国家保密局副局长　韦月红
区委深改办副主任　陆昊伟
区委研究室副主任　陶　陶（6月止）
区委国安办副主任　王　翔（9月任）

区委组织部

部　长　夏开封（10月止）　俞向林（10月任）
副部长　丁建民　周耀武　甘　钧

区委非公有制企业和社会组织工作委员会

书　记　甘　钧

区委党建工作领导小组办公室

副主任　姚　剑

区考核工作委员会办公室

主　任　夏开封（10月止）　俞向林（10月任）
副主任　李　军

区人才发展中心

主　任　李　军
副主任　汪国进（12月止）

区委党员教育中心

主　任　陈在昌

区委宣传部

部　长　祁素娟
副部长　郝达峰　孙克勤　徐殿忠　傅振举
四级调研员　王怀扣

区精神文明建设指导委员会办公室

主　任　徐殿忠
副主任　亢金彪

区新闻出版局（区版权局）

局　长　孙克勤

区社科联

副主席　孙　苏

区委网信办

副主任　赵　琪

区互联网舆情中心

主　任　周维军

区委统一战线工作部
部　长　彭　凯
副部长　赵立国　吴　冬　张景东

区民族宗教事务局
局　长　张景东
副局长　郝志春

区委台湾工作办公室（区人民政府台湾事务办公室）
主　任　吴　冬
副主任　张建年

区委政法委
书　记　吴洪刚
常务副书记　瞿洪波
副书记　朱继业
国安办（9月，改革）副主任　高国慧
政治处主任　周义春

区社会治理指挥中心
主　任　朱继业
副主任　颜　鸿

中共淮安市淮安区委巡察工作办公室
主　任　李志浩
副主任　潘伟刚
区委巡察组组长　蒋晓明（7月止）
　　孙晓健（7月任）　潘安民
　　杨凤楼　王少成　葛志生
区委巡察组副组长　李欣蓉　周艾咏
　　刘晓燕　周　伟　陈德永　庄　阳
　　刘志国　樊建峰　王　晨
　　吉洪忠（8月任）

区委营商环境优化办公室
主　任　孙晓建（7月止）　蒋晓明（7月任）
副主任　高仲民　桂文光　刘建睿

区档案馆
馆　长　肖如军
副馆长　攸海侠

区委机构编制委员会办公室
主　任　丁建民
副主任　徐晓丰　曹　值

区委区级机关工作委员会
书　记　赵　彩
副书记　鲁卫东　谷　淼
纪工委书记　徐　翠

区委老干部局
局　长　周耀武
副局长　董万宝　徐文喜

区委党史工委
主　任　朱跃兵

区委党校
校　长　夏开封（10月止）　俞向林（10月任）
常务副校长　张天剑（8月止）　徐爱春（8月任）
副校长　陈　伟

区融媒体中心
主　任　魏金良
总编辑　朱天羽
副主任　陆向东　龚　昕
副总编辑　季　文
纪委书记　龚　昕

淮安市淮安区人大专门委员会及常委会组织机构

区人大监察和司法委员会
主任委员　颜廷飞（1月止）　葛　明（1月任）
副主任委员　舒　涛（1月止）　周智勇（1月任）

区人大财政经济委员会
主任委员　孙学友

副主任委员　夏海华

区人大社会建设委员会

主任委员　谈效艳
副主任委员　陈爱军

区人大常委会办公室

主　任　王建法
副主任　郭立鹏　徐　溪　徐　波

区人大常委会人事代表联络工作委员会

主　任　王永红
副主任　许　翠

区人大常委会财政经济工作委员会

主　任　夏海华
副主任　孙厚有

区人大常委会法制工作委员会

主　任　周智勇
副主任　戴　薇

区人大常委会环境资源城乡建设工作委员会

主　任　嵇　勇
副主任　吉鸿儒

区人大常委会教育科学文化卫生工作委员会

主　任　陈爱军
副主任　毛建中

区人大常委会农村经济工作委员会

主　任　贺马扣
副主任　高　雅

淮安市淮安区人民政府工作部门及直属机构

区政府办公室

党组书记、主任　沈涵哲
副主任　王金宝　孙兆峰　汤荣平　雷　军
党组成员　王金宝　孙兆峰　雷　军　吉金宝
区政府研究室主任　沈涵哲
区大数据管理局局长　沈涵哲
区委外事工作委员会办公室、区政府外事办公室主任　沈涵哲
区委外事工作委员会办公室副主任　吉金宝

区机关事务管理服务中心

主　任　王金宝
副主任　周　鹏　吴志勇

区数字经济发展服务中心

负责人　徐　丽

区发展和改革委员会（区粮食和物资储备局）（11月，党委改党组）

主　任　徐向阳
副主任　徐技军　时彦军　张丽霞　秦阿男　张　彪
党组书记　徐向阳
党组成员　徐技军　时彦军　张丽霞　秦阿男　张　彪

区教育体育局（11月，党委改党组）

区委教工委书记、局长　蒋雪峰
副局长　相　华　陈志亮　高云海
党组书记　蒋雪峰
党组成员　相　华　陈志亮　高云海

市青少年综合实践基地管理中心

主　任　王其明
副主任　孙　青

区教师发展中心

主　任　高云海
副主任　王懿明

区中小学体育技能培训中心

主　任　管晓蓉

区科学技术局

局　长　黄道剑
副局长　汪桂根　王　玲　单　峰
党组书记　黄道剑

党组成员　汪桂根　王　玲　单　峰

区工业和信息化局

局　长　邵　冰
副局长　黄兆平　葛　颖
党组书记　邵　冰
党组成员　黄兆平　葛　颖　汪付华

区工业项目管理服务中心

主　任　汪付华

区招商服务中心

主　任　嵇　栩
副主任　杜苏仁　严兆凯　刘尧尧

区民政局(11月,党委改党组)

局　长　宋　炜
副局长　花　翔　戴耀宇(8月任)
　　　　葛晓军(8月止)
党组书记　宋　炜
党组成员　花　翔　戴耀宇

区司法局

局　长　施淮中
副局长　杨　灏　夏　文　张乃军　支伯祥
党组书记　施淮中
党组成员　杨　灏　夏　文　张乃军　支伯祥
　　　　　张宏伟
政治处主任　张宏伟
区委全面依法治区委员会办公室副主任　刘长建

区财政局(11月,党委改党组)

局　长　胡忠权(7月任)
副局长　胡忠权(7月止)　丁　琦
党组书记　胡忠权
党组成员　丁　琦　王金铸　张银发　王文生
区非税收入管理服务中心主任　王金铸
区财政国库支付中心主任　张银发

区政府国有资产监督管理办公室

主　任　胡忠权(7月任)

区政府投融资管理服务中心

副主任　王开阳

区国有资产管理服务中心

主　任　胡忠权(7月任)
副主任　顾蓉蓉

区人力资源和社会保障局

局　长　胡　彦
副局长　王　冰　周玉秀　陈　诚
党委书记　胡　彦
党委委员　王　冰　周玉秀　陈　诚

区社会保险基金管理中心

主　任　胡　彦
副主任　张洪琴　肖　海

区住房和城乡建设局

局　长　王友胜
副局长　徐承虎　骆康平　陈联国　徐天亮
　　　　王卫东
党委书记　王友胜
党委委员　徐承虎　骆康平　陈联国　徐天亮
　　　　　王卫东　庄　重
系统工会主席　王卫东
总工程师　朱士超
区房屋综合服务中心主任　成新军
区房屋征收服务中心主任　丁光灿
区建筑工程发展服务中心主任　涂永明
区建筑工程发展服务中心党支部书记　庄　重
区市政公用事业服务中心主任　邱文彬

区住房保障和房产管理中心

副主任　彭志军

区城市建设发展服务中心

主　任　胡光宏
副主任　高端山　赵定刚　牛　超

区城市管理局(区综合行政执法局)(11月,党委改党组)

局　长　宗喜林
副局长　李智勇　王建民　董铁元
党组书记　宗喜林
党组成员　李智勇　王建民　董铁元

执法大队大队长　周学礼

区交通运输局

局　长　陶正东

副局长　颜　飞　朱春浪

党委书记　陶正东

党委委员　颜　飞　朱春浪　梁　军　尹兆策

区交通运输综合行政执法大队大队长　梁　军

区公路事业发展中心主任　纪登祥

区港航事业发展中心主任　李海建

区水利局

局　长　胡华德

副局长　孙小军　朱炳虎　吉玉猛

党委书记　胡华德

党委委员　孙小军　朱炳虎　吉玉猛　苏江霖　王正洲

总工程师　苏江霖

区水政监察大队大队长　于宣东

区城市排涝泵站管理所所长　胡运兴

区茭陵抽水站站长　陈孟群

区农业农村局

局　长　孙一卫

副局长　夏东祥　马　琳　周　锋

党委书记　孙一卫

党委委员　孙一卫　殷宏阳　管其兵　夏东祥　周　锋

区委农办

主　任　孙一卫

副主任　殷宏阳

区乡村振兴局

局　长　孙一卫

副局长　管其兵

区农业技术推广中心

主　任　丁凤翔

副主任　葛东红　刘士玉

区扶贫开发服务中心

副主任　高永宁　陈海龙

区商务局

局　长　衡爱国

副局长　施建伟　阮如亮　张士猛

党组书记　衡爱国

党组成员　施建伟　阮如亮　张士猛

区文化广电和旅游局

局　长　徐洪亮

副局长　刘红兵　陶　杨　张苏永　倪树军

党委书记　徐洪亮

党委委员　刘红兵　陶　杨　张苏永　倪树军　吉凤山　汪家宝

区文化馆馆长、党支部书记　吉凤山

淮安市楚州博物馆馆长、党支部书记　汪家宝

区文物保护所所长　金　媚

区卫生健康委员会

主　任　侯卫东

副主任　杨卫方　纪学中（9月止）　严德芦

党委书记　侯卫东

党委委员　严德芦　杨卫方　范伟峰

区爱国卫生服务中心主任　唐　晔

区卫生监督所所长　范伟峰

区疾病预防控制中心主任　朱素芳

区退役军人事务局

局　长　高尚文

副局长　费炳浩　张玉元　卞春秋

党组书记　高尚文

党组成员　费炳浩　张玉元　卞春秋　张正功

区退役军人服务中心主任　刘尚劲

区应急管理局

局　长　韦立阳

副局长　张群山　李海青　陈华昌　史国坚

党委书记　韦立阳

党委委员　张群山　李海青　陈华昌　史国坚　马能美　朱文峰

区安委办专职副主任　马能美

总工程师　朱文峰

区防震减灾服务中心

副主任　潘磊磊　吴　钊

区审计局

局　长　孙　剑

副局长　刘金涛　李　强

党组书记　孙　剑

党组成员　刘金涛　李　强

四级主任科员　王　群（7月止）

钱玉芹（2月止）

区委审计委员会办公室副主任　王　岳

区政府投资评审中心主任　李　斌

区行政审批局（区政务服务管理办公室）

局　长　何德飞

副局长　马俊彪　朱丽菁　李　剑

党组书记　何德飞

党组成员　马俊彪　朱丽菁　李　剑

区政务服务中心主任　陈　刚

市公共资源交易中心淮安分中心主任　徐从肴

区市场监督管理局

局　长　杨秀俊

副局长　王　军　张启明　王达宏

党委书记　杨秀俊

党委委员　王　军　张启明　王达宏　高永年

食品药品安全总监　高永年

淮城分局分局长　左飞俊

经济开发区分局分局长　陈建雄

钦工分局分局长　程　亮

车桥分局分局长　季建峰

施河分局分局长　江小平

石塘分局分局长　张脉平

区综合检验检测中心主任　吕惠年

区市场监督稽查大队大队长　沈联法

区统计局

局　长　孙戳郇

副局长　孟庆成　卞小芳　郑国海

党组书记　孙戳郇

党组成员　孟庆成　卞小芳　郑国海　蒋爱生

蔡海为

省统计局淮安区调查局局长　蒋爱生

总统计师　蔡海为

区统计调查队队长　李　明

区医疗保障局

局　长　郭春生

副局长　邵来堂　杨佩剑　朱红伟

党组书记　郭春生

党组成员　邵来堂　杨佩剑　朱红伟

区信访局

局　长　汤荣平

副局长　周艾青　郑红芳

党组书记　孙步鼎

党组成员　周艾青　郑红芳　陶昌纬

督查专员　陶昌纬

区地方金融监督管理局

局　长　孙兆峰

副局长　张　宇　杨德娟

党组书记　孙兆峰

党组成员　张　宇　杨德娟

淮安市公安局淮安分局

局　长　王成伟

副局长　王文红　潘如标　贾金铭

刘　斌（8月任）　王学志

党委书记　王成伟

党委副书记、政委　王海鸿

党委委员　仇绍峰　王文红　潘如标　贾金铭

刘　斌　王学志

政治处主任　仇绍峰（8月任）

区志编纂委员会办公室

副主任　陈国红　杨金城

区文化旅游开发中心

主　任　胥　骏

副主任　陈克宏

区供销合作总社

党委书记、理事会主任　田学高

党委副书记、理事会副主任　章彦春

监事会主任　陈尚飞

政协淮安市淮安区委员会办事机构

区政协办公室

主　任　谷　昭

副主任　叶占鳌　胡子静

区政协提案和社情民意委

主　任　熊占林

副主任　刘玉荣

区政协经济科技和农业农村委

主　任　黄迎明

副主任　江玲玉

区政协文教卫体和人资环委

主　任　丁小松

副主任　张森林

区政协学习和社会法制委

主　任　葛加顺

副主任　邵旭东

区政协港澳台侨和民族宗教委

主　任　李　海

副主任　赵德美

区文史资料研究中心

主　任　胡凤荣

副主任　叶占鳌

群团组织

区总工会

主　席　夏开封（10月止）　戴红星（12月任）

党组书记、副主席　高　辉

党组成员、副主席　高巧珍　徐列义

兼任副主席　钟百超　朱继业　蒋亦卿

共青团淮安市淮安区委员会

书　记　郑　珊

副书记　陈　辰

区妇女联合会

主　席　高淮荫

副主席　杨　娟　魏正丽

四级主任科员　潘艾娣

区工商业联合会

党组书记　赵立国

主　席　牛依凡

副主席　许　刚

区归国华侨联合会

主　席　潘海平

副主席　张　磊

区科学技术协会

党组书记、主席　胡从喜

副主席　韩　斌　肖　享

区残疾人联合会

理事长　朱剑春

副理事长　王友进

四级主任科员　李　芳

区文学艺术界联合会

主　席　傅振举

区红十字会

常务副会长　张立松

区关心下一代工作委员会

主　任　王秀珍
副主任　李寿琦（3月止）

淮安区老年大学

校　长　朱国仁
常务副校长　王颍淮
副校长　戴俊鹏　秦福灿　舒永干

区老区开发促进会、扶贫开发协会

会　长　殷长干
副会长　徐学春　钟士和

淮安市淮安区人民法院

党组书记、院长　段庆丽
党组副书记、副院长　庞志毅
　　　　欧海鸥（挂职，8月止）
　　　　华　林（挂职，9月任）
党组成员、副院长　王加庚　姚益鑫（8月任）
党组成员、政治部主任　王　娟
审判委员会专职委员　纪志阳（8月任）
　　　　陶文花（8月任）
执行局局长　纪志阳

淮安市淮安区人民检察院

党组书记、检察长　臧雪青
党组副书记、副检察长　陈友东
党组成员、副检察长　张寿祥　许海沐
党组成员、检委会专职委员
　　　　潘在伏　张　珍（挂职，3月任）
检委会专职委员　张　旺
党组成员、政治部主任　周玉萍
党组成员　王永刚

中国人民解放军
江苏省淮安市淮安区人民武装部

政　委　毛善德
部　长　王　峰
副部长　潘　勇

武警淮安支队执勤二中队

中队长　鲍志威
指导员、中队党支部书记　丁文祥
排　长　殷　睿　庄明昊

淮安市淮安区消防救援大队

大队长　龚茂辉
政治教导员　万开松
副大队长　朱　禾（1月止）　张　帅（5月任）
翔宇消防救援站站长　熊细宾
翔宇消防救援站政治指导员　许伟鹏

开 发 园 区

江苏淮安经济开发区

党工委书记　戴向峰（2月止）　朱　亚（2月任）
党工委副书记、管委会主任　房乃发
党工委副书记　陆恒青
党工委副书记、管委会副主任　张晓宇（5月止）
纪工委书记　董海清
党工委委员、管委会副主任　贯　苑（6月止）
　　　　刘爱勇（9月任）
　　　　颜廷浪　张晓扣

党工委委员　马建芳　胡长荣（10月任）
党政办公室主任　常　艳
财政和资产管理局局长　戴洪群
规划建设局局长　李　刚
项目服务中心主任　常　伟
经济发展局局长　徐大永
综合服务中心副主任　张文武
综合行政执法局局长　蒋定闯

江苏省国信集团淮安工业园管理服务中心

主　任　刘旭先
副主任　王晓平　李志忠
八级职员　郭　谦

淮安市淮安区绿色建造产业园

党工委书记、管理服务中心主任　马建芳
党工委委员、管理服务中心副主任　田　力
杨青华

淮安施河现代教育装备产业园管理服务中心

党组书记、主任　张玉叶
党组成员、副主任　金卫国　侯永顺

国有企业

淮安市宏信国有资产投资管理有限公司

党委书记、董事长、总经理　李　峰
党委委员、副总经理　任　俊（8月任）
副总经理　徐　江（1月止）　陶　涛（8月任）
党委副书记　胡玉高（7月任）
纪委书记　陈　昊（7月任）

区城市资产经营有限公司

总经理　岳云俊（11月止）
法　人　曹　俊（11月任）

淮安市宏运市政有限公司

副总经理　王学民（11月止）
法　人　吉　玮（12月任）

淮安市名城投资控股集团有限公司（6月，由淮安市名城资产经营有限公司升级）

主要负责人　王　杰
副总经理　孙　冲（8月任）

区轻工资产管理公司

党委书记　周　勋（8月止）
副总经理　施志峰（8月起，主持工作）　付黎明
纪委书记　周晓婷

区物资资产管理公司

党委书记、总经理　金宝才

区贸易资产管理公司

党委副书记、副总经理　宗鸿亮（主持工作）
党委委员、副总经理　蒋继荣（6月止）　刘　斌
党委委员、工会主席　钱　静

区机电化资产管理公司

党委书记、总经理　吴建农
副总经理　张　筠

区纺织资产经营有限公司

党委委员、副总经理　高建超（主持工作）

医院学校

淮安市淮安医院

党委书记　刘维太
院　长　刘维太（9月止）　纪学中（9月任）
党委副书记、工会主席　侯红明
纪委书记　吉文龙
副院长　葛东方　杨兆东　吴新华
薛同庆（9月任）
党委委员　周晓艳

淮安市楚州中医院

院长、党总支书记　李　强

淮安区皮肤病防治院

院长、党支部书记　杨秀冬

淮安区车桥镇中心卫生院

院　长　祁长虎

淮安区开放大学

校长、党总支书记　贾朝东

江苏省淮安工业中等专业学校

校　长　刘正发

江苏省淮安中学

校　长　于　敏

副校长　成向前　沈成银　葛金雷　徐维民　王新南　马　骏　龚鹏程

工会主席　胡鹤毅

淮安市楚州中学

校　长　张乃宝

副校长　金步兵　朱傲雪　朱互爱　陶月高

淮安市周恩来红军中学

校　长　耿怀青

淮安外国语学校

校长、党支部书记　高立顺

常务校长　曹国柱

副校长　王奎生　陆怀珍　张明根　张三平

校长助理　耿　健（9月任）

淮安市周恩来红军小学

校　长　管晓蓉

淮安市新安小学

校　长　张大冬

淮安市楚州实验小学

校　长　陈国永

街道、镇

淮城街道

党工委书记　骆东华（10月止）

党工委副书记、办事处主任　徐爱春（9月止）　陈　晨（9月任）

人大工委主任　刘　君

党工委副书记　贾武强　马飞虎

纪工委书记　王爱进

人大工委副主任　刘月芹

组织委员　徐一醒

宣传统战委员　嵇道武

人武部长　张志君

政法委员　贺　啸

办事处副主任　贾　健　王　海　韩　光　丁　伟　翟乾庆

四级主任科员　吕二兵

河下街道

党工委书记　武　志

党工委副书记、办事处主任　陆　星

人大工委主任　颜　军

党工委副书记　张　勇

纪工委书记　陶建如

人大工委副主任　朱楠楠

组织委员　杨剑锋

宣传统战委员　卢　静

人武部长　路兆春

政法委员　李从年

办事处副主任　许振华　谷　璇　屠宝刚　孙建兵　刘文峰

山阳街道

党工委书记　胡长荣

党工委副书记、办事处主任

张　卓（9月止）张洪永（9月任）

人大工委主任　邵庆春

党工委副书记　陈永春

纪工委书记　管建新

人大工委副主任　邱洪亚

组织委员　孙　晨（12月止）

宣传统战委员　李金兵

人武部长　李　磊

政法委员　薛　峰

办事处副主任　马德辉　王金凤　徐成林

刘海龙　刘宝娟

平桥镇

党委书记　罗剑峰

党委副书记、镇长　张　康

人大主席　朱海彦

党委副书记　骆　健

纪委书记　袁剑锋

组织委员　陈洋洋

宣传委员　汪振扬

统战委员　赵　兴

人武部长　韩学旺

政法委员　陈　群

党委委员、副镇长　贾智慧

副镇长　靖小锋　秦晓莉　连会生　季　洁

石塘镇

党委书记　王海浪

党委副书记、镇长　马志建

人大主席　杨　光

党委副书记　徐万牛

纪委书记　陈金龙

组织委员　陶　然

宣传委员　葛　辉

统战委员　邱跃中

人武部长　张建强

政法委员　蒋大为

副镇长　纪如红　姜媛媛　杜春元　吴　筠

乐　岳

朱桥镇

党委书记　孙爱忠（9月止）张　卓（9月任）

党委副书记、镇长　李　建

人大主席　朱彩虹

党委副书记　许二兵

纪委书记　孙　晋

组织委员　王　翔（9月止）

宣传统战委员　王　进

人武部长、工会主席　徐正雨

政法委员　程汉思

党委委员、副镇长　陆　兵

副镇长　夏顶年　盛红军　周　建

施河镇

党委书记　钟　马

党委副书记、镇长　张玉叶

人大主席　咸　勇

党委副书记　董爱超　周夕雷

纪委书记　杨　芳

人大副主席　徐庆杨

组织委员、工会主席　张豆豆

宣传统战委员　朱金丹

人武部长　高　卫

政法委员　单复智（8月止）

党委委员、副镇长　徐礼航

副镇长　杨东朋　徐德洲　张洪海　李　超

车桥镇

党委书记　许云波

党委副书记、镇长　何　叶
人大主席　蒋兆银
党委副书记　汤米昌　刘士榕
纪委书记　宗宝昌
组织委员　邓明星
宣传统战委员　李炳瑶
人武部长　孙　耀
党委委员、副镇长　万士俊
副镇长　乐龙云　庞庭中　李金霖　李　洋

流均镇

党委书记　张国风
党委副书记、镇长　鲍　巍
人大主席　王　勇
党委副书记　翟其飞
纪委书记　栾　伟
人大副主席　潘志平
组织委员　王永辉
宣传统战委员　陈　银
人武部长　刘　鹏
政法委员　杨金浪（8月止）
党委委员、副镇长　葛从玉
副镇长　杨　睿　胡　兵　张　瑜

博里镇

党委书记　周建华
党委副书记、镇长　黄厚高
人大主席　张　兵
党委副书记　张明明
纪委书记　陈　鑫
组织委员　姚　俊
宣传委员　贾　雷
统战委员　刘国辉
人武部长　孙风先
政法委员　薛　强（8月止）
党委委员、副镇长　汤玉春
副镇长　施步军　徐金良　罗松源　杨晶晶

复兴镇

党委书记　成小星
党委副书记、镇长　吕　毅
人大主席　刘从登
党委副书记　周小兵
纪委书记　方　瑀
组织委员　何玲玲
宣传统战委员　刘　哲
人武部长　李　明
政法委员　武寿亮
党委委员、副镇长　李发金
副镇长　韩宝渊　陈彦飞　吴　洋

苏嘴镇

党委书记　郭秋香
党委副书记、镇长　周志勇
人大主席　刘维伟
党委副书记　吴叶军
纪委书记　胡　浩
组织委员　曹亚东
宣传委员　陈　曦
统战委员　王永强
人武部长　徐四林
副镇长　陆春青　陈金旭　徐　峰　徐豆立　吉　旭

钦工镇

党委书记　王　锐（3月止）　孙爱忠（9月任）
党委副书记、镇长　刘海霞
人大主席　贾　华
党委副书记　韦　勇　杨明翠
纪委书记　王　栋
人大副主席　刘安阳
组织委员　陈世杰
宣传统战委员　刘佩珩
人武部长　李　田
政法委员　支中海
党委委员、副镇长　袁　峰

副镇长　宋柏林　张　锋　严兆明　刘　娟

顺河镇

党委书记　刘从淮

党委副书记、镇长　李　杰

人大主席　邵　可

党委副书记　王宝佳

纪委书记　邱雪松

组织委员　闵永海

宣传统战委员　蒋成筛

人武部长　胡海政

政法委员　卢　佳

副镇长　骆高山　班山顶　姜春红　成春艳

漕运镇

党委书记　汤昌波

党委副书记、镇长　张洪永（9月止）

贾　苑（9月任）

人大主席　谢仕海

党委副书记　刘兆国

纪委书记　刘国臣

组织委员　邢金全

宣传委员　杨玉莲

统战委员　问亚铨

人武部长　孙夕兵

政法委员　武顺洋

党委委员、副镇长　邹　军

副镇长　袁　松　周雷芳　翟伟义

王　庆（1月任）　张　凯（1月任）

范集镇

党委书记　王玉湘

党委副书记、镇长　刘美林

人大主席　田庆丰

党委副书记　张翔燕

纪委书记　高　峰

组织委员　吴佳睿

宣传统战委员　徐　明

人武部长　刘小正

政法委员　骆长帅

党委委员、副镇长　陈健杰

副镇长　韩　夏　李建飞　高　泉

范晓林（1月任，5月止）

省、市垂管驻淮单位

周恩来纪念地管理局

党委书记、局长　刘震生

党委副书记　包志坚

党委委员、副局长　谭建华　李永权　刘　辉

周恩来纪念馆

馆　长　刘震生

副馆长　顾永丰（4月止）　施春生　严定忠

周恩来故居管理处

主　任　庞廷娅

副主任　李子权　王国胜（5月止）

陈国冠（8月任）

江苏省灌溉总渠管理处、江苏省淮河入海水道工程管理处

党委书记、主任　韩成银

副主任　戴启璠　何光叶（3月止）　华学坤

盛维高　董兆华　钱存斌（7月任）

纪委书记　邱大鹏

江苏省农垦集团白马湖农场

党委书记、董事长、社区管理委员会主任

姚春华（8月止）

党委书记、董事长　韩正光（8月任）

党委副书记　韩正光（8月止）　韩树明

总经理　韩树明

副总经理　何善栋（1月止）　冼永帅（1月任）

衡爱军（8月任）

社区管理委员会副主任　韩树明

衡爱军（8月任）

纪委书记　何善栋（1月任）
党委委员　冼永帅（8月任）　邵正林（10月任）
工会主席　冼永帅（1月任）　何善栋（1月止）
总经理助理　衡爱军（8月止）
苏垦农发白马湖分公司总经理　韩正光
苏垦农发白马湖分公司副总经理
邵正林　冼永帅（1月任）

淮安生物工程高等职业学校

党委书记、校长　崔步银（3月止）
韩永胜（3月任）
党委副书记　石国安
纪委书记　王　坚（8月止）　郃学位（8月任）
副校长　赵守东　禹立馨　李　慧　刘　慧

国家税务总局淮安市淮安区税务局

党委书记、局长　吴　昊
副局长　翟长扬（8月止）　雍润生　周　云
雍　康（8月任）　陈　超（4月任）
党委委员　周　云　雍　康（8月任）
陈　超（4月任）
纪检组长　许　飚（4月止）　刘　青（4月任）

淮安市淮安生态环境局

党组书记、局长　唐士海
党组副书记　蒋继成
党组成员、副局长　房晓华（6月止）　周向阳
范厚洪　崔强明（6月任）
党组成员　成太新　盖　超
淮安市淮安生态环境综合行政执法局局长
盖　超

淮安市自然资源和规划局淮安分局

局长、党总支书记　姜　川（1月止）
陈开昶（1月任）
副局长　张韶骏　颜士清　周　伟　苏志红
刘　斌　左昊川（1月止）　章　耀
车桥中心所所长　苗大兵
施河中心所所长　陈轶东
朱桥中心所所长　潘贵成
漕运中心所所长　张　军
钦工中心所所长　邵　俊
苏嘴中心所所长　徐　梁
淮城中心所所长　朱劲飞
石塘中心所所长　刘　斌

江苏省淮安市淮安区烟草专卖局、江苏省淮安市烟草公司淮安分公司

局长、经理　何　胜
副局长　徐加东（11月止）　左　峰（12月任）
副经理　仇　榕（11月止）　张　臣（12月任）

淮安市淮安区盐业有限公司

经理、党支部书记　张亚军
副经理　韩　琉（10月止）

淮安市淮安区气象局

党组书记、局长　施仕国
党组成员、纪检组长　郑　陶

中国邮政集团有限公司淮安市淮安区分公司

党委书记、总经理　伏　石
纪委书记、副总经理　陈　砚
副总经理、工会主席　陈金云
副总经理　李海梅　周来军（11月止）

中国电信股份有限公司淮安市淮安区分公司

党委书记、总经理　徐　俊
副总经理、纪委书记　吴海山
副总经理、工会主席　范爱芹
副总经理　金伟明

中国移动通信集团江苏有限公司淮安区分公司

经　理　王　挺
副经理　吴　晟　王　卫（5月止）
陈景炜（5月任）

中国联合网络通信有限公司淮安市淮安区分公司
总经理 林 云
副总经理 张绍朋 王 珏

中国人民银行淮安支行
党组书记、行长 陈东伟
党组成员、副行长 何其伟 胡爱军

中国农业发展银行淮安市淮安区支行
行 长 严成镰（1月止） 濮 阳（1月任）
副行长 王 霞 周 菲

中国工商银行股份有限公司淮安楚州支行
行 长 颜 健（3月止） 唐志远（3月任）
副行长 陈萍萍（10月止） 李玉龙（11月任）
唐志远（3月止）
纪检委员 石国春（10月任）
行长助理 陈 曦（12月任）

中国农业银行股份有限公司淮安楚州支行
党委书记、行长 王雪海
纪委书记 杨亚明
党委委员、副行长 嵇 飞 沈大凯（11月止）
郑 鹏（挂职，12月止）
党委委员、行长助理 杨 旭

中国银行股份有限公司淮安楚州支行
行 长 李爱军
副行长 刘维忠（4月止） 冯幼钧（4月任）
高美琳（8月止） 张艺瓅（9月任）
魏善章

中国建设银行股份有限公司淮安楚州支行
行 长 李海洋
副行长 连 颀（挂职） 孙 峰（挂职，4月任）
黄永生（4月止）

中国邮政储蓄银行股份有限公司淮安市淮安区支行
行 长 陈风雷
副行长 顾杨超 邵艳红（1月止）
马 慧（3月任）

江苏银行股份有限公司淮安楚州支行
行 长 薛 伟
副行长 陈玉锦 赵 鑫

中国人民财产保险股份有限公司淮安市淮安支公司
经 理 张玉薪
副经理 陈晓庆

中国人寿保险股份有限公司淮安市淮安区支公司
经 理 宋 青（9月止） 周 虎（9月任）
副经理 阚金波（5月任） 吴 霞 杨雨泽
徐朦婕

淮安供电公司淮安供电营业部
总经理 王 翔
党委书记 雷 达
副总经理 汪红露（3月止） 徐顺刚（5月止）
代景龙（4月任） 罗 坤（6月任）
臧宝国
纪委书记 蒋 涛

淮安自来水有限公司楚州分公司
总经理、党总支书记 张 越
副总经理 杨才生 李红梅 匡爱明
工会主席、党总支副书记 赵文宝

淮安新奥燃气有限公司淮安区分公司
总经理 何 闯

淮安市住房公积金管理中心淮安分中心
主 任 赵大旗（5月止）
副主任 刘永峰

文献资料

牢记使命嘱托　实干担当作为 在新征程上全面推进中国式现代化 淮安区新实践

——在区委十三届六次全体（扩大）会议上的讲话

颜　复

2022年12月29日

同志们：

现在，我代表区委常委会，向全会作报告。

这次会议的主题是：坚持以习近平新时代中国特色社会主义思想为指导，深入学习贯彻党的二十大精神，贯彻落实中央决策部署和省市工作要求，坚持稳中求进工作总基调，完整准确全面贯彻新发展理念，牢记殷殷嘱托、贯彻回信精神，以“四大工程”为引领，坚决扛牢“建设全市展示‘象征意义’的窗口”政治责任，在新征程上全面推进中国式现代化淮安区新实践。

今年以来，我们全面落实党中央“疫情要防住、经济要稳住、发展要安全”重大要求，敢为善为、勇挑大梁，经济社会发展保持稳中趋好的积极态势。预计全年实现地区生产总值778.63亿元，增长5%；一般公共预算收入34.8亿元，增长5%；社会消费品零售总额257.79亿元，增长1.5%；全体居民人均可支配收入32051元，增长6%。全省唯一入围全国红色旅游融合发展试点单位，获批全国市辖区旅游发展潜力百佳区、全国农村集体产权制度改革先进集体、省级生态文明建设示范区、省级双拥模范区、江苏省农村物流达标县。

*一是发展思路更加清晰。*旗帜鲜明“大抓项目、抓大项目”，围绕构建“2+2+N”产业体系，全面落实招商“六大举措”，成立振兴发展促进会，充分利用乡贤资源推动全区高质量发展。编制新一代信息技术和智能装备制造产业头部企业图谱，强化精准招商，促进招大引强、招精引优。转变城市发展理念，由重建设向重经营、重管理转变，不搞大拆大建。强化城市“微更新”和“生态园林”打造，全力推动老宅更新和绿地公园建设，加快城市新片区功能建设，提升城市价值。

*二是发展基础更加厚实。*实实在在新签约、新开工、新竣工亿元以上项目98个、41个和31个，投资106亿元的修正药业项目成功签约，实现全区百亿项目招引历史性突破。粮食产量再攀新高，建成高标准农田11.15万亩，绿色优质农产品比重全市第一。29个市级服务业特色产业项目完成投资85亿元，服务业增加值占比全市第二。新增列统企业37户，省级工业互联网标杆工厂、服务型制造示范企业全市占比分别达33%和39%，新增星级上云企业数全市第一。44个城建重点项目完成投资53.4亿元。“新旅”片区入选第一批省级城市更新工作试点项目。交付定向商品房7196套，新改建绿地游园10个，D级危房解危、打造美丽庭院做法经验获住建部推广。海棠大道元旦正式通车。实现注册外资实际到账1.6亿美元，货物贸易总额4.7亿美元。“淮安专用设备精密配件特色产业基地”获批国家火炬基地，实现全市近四年国家火炬基地评审零的突破。金融环境综合评估全市第一。生产安全事故起数、死亡人数大幅下降。

*三是发展活力更加充沛。*市向区审批赋权取得重大突破，工业用地挂牌和图审权限下放我区，具有重要里程碑意义。淮昆台资合作产业园完成空间拓展，净增6平方千米，完成450户拆迁工作，道路、管网等配套建设全面提速。宏信国投、名城公司基本完成现代企业制度建设。初步探索“拿地即开工”操作路径，5个重大产业项目实现“五证联发”“拿地即开工”。

*四是政治生态更加优化。*坚定拥护“两个确立”，坚决做到“两个维护”，区委常委会带头，动员全区上下深入学习贯彻党的二十大精神，推动党的二十大部署的各项任务在周总理家乡落地生根、开花结果。重温习近平总书记给新安小学少先队员重要回信精神，儿童剧《新安旅行团》入

围文旅部“新时代现实题材创作工程”，首映式登上央视《新闻联播》。印发《新时代淮安区“聚焦窗口定位、聚力党建强基”三年行动计划》，苏嘴镇集成振兴试点获中组部《党建研究》推介。“一把手”和领导班子政治监督相关做法被《中国纪检监察报》推介，区纪委监委获评“全国纪检监察系统先进集体”，全省县区唯一。全力推动省委巡视即知即改，累计完成追赃挽损18.33亿元。此外，人大、政协、统战、人武、退役军人、工青妇、老干部、党史、档案、保密、国安等工作取得新的进步。

这些成绩是在经受疫情冲击、克服诸多风险挑战中取得的，饱含艰辛、弥足珍贵。最根本在于习近平新时代中国特色社会主义思想的科学引领，得益于市委市政府的坚强领导，得益于全区各级党组织和广大党员干部群众的团结拼搏，更得益于各位老领导老同志、各党派团体、驻区部队官兵、广大企业家的真诚奉献。在此，我代表区委，向全区党员干部、广大人民群众以及所有关心支持淮安区发展的社会各界人士，表示衷心的感谢和崇高的敬意！

在看到成绩的同时，我们也要清醒地认识到工作中存在的问题与不足：一是作为全市的古城区、主城区、核心区，城市的首位度没有充分彰显，对标对表“全市展示‘象征意义’的窗口”要求，在落实上眼界不宽，思路不够开阔；二是工业基础相对薄弱，增长动力和潜力不足，严重制约了城市能级的跃升，重特大项目的集聚和突破还需要一个较长的过程；三是城市经营手段和方式比较单一，以财政投入为主，利用市场化手段强化城市经营的能力和水平还需进一步提升，尤其是文化旅游打造，与发达地区的理念还存在很大差距，还需下硬功夫、苦功夫；四是干部的选用、高质量发展考核，还需要进一步优化机制、靶向施策，风清气正、敢为善为的氛围还需进一步激发营造，等等。这些，都需要我们在今后的工作中切实加以改进。

一、深学细悟笃行党的二十大精神，为中国式现代化淮安区新实践提供强大思想指引

党的二十大为新时代新征程党和国家事业发展、实现第二个百年奋斗目标指明了前进方向、确立了行动指南。学习好、宣传好、贯彻好、落实好党的二十大精神，是当前和今后一个时期的首要政治任务。我们要按照中央部署和省市委要求，以高度的政治责任感和强烈的历史使命感，扎实深入抓好学习宣传贯彻落实，自觉用党的二十大精神统一思想、统一意志、统一行动。

一要筑牢政治忠诚，坚定拥护“两个确立”、坚决做到“两个维护”。“两个确立”作为新时代十年最重大的政治成果，是取得伟大变革成就的决定性因素，是我们应对一切不确定性的最大确定性、最大底气、最大保证，更是走好新的赶考之路必须始终坚持的重大政治原则、必须全面贯彻的重大实践要求，充分体现了全党全军全国各族人民的共同心愿、共同意志。学习贯彻党的二十大精神，必须深刻领悟“两个确立”的决定性意义，始终把做到“两个维护”作为最根本的政治纪律和政治规矩，始终在政治立场、政治方向、政治原则、政治道路上同以习近平同志为核心的党中央保持高度一致，坚决维护党的团结统一。全区各级党组织要坚持把党的政治建设摆在首位，严格执行党章党规，教育引导广大党员干部始终胸怀“国之大者”，把“两个维护”体现在坚决贯彻习近平总书记重要指示和党中央决策部署上，体现在做好本职工作的实效上，体现在日常言行上，使对党忠诚、听党指挥、为党尽责真正成为广大党员干部的思想自觉、政治自觉、行动自觉。

*二要夯实信念之基，牢牢把握习近平新时代中国特色社会主义思想的世界观和方法论。*习近平新时代中国特色社会主义思想，是当代中国马克思主义、二十一世纪马克思主义，是新时代坚持和发展中国特色社会主义的行动指南。全区上下要坚持把习近平新时代中国特色社会主义思想作为一切工作的根本遵循，深入学习领会、深刻理解把握“十个明确”“十四个坚持”“十三个方面成就”的主要内容，全面准确领会核心要义、精神实质、丰富内涵和实践要求，做到常学常新、常悟常进。要认真领会“两个结合”，切实做到“六个必须坚持”，深刻领会习近平新时代中国特色社会主义思想的道理学理哲理，大力弘扬马克思主义学风，坚持学思用贯通、知信行合一，更好将其转化为广大党员干部的政治修养、理论素养、道德修养和履职尽责的本领，让党的创新理论在中国式现代化淮安区新实践中彰显更加强大的真理力量和实践伟力。

*三要把握使命要求，深化落实习近平总书记对江苏工作的重要指示和对淮安发展的殷切嘱托。*2014年12月、2017年12月、2020年11月，习近平总书记先后三次亲临江苏视察，作出重要指示，为全省发展指明了方向、提供了遵循，注

入了强大动力。2013年3月，全国“两会”参加江苏代表团审议时，习近平总书记殷切嘱托淮安“把周总理的家乡建设好，很有象征意义”。2021年5月，在迎来中国共产党百年华诞之际，习近平总书记又给新安小学少先队员亲切回信。一个个时间节点，见证的是习近平总书记对江苏发展的掌舵领航和把脉定向，一句句嘱托要求，寄托着习近平总书记对江苏发展的高度关注和对周总理家乡的深切关怀。习近平总书记的指示和嘱托是我们做好新征程上各项工作的总遵循、总航标。全区上下要把深入学习贯彻党的二十大精神同学习贯彻习近平总书记对江苏工作的重要指示和对淮安发展的殷切嘱托结合起来，在学懂弄通上下功夫，以钉钉子精神抓好贯彻落实，确保中央决策部署和省市工作要求在淮安区不折不扣落地落实，全区各项事业发展始终沿着习近平总书记指引的方向前进。

新的一年，如何体现忠诚、彰显信念、担当使命，固然有很多衡量指标和要求。但当前最紧要、最具体的一项重要任务，就是要一着不让抓好省委巡视交办问题整改。要将之作为检验政治站位、体现忠诚信念的重要标尺，坚持挂图作战，建立问题清单、责任清单，逐一销号。要深挖根源、举一反三，推动共性问题与个性问题同步整改，坚持以巡促建，持续健全完善制度机制，以最坚定的信念、最务实的作风，把巡视整改不折不扣落实到位，以扎扎实实的整改成效，推动全区各项工作不断迈上新台阶。

二、把握新的历史方位，系统谋划中国式现代化淮安区新实践的战略路径

把握方向、把握大势、把握全局，才能更好的赢得主动、赢得优势、赢得未来。我们要深刻领会党的二十大精神，深刻领会中国式现代化的丰富内涵和实践要求，紧紧围绕“两步走”战略安排，把淮安区发展置身于省市发展大局，全面考量、通盘谋划，推动中国式现代化在周总理家乡得到最生动实践，让“‘象征意义’的窗口”展现出更加可观可感的现实模样。

*一是深厚的历史积淀，决定了我们必须将提升全市首位度作为第一追求，充分彰显全市展示“象征意义”窗口的使命担当。*历史上，淮安区长期作为郡州路府治所，是重要的政治中心、经济中心和文化中心，在区域发展中，处于不可替代的核心地位。这里诞生了开国总理周恩来、军事大家韩信，大量史实证明，“四大名著”有三部在淮安区撰写而成。步入新时期，随着市行政中心的东迁，我区主城区、核心区地位日益彰显。作为全市面积最大的市辖区，我区常住人口数量以及院士、博士、企业高管等各类乡贤资源数量全市占比分别达17.24%和13.3%，均居全市第一。自2010年起，我区GDP已经连续12年在全市“领跑”，GDP总量2021年跃升至708.25亿元。2018年，我区在全市率先入围全国综合实力百强区，并连续4年获评全国营商环境百强区。这些都为我们提升全市首位度奠定了坚实基础。而长三角一体化、南京都市圈、淮昆台资产业合作等国省重大战略接踵落地，更为我们在新起点上谋求更大发展提供了宝贵的机遇。可以说，当前的淮安区天时已至、地利已成、人和已聚，只要我们坚定发展信心，始终保持“冲锋夺旗、舍我其谁”的必胜信念，以事争一流的锐气、知重负重的胆气、攻坚克难的勇气真抓实干，就一定能扛牢市委赋予的政治使命，全面彰显首位担当、展现首位作为，在新时期续写历史荣光。

*二是巨大的发展压力，决定了我们必须将实施工业强区战略作为根本选择，全力打造助推跨越赶超的强劲引擎。*工业稳则经济稳，工业强则区域强。今年以来，我们坚持“工业强区”战略不动摇，全力推动重特大项目攻坚，突破成势的局面初步显现，但总体形势依然严峻。一方面，受国际环境、疫情冲击及需求不足等因素影响，全区工业运行持续承压，前三季度，271家规上企业中，亏损企业数量达57家，亏损面达21%，亏损总额达到19.4亿元；纳税前50强企业中29家开票销售下降，14家降幅超过20%，合计下降36.5亿元，仅建华建材和建华科技2家企业全年就预计下降15亿元。预计全年规上工业开票销售305亿元，下降10%；规上工业用电量下降5%，用电增幅全市倒数第一。另一方面，区域竞争比拼日趋激烈，清江浦区、淮阴区、洪泽区、涟水县、金湖县在50亿元以上重特大工业项目开竣工上均有实质性突破，淮阴区、金湖县在三季度就提前完成了全年目标，而我区今年前三季度重特大产业项目考核始终全市“垫底”，连续三次在全市大会上表态发言，50亿元以上重特大工业项目新开工、新竣工迟迟未能“破零”，前三季度实际有效投资完成率仅为27.5%，是全市唯一一个低于30%的县区。逆水行舟，不进则退；千帆竞发，慢进亦退。我们必须以时不我待、只争朝夕的紧迫感，以“人一之我十之，人十之我百之”的劲头抓

项目、强工业、促发展，奋力实现跨越赶超。

三是强烈的振兴愿望，决定了我们必须将加强城市经营作为重要路径，奋力描绘高能级现代化城市的生动画卷。淮安古城有着辉煌的历史记忆，享有“运河都市”“壮丽东南第一州”的美誉，富庶繁华盛极一时。加快古城振兴，是全体淮安区人的共同愿望和执着追求，经过几代人不懈的接续奋斗，千年古城焕发勃勃生机，但一些问题也愈发凸显。一方面，城镇化率偏低。2021年年末全区常住人口城镇化率仅55.23%，连续6年全市垫底，分别低于全市、全省10.98和18.71个百分点，在苏北五市37个县区中排名靠后。人口外流进一步加剧，据统计，2010年第六次人口普查，全区常住人口98.6万人，2020年第七次人口普查，全区常住人口降至79.7万人。截止2021年，全区农村户籍人口58.06万人、常住人口35.62万人，常住人口占户籍人口比为61.3%。农村房屋年久失修，大量闲置现象比较普遍，农房改善交付的24个项目中，装修率和入住率分别仅为64.4%和46.3%，造成了土地资源和住房资源的严重浪费。另一方面，城市经营水平不高。城市发展长期存在重建设轻管理、重投资轻经营的现象，楼宇经济、美食餐饮没有取得较大突破，旅游业仍以景观景区静态观光型为主。针对上述问题，我们必须强化系统思维，加快推进城乡一体化进程，坚持以产兴城、以城带产，用现代化理念和互联网思维，大力发展创新创意新业态、结算运营中心新模式、数据数字新产业、场景应用新空间等具有实体化运营的总部经济，大力推进品牌连锁商业店、物流仓配一体化，美食餐饮、文化旅游等城市优势产业，强化资源整合、招商引资、营销策划，使城市各类经济增长点竞相萌动涌发。

四是迫切的事业需要，决定了我们必须将强化干部人才队伍建设作为基础工程，营造清正有为的良好政治生态。事业成败、发展兴衰，重在人才、关键在干部。近年来，全区上下以“四大工程”为引领，统筹推进高质量发展，克难奋进、跨越赶超的共识更加强烈，干部精气神更加昂扬，“大抓项目、抓大项目”的氛围日益浓厚。成效初步显现，向上的发展势头要倍加珍惜。但面对新形势新要求新挑战，全区干部人才队伍建设的前瞻性思考和战略性布局仍需加强。一是专业能力有待提升。党政管理型干部偏多，专业型人才储备不足，熟悉工业经济、财政金融、产业发展、城建规划等高质量跨越发展急需的“专家型”干部偏少，引领发展、驾驭复杂局面和防范风险能力等还显不足。二是年龄结构有待优化。年轻干部培养选拔力度还要加强，全区科级领导干部平均年龄达46.3岁，60后占比19.6%、70后占比54%、80后占比23.6%、90后仅占比2.8%，其中区直部门中没有30岁以下区管干部，35岁以下区管干部仅9人，推动各项事业“近期有人用、远期有人接”的良好局面还未形成。三是作风建设有待加强。攻坚克难、干事创业的精气神有待进一步激发，部分党员干部“一抓到底、紧抓不放”的狠劲、韧劲和钻劲有所欠缺，少数干部存在躺平思想和厌战情绪，推动发展的主动性和责任感有所欠缺。我们必须狠抓干部队伍这个决定性因素，树立鲜明的选人用人正确导向，扎实开展“党建引领・实干争先”作风建设，让“说了就干、干就干好”成为淮安区干部的鲜明特质，切实营造风清气正的政治生态。

同志们！开局关系全局，起势决定走势。接下来一段时期我们的发展目标是：紧紧围绕“建设全市展示‘象征意义’的窗口”定位，紧扣工业制造业和文化旅游业两个根本性战略抓手，全力打造文化旅游目的地、工业经济标杆区、政治生态清朗地，力争到“十四五”末，实现“旅游收入占GDP比重超10%、规上工业开票超600亿、财政收入超50亿”的目标，在全省高质量考核中争上游。这些目标，是本着守底线的原则确定的。我们要始终坚持低调内敛、务实干事、奋发有为，争取更好更高的成绩。围绕以上总的构思，2023年，我们要坚决扛牢“一个责任”、坚持“两个引领”、突出“三个导向”，实现“四个好于”。“一个责任”就是要牢记殷殷嘱托，坚决扛牢把周总理的家乡建设好的重大政治责任。“两个引领”就是以“四大工程”统筹推进高质量发展；以“对标对表”为参照系，推动争先创优，即省内“对标”镇江句容、省外“对标”嘉兴南湖，重点在全省高质量考核的名次、工业经济总量增幅以及财政收入总量增幅上“对表”，以季度和年度数据来分析全区发展态势，锚定追赶的方向，推动各项工作全面进步、行稳致远。“三个导向”就是要突出重特大项目有效突破导向、综合实力再上新台阶导向、干部队伍精气神有效提升导向。“四个好于”即重特大项目攻坚好于上年，力争全年新招引10亿元以上项目12个，50亿、百亿项目3个以上，全年新开工、新竣工亿元以上项目50个和40

个，完成有效投资180亿元；主要经济指标增幅好于全市平均水平，力争GDP增幅不低于7.5%，一般公共预算收入增长7%，规上工业增加值增长11%，货物贸易总额增长8%，服务业、贸易业继续保持全市第一，全体居民人均可支配收入和经济增长基本同步；综合考核排名好于上年，在省市高质量考核和省督查激励考核中取得更好成绩；安全稳定工作好于上年，群众安全感获得感进一步提升。

三、强势开局起步，在新起点上开创中国式现代化淮安区新实践的良好局面

明年是全面贯彻落实党的二十大精神的开局之年。我们要紧紧围绕中央和省市部署，更好统筹疫情防控和经济社会发展，更好统筹发展和安全，推动经济运行整体好转，实现质的有效提升和量的合理增长，奋力夺取现代化建设的开局首胜。重点抓好五个方面：

一要进一步聚焦提振干部精气神。一分部署，九分落实。要坚持俯身向下、实干踏实的工作作风，坚持真抓实干的鲜明导向，把每一名党员干部的积极性、主动性、创造性充分激发出来，真正激活干部队伍的“一池春水”。要激发干的动力。树立鲜明的选人用人导向，干部选拔、职级晋升大力度向“一线三支”倾斜，把重一线、重实干、重实绩的标准鲜明亮出来、坚决立起来。每年底，区委常委会要听取研究年度“一线三支”队伍使用情况，包括结构比例、来源构成等信息，并及时向社会公布。组织部门要持续完善考察识别机制、健全评价标准，把“考场”搬到现场，坚持在招商引资、项目帮办服务、城市经营、安全信访等“急难险重”工作一线考察识别干部。要充实完善干部信息库，对每一名干部要知其面，更要知其德、知其行、知其绩，切实增强选人用人科学化、规范化水平，提高干部选拔任用的公信力。要强化干的保障。充分释放为担当者担当、为负责者负责、为干事者撑腰的强烈信号，准确把握“三个区分开来”，充分用好“三项机制”，进一步细化完善，前置容错纠错程序，构建事前备案、审前告知、定责研判工作体系，科学落实好尽职免责等相关规定，旗帜鲜明为尽心尽责、敢为善为的创新实干者撑腰鼓劲。要为实干者提供提升能力的舞台，通过挂职锻炼、“三个一线”（招商一线、项目一线、信访一线）实践锤炼等方式，开拓干部视野、提升实践动手能力。要健全激励担当的有效机制，每年“破格”提拔一批敢为善为、冲锋在前、实绩突出的干部。在职级晋升等方面，探索打破固定年限限制，优先向担当作为的干部倾斜。要提升干的质效。树立“答卷”意识，系统谋划推进工作，排定时间表、路线图，做到任务清单化、清单责任化，以精益求精的“工匠精神”，干到一流、做到极致，确保每项工作都交好卷、得高分。要树立效率意识，强化“今天再晚也是早、明天再早也是晚”的观念，做到任务布置，马上落实；工作完成，立即反馈。要提高及时奖励激励频率，定期对阶段性工作和重点任务中取得重大成效的，由区委组织部及时给予精神物质奖励激励。

二要进一步聚焦推动产业发展。坚持“工业强区”不动摇，促进一二三产协调联动发展，加速构建富有特色的现代产业体系，为高质量发展注入持久动能。要推动工业经济再突破。突出重点、靶向发力，下好重特大项目招引“先手棋”。乡贤招商突出广泛性，依托振兴发展促进会，加快成立上海、北京、深圳分会等分支机构，构建全国乡贤分布“一张网”，动态完善乡贤信息库，健全“干部+乡贤”精准结对长效机制。精心策划“乡贤搭桥”专场招商、“乡贤恳谈会”等系列活动，每年度评选“乡贤招商功臣”，把乡贤资源优势有效转化为发展优势。产业图谱招商突出精准性，定期对产业图谱进行更新，坚持全区“一盘棋”的思路，压紧压实镇街部门责任，强化“分片包干、定期交账”，摸清产业图谱企业高管信息和投资意向，做到信息摸排不漏项目，有价值信息区领导及时挂钩推进。对50亿元、百亿元重特大项目，制定个性化政策措施，由四套班子主要领导牵头挂帅、分管领导组建招商专班，明年务必取得重大突破，尤其在乡贤招商方面要有大动作，对在手的3个50亿元重特大项目，由区领导分工包干，尽快突破，形成签约开工态势。突出项目开工，全年开工50亿元项目3个以上，10亿元以上项目15个，其中，明年一季度，要确保修正药业、伟时电子、井神300万吨制盐项目顺利开工。各镇街要确保明年一季度有1个亿元以上项目开工，有1个以上农业、服务业项目开工；各重点部门要确保明年上半年有1个亿元以上项目开工。要推动农业产业创特色。大力推进乡村振兴，精心筹划施河发展大会，全力推进施河经济发达镇建设，打造乡村振兴淮安区样板。坚决遏制耕地“非农化”“非粮化”，力争新建、提升高标准农田9.4万亩。按照“规模化发展、生态化种植、机械化加工、品牌化认证、电商化推介”的总体思路，大力发展芡实、富硒米、杞柳等特色产业。以车桥为中心，扩大芡实种植面积，力争全区芡实种植面积扩大到4万亩。联合高校、科研院所，成立芡实研究院，围绕提高农产品附加值等方面开展产学研合作，支持“车桥芡实”申报“三品一标”，打造全国“芡实之乡”。积极申评天然富硒土地，以流均为中心建设示范种植基地，大力发展“富硒、绿色、有机”稻米产业，培育“流均富硒米”农产品区域公用品牌。成立杞柳经纪人协会，试点推广杞柳种植，发挥共创龙头企业带动效应，构建集杞柳种植、编织加工、产品研发为一体，下联农户、内联电商、外联出口的特色化产业链条，力争年内形成一定种植规模，全面提升特色农业质量效益和竞争力。要推动服务业提质效。发挥国家电子商务示范基地优势，推动电商物流园产业转型升级，积极发展高端智能仓储等产业，实现线下有实体、线上有交易的共融发展模式，努力打造淮安未来数字经济、云仓电商等产业高度融合的新业态、新模式，力争全年引进云商、电商、直播等新业态企业100家以上，年开票销售30亿元以上，努力打造更大区域范围内的数字经济示范区。以促进消费复苏为重点，大力发展商贸服务业，推动主城商圈业态升级，鼓励发展“首店”经济，提升河下古镇等“夜经济”特色街区服务品质。做强做优美食餐饮服务业，推进美食与文化、美食与旅游、美食与消费的深入融合，引进高端品牌，做强商务美食，引进“老字号”名店3家，做足特色消费文章。2023年春节前，开业4家，第一季度开业3家，上半年开业5家，下半年，河下古镇成为淮扬美食全市消费高地。

三要进一步聚焦城市经营管理。把握现代城市发展规律，把强经营、优管理摆上重要位置，更新理念机制，积极构建政府引导、市场主导的城市经营新模式，鼓励区内优秀民营企业参与政府、社会投资的各类工程项目，促进城市内涵式发展。要大力推进“文旅兴区”。编制出台《文化旅游发展三年行动计划》《促进旅游高质量发展意见》，全力争创国家级全域旅游示范区。挖掘古城深厚历史文化底蕴，精心建设“四大片区”、做优“两大环境”、构建“一个机制”、打造“一个标识”。“四大片区”：一是“新旅”片区，要围绕周恩来故居空间环境腾挪、施–罗著书处打造、庆城门–老西门大街历史街区建设，形成三个景区相连、空间相融、功能共享的旅游动线功能板块，通过未来几年努力，争取打造一个新的4A或5A级景区。二是周恩来纪念馆片区，要以永怀路改造提升、韩信路西侧大型生态停车场建设为重点，强化基础配套、环境提升和业态植入，打造在全国具有高显示度的红色文化展示窗口。三是河下古镇片区，主要围绕闻思寺功能提升，茶巷地下大型停车场和地面市民公园周边，以园林景观为载体的高能级业态导入，同时打开河下古镇与城河街机动车通达道路。四是古城墙遗址片区，要提升龙光阁运营水平，有序实施华中分局旧址、秦焕故居等古民居修缮，再现历史风貌，建成没有围墙的古城博物馆。“两大环境”：一方面，要做优“水环境”，以文渠为主干，持续实施水环境长效长治管理和水系联通工程，以水为脉，串联“四湖一垠一镇”，打造靓丽城市风景线和特色游览线路，创造城水共生、人水相亲的独特文旅体验；另一方面，要改善住宿环境，加大对现有饭店宾馆质量服务的管理，鼓励引导饭店宾馆硬件提档、服务升级，同时全力加快新的商务宾馆、星级酒店招引建设，明年争取新建3家以上，同时推动民宿建设，鼓励群众通过老宅更新自建民宿、社会或政府资本规模化新建民宿。“一个机制”：建立专业化旅游营销机制，通过重资本、轻资产等合作模式，引进“驴妈妈”、衡宽等国内一流旅游营销公司，深度参与淮安区旅游经营，以思想的解放、眼界的开阔、利益的共享，促进游客的大量引入。“一个标识”就是要以周总理故里和“三部名著在淮安”为主打标识、淮安区城市的主标识，让这一标识彰显在重要景区、对外通道等各个城市空间，使人一进淮安区，就感受到迎面而来的崇高伟人风范和三部名著蕴含的历史文化气息。要大力发展总部经济。立足“景观生态长廊、总部经济长廊、城市地标长廊”定位，高水平、高质量建设海棠大道经济增长极。大力引进商务总部、研发孵化、数字经济等总部经济新业态，加快实施尚城一品、沃联研发大厦、淮晟大厦、星桐大厦等8个重点项目，将电商物流、建筑、贸易等诸多要素串联起来、联动发展，释放总部经济规模集聚效应，打造产城融合的“门户地标”。要大力建设和谐宜居城市。全力打造生态淮安区、水美淮安区，提倡见空地就植绿，做好“留白增绿”“见缝插绿”的文章，加快实施压矿区生态湿地公园、沈坤路市民公园等重点项目，新建府前东路党建公园、石榴玉兰湾口袋公园等一批城市游园，力争全年新增绿化面积70万平方米,让“推窗见绿、出门进园、四季有花”逐渐成为淮安区城市的现实模样。制定“席地而坐、身不染尘”的淮安区实施细则,全面提升城市高品位管理水平。

四要进一步聚焦推动改革开放。一方面,要以改革为动力,以实实在在、务实管用的措施,解决因机制不活、责任不清、资源错配而带来的工作效率低下等问题。公共广告资源要彰显时代价值。大力弘扬企业家精神,让更多区内优秀企业和企业家的形象登上城市广告、路牌,成为街头最靓丽的城市名片,全面奏响重商亲商的发展强音。要系统谋划意识形态工作,大力加强新闻宣传,突出建设打造做自豪的淮安区新媒体人,以百里画廊、舆情疏导,淮安区好声音、好故事、好人物等,进一步弘扬时代主旋律。工业用地审批再优化,以市政府工业用地审批权限下放我区为重大契机,从现在开始,凡是10亿元以上重点项目,一律实行“五证联发”“拿地即开工”,10亿元以下项目,力争供地周期在现有基础上再压缩20%,这是资规部门和区级各部门一次重大的使命担当,也是一次重大的责任考验。优化城市管理机制和房地产经营理念,建立区街道社区(镇村)城管执法、日常管理、工资发放、绩效考核一体化尝试,先启动试点,积极探索城管一体化,属地共管的新模式;房地产业必须保持健康可持续发展,由过去满足刚性需求,向刚性和改善性并行转变,尤为突出改善性需求,探索开发一批低密度、低容积率、高品质的花园式洋房,满足改善性住房需求。提升镇街财力运转保障力,痛下决心,解决镇街财力运转困难,标本兼治,解决镇街财源培育问题,优化结算机制。强化村(社区)干部试点,在不改变现有村(社区)干部员额数量前提下,统筹调度有效资源,提升管理效能,探索城区社区管理单元细小化、网格化。国有企业进一步实现五大公司资源整合,达到精简高效节俭原则,重点加大对宏信国投、名城公司绩效考核,真正做到能者多得、绩多奖多。加大教育医疗改革力度,加大公办重点学校优秀教师、优秀校长奖励补贴,进一步提高区级“三名工程”资金总量和使用改革。要设法解决农村学校师生比失衡、农村学校和教师数量富余问题。逐步取消农村教育总校,争取2023年完成消化。要加大对公立医院高级专业人才引进奖补力度,建立区级奖补资金池。教育医疗改革工作2023年要实现重大突破。另一方面,要加大对外开放的力度,进一步提升招商引资、外资外贸、对外合作工作水平。鼓励干部、企业家在政策范围内出境出国学习、招商。鼓励区内企业与国内高校院所等建立研发合作关系,强化政府激励扶持,重点加大对台资、日资、韩资的招引,争取明年在制造业外资实现大的突破。对盘古电商、赋桥(太仓)码头有限公司两大具有境外贸易及运输资质的企业,加大市场开拓力度。要高水平推进淮昆台资合作产业园建设,完成5条道路建设工程,力争新招引10亿元以上项目10个以上,强化规划引领、提高产业准入门槛、提升产业层次、推动市场化运作,将园区打造成全市对外开放的新高地。

五要进一步聚焦保障改善民生。教育和医疗与每个家庭、每个人利益攸关,既是每个家庭最大的家务事,也是区委区政府最大的民生实事。区委区政府要依据发展的阶段特点和财力的可支撑性,尽最大努力推动教育医疗卫生事业高质量发展。要全面提升医疗服务水平。加快解决现有乡镇卫生院布局不够合理、债务沉重、医疗服务水平不高等突出问题,系统谋划、精准施策、稳妥推进,制定三年解决计划,一年一年向前迈进。加快推进淮安医院创建三级综合医院,楚州中医院创建三级中医院。以改革精神提升城区公立医院运营管理水平,进一步突出“效益优先、兼顾公平”的利益分配机制。这项工作一定要迈开实质性步伐。强化疾病预防控制体系建设,加大人才招聘培养力度,疾控中心在职在编人数达90人以上。加强常态化疫情防控,流调、消杀、检测队伍能力建设,以国家慢性病综合防控示范区省复审为抓手,全面推进疾病预防控制水平再上新台阶。要加大教育投入。根据城区和施河镇生源数量不断增长的实际,加快学校以及附属设施建设,2023年完成新安小学河西分校、红军中学操场、金陵中学淮安分校建设、施河学校改扩建,推动施河镇与淮安生物工程高等职业学校校地合作,加快教学教研实训基地建设。要强化安全稳定。巩固安全生产“三年大灶”专项整治行动成效,大力开展餐饮场所“无瓶示范区”创建和“全电厨房”建设,全面完成燃气瓶产权置换,加强建筑施工、消防等重点领域专项治理,遏制有影响的生产安全事故发生。强化城市老宅更新和农村危桥改造、破损道路查验修补,消除安全隐患。进一步加强城乡道路交通安全整治,压降死亡人数。此外,进一步优化农村大病救济、养老兜底工作,保证符合条件的一户也不能产生差错。统

筹推进法治政府、法治社会建设，大力推进市域社会治理现代化试点建设，推动治理重心下移，切实筑牢市域治理现代化“基石”，提升群众安全感。

四、深入推进全面从严治党，为中国式现代化淮安区新实践提供坚强组织保障

实现新征程奋斗目标，关键在党，关键在党要管党。要深入贯彻新时代党的建设总要求，大力弘扬伟大建党精神，以永远在路上的清醒和坚定，把全面从严治党不断引向深入，更好引领保障全区现代化建设。

一要强党性、担使命。一代人有一代人的抱负。我们的抱负就是把总理家乡建设好。身在总理家乡，肩负着光荣使命，必须担当作为。我们要始终牢记殷殷嘱托、贯彻回信精神，以建好全市展示“象征意义”窗口为荣，把提升淮安区在全省的发展位次，提升经济发展质量、提高民生保障水平，让群众有更多的就业岗位、更好的社会保障，作为最大的追求。真正将“在其位、谋其事，担其职、尽其责”内化于心、外化于行，始终“敢”字当头、“干”字当先。淮安区不缺“理论家”“思想家”，缺的是“实干家”“操盘手”；不缺“设计师”“指挥者”，缺的是“工程师”“冲锋员”。要少说“不好办”、多想“怎么干”；少说“我努力”、多说“我承诺”，真正做到平时看得出、关键时冲得出、危难时豁得出，拼尽全力干出一番组织和人民认可、经得起历史和未来检验的优秀业绩。

二要固根本、聚合力。始终坚持大抓基层的鲜明导向，扎实开展“五聚焦五落实”深化提升行动和强基提质三年行动计划。突出强村富民，加强基层干部能力建设，鼓励村干部带头创业、兴办各类经济合作组织，每位支部书记都要有领办合办的创业项目，每个村都有固定收入来源，力争2023年村集体收入达50万、30万的村分别达164个和131个。强化村支部书记意识形态工作第一责任人责任，增强村党组织和支部书记在基层的话语权、领导力和掌控力。建立常态化选拔选聘优秀村（社区）书记进入镇街班子和事业编制实施办法，逐步实现各镇街领导班子中，有一名以上有村书记经历的班子成员，今后乡镇党政正职选拔，从有村书记经历的镇街副职产生要占一定比例。同时，严禁区直机关从乡镇借用、无序选调行政事业人员，大力倡导“小机关、大基层”工作格局，已擅自借用的，由区委组织部开展清理，这一条，要固化为制度，严格执行。

三要转作风、严纪律。坚持严的主基调不动摇，以省委巡视整改为契机，持续优化政治生态。坚决纠治形式主义、官僚主义，健全基层减负常态化机制，持续推动精文简会，坚决反对以文件落实文件，积极倡导开短会、开务实高效的会，让基层干部腾出更多精力抓落实。要更好地发挥巡察利剑作用，确保区委巡察全覆盖，持续整治群众身边的腐败和不正之风，一体推进不敢腐、不能腐、不想腐，既让铁纪“长牙”、发威，又让干部醒悟、知止，让周总理家乡的清风正气更加充盈。

同志们，实现现代化是我们党和人民的百年梦想，也是历史和时代交托给我们每个人的责任和使命，我们要大力弘扬伟大建党精神，敢于斗争、敢于胜利，以“功成不必在我”的胸襟、“功成必定有我”的担当，奋力握紧接力棒、跑好这一程，让现代化美好梦想在接续奋斗中越来越清晰可见。让我们更加紧密地团结在以习近平同志为核心的党中央周围，坚决贯彻落实省市委部署要求，踔厉奋发、勇毅前行，为推动全区高质量发展，在新征程上全面推进中国式现代化淮安区新实践而不懈奋斗！

政府工作报告

——2023年1月3日在淮安市淮安区第十八届人民代表大会第二次会议上

淮安区人民政府代区长　邓　萌

各位代表：

现在，我代表区人民政府向大会作工作报告，请予审议，并请区政协各位委员和其他列席同志提出意见。

一、2022年工作回顾

过去的一年，我们坚持以习近平新时代中国特色社会主义思想为指导，坚决落实党中央“疫情要防住、经济要稳住、发展要安全”的重大要求，紧紧围绕上级党委政府和区委的决策部署，扎实推进“四大工程”，有效应对风险挑战，交出了一份特质鲜明的成绩单。一年来，最令我们欣幸的是，全区上下以饱满激情喜迎党的二十大胜利召开、学习党的二十大精神，在习近平总书记重要回信一周年之际，省委主要领导和我们一起重温重要回信精神，进一步激发了全区上下敢为善为、勇挑大梁的使命担当。一年来，最令我们欣喜的是，“大抓项目、抓大项目”成为发展主旋律，20多个优质项目先后落户淮昆产业园，总投资106亿元的修正药业、10亿元的伟时电子顺利签约，刷新了超百亿元制造业项目和国内上市日资企业落户我区的历史记录。一年来，最令我们欣慰的是，面对严峻经济形势，我们落实稳增长系列政策，制定助企纾困“45条”、稳增长“19条”，新增减税降费及退税缓税19.14亿元，经济运行呈现回稳向上态势，预计全年实现GDP778.63亿元、增长5%、总量保持全市第一，一般公共预算收入34.8亿元、增长5%，规上工业增加值增长10.4%，规上固定资产投资、工业投资分别增长12.5%、25%，全体居民人均可支配收入达32051元、增长6%。一年来，最令我们欣赞的是，“新十条”出台之前，面对多轮疫情的严峻考验，广大基层干部、一线防控人员和全区百万人民众志成城，筑起一道道坚固防线，实现社会面零感染；“新十条”出台之后，广大医护人员坚守岗位，奋战在救治一线，生病群众第一时间得到救治，让我们为每一位辛勤付出的同志和支持理解防疫工作的群众点赞。这一年，我区“稳”的基础不断夯实，“进”的动能加快集聚，“好”的势头持续巩固，各项工作都取得了新的进步。

（一）以做大主导产业为导向，项目攻坚取得突破。产业发展全面起势。“2+2+N”产业特色更加鲜明，高端装备制造、电子信息及盐穴储能应税开票销售增长5%、占比提升6个百分点；盘古跨境电商正式运营，电商物流开票销售、入库税收分别增长25%、20%；“智改数转”扎实推进，施塔德电梯获评省智能工厂、省工业互联网标杆工厂，双环齿轮、文盛电子等获评省服务型制造示范企业，入选两化融合、星级上云、工业电商示范等省市认定企业85家，总数全市第一。新增规上工业企业37家，文善电子、鸿富瀚科技等11家企业获评省市专精特新企业，康乃馨织造入选国家知识产权示范企业、国家重点培育纺织服装百家品牌企业。获批省市企业工程技术研究中心17家，飞特尔通信入围创新创业大赛全国决赛并获评优秀企业、全市唯一，淮安精密配件特色产业基地获批国家火炬特色产业基地，规上企业研发支出完成率全市第一，高新技术企业增幅全市第一、增量和总量均超历史记录。出台规上服务业激励意见，新增服务业“个转企”“小升规”72家，创成省两业融合、产教融合试点企业4家，共创草坪入选省首批现代服务业高质量发展领军企业。项目建设形成攻势。编制高端装备制造、电子信息产业招商图谱，明确招商引资“六大举措”，成立振兴发展促进会，选调39名年轻干部外出驻点招商，引入通友电感等项目20个，借助乡贤引入京福科技等项目8个，依托招商顾问引入普莱斯电子薄膜等项目5个，以商引商引入鸿翔瑞电子等项目15个，从7月份起平均每天在外招商40人、每4天签约一个亿元以上项目，累计协议引资477.2亿元，新招引亿元以上项目98个，其中工业项目74个、50亿元以上工业项目4个，超额完成“4964”目标。“三个一”帮办机制成效凸显，昆淮智创园等5个重特大项目实现“拿地即开工”，富仕佳新材料等26个项目实现当年签约、当年开工，新开工、新竣工亿元以上项目41个、31个。54个省市重大产业项目完成投资198亿元、完成率110%。实际利用外资1.6亿美元、总量全市第一，完成外贸进出口总额4.7亿美元，施塔德电梯通过省首批外资研发中心认定，苏盐井神等3家企业成功入选省内外贸一体化试点。要素保障集聚蓄势。完成国土空间规划编制、新增流量指标2.1万亩，实施城乡挂钩、占补平衡新增用地2776亩，盘活闲置低效用地2552亩，荣安智创园节地模式成为全省样板。图审分中心正式挂牌，全市首推企业迁移登记变更“一件事”改革，“海棠代办”经验录入国家发改委《改革内参》。投放政策性信贷产品14.2亿元，融资担保贷款15.3亿元，广发银行落户营业，工商银行在施河设点，全市首家保理公司获批营业，省综合金融服务平台投放普惠贷款和金融环境综合评估全市第一。启动首届淮安区工匠评选，新增高技能人才1085名，为企业“订单式”培训技工500名，动员967名优秀毕业生在淮就业。淮昆产业园建设用地由4.6平方千米增至10.6平方千米，绿建产业园新增空间2.3平方千米，平桥临港产业基地、车桥羽绒纺织产业园启动规划建设，国信工业园污水处理厂开工建设，新储备COD、SO2等各类水气污染物排放指标460吨。

（二）以做靓城市颜值为重点，建管水平持续提升。城市建设更趋精美。44个中心城市重点项目完成投资53.4亿元。完成“三区三线”划定，城镇开发边界由87.4平方千米拓展至113.8平方千米，新增建设用地3.4万亩，为城市发展留足空间。改造老旧小区37个、后街背巷10条，交付定向商品房7196套、解决4000户超期安置问题，金陵名府、世纪佳苑获评省级宜居示范居住区，新旅片区入选城市更新省级试点。大运河“百里画廊”完成下游段生态修复，新建城市绿色小客厅10个，新增绿化面积20万平方米，荷湖、勺湖周边环境焕然一新，成为生态重塑、文化展示、群众休闲的好地方。新改建市政道路10条，海棠大道改造完成、竣工通车，打通“断头路”6条，新开挖城市河道4.2千米，新改造修复地下管网22千米，整治低洼易涝片区2个，城市“雨天看海”的问题极大改善。348、264省道加快建设，京沪高速扩容、宁淮城际铁路保障有力，淮河入海水道二期工程正式开工，为我区建成高等级出海航道、促进城乡融合发展、推动沿线乡村振兴厚植了更多优势。城市经营更趋精心。入选全国红色旅游融合发展试点单位、全省唯一，获评全国旅游发展潜力百佳区、长三角高铁旅游小城。加快河下古镇提档升级，文楼早茶店正式营业，尚庐书院建成开放，萧湖酒店主体建成，引入新业态5家，入驻特色品牌餐饮店8家，入选省级夜间文旅消费集聚区。海棠大道经济总部走廊新入驻企业8家，新签约项目8个。实施“房票”政策，消化存量商品房367套4.6万平方米，兑现新购商品房、二手房政策补贴2459万元。城市管理更趋精细。积极开展“无废城市”攻坚行动，“清洁家园”、恩来干部学院周边环境整治等专项行动成效明显，打造精品示范街、示范路6条，创成省垃圾分类达标小区14个、市文明典范市场3个。新增智慧停车场9家、公共停车泊位400个，建成高标准疏导点2处。出台物业管理意见，明确不同等级物业服务标准，物业费清缴行动全面推开。生态保护更趋精准。全面完成中央和省级环保督察反馈问题整改。深入开展生态碧水三年行动，入海水道北泓、渔滨河流域整治持续推进，新建污水管网24.6千米，国省考断面优III比例达100%，争取国家“山水工程”专项资金超亿元。扎实开展夏季大气污染攻坚、秋冬季空气质量改善等六大行动，完成重点治气工程93个，全市率先完成国三及以下柴油货车淘汰任务，$PM_{2.5}$浓度32.5微克/立方米、下降10.2%，优良天数比率82.7%。有序推进土壤污染防治，建设用地安全利用率达100%，新增造林572亩，创成省生态文明建设示范区。

（三）*以做实富民增收为根本，乡村振兴纵深推进。*乡村面貌持续改善。新改建农村公路21千米、桥梁16座，实施农路安防工程441千米，新建农村生活污水处理设施17座，建成生态河道、幸福河湖32条，农村供水工作荣登水利部红榜。改善农房1150户，改造户厕超万座，新增省市人居环境示范村、美丽宜居乡村、绿美村庄91个，获评省特色田园乡村3个、总数全市第一。车桥镇省级美丽宜居小城镇试点、首批重点特色镇示范项目全部完成。施河镇率先启动乡村振兴“三级先导”工程，公共空间治理成效明显，清理收回集体土地7800亩，推动集体增收600万元。区农业农村局获评全国农村集体产权制度改革先进集体，全市唯一。现代农业提质增效。粮食总产再获丰收，新增高标准农田11.15万亩，新增千亩特色规模基地3个。苏嘴镇获批建设省级现代农业高质量发展示范园、连续三年获评全国乡村特色产业十亿元镇；出台加快车桥芡实产业发展意见，芡实种植规模达3.6万亩；顺河镇入选省耕地保护激励单位。新增绿色农产品15个，绿色优质农产品比重全市第一，创成国家农产品质量安全县区。苏食肉品入选省重点物流企业，创成省农村物流达标县。增收路径不断拓展。推进富民强村帮促和村集体增收三年行动，实施增收项目1719个、重点帮促村平均增收36.32万元，为202个村集体经济保险兜底，农村集体增收经验入选省改革典型案例。发放脱贫人口小额信贷约3.12亿元，总量全市第一、全省第四。新增省市农业龙头企业4个、示范家庭农场22个，创成国家农民合作示范社2个，3372名农民在家门口就业创业，实现农村居民人均可支配收入23715元、增长6.5%。

（四）*以做好国企改革为抓手，风险防范明显增强。*财力运转稳字当先。增收保障明显加强，制定建筑业税源管理激励办法，新增税收4.6亿元，补缴土地增值税等1.9亿元，非税收入增长90.3%。向上争取卓有成效，争取非政策性资金25亿元、同比增长23.64%，获批专项债5.37亿元、较去年翻番，已到位政策性开发性金融工具（基金）16.36亿元，项目数量、资金总量均居全市前列。坚持过紧日子，行政成本、项目经费等支出压减均超10%，财力支出民生占比达78%，化解政府隐性债务26.4亿元，政府性债务率风险等级连续3年保持绿色、全市唯一。完成追赃挽损18.33亿元，获省委巡视组充分肯定。国企运营规范有序。宏信国投、名城控股基本建立现代企业制度，建立财政性存款与融资贷款挂钩制度。强化经营性资产集中管理，完成全市首家林权确认并充实国企资产，两家公司资产分别新增200亿元、100亿元，综合融资成本由7.33%压降至6.7%。公司化运转初见成效，润淮产业基金完成划转并实体化运行，两家公司经营规模、企业利润均实现增长。风险管控常态有效。全面完成涉粮巡察问题整改。安全生产“三年大灶”顺利收官，持续推进“厂中厂”、建筑施工、交通安全等专项整治，餐饮燃气攻坚获市主要领导肯定，D级危房解危经验被住建部推广，生产安全事故起数和死亡人数保持“双下降”。创成省餐饮质量安全示范店70家，顺河镇获评市社会治理十佳镇，恩来社区、翔宇救援站获评全国消防先进集体，整治养老诈骗工作经验获省专报推广。新一代雪亮技防工程高标建设，刑事案件下降25.4%，群众安全感指数保持98%以上。深入开展信访突出问题攻坚化解年行动，圆满完成冬奥会、冬残奥会和党的二十大安保维稳任务。

（五）以做强公共服务为宗旨，民生福祉日益增进。教体事业协调发展。建成新安小学河西分校等重点项目3个，成立施河新教育学校、生物工程高职分校，全国青少年思政教育核心基地建成使用，成为弘扬爱国精神、传承红色文化的重要品牌。稳步推进“双减一规范”，曙光双语民转公，红军小学入选省“双减”典型案例。加大教育人才培养引进，入选省“333人才”3人，引进北大毕业生14人。楚州中学获评市高中综合考评示范单位。淮安工专成功入选省优秀职校建设单位，获评省优质专业2个。新建体育公园2个、健身步道20千米，人均体育场地面积达4.1平方米，群众体育蓬勃发展；获省二十运金牌7枚，竞技体育成果喜人。文化卫生持续向好。完成青莲岗遗址规划编制，基本完成庆成门遗址考古发掘，创成省智慧广电镇2个，提档升级镇街书房16个，获评省最美公共文化空间2家，区新华书店获评省最美书店。第三届“吴承恩长篇小说奖”颁奖典礼成功举办，《新安旅行团》儿童剧全国巡演、于兆文长篇报告文学全省获奖，诗教联教经验全国发文推介，成立全市首家爱乐民族乐团。淮安医院与东南大学附属中大医院合作成立专家工作室，引进人才6名，实现门诊和住院服务能力双提升。创成省健康促进区，漕运卫生院获批省农村区域医疗卫生中心，顺河、平桥卫生院创成省社区医院，流均镇创成省卫生镇。保障体系不断健全。发放创业贷款1.2亿元、灵活就业社保补贴3823万元，新增城镇就业6500人。城乡居民基础养老金最低标准持续提升，发放各类困难群众救助金2.6亿元。为110名孤独症儿童提供康复服务，为138名困境儿童建设梦想小屋，发放慈善救助金1400多万元，慈善总会获评省5A级社会组织。彻底解决了万余名困难企事业单位退休老职工医保问题，15分钟医保服务圈实现全覆盖，城乡居民医保覆盖率达98.5%，“江苏医惠保1号”投保人数全市第一。新改造居家养老服务中心12家，完成困难家庭适老化改造360户。农民工欠薪治理实现“动态清零”。退役军人优待证办理经验全省交流，获评省双拥模范城“九连冠”。

（六）以做优行政作风为保障，自身建设全面加强。更加重统筹，体现系统化。统筹“学”与“做”，区政府党组专题学习党的二十大精神，每月专题学习习近平总书记系列讲话精神以及新的政策文件、法规要求，以政治建设统领政府建设各项工作，切实增强工作的前瞻性、系统性、科学性。统筹“破”与“立”，持续深化审批改革，重点聚焦企业项目服务，推行容缺审批，全市数量最多、覆盖面最广。统筹“远”与“近”，坚持用长远眼光看问题，关闭退出大运河沿线化工企业2家，引导企业迎峰度夏错峰生产，用短期局部利益保障长远全局发展。更加重实干，体现实效化。以实干打造诚信政府，人代会承诺的6大类123项任务、10大类51项民生实事实现预期。以实干打造服务政府，按月研究会办12345便民热线等群众反映的热点问题，累计办结各类诉求工单约8.9万条，响应率、办结率、满意率稳步提升。以实干打造高效政府，政府督查机构实体化运作，加强对镇街绩效管理，区级移动办公平台投入使用，文件和会议均下降10%以上。更加重法纪，体现规范化。持续推进党风廉政建设，自觉接受人大法律监督、政协民主监督，高质量办结人大代表建议210件、政协委员提案176件，满意率（含基本满意）分别达100%、99.4%。深入开展“八五”普法，强化法治政府建设，及时清理规范性文件，行政诉讼案件行政机关负责人出庭应诉率100%。开展包容审慎柔性执法，不予、从轻、减轻涉企处罚773件、金额1210万元，法治化营商环境进一步优化。

此外，区人武部征兵“五率”综合排名全市第一，区总工会获评全国财务会计工作先进单位，恩来社区妇联获评全国妇联先进集体，供电、供水、供气、供热、通信等基础设施不断完善，气象、供销、邮政、区志、文史等工作富有成效,国家安全、民族宗教、机关事务、外事侨务、红十字等工作均取得了新的进步。

各位代表,过去的一年,历程极不寻常,成绩殊为不易。这是上级党委政府和区委坚强领导,区人大、区政协和社会各界监督支持,全区上下团结奋斗的结果。在此,我谨代表区人民政府,向全区广大干部群众、离退休老同志、企业家朋友,向各民主党派、工商联、无党派人士和各人民团体,向驻区部队、省市驻区单位,向所有关心、支持和参与淮安区建设与发展的各界人士,表示衷心的感谢并致以崇高的敬意!

我们也清醒地认识到,工作中仍存在一些困难和问题:重特大项目数量不足,新的经济增长点支撑乏力;主导产业规模不大,发展优势不够明显;改革创新力度不够,内生动力仍需加强;中心城市核心区服务承载能力有待增强,城市特色和品位还需进一步彰显;镇域经济实力不强,乡村振兴任重道远;公共服务供给与群众期盼仍有差距;行政作风效能还需进一步提高。对此,我们一定高度重视,采取有效措施,切实加以解决。

二、2023年工作安排

今年是全面贯彻党的二十大精神、全面推进中国式现代化淮安区新实践的开局之年,也是实施"十四五"规划承上启下的重要之年,我们必须抢抓机遇、乘势而上,埋头苦干,奋勇前进。推进新实践,我们将扛起新使命。党的二十大向全国发出了全面建设社会主义现代化国家、全面推进中华民族伟大复兴的动员令,省委十四届三次全会、市委八次党代会二次会议分别提出在新征程上全面推进中国式现代化江苏新实践、淮安新实践,区委十三届六次全会号召全区上下紧紧围绕建设全市展示"象征意义"的窗口定位,紧扣工业制造业和文化旅游业两个根本性战略抓手,全力打造文化旅游目的地、工业经济标杆区、政治生态清朗地,我们将全面落实省市和区委决策部署,在建功新时代、扛起新使命中推进中国式现代化淮安区新实践。推进新实践,我们将把握新形势。当前,需求收缩、供给冲击、预期转弱三重压力仍然较大,外部环境更趋复杂多变,但是中央和省级层面推动"稳经济"一揽子政策和接续措施效能持续释放,企稳向好势头不断提升,特别是长三角区域一体化、淮昆台资经济协同发展等重大战略主要措施的叠加实施,为我区高质量发展创造了更多优势,我们将坚定发展信心,在奋进新征程、把握新形势中推进中国式现代化淮安区新实践。推进新实践,我们将落实新要求。始终坚持"项目为王、环境是金"工作导向,坚持"153"发展战略,将提升全市首位度作为第一追求、实施工业强区战略作为根本选择、加强城市经营作为重要路径,以"四大工程"统筹推进高质量发展,在谱写新篇章、落实新要求中推进中国式现代化淮安区新实践。

今年区政府工作的总体思路是:坚持以习近平新时代中国特色社会主义思想为指导,深入贯彻落实党的二十大精神,坚持稳中求进工作总基调,完整准确全面贯彻新发展理念,按照中央、全省经济工作会议和省市区委决策部署,更好统筹疫情防控和经济社会发展,更好统筹发展和安全,全力推动经济整体好转,实现质的有效提升和量的合理增长,推进中国式现代化淮安区新实践开好局、起好步。主要预期目标是:GDP增长7.5%,一般公共预算收入增长6%,规上工业增加值增长10%,规上固定资产投资、工业投资分别增长13%、20%,社会消费品零售总额增长8%,居民人均可支配收入与经济增长基本同步,节能减排、大气与水环境质量、粮食安全等约束性指标完成市定目标,社会大局保持安全稳定和谐。围绕全年目标,着重抓好六个方面工作:

*(一)聚焦项目为王,厚植现代化发展优势。*始终把重特大项目作为稳增长的"压舱石",持续树牢"大抓项目、抓大项目"鲜明导向,以优质态项目达效推动经济高质量发展。

以更大力度招引项目。实施项目招引"5735"工程,协议引资额超500亿元、其中工业不低于400亿元,新招引亿元以上工业项目70个以上、50亿元以上工业项目3个,当年签约项目开工35个以上。聚焦"2+2+N"产业,认真对照产业图谱,以10亿元以上重特大产业项目为重点开展产业招商,着力引入一批产业匹配度高、带动性强的"链主"型项目,进一步做粗拉长产业链条。紧盯重点区域,加强淮昆合作,以长三角、珠三角等区域为重点,定期举办专题招商推介活动,积极承接苏州、上海等地转移项目。突出招商实效,持续落实招商"六大举措",专职招商人员深耕驻点地区,充分利用振兴发展促进会、商会协会、落户企业等人脉资源,健全"干部+乡贤"精准化结对、"单位+企业"片区化包干等模式机制,密切关注央企和民企、台资龙头企业以及上市公司投资动向,紧盯"专精特新""单项冠军”“隐形冠军”等细分领域头部企业发展方向，引入一批投资规模大、市场前景好、产出效益高的优质项目。

以更优机制转化项目。实施项目建设“1525”工程，完成工业投资150亿元，新开工亿元以上工业项目50个左右、其中超50亿元项目2个，竣工项目转化为规上企业25户以上。优化源头把关机制，持续完善重大项目研判和决策机制，对项目用地、能耗指标、亩均效益等逐一评审，切实提高落户项目质量和效益。优化项目推进机制，严格落实重特大产业项目建设“三个一”帮办机制，加强从项目签约到竣工投产全生命周期帮办服务，推进修正药业、金杨电池、伟时电子等项目加快开工，张兴储气库、盛卓轻量化智能制造等项目加快建设，润阳电子、中通四期等项目加快竣工投产。实施省市重大产业项目50个以上，完成年度计划投资169亿元。优化质效考核机制，严把项目投资达效考核，强化条款约束，确保项目质效；加大镇街、部门项目考核比重，引导全区上下把更多时间、更多精力、更多智慧聚焦到重特大项目攻坚上来。

以更全要素承载项目。完善平台建设，进一步理顺开发区“一区多园”管理体制，开发区以淮昆产业园为重点，充分发挥项目建设主阵地作用，聚焦重特大项目落地优服务，加快经二十一路以东新拓展片区区域环评和控规编制，实施经二十一路等路网建设和水系配套改造，系统谋划区域电力保障；国信工业园不断完善基础设施建设，为新能源电池等重特大项目落户提供保障；绿建产业园进一步完善功能配套，开工建设范集作业区码头，全面提升产业质效。强化用地供给，持续实施城乡挂钩和占补平衡，建立健全低效用地、闲置土地、批而未供土地、低效厂房大数据管理平台，全年完成补充耕地3000亩，清理盘活建设用地1500亩，全力保障重特大项目用地需求。增加环境容量，启动绿建产业园、完成国信工业园的污水处理厂建设，通过开展排污权交易、实施减排项目，深挖环境总量指标，满足项目需求。优化用工服务，进一步完善“政府建平台、企业派工人、工人选种类、职校请导师”技工培训模式，持续为企业靶向引进、订单培训紧缺技工，持续举办职业技能大赛，加快人才公寓建设，帮助企业留住优秀人才。

以更好环境吸引项目。不断健全产业政策支持体系，严格落实助企纾困系列政策，对产出贡献达到预期的企业，坚决按照政策和协议规定兑现奖补，畅通政策落实兑现渠道，打造综合更优的政策环境。持续深化“政银企担”融资风险分担模式，常态化开展“双拜访”“政银企”对接活动，帮助企业拓展融资渠道，降低融资成本，打造良好有序的金融环境。进一步推进政务服务一体化建设，持续打造“海棠代办”服务品牌，对重特大项目实行提前介入、容缺受理，建立“条件网上提、部门联合审、事项并联批、证照一次发”的审批机制，推动10亿元以上重特大项目一律实现“五证联发”“拿地即开工”，打造高效便利的政务环境。依法平等保护市场主体合法权益，进一步规范涉企行政执法，严格落实涉企不予处罚、从轻处罚、减轻处罚“三项清单”，打造公正透明的法治环境。持续完善政企沟通渠道，大力弘扬企业家精神，用心讲好企业家故事，打造尊商亲商的人文环境，努力让越来越多的人才资源、项目资金、企业资本向往淮安区、选择淮安区、扎根淮安区。

（二）壮大主导产业，构建现代化产业体系。以打造工业经济标杆区为抓手，把发展经济的着力点放在实体经济上，扎实开展第五次全国经济普查，进一步优化产业结构，提升产业质效。

做大做强先进制造业。促进产业集群。聚焦“百亿”产业目标，大力做好细分领域产业链补链强链延链工作。高端装备制造产业围绕精密机械零部件、特种设备、新能源组件等行业，完善产业配套，延伸产业链条，双环齿轮、施塔德电梯等企业争创行业标杆，环欧智能设备制造、哈思孚智能装备等项目加快建设，产业开票销售增长15%以上。电子信息产业深耕电阻、电容、电感等三大核心元器件，引导捷群电子、文盛电子等企业加大产品研发和工艺突破，鸿翔瑞电子、福科创科技等项目加快竣工投产，产业开票销售增长10%以上。推动绿色建材、现代教育装备、羽绒纺织等产业转型升级、聚合链条、集聚发展。加快战略性新兴产业培育，引导企业加大研发投入，战略性新兴产业产值占比达40%以上。培育骨干企业。坚持龙头引领、骨干支撑，强化“一企一策”专项支持，鼓励苏盐井神向钠离子电池新材料产业拓展，储气、制盐、制碱加快释放产能，向百亿级“链主”企业迈进；鼓励双环齿轮、亿创金属释放新能源产业产能，开票销售突破20亿元、10亿元；引导建华、海螺、沃联拓展产品应用和销售范围，成立建材产业协会，搭建绿色建材本地产品互信互用平台，建材产品区内就地应用达10亿元以上。大力实施“小升规”行动，推动竣工项目入规列统、入规企业扩产增效，新增开票销售超亿元企业5家，其中超10亿元企业2家，入库税收超千万元企业2家。充分发挥科技转化、金融赋能等机制作用，打造更多细分市场“隐形冠军”和产业链“配套专家”，新增省市专精特新、服务型制造示范企业分别达8家、2家以上。推进企业上市，助推百斯特鲜食等企业加快登陆资本市场。推动数字赋能。深入实施智改数转三年行动计划，积极推进制造业数字化转型，实施500万元以上智改数转项目80个，完成智改数转投资62亿元，新增省市两化融合贯标培育试点企业2家、星级上云企业10家、智能工厂（车间）2家。进一步做大数字产品制造业规模，全面助力鸿富翰科技、芯声微电子、飞特尔通信等企业提升市场占有率。推动“5G+工业互联网”创新应用，加快实现千兆光纤网络和5G网络优质全覆盖，不断夯实数字经济发展基础。

做实做优特色服务业。盐穴储能贸易以建设国家级能源战略储备基地为目标，加快张兴储气库等项目建设，尽快形成百亿级产业。电商物流园围绕打造苏北现代物流供应链中心和电商集聚高地目标，扎实抓好业态提升、产业链延伸，推动电商物流、智能仓储、快递快运协同发展，中通快运、申通三期等项目开工建设，新招引区域物流运行总部、结算中心以及云商、电商、直播等新业态100家以上，力争开票销售30亿元、入库税收8000万元以上。高水平、高质量建设海棠大道经济总部走廊，开工建设星桐大厦、淮航大厦等6个项目，基本建成沃联研发大厦、尚城一品项目，新招引税收超1000万元总部经济企业3家以上，完成建筑业总产值430亿元、入库税收5亿元，努力打造城市经济发展新高地、风貌展示新地标。全面促进消费复苏，提振城乡消费市场，重点抢抓新能源汽车消费风口，鼓励新能源汽车品牌在商业街区开展线下展销，支持住房改善、养老服务消费，引导拓展农村大宗消费、电商消费。持续推进餐饮业提档升级，聚焦“菜肴提升品质、服务提升质量、环境提升品位”的要求，新招引、新营业品牌连锁店、特色店10家以上，把河下古镇打造成全市最有品位、最有特色的餐饮业集聚区。开展购物节、美食节等促消费活动。

做精做好现代农业。落实“藏粮于地、藏粮于技”战略，坚决遏制耕地非农化、非粮化，推进“小田变大田”和土地规模流转，新增土地流转7万亩、高标准农田9.4万亩以上，粮食总产量保持96.5万吨以上，新增粮仓仓容5万吨以上，持续提升粮食质量和安全水平。推动一二三产融合发展，按照“规模化发展、生态化种植、机械化加工、品牌化认证、电商化推介”的总体思路，大力发展现代农业，构建“种养加销”一体化产业链条，积极组织农产品直播带货等营销推广活动，不断提高现代农业竞争力。重点发展特色产业，成立车桥芡实产业研究院，培育优质高产新品种，推动芡实向精深加工延伸；推动流均富硒米通过国家认证，依托百斯特鲜食龙头企业，持续优化“企业+经营主体+农户”模式，新增优质稻米种植5万亩以上；成立杞柳经纪人协会，试点推广杞柳种植，新增种植1000亩以上。加强农业重特大项目招引，每镇街新招引亿元以上项目1个，确保10亿元以上项目取得突破。加快苏嘴现代农业高质量发展示范园建设，积极争创国家级农业园。

（三）坚持改革开放，激发现代化建设动能。始终聚焦科技是第一生产力、人才是第一资源、创新是第一动力，突出用好改革开放“关键一招”，努力在“双循环”新发展格局中有更大作为。

持续推进重点改革。深化“放管服”改革，积极推广“苏服码”，推进“淮上关爱一件事”，动态完善区级行政许可清单，力争“一网通办”率达100%。积极承接工业用地供应管理权限下放，做到接得住、管得好、效率高。采用弹性出让、先租后让等模式，积极推进供地方式改革。加快完善开发区“管委会+公司”管理架构，不断强化坤淮公司的市场化招商引资、招才引智等工作，深入推进开发区人事薪酬等改革，进一步激发园区活力。加快国有平台公司从“融资”向“投资”转型，实现差别化、多元化经营，加快专业化、市场化发展，持续壮大有效资产，不断强化绩效管理，切实增强企业运营能力，宏信国投、名城控股经营性收入分别增长10%和9%以上、企业利润分别达5000万元和6000万元以上。深化农村承包地“三权分置”改革，积极探索实施农村集体经营性建设用地入市。高效推进施河经济发达镇行政管理体制改革，努力打造现代化城镇新样板。

深度拓展开放合作。深化淮昆台资合作，充分发挥台商联谊会纽带作用，新设1000万美元以上外资项目15个、其中台资项目10个以上，鼓励更多企业增资扩股、利润再投资，力争完成外资实际到账1.7亿美元、增长5%。外贸进出口总额5亿美元以上、增长8%，进一步促进盘古跨境电商发挥品牌引领作用，新招引跨境电商企业20户，跨境电商交易额1亿美元以上。发挥友城交往优势，重点向经济领域延伸，主动邀请更多外商“走进来”考察交流，鼓励区内企业“走出去”开拓市场。

不断强化科技赋能。实施高新技术企业和科技型企业培育工程，充分凸显企业创新主体地位，新认定高新技术企业30家以上、科技型中小企业评价入库280家以上。深化产学研合作，推进与电子科技大学合作，围绕企业发展技术难题，建立“企业出题、政府领题、高校解题”机制。科技成果转化实现新突破，新增省市企业工程技术研究中心3家，规上工业企业研发支出13亿元以上。启动科创平台建设，以承载和培育高科技制造业项目为主要功能，努力孵化一批“大而强”“精而优”“小而美”科技项目。切实加强国家火炬特色产业基地运行管理，加快优势特色产业集聚集群，确保施河国家火炬特色产业基地通过复审。实施“翔宇英才工程”三年行动计划，健全产业人才引进、培养、服务全流程激励保障体系，全年新培养和引进高层次人才135名以上。

（四）强化经营理念，塑造现代化城市形象。投资48.6亿元实施69个中心城市项目，着力建设宜居、韧性、智慧城市，为全力打造文化旅游目的地筑牢根基。

不断完善功能。坚持规划引领，充分利用“三区三线”划定成果，完成国土空间规划审批以及老城单元、淮昆产业园控规修编，实施恩来干部学院北侧等9个地块控规调整。积极推进“四大片区”建设，充分利用国开行城市更新贷款，做好新旅片区省级试点工作，加快永怀路等10条道路提升，完成温馨家园等60个老旧小区改造，竣工交付定向商品房5000套以上。用好用足微空间、灰空间，见缝插绿，因地制宜建设小型绿化游园、体育公园、停车场等配套设施，加快新能源汽车充电设施布局建设，实现功能与环境双提升、空间与布局微更新。加大城市土地经营力度，重点围绕新城片区以及部分城市“小地块”，提升品位，完善配套。加快建设264省道，推进京沪高速扩容、348省道范集白马湖段竣工通车，做好宁淮城际铁路建设服务保障，进一步构建现代对外交通体系，让群众出行更加便捷。

着力彰显特色。以绿为韵，按照“庭院透绿、公园增绿、空地植绿”的思路，系统推进城市绿化更新，精心打造海棠大道沿线景观绿化，加快建设沈坤路市民公园、府前路党建公园等城市精品游园，启动压矿区湿地公园规划设计，全力打造城市“绿肺”，让“推窗见绿、出门进园、四季有花”成为城市特有记忆。以水为脉，按照“保护水生态、打造水景观、做活水经济”的思路，持续实施水环境长效管理和水系联通工程，推进纬三河、新涧河提升改造和里运河慢行系统三期景观提升，依托“四湖一垠”、文渠等河道水清、岸绿、景美的生态优势，打造水幕电影，开辟夜游路线，搭建露营基地，让“百里画廊”成为水生态、水景观、水经济和谐共生的最美画廊。以文为魂，按照“文化传承、文创赋能、文旅融合”的思路，编制出台《文化旅游发展三年行动计划》《促进旅游高质量发展意见》，全力构建“大河下”格局，有序修复老西门大街、施耐庵罗贯中著书处等历史遗存，加快推进茶巷改造，推广老宅庭院改造，优化调整漕运博物馆、淮安府衙展陈布展，引入高端运营策划团队，提高专业化旅游营销水平，加快打造具有古城鲜明文化标识的“名胜、名人、名著、名食”IP，让老城老街老宅更有颜值、名人名著名菜更有内涵。

加强精细管理。扎实推进全国文明典范城市建设，进一步完善农贸市场、公厕等配套设施，合理疏导城市流动摊点，精心打造翔宇大道、北门大街等精品示范路4条。推动物业服务标准化管理，开展综合执法进小区、电动车充电设施建设、物业服务信息公开等五大攻坚行动，创成省市物业管理示范项目4个。积极开展“城市洁净行动”，制定“席地而坐、身不染尘”实施细则，扎实开展“三车”整治专项行动，确保渣土车运输规范、共享单车投放有序、机动车停车便捷。深化“大执法带动大长效”行动，探索区街居一体化城管机制。加强对城区盲道、窨井、健身器材等公共设施的日常维护，切实提高精细化智能化管理水平，确保公共区域无杂物、地面道路无积尘、城市家具无污染、水体清澈无杂物、绿化洁净无枯萎。

提升生态水平。持续开展环境基础设施提升行动，稳步推进污水处理厂提质增效等8个项目建设。强化重点区域微环境精细化整治，统筹开展扬尘管控、餐饮业油烟治理、柴油货车淘汰、秸秆禁烧等工作，$PM_{2.5}$浓度、优良天数比率稳定达标。全面落实河湖长制，围绕污水治理、生态活水、生态湿地、幸福河湖和绿色产业等五项行动，有序推进入海水道北泓、苏北灌溉总渠、渔滨河至窑头河综合治理工程，确保国省考断面水质稳定达标。加快推进"无废城市"建设，加强土壤安全监管，对重点行业和关闭退出企业地块实施风险管控，土壤质量保持稳定。有序推进碳达峰碳中和工作，新增市级以上绿色工厂2家。

（五）加快乡村振兴，开创现代化农村格局。围绕产业兴、环境美、农民富，扎实做好强镇、优居、富民三篇文章，高水平全面推进乡村振兴。

强化镇域支撑。有序推进镇级国土空间规划编制，稳步开展"多规合一"实用性村庄规划编制，因地制宜谋划镇村发展。施河镇推动现代教育装备产业园提档升级，加快建设现代农业、食品产业园，全力打造淮安产业第一镇。车桥镇开工建设羽绒纺织产业园污水处理厂，新签约入园企业12家以上，奋力打造苏北最大的羽绒特色产业基地。钦工镇利用区位优势，明确镇工业集中区定位，加快优质项目招引，努力成为实力最强北大门。平桥镇围绕井神300万吨制盐项目开工建设、国信燃煤发电项目争取获批，启动征地拆迁、头溪河整治等基础工作，全力打造产业发展新引擎。

推进乡村建设。完善基础设施，加快淮河入海水道二期工程建设，加快渠北灌区现代化改造，新改建农村公路30千米，实施农村公路安防工程457千米，完成运河西堤堤顶路南段修建。加快推进农村人居环境整治、公共空间治理，完成户厕改造1万座以上，建成幸福河湖、生态河道35条，茭陵抽水站创成国家标准化管理工程。深入推进新一轮农房改善五年行动，聚焦危房动态清零、老旧农房改造，改善农房1000户以上，创成省级特色田园乡村、美丽宜居乡村8个，复兴、石塘、顺河、漕运等镇创成省卫生镇。全面落实"林长制"，新增绿化造林150亩。探索城市周边农田空间利用，合理布局大地景观、现代农业和基础设施，推进生态地、农业地、景观地"三地合一"。

促进富民强村。深入推进农民收入十年倍增计划，实施富民强村帮促项目3个，新增省市农业龙头企业、示范家庭农场、合作社30个。进一步巩固拓展脱贫攻坚成果同乡村振兴有效衔接，持续做好"两类人员"动态监测，发放脱贫小额贷款3亿元以上，实现村民防返贫保险和村集体经济收入保险全覆盖，坚决防止规模性返贫。开展村集体增收三年攻坚行动，加大涉农资金整合，严格低效资产监管，加大闲置资源盘活利用，村集体经济收入超30万元、50万元村居分别达295个、164个。

（六）增进民生福祉，满足现代化群众期盼。始终践行以人民为中心的发展思想，健全公共服务体系，提高公共服务水平，让老百姓的生活年年都有新改善。

提升民生保障水平。进一步落实助企纾困稳岗扩岗、就业创业等政策，持续做好高校毕业生等重点群体就业，新增创业贷款1亿元、创业带动就业6100人。不断完善退役军人服务保障体系，做好退役军人安置和就业创业。提高社会保障水平，做好新就业群体养老保险征缴扩面，持续落实被征地农民社会保障工作。落实全民参保计划，实施职工医保门诊共济政策，推进医保移动支付和电子凭证应用，实现医保便民药店镇街全覆盖。健全社会救助体系，扎实做好困境妇女儿童救助等保障工作，强化各类困难群体监测预警，确保应救尽救、应助尽助、应保尽保。聚焦"一老一小"问题，高效运营老年人综合服务中心，新改建普惠托育机构2家，切实把生育支持政策落到实处。

办好人民满意教育。落实立德树人根本任务，构建中小学幼儿园一体化德育工作体系。推进基础教育优质均衡发展，开工建设金陵中学淮安分校等项目4个，进一步整合教育资源、优化城乡学校布局，引导城乡教师有序流动，切实解决师生比失衡问题。大力实施县域高中振兴计划，改革完善激励机制，加大对公办重点学校优秀教师、优秀校长奖励补贴，进一步提升办学水平。推进职业教育产教融合、校企合作，加快建设生物工程高职分校，淮安工专进一步加强学生职业规划教育和就业指导，切实发挥服务本地企业、促进地方发展的重要作用。

增强健康服务能力。平稳有序实施新冠病毒感染"乙类乙管"各项举措，保障好群众就医，重点抓好老年人和患基础性疾病群体的健康服务，着力保健康、防重症。在保证群众基本医疗需求基础上，平稳做好镇街基层医疗机构布局优化工作，提升运营能力水平。全面构建"2+2+16"健康服务体系，淮安医院加强与省内外知名医院合作、建成省级重点专科2个，楚州中医院充分发挥中医特色优势、挂牌江苏护理学院附属医院，皮防院、妇幼保健院加快提升专业诊疗服务能力，施河卫生院与市第一人民医院加快形成医联体，苏嘴卫生院争创省级农村区域医疗卫生中心。健全双向转诊制度，让老百姓足不出区、足不出镇就能享受高质量医疗服务。

发展文化体育事业。引导博里农民画产业化发展，拓展网络销售渠道，做大规模。逐步修缮一批文保民居，完成青莲岗文化遗址规划国家评审。深化书香淮安区建设，推进全民阅读活动，建成城市书房1个。围绕第四届“吴承恩长篇小说奖”评选，鼓励创作一批富有区域特色、彰显时代精神的精品力作。实施全民健身行动，新建体育公园1个、健身步道10千米，人均体育场地面积稳步增长。

促进安全和谐稳定。深化平安淮安区建设，推进市域社会治理现代化试点工作，深入实施“精网微格”工程，强化“五社联动”，进一步提升基层治理能力。持续巩固深化安全生产“三年大灶”成效，建立健全长效机制，深入开展建筑施工、消防、城乡道路交通等重点领域安全专项整治，推进餐饮场所“无瓶街区”打造，争创省级安全发展示范城市，坚决遏制较大以上安全事故发生，进一步提升本质安全水平。实施食品安全全链条全流程监管，切实保障群众舌尖上的安全。扎实推进“八五”普法，持续做好严重精神障碍患者等特殊人群服务管理，完善风险隐患源头治理体系，构建矛盾纠纷多元化解新模式。扎实开展重复信访治理，加大积案难案化解力度，畅通保障农民工工资支付投诉渠道。大力支持国防和军队建设，落实抚恤优待政策，推动军民融合发展，奋力争创省双拥模范城“十连冠”。

三、全面加强政府自身建设

坚决扛起新使命，奋力谱写新篇章。在全面推进中国式现代化淮安区新实践中，我们将持续提升政府治理能力和治理水平，全力打造人民满意政府。

*一是聚焦从严治政，建设效能型政府。*强化政治意识，深入学习贯彻落实党的二十大精神，坚定拥护“两个确立”，坚决做到“两个维护”，始终用习近平新时代中国特色社会主义思想武装头脑、指导实践，不断提升新时代意识形态工作，不折不扣执行上级党委政府和区委各项决策部署。弘扬实干作风，进一步大兴务实之风，少在机关开会，多到一线会办，让说了就算、定了就干、干就干好成为政府系统鲜明标识。突出结果导向，加大重特大项目攻坚等重点指标的考核，强化闭环督考，做到以考核定实绩、凭实绩论英雄、让英雄得荣誉。

*二是聚焦为民执政，建设服务型政府。*坚持情系于民，牢记江山就是人民、人民就是江山，始终把群众关心的“小事”作为政府关注的“大事”，对12345、领导信箱等平台中群众反映较多的热点难点堵点问题，第一时间响应、第一时间答复、第一时间办结。坚持问计于民，始终站在群众立场想问题、办事情，政府出台政策、实施工程，事先公开征集群众意见，确保每一项工作更加切合群众需求。坚持造福于民，坚持尽力而为、量力而行，把有限的财力用于保障民生，全力办好惠民实事工程。

*三是聚焦科学理政，建设智慧型政府。*突出前瞻性，强化战略思维，对数字经济等发展前沿的新政策、新机遇，新业态、新模式，深入研究，提前布局，抢占未来发展新赛道，打造未来竞争新优势。突出全局性，立足全国、长三角、省市发展大局，观大势、找定位，统筹考虑项目招引与产业培育、城市经营与民生保障、老城保护与新城建设，切实提升城市核心竞争力。突出整体性，坚持系统化思维，整村一体化推进农村空间治理、农房改善、环境整治等各项工作，充分发挥政策集聚、资源集约、要素集成的整体效能，确保做一件、成一件。

*四是聚焦依法行政，建设法治型政府。*坚持规范决策，严格落实重大行政决策法定程序，加强行政规范性文件制定和监督管理，定期召开政府常务会和区长办公会研究重大事项。坚持公正执法，全面推进行政执法“三项制度”，进一步规范行政裁量权，加强行政复议应诉、行政执法监督等工作，切实做到违法者依法严惩、守法者无事不扰。坚持民主监督，认真办理人大代表建议、政协委员提案，自觉接受人大法律监督、政协民主监督、社会公众监督和新闻舆论监督，推进政务公开，让权力在阳光下运行。

*五是聚焦廉洁从政，建设廉洁型政府。*严守纪律要求，牢记“三个务必”，落实党风廉政建设责任制，严格执行中央八项规定及其实施细则精神，锲而不舍纠“四风”树新风，确保行政干部永远不变质、不变色、不变味。厉行勤俭节约，积极争取非政策性资金、政府债券和各类金融工具支持，规范编外用工管理，持续压缩财政一般性支出和“三公”经费，强化财政预算绩效管理，未落实资金来源的项目一律不实施，用政府的紧日子

换来群众的好日子。加大监管防范，完善大型企业债务、房地产金融、非法集资等领域风险监测预警机制，强化国有资产、公共资源、政府工程监管，深化重点领域、重要部门、关键岗位廉政风险防控，加大国有平台投融资管理和经营性债务管控，持续压降融资综合成本，坚决守住不发生系统性金融风险的底线。

各位代表，征程跨越万里路，迈步奋进正当时。让我们更加紧密地团结在以习近平同志为核心的党中央周围，在上级党委政府和区委的坚强领导下，坚定信心、同心同德，踔厉奋发、勇毅前行，为把周总理的家乡建设得更加美好，在新征程上全面推进中国式现代化淮安区新实践而努力奋斗！

统计资料

2022年淮安市淮安区
国民经济和社会发展统计公报

2022年，全区上下坚持以习近平新时代中国特色社会主义思想为指导，坚决落实党中央"疫情要防住、经济要稳住、发展要安全"的重大要求，紧紧围绕上级党委政府和区委区政府的决策部署，扎实推进"四大工程"，坚持稳中求进工作总基调，有效应对风险挑战，更好统筹疫情防控和经济社会发展，交出了一份特质鲜明的成绩单。

一、综合

综合实力迈向新台阶。初步核算，全年实现地区生产总值751.14亿元，同比增长4.0%。其中，第一产业实现增加值84.51亿元，同比增长4.7%；第二产业实现增加值323.98亿元，同比增长5.5%；第三产业实现增加值342.65亿元，同比增长2.6%。实现人均地区生产总值94817元。产业结构加快调整，三次产业比重调整为11.3∶43.1∶45.6。工业加速发展，第二产业增加值占GDP比重较上年提升0.5个百分点。

经济活力不断提升。年末区市监部门登记的私营企业达20370户，注册资本共计1128.46亿元；个体工商户61429户，实有资金数额87.37亿元。全年实现新增大个体2家，新增列统企业（不含投资）139家。

二、农林牧渔业

农业生产持续增强。全年农业生产气候基本适宜，粮食产量实现增长。全年全区粮食作物播种面积199.2万亩，与上年持平。全年粮食总产量98.00万吨，比上年增加0.21万吨，增长0.2%。其中小麦总产37.95万吨，同比增长0.9%；水稻总产58.27万吨，同比下降0.3%。分季看，夏粮播种面积96.95万亩，下降0.3%；夏粮总产37.97万吨，增长0.9%。秋粮播种面积102.26万亩，增长0.3%；秋粮总产60.03万吨，下降0.2%。全年粮食平均亩产491.96公斤，比上年增产0.96公斤，同比增长0.2%。

林牧渔业总体平稳。年底生猪存栏29.85万头，增长1.8%；出栏53.71万头，增长4.5%；猪牛羊禽肉产量5.57万吨，增长2.6%；禽蛋总产量2.58万吨，增长28.6%；水产品总产量4.93万吨，其中淡水养殖4.58万吨，淡水捕捞0.36万吨。

三、工业和建筑业

工业发展稳中有进。全年规模以上工业总产值同比增长10.0%。其中轻工业增长13.2%、重工业增长6.4%。分经济类型看，集体工业下降34.2%，股份制工业增长10.5%，外商港澳台投资工业下降8.0%。民营企业增长12.2%，其中私营工业增长19.2%。全年规模以上工业实现增加值同比增长10.8%。全年新增规模以上工业企业36家。国家电网中全部工业用电量16.14亿千瓦时，同比增长9.4%。工业竞争力不断提升。全年150余户企业进入"千企升级"培育库，文善电子、鸿富瀚科技、融昱药业被评为省级专精特新"小巨人"企业；全区累计培育国家级专精特新"小巨人"企业1户、省级11户、市级35户。施塔德电梯评为省级工业互联网标杆工厂；全区累计创成省级工业互联网标杆工厂3家，数量占全市总数的33%，位列第一。施塔德电梯、凡之晟远大等企业通过国家两化融合贯标。全年新增星级上云企业44家，数量占全市总数的27%，位列第一。

企业效益稳步改善。全年规模以上工业企业实现主营业务收入351.52亿元，同比增长4.1%；实现营业利润17.80亿元，同比增长43.5%；年末亏损企业46家，亏损面为17.0%。2022年完成规上工业应税开票销售333.1亿元。

建筑业实力保持增长。全年实现有资质建筑业企业总产值422.86亿元，同比增长8.3%；竣工产值278.43亿元，同比增长30.8%；全区有资质建筑企业实现利润总额12.9亿元，与上年持平；建筑业企业房屋建筑施工面积4952.32万平方米，同比上升1.4%；其中新开工面积971.70万平方米，同比上升17.0%；竣工面积1103.26万平方米，同比上升62.0%，竣工率22.3%；其中住宅竣工面积945.55万平方米，同比上升78.8%。

四、固定资产投资

规上投资稳步提升。全年规模以上固定资产投资同比增长15.8%。其中，建筑安装工程投资同比增长22.8%，占固定资产投资比重达92.6%。高技术产业投资占比24.8%。分类型看，项目投资同比增长23.1%，工业投资同比增长24.2%；房地产开发投资同比下降25.3%。全年商品房销售面积100.93万平方米，同比下降23.7%。其中，住宅销售面积71.97万平方米，同比下降24.6%。

重大项目稳步推进。全年新开工亿元以上重特大产业项目47个，其中10亿元以上4个，分别为润阳电子产业集聚平台、荣庆传动、英利新能光伏组件、中通四期项目；新竣工亿元以上重特大产业项目31个，其中10亿元以上1个，为百斯特食品智慧创享产业园项目。

五、国内贸易和开放型经济

消费品市场稳健发展。全年实现社会消费品零售总额251.97亿元，同比下降0.8%，其中限额以上社会消费品零售总额为23.06亿元，同比下降1.8%。批发业实现销售额324.74亿元，同比增长9.8%；零售业实现销售额217.99亿元，同比增长5.4%；住宿业实现营业额7.15亿元，同比增长1.2%；餐饮业实现营业额49.54亿元，同比增长4.0%。

对外经贸上升显著。全年全区外贸进出口总额为4.83亿美元，同比增长2.0%。全年协议注册外资额30517.8万美元，同比下降73.6%；注册外资实际到账16102.2万美元，同比下降5.2%。

六、交通运输、旅游业

交通运输业总体平稳。全年完成公路客运量223万人次，客运周转量0.79万人千米。完成公路货运量670万吨，同比下降3.2%；货运周转量12.79吨千米，同比增长4.8%。完成水路货运量1196万吨，同比增长0.08%；货运周转量31.72亿吨千米，同比增长1.4%。完成港口吞吐量1386万吨，同比下降4.6%。全区现有公路总里程2330千米，其中等级公路2330千米，高速公路里程81千米，一级公路162千米。拥有公共汽（电）车456辆，客运量223万人次。

旅游发展彰显活力。淮安区成功入选2022年全国市辖区旅游发展潜力百佳区，入选国家红色旅游融合发展示范区，全国十家，江苏省唯一；苏嘴镇大胡村、博里镇博里村、蓝水湾生态休闲农场、恩赐人民公园为2022年度淮安市乡村旅游重点村和乡村旅游点认定单位。全年累计接待游客1170万人次，旅游综合收入128亿元。

七、财政、金融业

财税收入稳定增长。全年实现财政总收入53.47亿元，同比增长3.6%。完成一般公共预算收入34.88亿元，同比增长8.3%；其中，税收收入24.57亿元，同比下降11.4%；税收占一般公共预算收入比重达70.4%。全年上划中央四税18.58亿元，同比增长0.8%；政府性基金收入62.17亿元，同比下降13.4%。

财税支出有所降低。全年完成一般公共预算支出91.88亿元，同比下降11.1%。主要支出中，教育支出17.07亿元，同比增长3.7%；社会保障和就业支出17.03亿元，同比下降5.3%；住房保障支出10.87亿元，同比增长2.2%；一般公共服务支出8.90亿元，同比下降22.8%；农林水支出8.49亿元，同比下降23.3%。

金融信贷规模持续扩大。截至年末，全区人民币存款余额729.46亿元，同比增长11.5%，比年初增加75.08亿元。其中居民储蓄存款余额474.86亿元，增长16.6%，比年初增加67.77亿元，增速较上年上升6.8个百分点。人民币贷款余额675.30亿元，同比增长21.0%，比年初增加117.40亿元，增速较上年上升7.4个百分点。

八、科学技术、教育、文化和卫生

科技创新不断增强。2022年，全区发明专利授权48件，发明专利拥有量443件；万人有效发明专利拥有量5.56件。国家高新技术企业累计达81家。

教育事业全面发展。年末全区共有各类学校171所，其中普通中学36所，小学54所，幼儿园78所，中等职业学校2所，特殊教育学校1所。各类学校专任教师10492人，其中普通中学教师4297人，小学教师4070人，幼儿园教师1531人，职业教育学校教师563人，特殊教育教师31人，另聘请校外教师59人。各类学校在校学生131427人，比上年减少4056人，其中高中生18969人，减少13人；初中生27945人，减少443人；小学生54813人，减少1740人；幼儿19040人，减少1949人。各类学校招收新生32266人，其中高中生6100人，初中生9469人，小学生7852人，幼儿5273人。各类学校毕业生36194人，其中高中生5918人，初中生9949人，小学生9338人，幼儿7698人。义务教育阶段学生巩固率100%，初中毕业生升学率98.60%，学生体质健康及格率达98.49%、优秀率16.23%。

文化事业蓬勃发展。中国漕运博物馆获评“江苏省粮油科普教育示范基地（五星）”；遂园书舍和海棠书屋2家公共文化空间入选省级“最美公共文化空间”；河下古镇城河步行街入选第三批省级夜间文化和旅游消费集聚区。持续开展“我们的节日”系列活动，开展“幸福淮安”、“我们的中国梦”——文化进万家品牌活动，组织开展纪念周总理诞辰124周年系列纪念活动；在漕运博物馆、淮安府署、沈坤状元府、吴承恩故居等景区景点开展群众文化活动（含线上）50场次，参与文化活动群众超10万人次。

卫生事业稳定发展。年末全区共有各类卫生机构410个（不含诊所），其中医院6个、卫生院17个、妇幼卫生保健机构1个；累计创成国家级卫生镇1个，省级卫生镇8个，省级卫生村195个；共有病床4739张，共有卫生技术人员5386人，其中执业医师1487人、执业助理医师707人，注册护士2158人。

九、人民生活、社会保障和环境保护

居民收入稳定增长。根据住户收支与生活状况调查，2022年全区居民人均可支配收入32031元，较上年增加1794元，增长5.9%。按常住地分，城镇居民人均可支配收入40032元，较上年增加1884元，增长4.9%；农村居民人均可支配收入23813元，较上年增加1545元，增长6.9%。按收入构成看，工资性收入19779元为主要收入，占全部收入的60.1%；转移净收入增长最快，增幅为7.7%。全区居民人均消费支出19754元，同比增长5.1%。其中，交通通信类增速第一，增长9.9%；食品消费支出比重略有下降，恩格尔系数为30.2%。

社会保障体系日益完善。新增农村劳动力转移6940人，城乡劳动者就业技能培训6076人。稳步实施全民参保计划，参保覆盖面持续扩大。2022年，全区城镇职工基本养老保险参保人数9.77万人，基本社会养老保险覆盖面达98%。

生态环境持续优化。深入开展生态碧水三年行动，入海水道北泓、渔滨河流域整治持续推进，新建污水管网24.6千米，国省考断面优III比例达100%，争取国家“山水工程”专项资金超亿元。扎实开展夏季大气污染攻坚、秋冬季空气质量改善等六大行动，完成重点治气工程93个，全市率先完成国三及以下柴油货车淘汰任务，$PM_{2.5}$浓度32.5微克/立方米、下降10.2%，优良天数比率82.7%。有序推进土壤污染防治，建设用地安全利用率达100%，新增造林572亩，创成省生态文明建设示范区。

注：

（1）本公报使用的数据为快报数。

（2）本公报使用的数据为直接取整，分项与总项小数差异未作技术性调整。

（3）除注明外，所有增长或下降速度均为同上年相比较。

（4）地区生产总值、规模以上工业增加值及其分类项目增长速度按可比价计算，为实际增长速度；其他指标除特殊说明外，按现价计算，为名义增长速度。

表104　**2022年淮安区社会经济主要指标一览表**

指 标 名 称	计量单位	2022年	2021年	同比±%
一、行政区划、人口及劳动力情况				
年末户籍总户数	万户	32.55	32.65	-0.3
年末户籍总人口	万人	112.06	113.42	-1.2
年末常住人口	万人	78.88	79.56	-0.9
城镇人口	万人	44.01	43.94	0.2
农村人口	万人	34.87	35.62	-2.1
全区土地总面积	平方千米	1452	1452	0.0
乡镇数	个	16	16	0.0
镇	个	13	13	0.0
街道	个	3	3	0.0
园区数	个	2	2	0.0
村居数	个	346	346	0.0
二、经济总量				
地区生产总值	亿元	751.14	708.25	4.0
第一产业	亿元	84.51	80.11	4.7
第二产业	亿元	323.98	301.39	5.5
工业	亿元	240.36	222.07	5.7
第三产业	亿元	342.65	326.75	2.6
人均地区生产总值	元	94817	88943	6.6
三、农村经济				
耕地面积	万亩	124.76	124.29	0.4
农作物种植面积	万亩	219.94	219.12	0.4
粮食产量	万吨	98.00	97.79	0.2
油料产量	万吨	0.63	0.57	9.1
生猪出栏量	万头	53.71	51.42	4.5
家禽出栏量	万只	738.29	758.41	-2.7
禽蛋产量	万吨	2.58	2.01	28.3
水产品产量	万吨	4.93	4.82	2.4
肉类总产量	万吨	5.57	5.43	2.6
农林牧渔业总产值	亿元	144.41	135.86	6.3
四、工业经济				
规模以上工业企业数量	个	267	254	5.1

续表104

指标名称	计量单位	2022年	2021年	同比±%
规模以上工业营业收入	亿元	374.52	335.68	11.6
规模以上工业营业利润	亿元	27.76	13.21	110.1
全社会用电量	亿千瓦时	31.26	27.47	13.8
#工业用电量	亿千瓦时	16.14	14.75	9.4
五、固定资产投资				
规模上固定资产投资额	亿元	264.47	235.31	15.8
六、贸易、对外经济				
社会消费品零售总额	亿元	251.97	253.98	−0.8
进出口总额	亿美元	4.83	5.63	−14.1
七、财政、金融				
财政总收入	亿元	53.47	51.63	3.6
#一般公共预算收入	亿元	34.88	33.20	5.1
一般公共预算支出	亿元	91.88	103.30	−11.1
金融机构年末存款余额	亿元	729.46	654.38	11.5
#城乡居民储蓄存款余额	亿元	474.86	407.10	16.6
金融机构年末贷款余额	亿元	675.30	557.90	21.0
八、教育、科技、文化、卫生				
普通中学在校学生数	万人	4.69	4.74	−1.0
普通小学在校学生数	万人	5.48	5.66	−3.1
公共图书馆藏书量	万册	38.3	37.4	2.4
卫生机构数	个	26	36	−27.8
#医院、卫生院	个	22	32	−31.3
九、人民生活				
全体居民人均可支配收入	元	32031	30237	5.9
城镇居民人均可支配收入	元	40032	38148	4.9
农村居民人均可支配收入	元	23813	22268	6.9

表105 **2022年淮安区户籍人口及其变动情况一览表**

镇街	年末总户数(户)	年末总人口(人)			本年度人口变动(人)					
		合计	性别		出生			死亡		
			男	女	合计	男	女	合计	男	女
淮城街道	46893	121124	59772	61352	360	205	155	968	510	458
河下街道	24267	65756	34656	31100	435	193	242	595	351	244

续表105

镇街	年末总户数(户)	年末总人口(人)			本年度人口变动(人)					
		合计	性别		出生			死亡		
			男	女	合计	男	女	合计	男	女
山阳街道	25416	94643	47737	46906	558	307	251	842	431	411
平桥镇	17979	59250	30983	28267	195	102	93	674	364	310
石塘镇	17903	67531	35017	32514	266	136	130	602	314	288
朱桥镇	11922	44371	23524	20847	201	101	100	576	310	266
施河镇	19181	69606	36385	33221	281	143	138	761	436	325
车桥镇	27476	101789	53475	48314	379	203	176	1091	565	526
流均镇	16487	56350	29881	26469	228	116	112	775	380	395
博里镇	24981	88877	47174	41703	371	191	180	712	370	342
复兴镇	10435	38561	20571	17990	186	96	90	331	174	157
苏嘴镇	19500	75648	40939	34709	340	169	171	620	318	302
钦工镇	18823	73104	39154	33950	401	220	181	594	320	274
顺河镇	11766	45640	24313	21327	219	116	103	493	279	214
漕运镇	22239	84564	43960	40604	327	168	159	750	407	343
范集镇	4817	19057	9484	9573	73	35	38	144	83	61
白马湖农场	5400	14724	7436	7288	32	12	20	102	49	53
合计	325485	1120595	584461	536134	4852	2513	2339	10630	5661	4969

表106　　2022年淮安区全体居民家庭基本情况一览表

项目名称	计量单位	2022年	2021年	同比±%
一、住房情况				
1.家庭居住人口	人/户	3.48	3.53	−1.4
2.现住房总建筑面积	平方米/人	52.08	51.64	0.8
二、用水情况				
独用自来水	%	100.00	100.00	0.0
三、卫生设备				
有厕所浴室	%	97.81	97.69	0.1
四、取暖设备				
1.无取暖设备	%	5.38	5.52	−2.6
2.空调设备	%	94.88	94.62	0.3

续表106

项目名称	计量单位	2022年	2021年	同比±%
五、炊用燃料使用情况				
罐装液化石油气	%	79.50	80.20	−0.9
管道天然气	%	15.71	14.75	6.5
其他燃料	%	5.70	5.85	−2.5
六、耐用消费品				
1.家用汽车	辆/百户	31.53	30.39	3.7
2.摩托车	辆/百户	8.16	8.24	−1.1
3.助力车	辆/百户	137.47	136.98	0.4
4.洗衣机	台/百户	105.05	104.65	0.4
5.电冰箱（柜）	台/百户	107.15	106.70	0.4
6.微波炉	台/百户	81.32	81.13	0.2
7.彩色电视机	台/百户	182.06	182.90	−0.5
#接入有线电视	台/百户	176.83	175.95	0.5
8.空调	台/百户	163.59	162.60	0.6
9.热水器	台/百户	105.11	104.75	0.4
#太阳能热水器	台/百户	88.83	88.91	−0.1
10.消毒碗柜	台/百户	0.96	0.93	3.1
11.排油烟机	台/百户	42.09	41.41	1.7
12.固定电话	部/百户	60.94	61.40	−0.7
13.移动电话	部/百户	283.59	282.89	0.3
#接入互联网	部/百户	250.10	249.27	0.3
14.计算机	台/百户	67.25	67.35	−0.1
#接入互联网	台/百户	63.35	63.67	−0.5
15.摄像机	部/百户	0.93	0.92	1.0
16.照相机	部/百户	13.33	13.29	0.3
17.中高档乐器	套/百户	1.61	1.61	−0.4
18.健身器材	套/百户	1.89	1.86	1.8
19.组合音响	套/百户	4.61	4.62	−0.2

说　明

一、本索引采用分析索引方法，按汉字拼音字母（同音字按声调）顺序排列。部分首字符特殊字符或符号的，未按音序排列，而是单独置于前面。

二、索引名称后的阿拉伯数字表示内容所在的页码，数字后的字母a、b、c表示该页码的左、中、右版面区域。

A

B

C

D

E

F

G

H

J

K

L

M

N

P

Q

R

S

T

W

X

Y

Z